ÉTUDES ET ESSAIS SUR LA RENAISSANCE

67

Les Jeux de l'échange

Cet ouvrage a été publié pour la première fois en 2007
dans la collection *Études et essais sur la Renaissance* dirigée par Claude Blum.

Les Jeux
de l'échange

Entrées solennelles et divertissements
du XVᵉ au XVIIᵉ siècle

Sous la direction de Marie-France Wagner,
Louise Frappier et Claire Latraverse

PARIS
CLASSIQUES GARNIER

Marie-France Wagner est professeure titulaire à la retraite de l'université Concordia à Montréal. Elle est l'auteure de plusieurs ouvrages dont les *Entrées royales du règne d'Henri IV, Pierre Corneille, La Toison d'or* et *Le Roi dans la ville. Anthologie des entrées royales 1615-1660* (en collaboration). Elle a publié de nombreux articles dans des revues savantes.

Louise Frappier est *Associate Professor* au département de théâtre de l'université d'Ottawa et s'intéresse à la dramaturgie et à l'histoire des spectacles. Elle a publié plusieurs articles sur le théâtre français de l'Ancien Régime dans des ouvrages collectifs et des revues savantes au Canada et en Europe.

Claire Latraverse est chargée de cours de langue française à la retraite de l'université de Montréal et diplômée en littérature française. Elle a publié dans des ouvrages collectifs et des revues spécialisées au Canada et s'est surtout intéressée aux textes des relations des entrées solennelles dans les villes de France.

© 2022. Classiques Garnier, Paris.
Reproduction et traduction, même partielles, interdites.
Tous droits réservés pour tous les pays.

Réimpression de l'édition de Paris, 2007.

ISBN 978-2-406-12826-7 (livre broché)
ISBN 978-2-8124-5764-7 (livre relié)
ISSN 2105-8814

LES JEUX DE L'ÉCHANGE

« L'économie commence au seuil de la *valeur d'échange* ». (Fernand Braudel)[1]

Le divertissement est une « réjouissance », un « plaisir », une « recreation ». (Furetière)

La cérémonie est un « Assemblage de plusieurs actions, pompes & manieres d'agir, qui servent à rendre une chose magnifique & plus solemnelle. Les entrées des Rois se font avec grande *ceremonie* : le bourgeois va au devant d'eux en armes, les Magistrats avec leurs Robbes : on leur presente le daix, on leur érige des trosnes, des arcs de triomphe. Ce mot vient du Latin *ceremonia*, qu'on a dit, quasi *Ceresis & munia*, signifiant des oblations à Ceres [...] ». (Furetière)

La culture d'une société s'exprime entre autres par les rites, les fêtes, les divertissements. Toutes ces manifestations nourries par l'imaginaire d'une collectivité, et l'alimentant par ricochet, interrompent la quotidienneté. L'événement festif suspend la temporalité traditionnelle et marque le passage d'une frontière, d'un seuil qui ouvre sur un espace transfiguré, qui jamais ne se confond avec l'espace du quotidien. Fictionnel ou réel, totalement fabriqué ou simplement retouché, ce détournement spatial éphémère n'est-il pas un truchement pour arriver à une réflexion, une sorte de construction qui se fait par analogie, substitution, équivalence ou réciprocité ? Ces jeux de l'esprit se tissent et s'exercent dans la sphère du vraisemblable et du plausible, des possibles et des variables, et leurs modes ou règles fondent une circularité obligée ou plus ou moins libre, c'est-à-dire une façon d'échanger des objets, des idées, des émotions. Échanger des larmes, des sourires, des regards, des mots, des cadeaux, des

---

[1] *Civilisation matérielle, économie et capitalisme XVᵉ-XVIIIᵉ siècle*, Paris, Colin, 1979, Tome 2, p. 7.

images, des lectures, des airs de musique fait exister l'être humain et montre qu'il est l'un des termes de la relation, de la communication[2].

L'échange constitue un élément essentiel à toute société. Il établit le lien social, c'est-à-dire les rapports qui unissent positivement ou négative-ment, pour le meilleur ou pour le pire, les puissances humaines. Comme mode de circulation, il est au service de la relation sociale limitée par l'éthique et le probable, aussi bien pour l'individu que pour l'être collectif. Des principes d'alternance et de réversibilité sont au cœur même du procès de l'échange. Toute organisation sociale passe ainsi par un maillage serré de liens sociaux, qui fonde la cohérence du corps social et établit sa cohésion en canalisant les désirs de pouvoir et les craintes inhérentes à la condition humaine. Toutes sortes d'échanges se produisent ainsi à tous les niveaux du réel et se trament en réseaux, qui peuvent être marchands, culturels, profitables dans le sens où ils donnent lieu à une évaluation symbolique. La logique de ces échanges est différente selon les rapports économiques utilitaires (quantitatifs, donc équivalents) ou anti-utilitaristes (liés au contexte social et réciproques), ce qui distingue la valeur d'échange, sous forme de monnaie, de la valeur d'usage, sous forme d'images[3]. La valeur d'usage est le ciment social qui assure la survie d'un groupe. Ce sont essentiellement les relations anti-utilitaristes, desquelles découle un état de dette permanent, qui objectivisent l'échange étudié dans le présent ouvrage collectif. Dans cette conceptualisation des interactions sociales se pose la question du reste, qui ne peut se donner, se rendre, s'échanger.

Ainsi, les formes diverses de l'échange, liées à l'organisation sociale, ouvrent des espaces multidimensionnels qui fonctionnent comme des rappels de l'ordre de la société, ces espaces socialisés sont porteurs de sens. Toute société est fondée sur un certain nombre de systèmes symbo-liques qui se structurent en fonction de temps et d'espace spécifiques. Les systèmes symboliques qui travaillent et façonnent le corps social d'une communauté forment des rites, soit un ensemble contraignant, prescrit de règles maintenues par une tradition. Les rites sont une forme convention-nelle et restreinte de la dimension extra-ordinaire ou sur-naturelle d'une

---

[2] Pascal Lardellier, *Théorie du lieu rituel*, Paris L'Harmattan, 203, essentiellement chap. 1, « Pluralité de l'anthropologie, permanence des médications symboliques ».

[3] Voir le très éclairant essai de Jacques T. Godbout (en collaboration avec Alain Caillé), *L'esprit du don*, Montréal, Boréal, 1995, essentiellement chap. 1, « Les lieux du don », et chap. 3, « La bouche étrange du don ».

sphère événementielle donnée. L'échange rituel est pratiqué dans des domaines signifiants de l'existence sociale, comme par exemple les différentes étapes de la vie, les fêtes urbaines et religieuses ou les pratiques du pouvoir.

Dans cet ouvrage, les pratiques du pouvoir sont analysées dans les cérémonies d'État, qui circulent sous forme de produit culturel écrit, parfois illustré, c'est-à-dire les relations des entrées solennelles du XVᵉ au XVIIᵉ siècle, objets d'étude du *Groupe de recherche sur les entrées solennelles des villes françaises à la Renaissance (1484-1615)*. Comme tous les rituels, le cérémonial de l'entrée solennelle est fondé sur un usage et une coutume, c'est-à-dire une expérience qui, en étant partagée, demande à être codifiée. Selon la force et la durabilité, ce cérémonial tend à se cristalliser comme conséquence naturelle des jeux de la répétition qui accompagnent la ritualisation, c'est-à-dire l'accomplissement du procès des rituels. La transfiguration du banal, de l'ordinaire, du lieu commun nécessite jusqu'à un certain point la rémanence de la mémoire qui replie le temps sur lui-même, qui étire le temps dans l'espace. Le rituel de l'entrée est donc bien commémoration d'un événement, d'une célébration, d'une émotion. Les rituels sont producteurs d'activités et d'efficacité dans des espaces urbains symbolisés, d'où découlent significations et conséquences sur les participants. La cérémonie comme ensemble cérémoniel – ensemble articulé d'éléments rituels qui déterminent par les objets, la gestuelle et les paroles un ordre établi – est un stabilisateur de la vie sociale et un élément qui définit la représentation du pouvoir avec la société.

L'espace codifié de l'échange cérémoniel se fonde sur une multitude de symboles qui interviennent entre les êtres de l'Europe de l'Ancien Régime – bourgeois et nobles – et régulent leurs échanges. Ces symboles sont des signes de reconnaissance, qui indiquent l'appartenance à un groupe social et régissent les conduites. Les stratégies symboliques de la cérémonie d'entrée déterminent la position (hiérarchie et rang) et la relation qui construit pour chaque groupe un corps identitaire et un lien qui passe par la relation entre les différents corps. Dans sa dimension politique, l'échange institue un rapport entre les préséances établies et exigées par la cérémonie et le cérémonial de l'entrée royale. La hiérarchie sociale dépend de la codification qui vient de la coutume et passe par la tradition (Fanny Consandey). Dans sa dimension cérémonielle, l'échange permet une sorte de jeu de substitution d'identité individuelle au profit d'une identité collective, dans le cortège qui offre en spectacle la dépense de la ville à travers des objets luxueux réglés par les lois somptuaires, comme les blasons et les armoiries, les vêtements, les parures et les couleurs. Ainsi, les corps municipaux s'énoncent dans leur somptuosité ; cette magnificence urbaine est redevable de la dépense, même si cette dépense fait s'insurger les uns, les bourgeois, et affaiblit les autres, les aristocrates. Les entrées sont une dépense formidable, nécessaire pour les activités de prestige, définissant un ordre politique qui fait produire l'image (Daniel Vaillancourt). La réminiscence entre une entrée impériale et une entrée royale fait paraître la sphère de la sensibilité collective marquée par la morosité dans la seconde moitié du XVIIᵉ siècle. Le déclin des préséances, les dépenses somptuaires et les effritements du rituel annoncent la perte du cérémonial de l'entrée (Fabrice Charton).

L'échange social est fondé également par les lois de l'hospitalité, qui relèvent des codes sociaux ou gestuels. Ce sont les échanges d'accueil qui se font sous forme de dons : politesse, festins, cadeaux. Le thème de l'échange est envisagé dans la perspective anthropologique du don et du contre-don, c'est-à-dire d'un cycle qui s'analyse en trois moments, donner, recevoir et rendre. L'entrée solennelle est conçue comme un vaste don de la ville au roi, ou au Grand, qui la visite. La réciprocité marque ce rapport, le roi maintient les privilèges et les franchises de la ville en échange de la démonstration fastueuse de la fidélité et de l'affection de la ville au roi. L'espace de la valeur du lien, dont le don est le véhicule et le symbole, est un espace d'émotion, d'affection. Offrir un cœur au roi est un geste d'amour, d'affectivité, qui implique une tradition, une métaphore, un objet dont la valeur, réelle et symbolique, suppose que le destinataire devra aussi y laisser du sien (Bruno Paradis et Lyse Roy). Il s'agit bien du système de la dépense et de la dette. Les coûts énormes du rituel de l'entrée dévoilent une fiscalité, levée spécialement pour l'événement. Cette notion marchande des dépenses et des recettes, scrutée et chiffrée, révèle des sommes importantes et quantifie les différentes dépenses selon leur destination (Jacky Provence).

Toujours dans le corpus des entrées solennelles, en abandonnant toutefois le cérémonial, les études suivantes mettent en évidence les interactions effectives entre les différentes composantes discursives, rhétoriques, sémiotiques ou réflexives d'un texte à un autre texte. Dans l'univers textuel des entrées solennelles, les signes de prestige et de renommée relèvent des références au fonds gréco-latin mythologique ou encore légendaire, qui viennent transfigurer les lieux comme les textes et les images. À la croisée des chemins entre une appréhension traditionnelle du roi de France, garant de la justice et de la paix, et le renouveau esthétique et idéologique du début du XVIᵉ siècle, la figure d'Astrée allégorise les conditions culturelles et politiques du thème de l'Âge d'or (Vincent Terrasson de Fougères). Dans la comparaison de deux systèmes sémiotiques, celui de l'image et celui du texte des historiographies dédiées à Marie de Médicis en exil, se construit la mise en scène d'un pouvoir illusoire de la reine mère, *dispositio* confortée par le récit (Derval Conroy). L'échange se dissimule sous une forme, venue d'ailleurs, issue d'un autre texte, il s'agit de l'emprunt littéraire. Par exemple, dans l'entrée de Chappuys, quelles traces et quelles transformations de l'emprunt à la poésie ronsardienne se retrouvent dans le nouvel espace textuel de l'événement relaté ? (John Nassichuk) La confrontation de différents types de textes, deux récits d'entrées à Lyon, avec un ouvrage burlesque qui se nourrit de ces deux festivités, mesure les modes de l'affirmation de la culture urbaine, soit dans leur publicisation, soit dans le genre littéraire emprunté (Yann Lignereux).

En délaissant le genre littéraire de l'entrée solennelle, la socialité du jeu de l'échange devient lieu de divertissement. La ville théâtralisée cède la place à la scène de théâtre. En changeant de corpus textuel, les stratégies et la structure de l'échange même diffèrent. Dans la tragédie, forme théâtrale, forme ouverte, collective, l'échange est mis en scène dans des actions dramatiques engendrées par la vengeance, les passions violentes ou l'absence. La dialectique spéculaire du maître et de l'esclave, sorte de guerre ouverte, est à la fois un drame qui lie entre eux deux personnages. Dans cette action, ce mouvement, le procès de la dialectique produit à partir de termes opposés, qui sont liés les uns aux autres par la négation et la contradiction, la destruction et la vengeance. À un maître trop sûr de détenir les règles de la vérité, s'oppose la loi du talion de l'affranchi avec toute sa cruauté. Ainsi, l'affranchissement de l'esclave, unilatéralement décidé par le maître, met en place un processus de la non-réciprocité et de l'inanité du contrat passé (Christian Biet). Dans la sphère de la morale et de l'éthique de la tragédie humaniste, la circularité des émotions engendre un dialogue, un échange positif et éducatif qui détermine une ligne de conduite (Louise Frappier). La forme du théâtre dans le théâtre au XVIIᵉ siècle permet, par sa mise en abîme, la « fiction de personne », prosopopée qui, sur la scène, fait entendre une voix, écho et reflet d'une absence, caractérisée par ses excès antérieurs (Jeanne Bovet).

Dans l'univers policé des salons parisiens, les signes de la sociabilité changent de véhicule, donc de symboles, et passent par l'art de la musique vocale. Les airs sérieux relèvent d'une forme de galanterie musicale tant par leur contenu que par leur inscription dans le processus de séduction galant. Ils sont à la fois *art d'écrire* – ils forment un genre – et *art de vivre* – ils sont un signe de relation sociale spécifique (Anne-Madeleine Goulet). Sous la forme d'une lettre fictive, le *Mercure galant*, destiné à un large public, parisien et provincial, bourgeois et aristocratique, rapporte les relations des différents correspondants et les réactions des lecteurs, c'est-à-dire les avis et les lectures, les inventions et les demandes de ce public. Ainsi, deux ensembles de production apparaissent, l'un destiné au roi donc « au public » et l'autre « au privé ». Ce dernier met à jour un jeu avec le code, qui met en perspective la valeur « d'archive galante ». Cette double réception, la première rejaillissant sur la seconde, permet de renouveler la lecture et l'appréciation du corpus symbolique de cet échange épistolaire (Anne-Élisabeth Spica).

Cet ouvrage collectif sur les jeux de l'échange présente quatorze articles, rédigés à partir de conférences données dans des séminaires ou des communications faites dans des colloques, ou de commandes adressées à des spécialistes des différents domaines étudiés. En effet, littéraires, historiens, spécialistes en études théâtrales abordent ce lien de sociabilité qu'est l'échange dans des perspectives variées. Représenté dans la ville, au théâtre, dans les ruelles de la France de l'Ancien Régime, dans le journal de Donneau de Visé, ce rapport s'exerce dans les liens rituels, politiques, économiques ou symboliques. Loin d'avoir épuisé le thème de l'échange, ce volume se propose d'en étudier certains éléments dans les articles présentés suivant un ordre, qui tient compte du corpus analysé et qui est conforme à leurs aspects méthodologiques. Pour mettre en évidence les nombreux liens et les échos entre ces études, un ordre conceptuel et thématique offrait plus d'intérêt qu'un ordre chronologique. Ce volume fait largement place à un corpus de textes encore peu étudié, les entrées solennelles, mais aussi à des pièces de théâtre de la fin du XVIe et du début du XVIIe siècle, ainsi qu'à des livres de musique et à une série de lettres fictives de la seconde moitié du XVIIe siècle.

Marie-France WAGNER
Université Concordia

Première partie

DES ENTRÉES SOLENNELLES

SECTION 1

L'ÉCHANGE RITUEL : CÉRÉMONIE ET POUVOIR

ENTRER DANS LE RANG

Les représentations gravées des entrées royales nous offrent un saisissant raccourci des composantes de la cérémonie. En une image se résume ce qui fait la spécificité de l'événement : un parcours, des décorations urbaines, un cortège. N'y manquent que les discours et l'explication des figures, que rapportent les ouvrages publiés à cette occasion[1]. Si, au XVIIᵉ siècle, la description des entrées devient plus longue, et nettement plus détaillée qu'au XVIᵉ siècle, avec une forte propension à l'érudition, des éléments cependant n'ont jamais manqué de figurer dans ces relations. Le cortège est de ceux-là ; la mention constante de sa présence et de sa composition en révèle l'importance dans le cérémonial.

Expression s'il en est de l'organisation politique du royaume, le défilé des grands dignitaires et corps constitués est une représentation – dans le sens théâtral du terme – de l'ordre et du rang occupé par chacun, le tout accompagnant le roi dans la majesté de sa toute-puissance. Au cœur du cortège, le monarque paraît, accompagné de ceux, féodaux et officiers, qui constituent les rouages de l'appareil monarchique. Si le roi est ainsi montré, par le cortège, au centre de son « Estat », c'est que la place de chacun est établie avec soin. Ainsi, au-delà d'une mise en scène de l'autorité royale, les entrées solennelles sont également une représentation de l'ordre politique orchestré par la monarchie. Il s'agit ici d'analyser les enjeux politiques que représentent de telles cérémonies en terme de hiérarchie des pouvoirs. C'est toute la question d'ordonner pour régner, mais aussi de voir et faire voir sa dignité par la place occupée, qui est alors posée. Dans le cadre d'une monarchie qui se légitime par l'image

---

[1] Sur l'analyse des entrées et la signification des figures, la bibliographie est pléthorique. Soulignons cependant, à propos de l'importance du discours, l'article de Marie-France Wagner, « De la ville de province en paroles et en musique à la ville silencieuse ou la disparition de l'entrée royale sous Louis XIII », dans *XVIIᵉ siècle*, n° 212, vol. 3, 2001, p. 457-475. Ce numéro de *XVIIᵉ siècle*, consacré aux entrées royales, est d'ailleurs d'un grand intérêt pour une approche renouvelée de la question.

qu'elle donne d'elle-même, le problème de la représentation est essentiel
à la compréhension des rapports de pouvoir. Pour le roi, comme pour tous
ceux qui participent au fonctionnement politique de la France d'Ancien
Régime, occuper la bonne place est un enjeu crucial qui détermine l'être
social. La promotion des uns, la déchéance des autres et, inévitablement,
les querelles qui s'y rapportent, soulignent les tensions d'un monde en
mutation et d'un État en construction. L'étude des préséances donne ainsi
à l'entrée une autre dimension : en même temps que la relation roi-ville,
se joue la rivalité entre tous les acteurs de la monarchie, à l'intérieur d'un
système où le roi s'impose par l'ordre mais règne, aussi, par le désordre.

L'examen de ces querelles permet de voir l'envers du décor, dans les
coulisses d'une organisation cérémonielle qui ne fait pas l'économie de
multiples tractations pour laisser voir, finalement, la toute-puissance
royale. Avant d'aborder les querelles en elles-mêmes, et les stratégies
mises en œuvre pour s'assurer d'un ordre, il convient de faire le point sur
l'importance des préséances dans l'organisation cérémonielle.

De la nécessité d'ordonner

À lire les relations imprimées des grandes cérémonies monarchiques
qui donnent lieu à une large publicité, tels les sacres, les funérailles
royales, les entrées ou les *Te Deum*, le royaume de France paraît bien
ordonné et, par voie de conséquence, parfaitement contrôlé. Là, tout n'est
qu'ordre et beauté. La monarchie s'offre à voir dans toute la gloire d'une
société bien réglée ; elle n'entend pas que l'éclat en soit terni par des
querelles de rang. L'arbre, pourtant, cache mal la forêt. Car les témoins
racontent, et l'édifice s'effondre. L'impression, en effet, est tout autre dès
qu'aux textes imprimés se superposent les manuscrits, procès-verbaux,
mémoires ou traités qui, tous, dénoncent les querelles incessantes, les
infinis désordres. Les cérémonies les plus solennelles ne sont pas
épargnées, et ceux dont on attend le plus grand respect ne sont pas les
derniers à faire valoir leurs droits. Ainsi, aux funérailles de Louis XIII, en
pleine cérémonie religieuse à Saint-Denis, les moines de l'abbaye
arrachent avec violence l'offrande des mains des clercs de la chapelle,
risquant au passage de brûler la barbe du cardinal de Lyon. Et il faut
l'intervention d'un exempt des gardes pour rétablir un semblant de calme[2].

---

[2] BnF, Ms. Fr. 18536.

Si de tels événements sont troublés par l'âpreté des revendications, que dire alors des cérémonies moins exceptionnelles où s'exprime, au quotidien, la puissance d'un chacun par le rang qu'il occupe ? Les manuscrits sont pleins des querelles de rang. Nicolas Neufville de Villeroy, parmi bien d'autres, s'en fait l'écho. Parlant des dames après avoir souligné la férocité avec laquelle les hommes défendent leurs places, il souligne au passage l'universalité des tensions curiales :

> Entre les dames il y a bien souvent débat à qui d'entre elles marchera la première et souvent en viennent aux injures et aux mains. Et par là il faut conclure que l'un des plus fréquents débats qui adviennent en France sont ceux des rangs en toutes sortes et qualitez de personnes, les uns fondez sur leurs races, les autres sur leurs qualitez et offices, les autres sur la faveur qu'ils ont eu du prince, lequel quelquefois trop licencieusement et sans considération les donne à celui qu'il favorise[3].

La multiplicité des critères dont rend compte ce texte est bien la source première des conflits car elle autorise toutes les revendications. À la traditionnelle opposition entre les dignités ecclésiastiques et les dignités féodales s'ajoute la hiérarchie des dignités à l'intérieur de chaque groupe. Ainsi, il est aisé d'établir qu'un duc passe devant un comte, lequel précède un marquis. La situation se complique lorsqu'un duc non pair se trouve en présence d'un comte pair de France. Ou bien lorsqu'un duc et pair d'érection récente est confronté à un duc non pair mais plus ancien dans la dignité. Quand l'un est un cadet et l'autre l'aîné de sa maison. Quand l'un a prêté serment pour réception de sa pairie plus récemment que l'autre, qui appartient pourtant à une maison plus ancienne. Cet imbroglio n'est pas propre aux pairs : toutes les dignités féodales sont confrontées aux mêmes difficultés. Et il en est de même, bien entendu, chez les ecclésiastiques, où les évêques pairs disputent le rang aux archevêques pairs créés postérieurement. Que dire alors des archevêques non pairs et des évêques pairs ? Sans compter que les uns peuvent appartenir à des lignées plus prestigieuses que les autres. Tous ces paramètres se croisent et se conjuguent pour légitimer les moindres exigences. Et quand l'office s'en mêle, ou que le sang de France prend plus d'importance, que les princes étrangers prennent rang à leur tour, la situation paraît bien inextricable. À suivre Du Tillet, le vertige nous prend,

---

[3] BnF, Ms. Fr. 18139, fol. 17.

car dans certains cas les prélats précèdent les princes du sang, dans
d'autres ils passent derrière ces mêmes princes, ainsi que les officiers de
la couronne. Les princes du sang, nous dit-il ailleurs, sont supérieurs à
tous, sauf au roi, bien entendu. Mais, outre que les prélats les précèdent
parfois, le rang peut être donné aux ducs sur les comtes, sans respecter le
sang. De même, au Parlement, les prélats pairs sont censés précéder tous
les autres prélats, archevêques et évêques non pairs, y compris ceux qui
ont été consacrés antérieurement. Il apparaît pourtant que les archevêques,
non pairs, prennent parfois le pas sur les évêques pairs. Là encore, les
exemples peuvent être multipliés à l'infini. À croire qu'il y a autant de
règles que de situations. Et que c'est dans ce désordre que le roi exerce
son autorité. Car le roi joue des rangs, pour en faire un outil de son
gouvernement. La société de cour, sous Louis XIV, en est l'illustration.
C'est aussi le point culminant d'une pratique amorcée bien avant, sous les
derniers Valois. Il faut en effet remonter aux guerres de Religion pour
voir se mettre en place une politique qui mobilise les rangs, dans un
contexte où le roi se trouve dans l'obligation de récompenser sans avoir
les moyens pécuniaires de le faire, dans un contexte, aussi, où la
puissance des Grands doit être rabaissée – et celle des rois, réaffirmée[4].
Sous Charles IX, un conflit entre le cardinal de Lorraine et le cardinal de
Bourbon pour la prééminence au conseil se règle en faveur de Bourbon.
Car « on appréhenda que le crédit des princes de la maison de Lorraine
fut trop grand dans l'État. Ce qui fit que pour tempérer et humilier cette
maison, le cardinal de Bourbon précéda [...] à cause de l'interest que ceux
du sang ont a l'Estat par dessus tous les autres »[5].

Le roi se pose en arbitre pour régler les problèmes. De fait, c'est à lui
que revient ce rôle. Mais c'est aussi dans les querelles que s'inscrit sa
marge de manœuvre : c'est dans le règlement de celles-ci qu'il fait valoir
son autorité, qu'il peut donner une solution au problème. Pour autant, les
décisions royales ne relèvent pas du pur arbitraire. Le désordre que
laissent entendre les textes n'est jamais que l'expression d'une multitude
de règles. Car pour qu'il y ait querelles, il faut qu'il y ait des règles,
quand bien même celles-ci seraient mal assurées. La place de chacun ne
peut se comprendre que dans un système ordonné, pour lequel il existe un
langage commun. Quel intérêt y aurait-il à occuper une position non

---

[4] Fanny Cosandey, « Illusion politique ou organisation monarchique ? », dans *Cahiers
Saint-Simon*, n° 28, 2000, p. 29-36.
[5] BnF, Ms. Clairambault 805, p. 182.

reconnue par tous ? L'honneur accordé par la préséance n'a de valeur qu'autant qu'il est compris par tous, et convoité de même. C'est donc avec la construction du cérémonial que s'établissent les règles, et plus celui-ci se développe, plus celles-ci s'affinent. Et plus il y a de règles, plus il y a de querelles, parce qu'alors entrent en concurrence plusieurs systèmes référentiels. Dans la mesure où l'autorité royale s'exerce précisément dans les failles créées par ces différentes règles, qui se juxtaposent sans forcément se compléter, le monarque renforce son pouvoir en développant le cérémonial. L'émergence d'un rituel nouveau provoque une situation inédite susceptible de remettre en cause les précédents. Le roi tranche, décide, et promeut par là même. Un contexte de crise est donc paradoxalement plus favorable qu'un autre à la mise en œuvre d'une société bien ordonnée.

La politique des derniers Valois consiste à faire entrer le cérémonial à la cour en réglementant l'accès à la personne royale. La pénétration du rituel dans l'espace domestique offre le double avantage d'étendre considérablement la place du cérémonial dans l'État, et de mettre en scène la personne royale jusque dans le quotidien. Là encore, le rituel accompagne l'évolution du système monarchique, en illustrant les thèses absolutistes que les jurisconsultes formalisent par ailleurs. Souverain délié des lois et vrai lieutenant de Dieu sur terre, le roi apparaît dans toute la gloire de sa majesté grâce à un appareil curial qui rend hommage à sa position d'exception. La nécessité de dégager le roi pour mieux le mettre en valeur, et en faire le centre de toutes les attentions comme le référent ultime de toute organisation sociale et politique, amène à resserrer le rituel autour de sa personne. Cet aménagement de l'étiquette accompagne celui des appartements royaux. Chaque fois, il s'agit de codifier l'accès au roi. À partir d'Henri II, les résidences royales se dotent progressivement d'une succession de pièces qu'il faut traverser avant d'être admis dans la chambre royale. Le roi n'est plus aussi accessible qu'auparavant, la séparation physique d'avec les courtisans est même matériellement marquée par l'apparition des bois – prélude à la balustrade – qui entourent le lit depuis 1578. Dans le même temps, Charles IX et, surtout, Henri III multiplient les règlements qui structurent l'existence quotidienne des monarques. Le règne de l'étiquette n'est pas encore venu, mais l'idée fait son chemin.

La création, en 1585, du grand maître des cérémonies atteste de l'importance que prennent les questions de rang à la cour, puisque les grands maîtres et maîtres d'hôtel ordinaires jusqu'alors chargés de maintenir l'ordre sont dépassés par la tâche : il faut y commettre un officier spécialisé. Cette fonction nouvelle, qui n'est qu'une extension de l'office des maîtres d'hôtel et grand maître, montre que le cérémonial est désormais pris en main par ceux qui régissent l'espace domestique. De fait, ils appartiennent tous à la maison du roi, et sont commensaux, rappelle un mémoire à ce sujet[6]. Le grand maître des cérémonies, qui peut à l'occasion servir de grand maître de la maison du roi, a « le premier commandement partout où il y a cérémonie »[7], à la cour comme à la ville, dans les appartements royaux aussi bien qu'au Parlement où « il donne le rang quand le roi veut tenir lit de justice ». Il s'agit, chaque fois, d'« y faire reconnoitre la dignité et splendeur convenable à notre royale grandeur », selon les termes mêmes de l'édit de création de l'office.

En faisant entrer le rituel dans son espace domestique, la monarchie produit des normes nouvelles qui prennent valeur d'exemple pour l'ensemble du royaume. La présence du roi implique, partout, celle du cérémonial, et ce qui n'était jusqu'alors que l'organisation domestique du roi sort des murs du palais pour s'imposer dans un espace public qui finit par se confondre avec l'espace privé du souverain.

L'évolution de l'espace royal domestique consiste ainsi à rendre public ce qui était privé. La construction de l'absolutisme passe par une publicisation du roi qui se traduit autant par l'extériorisation d'un rituel curial que par la pénétration d'un cérémonial jusque-là réservé à un espace ouvert, à un large public. De fait, outre les règlements concernant le quotidien royal, Henri III fait entrer ce qui est de l'ordre de la procession publique au cœur de sa résidence en organisant les cortèges dès les salles du palais. Il crée, ce faisant, une adéquation entre l'intérieur et l'extérieur, les appartements royaux répondant comme en écho à l'ordre institué par la procession. Ce que le roi donne à voir à l'extérieur se reflète dans l'aménagement intérieur, comme si l'espace public n'avait plus de limite. Ainsi, dans l'ordonnance de 1585 qui règle l'ordre à observer lorsque le roi se rend en procession à l'église pour écouter l'office divin les jours de fêtes et les dimanches, la liste des participants est établie avec le rang de chacun. Mais pour prévenir les désordres qu'une formation de dernière minute est toujours susceptible d'apporter, Henri III entend avertir le grand maître des cérémonies une demi-heure

---

[6] *Mémoire en quoi consiste l'Estat de Maitre des cérémonies de France*, BnF, Ms. Fr. 4338, fol. 63.

[7] BnF, Ms. Fr. 7833.

avant, « afin de disposer tout le monde à l'ordre qu'il doit tenir ». Il s'agit de répartir les participants dans les pièces du palais selon leurs qualité et office. Dans la chambre royale doivent attendre les chevaliers du Saint-Esprit, les gouverneurs et lieutenants généraux des provinces et le grand maréchal des logis. En la chambre d'audience doivent se retirer les capitaines des gendarmes, le général des galères, les maîtres de camps de la cavalerie légère, les gentilshommes de la chambre et les gentilshommes d'État. La chambre d'État est réservée aux écuyers d'écurie et gentilshommes servants. Et l'antichambre héberge les cent gentilshommes de la maison. C'est l'ordre exact dans lequel ils processionnent ensuite. La hiérarchie des appartements renvoie à celle du cortège, et le roi, finalement, occupe une seule et même place, centrale, unique, qu'il soit dans le palais ou hors les murs.

En ouvrant au cérémonial les portes de la résidence royale, la monarchie sacrifie la dimension privée du souverain. La mise en scène du roi, autrefois réservée aux grandes cérémonies publiques, devient, dans la seconde moitié du XVIe siècle, une affaire quotidienne, et la codification des rangs en arrive à mettre les souverains en permanente représentation. La conception de la personne royale s'en trouve modifiée, le monarque devenant un être à part, incarnation constante de la couronne, à partir duquel tout est référé et organisé. Cette publicisation du roi entraîne nécessairement celle de l'espace domestique : l'ordre du palais se confond avec celui du royaume puisque c'est la présence du roi qui détermine l'existence d'un cérémonial. Dès lors, on comprend mieux que les recueils de cérémonies, tel celui de Godefroy, ne s'arrêtent pas aux seules manifestations publiques qui mettent en scène l'ensemble du corps politique tout en exprimant les principes fondamentaux de l'institution monarchique (le sacre, les entrées, les funérailles, les lits de justice, les *Te Deum*). Ils s'étendent au contraire aux actes publics des souverains, plaçant par exemple les baptêmes royaux sur le même plan que les assemblées des États généraux. Une telle conception du cérémonial rejoint d'ailleurs celle qui transparaît dans les fonctions assignées au grand maître des cérémonies, puisque celui-ci a pour mission de donner le rang aux « baptesmes, mariages, entrées, réceptions de princes et d'ambassadeurs, sacres, couronnements, enterrements, tournois, assemblés d'État et de notables, Te Deum, processions générales, festins et autres actes publiques et généralement quelconques en tout ce qui se fait ordinairement et

extraordinairement de cérémonies en la maison du roi, et en France »[8].
Tout est cérémonial, pourvu que le roi soit concerné. Et tout alors requiert
règlement, de la manière de servir à table à celle de se tenir en la chambre
du roi.

Sous Louis XIV, le règne de l'étiquette conduit finalement à inverser
les règles d'une démonstration publique de la puissance royale. Le roi est
à ce point incarnation du pouvoir, omnipotence admise et reconnue par
tous, que c'est désormais au royaume de se montrer à lui quand il défilait,
autrefois, sous les yeux des sujets. Ainsi, les entrées royales se déroulent
dans la chambre du « Roi-Soleil », le cérémonial se resserrant dans un
espace minuscule (à l'échelle de la France) pour mieux rendre hommage
au souverain le plus puissant d'Europe. Petites et grandes entrées, parties
intégrantes de la cérémonie du lever royal, se sont substituées, jusque dans
le vocabulaire, aux entrées solennelles[9]. Le spectacle de majesté est bien
passé de la ville au palais ; l'univers domestique a absorbé le cérémonial
monarchique concentré sur la personne d'un roi de moins en moins
mobile, et fixé à Versailles[10].

La translation du rituel accompagne l'enfermement royal dans un
processus inversé : Henri III amorçait le cortège dans ses appartements
pour défiler en ville ; Louis XIV fait venir, et retient, la procession des
courtisans dans sa chambre. Mais la confusion du privé et du public,
symbolisée par la présence des corps constitués dans l'espace du palais,
reste une des caractéristiques du cérémonial de la France moderne. Elle
se rencontre encore dans l'appréhension qu'ont les acteurs des questions
de rangs et préséances, si essentielles au développement du rituel d'État.
Ceci explique les tensions et les incessantes querelles, d'autant plus
importantes que les scènes se déroulent en présence d'un public. C'est là
l'originalité des entrées solennelles dans les bonnes villes de France, le
cortège, contrairement à bien des cérémonies, défilant devant les habitants.

Le cortège des lamentations

Concernant les préséances, l'entrée royale rencontre, à bien des égards,
les mêmes problèmes que ceux que posent toutes cérémonies. Les traités

---

[8] BnF, Ms. Fr. 4338, fol. 63.

[9] A. Cheruel, *Dictionnaire historique des institutions, mœurs et coutumes de la France*,
Paris, Hachette, 1899 (7ᵉ édition), entrée « Etiquette ».

[10] Norbert Elias, *La société de Cour*, Paris, Flammarion, 1974.

sur le sujet ne les abordent pas à part et les particuliers les invoquent, au même titre que d'autres sources, pour justifier leurs droits. Qu'il s'agisse de recueils commandés par un corps ou une maison afin de prouver le bien-fondé de leurs prérogatives, ou qu'il s'agisse de tentatives, pour la plupart menées par des maîtres de cérémonies, pour déterminer les règles de préséances en usage dans le royaume, les écrits les mobilisent tous, indifféremment de l'ordre tenu au cortège d'une entrée ou à d'autres séances. La contextualisation y est rare, et sert davantage à dénigrer un argument qu'à appuyer une démonstration. Elle est d'ailleurs assez peu précise. Lors d'un affrontement entre ducs et pairs et présidents à mortier, par exemple, la préséance est déterminée en fonction de la nature de la cérémonie ; en principe, le président opine avant les pairs au Parlement, mais il marche derrière les pairs à l'entrée solennelle du roi. De la même façon, la primauté entre laïcs et ecclésiastiques dépend du caractère, religieux ou non, de l'événement. Mais ni la date ni le lieu importent réellement, et s'ils sont précisés, c'est essentiellement pour conférer à l'exemple une valeur historique qui puisse être vérifiée. Les princes étrangers exigeant le pas sur les ducs et pairs font rédiger un mémoire composé d'« exemples pour faire voir qu'en toutes sortes de cérémonies les ducs et pairs ont toujours fait un même corps, marché et pris séance à costé et en mesme rang après les princes qui estoient ducs, de quelque maison qu'ils fussent, hormis les princes du sang ». La liste des cérémonies alors utilisée est significative : on y trouve aussi bien l'entrée de Louis XIII à Orléans en 1614 que les États de Blois de 1588, l'assemblée des notables de 1596, la procession des États généraux à Paris en 1614, et jusqu'au mariage d'Henriette de France avec le roi d'Angleterre[11]. Tout est preuve, pourvu que ce soit concluant. De la même façon, « l'ordre que le Roy a ordonné estre tenu tant pour le présent que pour l'advenir es processions où le dict sieur se trouvera en personne » ne précise aucunement la nature de la cérémonie[12].

En fait, la monarchie est surtout soucieuse de contrôler le cérémonial, et de ne point en laisser l'initiative aux corps ou aux particuliers. C'est dans ce but encore qu'elle interdit toute publication de relation qui n'ait pas été visée par les autorités compétentes, et scellée du grand sceau. Il s'agit d'empêcher que

---

[11] Bibliothèque de l'Institut, Ms. Godefroy 394, fol. 376.
[12] Bibliothèque de l'Institut, Ms. Godefroy 452, p. 175.

> plusieurs personnes se licentioient de donner en public et mectre en lumiere
> les Recueils des ordres et ceremonies qui s'observent en France aux sacres,
> Entrées, mariages, Pompes funebres et enterrements des Rois, Roines,
> convocations d'Estats, et assemblées, Baptesmes des enfans de France,
> Princes, et autres ; comme aussi de ce qui est de nostre ordre du s. Esprit,
> les exposent en vente, et faisoient transporter aux pays estranges, avec
> beaucoup d'erreurs, fautes, et impertinences[13].

La surveillance étroite de la production imprimée, sous quelque forme qu'elle paraisse, « livres, exemplaires, feuilles en taille douce, bois, eaue forte ou autrement »[14], dénote l'importance de l'écrit dans l'appareil des preuves. Là encore, les entrées ne font pas exception ; l'utilisation de ces sources peut même donner lieu à des revendications politiques considérables. Pensons aux Courtenay qui réclament un rang de prince du sang car ils descendent en ligne masculine d'Hugues Capet, et affirment ainsi leur droit à la couronne de France. À un degré moindre, la maison de Rohan publie un opuscule intitulé *Rang et alliance de la maison de Rohan depuis 600 ans*, immédiatement suivi d'un « extraict de l'ordre tenu à l'entrée du Roy Henry II à Paris l'an 1547 »[15]. Le texte, placé en appendice, appuie les prétentions des Rohan, prétentions d'ordre politique (rang) et patrimonial (alliance). Il n'est pas étonnant, dans une telle perspective, que la monarchie cherche à maîtriser ce qui peut apparaître comme preuve de dignité, en conférant un statut officiel, par l'apposition des sceaux, aux rangs établis dans les cérémonies. Il convient de souligner à ce propos le problème de la relation de cérémonie, faite *a posteriori*, et révisée par les autorités ; elle est aussi un témoignage biaisé par la publicité que le roi entend donner au rituel d'État, image d'une réalité reconstruite pour les besoins de la cause[16]. L'absence de querelle et l'ordre harmonieux qui règne dans l'écrit répondent aux mêmes impératifs.

Cérémonies parmi d'autres, les entrées royales posent cependant des problèmes spécifiques en matière de rangs. Si elles obéissent elles aussi à des logiques spatiales[17], elles ne mobilisent cependant pas les trois

---

[13] Bibliothèque de l'Institut, Ms. Godefroy 478, fol. 79.
[14] *Ibid.*
[15] BnF, Ms. Clairambault 721, p. 457.
[16] Roger Chartier (dir.), *Les usages de l'imprimé*, Paris, Fayard, 1987 ; en particulier la contribution de Christian Jouhaud, « Imprimer l'événement », p. 381-438.

types de positionnement possibles pour déterminer le rang. Lors des séances au Parlement, aux États généraux, ou de tout autre assemblée, l'ordre cérémoniel joue sur trois dimensions : devant/derrière, dessus/dessous, droite/gauche, constituent les critères qui définissent la qualité d'un rang, en dehors du fait que la position du roi est toujours déterminante dans la distribution des places. Dans une entrée, où l'ordre est fixé par la procession, seule deux dimensions sont à l'œuvre : devant/derrière, droite/gauche. Les règles sont les mêmes qu'ailleurs : la droite est plus honorable que la gauche, devant vaut mieux que derrière, même si l'organisation du cortège, et la qualité des places, s'établit en fonction du roi, ce qui rend relative la notion même d'avant et d'arrière. Car le monarque occupe une position centrale, au cœur d'un défilé destiné à montrer l'organisation politique, mais aussi à mettre en valeur la souveraineté du prince par l'appareil qui l'entoure[18]. Dans cette configuration, il semble bien que la première partie du cortège, celle qui précède le roi, soit en ordre inversé : les plus honorés ne sont pas ceux qui ouvrent la marche, mais ceux qui s'approchent au plus près de la source incontestable de l'autorité, le roi. Ainsi, à la procession générale des États généraux, à Paris en 1614, les députés du Tiers État marchent, quatre à quatre, devant ceux de la noblesse, eux-mêmes suivis par ceux du clergé, qui défilent également quatre à quatre jusqu'aux évêques et archevêques, placés deux à deux, comme d'ailleurs les cardinaux qui arrivent juste après. Vient ensuite le Saint Sacrement, puis le roi. Après celui-ci, l'ordre devient décroissant : les princes précèdent les ducs, qui passent devant les cours souveraines, Parlement d'abord, cour des Aides ensuite[19]. Ceci étant, il convient de souligner que l'ordre du cortège ne peut être absolument croissant ou décroissant dans la mesure où les participants marchent en corps. Ainsi, le plus modeste des députés du clergé se trouve placé devant le plus prestigieux des députés de la noblesse puisque l'ordre du clergé, dans son ensemble, est mieux placé que la noblesse. Il en est de même des officiers du roi. C'est la raison pour laquelle les grands audienciers et contrôleurs généraux demandent à être clairement distingués du corps des maîtres des requêtes, derrière lequel ils marchent, par la présence de deux huissiers de la chancellerie portant leur masse, en signe

---

[18] Clifford Geertz, « Centres, rois, et charisme : réflexions sur les symboliques du pouvoir » (1977), repris dans *Savoir local, savoir global. Les lieux du savoir*, Paris, PUF, 1986, chapitre VI.

[19] Bibliothèque de l'Institut, Ms. Godefroy 452, p. 191-192.

de séparation. Autrement, « on prendroit lesdits officiers de la Chancellerie pour les petits officiers des requêtes de l'hostel qui doivent suivre la Compagnie de messieurs les maistres des requestes »[20]. La hiérarchie intervient donc à plusieurs niveaux de l'échelle, depuis l'ordre monarchique dans son ensemble jusqu'à l'ordre institué entre particuliers, en passant par les corps constitués.

Le fait que deux, plutôt que trois dimensions, interviennent dans l'organisation du cortège simplifie dans un sens sa mise en ordre, mais limite aussi la marge de manœuvre des maîtres des cérémonies. Modifier un rang revient à décaler les participants, conséquence logique dont ont conscience aussi bien les organisateurs que les membres du cortège. À l'instar du jeu de dominos, pousser un pion fait basculer la série. Et la contestation s'élève. Face aux prétentions des gardes rôles de se hisser au niveau des contrôleurs généraux de la chancellerie, ces derniers rétorquent :

> Monseigneur le chancelier est tres humblement supplié d'observer s'il luy plait qu'en admettant Mrs les gardes rolles a marcher a l'entree du Roy a la gauche des Controlleurs Generaulx de la chancelerie de France c'est donner a celuy des garde roolles qui sera le premier a la gauche quelque rang ou esgalitté avec les aultres controlleurs qui seront a la droitte lesquels ont tousjours precedé les Gardes roolles en toutes rencontres[21].

Si les changements de rang reviennent à mettre à égalité des dignités qui ne doivent pas l'être, ils soulèvent aussi un autre problème en modifiant le système de références. Car une place se définit par celles qui l'entourent, et la bonne entente apporte la preuve d'une indiscutable légitimité du rang occupé. Les cardinaux paraissent offusqués qu'on puisse convoiter leur position : « C'est sans aucune apparence de fondement qu'un connestable ou chancelier pretendroit d'entrer en dispute de rang avec un cardinal, puisqu'ils ont toujours été precedez par personnes qui ne contestent avec les cardinaux »[22]. Perdre ses voisins, c'est encourir le risque de trouver des ennemis et, quoi qu'il en soit, de fragiliser la

---

[20] Bibliothèque de l'Institut, Ms. Godefroy 394, fol. 425 v°.
[21] Bibliothèque de l'Institut, Ms. Godefroy 394, fol. 429.
[22] BnF. Ms. Clairambault 805, p. 182.

position acquise par la modification d'un entourage garant d'une prééminence.

Une autre difficulté consiste à intégrer des éléments nouveaux dans un cortège dont l'ordre est fixé par les modèles antérieurs. Là encore, aucun corps n'entend renoncer à son rang, ni subir les conséquences d'une intrusion jugée insupportable. La création du bureau des finances à Bourges en 1577 sème la discorde : intégrer toute une compagnie dans le cérémonial urbain, en respectant les dignités et l'équilibre politique qu'un cortège entend exprimer entre autorité urbaine et autorité monarchique, est une opération délicate. Les officiers du bureau des finances de Bourges se trouvent ainsi en butte à l'échevinage d'un côté et au présidial de l'autre, ni l'un ni l'autre n'étant prêt à céder la place. Là comme ailleurs, les concessions passent par des compromis et des astuces cérémonielles, en jouant sur les dignités multiples des participants, ce qui permettait « aux notables bourgeois » de participer sans que le corps des officiers du bureau des finances ne soit représenté[23]. Bien qu'ayant le droit de défiler en corps, les officiers nouvellement installés à Bourges ne parviennent pas à s'imposer ; ils préfèrent renoncer à se présenter sous un mauvais jour, c'est-à-dire à une mauvaise place[24]. La victoire remportée par la tradition sur l'innovation est pourtant loin d'être satisfaisante ; le discours tenu par un tel cortège est faussé à la base, et tous en ont conscience.

Si le spectacle, « construit comme une démonstration de l'ordre social et politique par la mise en place des différents ordres qui le composent : clergé, notables de la municipalité et des quartiers, membres des cours souveraines »[25], doit donc être pris dans son ensemble, les querelles de préséances, à l'inverse, ne donnent qu'une vision fragmentée de l'événement. Les disputes, en effet, se jouent toujours à un degré. La place convoitée l'est nécessairement dans une proximité immédiate, les ambitions des participants se contenant dans le champ des possibles, lequel est limité. Convoiter un rang trop en décalage avec son statut serait déraisonnable et par là même inopérant. Le roi ne peut permettre une perturbation trop flagrante d'un ordre politique qui bafouerait, ce faisant, ses propres règles. Les conflits opposent donc deux corps de dignité

---

[23] V. Thomas Luttenberg, « Pratiques de préséance. Rang cérémoniel des corps d'officiers "moyens" et assise sociale de leurs membres (XVIe-XVIIe siècles) », dans *Histoire, Économie et Société*, à paraître.

[24] *Idem*, voir en particulier les obsèques d'Henri IV.

[25] Michèle Fogel, *Les cérémonies de l'information dans la France du XVIe au XVIIIe siècle*, Paris, Fayard, 1989, p. 136.

équivalente, quand ils n'éclatent pas à l'intérieur des corps, entre deux degrés de dignité.

Ainsi, le cortège n'est pas abordé dans sa totalité, mais par segments, au gré des querelles. Mais si la question des préséances n'offre qu'une image partielle, elle souligne, par ses analyses ponctuelles, les pressions qui sous-tendent la composition de l'ensemble. Le pouvoir politique se donne à voir dans sa totalité, mais celui que chacun entend révéler par la place occupée s'exerce très localement. Ce sont ces tensions entre autorité monarchique, exprimée par la conjonction de tous les corps, et dignité personnelle, signifiée par un rang bien gardé, qu'il convient ici d'examiner en détail. Le cortège constitue donc le point focal de l'analyse. Il est compris comme problème dans les questions de préséances, de par son organisation spécifique et les difficultés qu'il soulève parmi les partici-pants. L'extrême éparpillement des sources (les querelles de rangs n'apparaissent le plus souvent qu'au détour d'un récit, ou dans des recueils qui rassemblent des preuves en puisant dans toutes les cérémo-nies) amène à examiner, au-delà des entrées royales, toutes sortes d'obstacles rencontrés dans l'ordonnancement des défilés. Les processions religieuses peuvent ainsi relayer les processions laïques, nettement moins nombreuses dans la seconde moitié du XVIe siècle, en ces temps troublés de guerres de Religion[26]. À bien des égards, ces deux types de cérémonie peuvent être apparentés. « L'ordre de la procession faicte par le comman-dement du Roy à cause des hérésies » (Janvier 1534) en est une bonne illustration : François Ier demande à ce que les rues soient décorées, qu'il y ait des mystères, et une torche devant chaque maison au passage de la procession. Le document présente ensuite une description détaillée du cortège, élément toujours capital dans ces cérémonies, et rapporté avec soin[27]. Nombre de composantes de cette cérémonie se rencontre encore dans les entrées royales. En fait, les querelles de préséances produites par l'ordonnancement d'un cortège souvent mal vécu doivent être considérées comme autant de problèmes de la société politique en général. À ce titre, c'est l'articulation entre autorité monarchique, représentation du pouvoir et organisation des cérémonies urbaines qui permet d'aborder une donnée

---

[26] Michèle Fogel souligne la multiplicité des processions parisiennes au XVIe siècle, et dont à peine 10 % sont proprement monarchiques. Voir *ibid.*, 2e partie, ch. I, p. 144, par exemple.

[27] Bibliothèque de l'Institut, Ms. Godefroy 452, p. 157.

importante, bien que rarement visible dans le résultat final, du spectacle offert à la communauté urbaine.

Dans cette perspective, ce n'est pas tant la dialectique roi/ville qui est à l'œuvre, que celle qui renvoie, dans un rapport constant, la monarchie à ses corps constituants. Cette approche ne réclame pas une contextualisation aussi précise que l'analyse, par exemple, des décors urbains dressés à l'entrée d'un prince. Le caractère de la ville ou la personnalité de son hôte importe moins que les étapes de la construction cérémonielle pour comprendre les enjeux des querelles, et, par là même, les conséquences qu'elles entraînent, même s'il reste vrai que la communauté urbaine, dans son identité, est une des composantes du cortège comme elle l'est, d'ailleurs, du fonctionnement de l'État[28]. Il convient cependant de rappeler la place particulière de Paris, tant dans le cycle des entrées royales effectuées par un souverain[29] que dans la mise en forme des cortèges urbains en général. Capitale du royaume, la cité est bien souvent érigée en modèle ; elle fixe ainsi des normes qui se répercutent, en vagues concentriques, sur l'espace français[30]. En cela, le roi est particulièrement soucieux de régler l'ordre de ceux qui le présentent et le représentent au cœur de son fief capétien, lui-même rayonnant, là plus encore qu'ailleurs, de toute la gloire de sa souveraineté. C'est dans sa capitale qu'il entre pour la première fois après son sacre, comme il y fait, également, son ultime sortie avant d'être enterré à Saint-Denis[31]. Il n'est donc pas surprenant que les preuves rassemblées par les plaignants dans les affaires de préséances (cours souveraines, princes, ducs ou autres gentilshommes) s'appuient essentiellement sur les exemples parisiens, plus convaincants, mais aussi plus fréquents qu'ailleurs.

Il ne s'agit nullement ici de nier l'importance, pour la compréhension des entrées royales, du lieu et du moment que consacre l'événement. Mais

---

[28] Robert Descimon, « Le corps de ville et le système cérémoniel parisien au début de l'âge moderne », dans Marc Boone et Maarten Prak (eds.), *Statuts individuels, statuts corporatifs et statuts judiciaires dans les villes européennes (moyen âge et temps modernes)*, Louvain, Garant, 1996, p. 73-128. L'auteur montre bien que le système cérémoniel s'élabore aussi autour de l'union corporative du roi et de la ville.

[29] Lawrence M. Bryant, *The King and the City in the Parisian Royal Entry Ceremony. Politics, Ritual and Art in the Renaissance*, Genève, Droz, 1986.

[30] « Ceste noble ville capitale de ce royaulme, qui doit estre le mirouer et exemple d'honneur, modestye et geste des autres villes », Registre du Bureau de la Ville (RDBV), t. 4, p. 535. Cité par R. Descimon, *art. cit.*, p. 112.

[31] Fanny Cosandey, *La reine de France, symbole et pouvoir*, Paris, Gallimard, 2000.

ces données constituent moins une priorité qu'un décor devant lequel se
joue une partie de pouvoir dès lors qu'il est question de démêler
l'écheveau des préséances. La cérémonie s'inscrit d'emblée à un double
niveau : au discours proposé à la ville s'ajoute un message délivré à
l'ensemble du royaume, voire à l'Europe tout entière. À titre d'exemple,
les arcs triomphaux illustrant les origines prestigieuses de la reine
permettent de célébrer la nouvelle venue, et d'en souligner les qualités.
Mais ils annoncent aussi une potentielle captation d'héritage. Lors de
l'entrée d'Élisabeth d'Autriche à Paris en 1571, un arc de triomphe
représente, en face à face, Pépin, roi de France couvert d'un manteau de
fleurs de lys, et « Charles, fils de ce Pépin [...] embrassant une colonne
sur laquelle estoit une Aigle, marque de l'Empire »[32]. Façon de dire que
l'héritage impérial doit un jour, par l'union des deux couronnes, revenir
dans la maison-mère, cette allégorie s'adresse au moins autant à la
chrétienté qu'à la communauté urbaine. Les droits acquis par le mariage
d'Élisabeth de Habsbourg avec Charles IX, et que la naissance d'un
dauphin célébrée par anticipation dans la même cérémonie renforce
encore, sont ainsi fixés pour la postérité. Les armes mi-parties de la reine,
certes polysémiques elles aussi, rendent compte d'espérances similaires en
associant les deux couronnes dans un seul écusson[33].

À bien des égards hypercontextualisée (personnalité de l'hôte, caractère
de la ville, conjoncture), l'entrée solennelle tient également un discours
qui dépasse largement le cadre urbain et le temps de la cérémonie. Le
décor éphémère est fixé par l'écrit ; la procession qui passe se fige dans
la relation tirée de l'événement. À l'immédiateté des festivités répond
donc une intemporalité qui fait écho à l'inscription immémoriale, et en
cela éternelle, de la monarchie. Le rapport à l'espace est tout aussi
ambigu : la ville est le théâtre d'une magnificence qui résonne dans tout
le royaume, et se prolonge encore au-delà des frontières. Ces jeux

---

[32] *C'est l'ordre et forme qui a esté tenu au sacre et couronnement de tres puissante
princesse Madame Elizabeth d'Autriche, royne de France, faict en l'Eglise de l'abbaye
Sainct-Denys en France, avec son entree faicte a Paris le 25e jour de Mars 1571*, Paris,
Olivier Codoré, 1571. Publié par Victor E. Graham et W. McAllister Johnson, *The
Parisian Entries of Charles IX and Elizabeth of Austria*, Toronto, Toronto University
Press, 1974.
[33] Fanny Cosandey, « Maternelle et souveraine : la reine de France dans les entrées
royales aux XVIe et XVIIe siècles », *Revue de la Bibliothèque Nationale*, n° 17, 2004,
p. 41-44.

d'échelle déterminent les affaires de rangs[34]. L'ordonnancement du cortège raconte, fixe, et prépare l'avenir dans une conjonction des trois temps et d'un espace social qui glisse insensiblement du local au global. Passé, présent et futur restent étroitement mêlés dans la conscience des participants comme des organisateurs. L'ordre en effet se construit sur les précédents, il se veut « de tout temps » ; l'adverbe « toujours » régulièrement mobilisé se pose en preuve irréfutable. Le rang acquiert ainsi une valeur naturelle, donc éternelle ; il est, à l'image de la monarchie, la fenêtre d'une organisation sociale voulue par le Créateur : « Non seulement le Roy mais Dieu mesme ne peut faire que la vallée d'une montagne en soit le sommet ny que les pieds de l'homme soient plus hauts que la teste », affirme un mémoire en faveur des cardinaux[35]. Les nouveautés sont bannies : « a quel propos faire une innovation » s'insurge l'auteur d'un texte chargé de défendre une position menacée[36]. Voici un rang « tenu par le passé »[37], qu'il serait injuste de modifier. Pour régler celui des cardinaux, le roi demande à voir « les exemples de ce qui a esté pratiqué a cest egard dans les siecles passés »[38]. Les temps antérieurs conditionnent le présent, de la même façon que le présent préfigure l'avenir. D'où cette condamnation de toute innovation qui remettrait en cause une immémoriale observance, plus théorique que réelle, et déposséderait d'un rang. S'« il n'y a point d'exemples que dans les cérémonies d'entrée, les rangs aient été réglés »[39] au détriment d'un plaignant, rien ne doit l'autoriser à ce jour. D'autant qu'un changement intervenu sur une « juste prééminence »[40] peut avoir des effets pernicieux par la suite. « Si cette ouverture est receue, on pourroit doresnavant pretendre tout pour en obtenir une partie, et ce seroit chose de perilleuse consequence, qu'on ne peust desormais se tenir asseuré de ce qui seroit

---

[34] Voir Jacques Revel, *Jeux d'échelles. La micro-analyse à l'expérience*, Paris, Gallimard-Le Seuil, 1996.

[35] Dupuy 478, fol. 32 v°.

[36] *Mémoire pour la préséance des Cardinaux au Conseil du Roy*, BnF, Ms. Clairambault 805, p. 186.

[37] *Brevet sur le rang des Princes du sang et des cardinaux*, BnF, Ms. Clairambault 805, p. 189.

[38] *Ibid.*, p. 197.

[39] *Mémoire sur les rangs et séances de Mrs des ducs et pairs dans les cérémonies d'entrées*, BnF, Ms. Clairambault 721, p. 247.

[40] BnF, Ms. Fr. 20825, fol. 137.

legitimement a soy »[41]. Voici dévoilé le fond du problème. Associés à la dignité, acquis par la naissance dans le cas du fief, par l'exercice d'une fonction dans l'ordre des offices, les rangs sont considérés par leurs détenteurs comme des biens patrimoniaux aussi précieux que la dignité ou l'honneur qu'il s'agit chaque fois de conserver à tout prix.

Au-delà d'une logique de prestige[42], le rang « est un droit d'honneur attaché à la dignité » selon la définition qu'en donne Priezac[43]. Du Tillet, pour sa part, associe « rangs et honneurs des subjects », et voit dans l'ordre ce « qui est le mieux de la vie humaine »[44]. Le perdre revient à mourir socialement. L'association du rang et de l'honneur n'a rien de fortuit : l'un et l'autre déterminent l'appartenance à un groupe et participent de la définition sociale de chaque individu. De la même façon que la perte d'honneur résulte d'un affront provoqué par autrui, la perte du rang provient d'une offensive menée par un rival ; dans les deux cas, cet acte d'agression est une forme d'exclusion[45]. S'il convient de relativiser les conséquences induites par une rétrogradation, laquelle n'est jamais qu'une déchéance relative, le déficit social qu'entraîne l'abandon d'un rang est loin d'être négligeable. C'est une partie du patrimoine – un pan entier de cet héritage symbolique défini par Bourdieu – qui est ainsi abandonné. Le duc de Nevers, humilié par la place que Charles IX lui assigne aux noces royales de 1571, affirme devant sa défaite qu'il n'a « en recommandation que l'honneur pour le bailler et laisser à sa postérité, et l'âme à Dieu »[46]. L'enjeu social explique cet « affect d'angoisse » que suscitent les questions de préséances[47], et par là même, la violence de certaines querelles ou la radicalité des solutions proposées.

---

[41] BnF, Ms. Clairambault 805, p. 186.

[42] Lyse Roy, « Espaces urbains et systèmes de représentation, les entrées du Dauphin et de François 1er à Cæn en 1532 », *Memini. Travaux et documents*, 5, 2001, p. 51-77.

[43] *Mémoire escript par Mr de Prisac pour la préséance du Parlement sur la Chambre des Comptes*, BnF, Ms. Fr. 18514, fol. 153.

[44] Du Tillet, *Recueil des rangs des grands de France, dédié au Roy Charles neufiesme*, Paris, 1601.

[45] Herald Weinrich, « L'honneur presque oublié », dans *Conscience linguistique et lectures littéraires*, Paris, éd. de la MSH, 1989 [1985], p. 149-169.

[46] Bnf, Ms. Fr. 20825, fol. 32 v°. Voir Fanny Cosandey, « L'insoutenable légèreté du rang », dans *Dire et vivre l'ordre social en France sous l'Ancien Régime*, textes réunis par Fanny Cosandey, Paris, éditions de l'EHESS, 2005, p. 169-189.

[47] Pierre Ansart, « Le pouvoir et la forme. Pour une approche psycho-anthropologique du protocole », dans Yves Deloye, Claudine Haroche et Olivier Ihl (dirs), *Le protocole ou la mise en forme de l'ordre politique*, Paris, L'Harmattan, 1996, p. 21-31.

Affaires personnelles ou héritage corporatif, le rang est un bien qui peut être accru, mais non abandonné. D'où cette lutte permanente, à tous les niveaux du cortège, et même, parfois, entre deux cortèges. La concurrence que se livrent les communautés religieuses de la capitale tourne au pugilat lorsqu'elles en viennent à se croiser, un jour de procession. Daté du mercredi 23 mai 1635, voici un « scandale public [...] lorsque dans la rencontre des processions de l'Eglise de Paris et de celle du dit prieuré de St martin et autres Eglises en dependantes, [certains de Saint-Martin] auroient voulu entreprendre de faire changer à ladite Eglise de Paris le costé de la rue quelle avoit choisy, mesme frappé et blessé avec leurs espées nues aucuns des francs sergens, chantres et autres officiers de ladite Eglise de Paris, en quoy ils reconnoissent avoir grandement offensé ladite Eglise »[48]. Cas extrême, les querelles sont généralement plus pacifiques parce que le problème s'est le plus souvent réglé en amont. Anticipant sur les décisions royales, les participants aux cortèges qui supposent leur place menacée, ou qui tentent d'obtenir une position favorable, présentent au souverain des plaidoyers exposant le fondement de leurs droits. La constitution du cortège est ainsi le résultat d'âpres négociations, et de quelques échecs, plus ou moins visibles lors du défilé.

Comment paraître ?

Michèle Fogel souligne « la coupure entre les participants privilégiés par leur statut et leurs connaissances et les spectateurs »[49]. Le double discours tenu par le cortège, expression de la grandeur monarchique par le faste et l'ordonnancement cérémoniel d'un côté, affirmation de la dignité et du capital politique à travers le rang occupé de l'autre, s'adresse à un public qui, lui aussi, peut être dédoublé[50]. Aux spectateurs venus assister à la parade, et qui ne sont partie prenante qu'au titre de la participation de toute la communauté urbaine à la célébration de la grandeur monarchique[51], s'ajoutent les acteurs du cérémoniel qui sont aussi témoins de l'ordre dans lequel chacun d'entre eux défile. Cette foule

---

[48] Bibliothèque de l'Institut, Ms. Godefroy 480, fol. 114.
[49] Michèle Fogel, *op. cit.*, p. 138.
[50] Sur la question du public, voir Hélène Merlin, *Public et littérature en France au XVIIᵉ siècle*, Paris, Les Belles Lettres, 1994, en particulier la Iᵉ partie.
[51] Josèphe Chartrou, *Les entrées solennelles et triomphales à la Renaissance (1484-1551)*, Paris, P.U.F., 1928.

complexe, destinée à recevoir l'ensemble des messages politiques, n'interprète pas tous les signes visuels de façon identique, certains codes pouvant échapper aux moins initiés, d'autres au contraire étant plus spécifiquement destinés à la multitude. Le spectacle offert au public tient compte de ces disparités et des conclusions que tous peuvent en tirer. Les ducs et pairs dénoncent ainsi le projet royal de faire passer devant les princes étrangers :

> Il y auroit aussy un autre inconvenient de grande importance s'ils s'accordoient entr'eux pour le rang, et qu'il leur fust à tous adjugé comme Princes, au dessus des premieres dignitez du Royaume : on y verroit ainsy un Corps estranger tenir le premier rang apres la maison Royalle dans les actions et assemblées publiques : en quoy outre l'indecence de l'abbaissement honteux des François, en rendroit parmy le peuple (qui ne considere que les apparences) ce Corps si relevé et autorisé, qu'il seroit capable estant uny, de troubler le repos et la tranquillité de l'Estat, et y former d'estranges factions[52].

Loin d'être oublié, le peuple s'avère témoin des dysfonctionnements de l'État et, accessoirement, de l'abaissement des pairs dans cette affaire. De la même façon, le dais royal s'adresse au plus grand nombre ; « le poisle se porte en France dessus les rois a leur entree et principales villes du royaume pour marque et tesmoignage public de leur souveraineté »[53]. Quiconque prétend y avoir droit porte atteinte à la majesté, et tous les sujets l'interprètent bien en ce sens.

Pour autant, la plupart des signes sont difficilement compréhensibles et même perceptibles par un public profane. Ils se déclinent presque à l'infini, tout paraissant bon pour soulever des querelles et des contestations. Les subtilités de la préséance n'en participent pas moins au théâtre du pouvoir offert par les entrées. Gestes, costumes, positionnement, inscrits dans le décor urbain des arcs triomphaux et autres embellissements, sont partie intégrante du spectacle de majesté que le roi entend imposer et que les courtisans cherchent à contrôler. Les tentatives menées par Godefroy pour faire la liste des problèmes soulevés par le cérémonial monarchique mettent en exergue les multiples sujets de querelles et, par

---

[52] BnF, Ms. Clairambault 721, p. 422.
[53] Bibliothèque de l'Institut, Ms. Godefroy 394, fol. 338.

là, toutes les nuances du rituel[54]. « Marcher à côté, mais un peu moins
avancé » ; « marcher en écharpe », « honneurs réservés », « couleurs
observées [...] et comme elles sont diversifiées », question du « nombre
en fait de cérémonies et actes solennels », « en quels habits », etc.[55] sont
autant de subtilités dont peuvent s'emparer les participants pour s'imposer
toujours un peu plus.

La question vestimentaire est la plus délicate. Elle rejoint celle des lois
somptuaires, régulièrement promulguées, et maintes fois bafouées[56]. La
« culture des apparences »[57] est étroitement liée au discours de la
puissance, qu'il soit cérémoniel (habiller le cortège) ou onomastique
(habiller le nom)[58]. Il n'est pas à propos ici de disserter sur ce problème
d'autant plus complexe qu'il est polysémique à l'extrême, le jeu des
couleurs, de la qualité des tissus, de la forme des vêtements et des
attributs qui s'y rapportent se conjuguant de mille façons pour imposer de
soi une image qui n'est que rarement en adéquation avec son statut[59].
Mais l'âpreté de certaines querelles portant sur ce sujet montre qu'il est,
dans le système cérémoniel, un élément qui peut être aussi important que
le rang occupé. Faisant feu de tout bois, les secrétaires du roi demandent
à être vêtus de la même étoffe que les grands audienciers et contrôleurs
généraux, et à marcher immédiatement après le chancelier. La manœuvre
est habile : placés sur le même plan que les grands audienciers et
contrôleurs généraux par le costume, les secrétaires du roi font par ailleurs

---

[54] Voir Michèle Fogel, « Penser les règles du cérémonial dans la première moitié du
XVIIe siècle. Les incertitudes de l'érudit Théodore Godefroy », dans Yves Deloye,
Claudine Haroche et Olivier Ihl (dirs), *op. cit.*, p. 155-170.

[55] Bibliothèque de l'Institut, Ms. Godefroy 480 et 481.

[56] Sur les lois somptuaires, Michèle Fogel, « Modèle d'État et modèle social de
dépense : les lois somptuaires en France de 1485 à 1660 », dans Jean-Philippe Genet et
Michel Le Mené (éds), *Genèse de l'État moderne. Prélèvement et redistribution*, Paris, Éd.
du CNRS, 1987, p. 227-235. Pour une comparaison avec d'autres Etats européens, voir
Neithard Bulst, « Les ordonnances somptuaires en Allemagne : expression de l'ordre social
urbain (XIVe-XVIe siècle) », dans *Académie des Inscriptions et Belles-Lettres, Comptes
rendus*, 1993, p. 771-784 ; Diane Owen Hughes, « Sumptuary Law and Social Relations
in Renaissance Italy », dans John Bossy (éd.), *Disputes and Settlements. Law and Human
Relations*, Cambridge, Cambridge University Press, 1983, p. 66-99.

[57] Daniel Roche, *La culture des apparences*, Paris, Fayard, 1989.

[58] Robert Descimon, « Un langage de la dignité. La qualification des personnes dans la
société parisienne à l'époque moderne », dans *Dire et vivre l'ordre social en France sous
l'Ancien Régime*, Paris, éditions de l'EHESS, 2005, p. 69-123.

[59] Michel Pastoureau, *Couleurs, images, symboles. Études d'histoire et d'anthropologie*,
Paris, Léopard d'Or, sd.

bande à part et se hissent ainsi au-dessus de ceux avec lesquels ils
devraient faire corps. Leurs rivaux ne sont pas dupes et dénoncent « l'une
et l'autre desdites marches et pretention de leursdits habits [comme]
extremement prejudiciable aux susdits Grands Audienciers et Controleurs
Généraux »[60]. La dispute ne s'arrête pas là. Les grands audienciers et
contrôleurs généraux réclament, de leur côté, des robes similaires à celles
des maîtres des comptes, car « leurs robes de velours noir à manches
pendantes, [...] chausses de velours noir et [...] pourpoints de satin noir »,
ordonnés pour la cérémonie, leur sont tout à fait désavantageux[61], et les
assimilent aux huissiers « d'avec lesquels ils croyent devoir estre
distingués ». Une telle revendication revient à empiéter sur les prérogatives des maîtres des comptes, lesquels avaient d'ailleurs obtenu un
nouveau costume pour « avoir été mocqués par les autres Compagnies
qui, par dérision, avaient comparé lesdites robes à des manteaux de
cochers »[62]. Le vêtement joue là le même rôle que le rang et un changement de costume soulève les mêmes difficultés qu'un déplacement
physique. Ailleurs, ce sont les princesses qui se disputent à propos de la
longueur de la queue de leurs manteaux, les petites-filles de France
réclamant sept aunes, comme Mesdames filles du roi, mais n'en obtenant
que cinq[63]. À tous les niveaux, vêtements et attributs sont sujets à
conflit. Sans aucun doute, l'habit « montre la dignité et le rang », comme
le rappelle encore un mémoire sur ce sujet[64]. Le roi, sensible à ce
problème, cherche à prévenir les querelles en réglementant la tenue (les
Parisiens auraient ainsi dû voir venir « Mr le chancelier, revestu d'une
robbe de drap d'or, monté sur une mule houssée de velours noir »[65]) ou
même, quelquefois, en habillant les participants aux cérémonies. Les
registres rassemblant diverses pièces sur les rangs et séances contiennent
à l'occasion des comptes de l'argenterie, avec la liste des pièces d'étoffes
et leur prix, destinés à vêtir ceux qui accompagnent la majesté royale[66].

---

[60] Bibliothèque de l'Institut, Ms. 394, fol. 425.

[61] *Ibid.*

[62] *Ibid.*

[63] BnF. Ms. Clairambault 515, p. 584.

[64] Bibliothèque de l'Institut, Ms. Godefroy 395, fol. 287.

[65] *Extraict du Dessein (qui avoit esté dressé fort exactement) de l'ordre qui devoit estre observé à l'entrée à Paris de la Reine Marie de Medicis, espouse du Roy Henry le grand au retour de son sacre à St Denys le 13 may 1610 mais qui fut interrompu à cause du deceds dudit Roy*, Bibliothèque de l'Institut, Ms. Godefroy 476, fol. 101.

[66] Pour l'habillement des six pairs par exemple, voir BnF, Ms. Clairambault 721, p. 129.

D'autres rapportent les décisions souveraines, tel ce « jugement du Roy sur le différend des robbes rouges de la Cour des Aydes »[67].

Au-delà d'une présentation de soi, la mise vestimentaire s'identifie au statut, et personnalise le corps (dans tous les sens du terme) auquel elle appartient. C'est donc une affaire monarchique, autant que personnelle, la mémoire de l'État étant mise en scène sous toutes les formes de la représentation. Si les courtisans s'affrontent entre eux pour ces questions de préséances, ils se heurtent aussi au monarque, auquel revient la décision finale et le pouvoir suprême de vider la querelle. Toutes sortes de stratégies sont alors mises en œuvre, pour obtenir gain de cause d'un côté, pour établir – ou rétablir – l'ordre de l'autre. Et les solutions adoptées, souvent le fruit d'un compromis, laissent un goût amer à ceux qui se voient déboutés de leurs prétentions. L'ordonnancement d'un cortège est donc moins l'image d'un monde politique bien rangé sous la seule autorité royale, que le résultat d'âpres négociations et de rapports de force. Il n'a pas forcément, *in fine*, la configuration qu'il aurait dû avoir.

De la même façon, le compte-rendu de l'événement est moins fidèle à la réalité qu'aux nécessités imposées par les querelles de préséances et à la volonté de ne pas entériner des précédents fâcheux. Dans un certain nombre de cas, le roi préfère taire les noms de ceux qui bénéficient de faveurs exceptionnelles, pour que l'exemple ne puisse servir de preuve. « Comme la préséance étoit débattue entre Mrs de Longueville et de Guise, on pris [*sic*] le biais servant pour le cérémonial des logis. Ce fut de ne pas mettre le nom des deux princes », qui furent alors désignés l'un et l'autre par le symbole N., caution d'anonymat[68]. Une autre solution consiste à préciser que le rang établi sera « sans préjudice de ce qu'a l'advenir ils en voudroient debattre »[69]. La solution adoptée pour que la cérémonie puisse se dérouler sans heurt ne règle donc rien, elle ne fait que pallier une urgence en suspendant le conflit, renvoyé à plus tard. Toujours dans cette optique, il est parfois décidé que les places occupées seront « sans conséquences » pour les cérémonies à venir. Au pire, le monarque décrète qu'exceptionnellement la cérémonie se tiendra sans rang : le 18 août 1643, au *Te Deum* célébré pour la prise de Thionville, « il n'y eut aucun rang ni seance pour les seigneurs. C'estoit un des moyens que l'on

---

[67] Bibliothèque de l'Institut, Ms. Godefroy 394, fol. 431.
[68] BnF, Ms. Fr. 20825, fol. 14.
[69] BnF, Ms. Fr. 20825, fol. 165 v°.

commencoit à prendre pour éviter de decider les contestations sur les rangs »[70]. Ce moyen est néanmoins difficilement applicable aux cortèges du fait, en particulier, de la présence du public qui interprète dans l'instant ce qui lui est donné de voir. La monarchie opte plus volontiers pour une alternance, qui concilie les parties contestataires. « Pour les difficultez qui se sont trouvées [il] a esté accordé entre les deux compagnies par provision jusqu'à ce que Sa Majesté en ayt esté autrement ordonné », que le Parlement ira seul à la procession de la Fête-Dieu, et la chambre des Comptes seule à l'octave, et au jour Saint-Louis[71]. Là encore, la solution n'est que temporaire, le conflit étant loin d'être pacifié.

En fait, rien de tout cela n'est bien satisfaisant. Les traces laissées dans les archives sont autant de témoignages de ce qui a été, et veut être caché. Bien que « sans conséquences », les rangs sont décris, et créent des précédents que les partis qui s'affrontent peuvent toujours utiliser. Solutions temporaires, les places fixées dans de telles conditions ne sont cependant pas le seul fait du hasard ou de l'arbitraire royal. Elles respectent les impératifs imposés par les règles du jeu politique, sans répondre absolument à la querelle soulevée par l'organisation de la cérémonie. Ce sont ces règles dont se targuent, plus tard, les protagonistes d'un nouveau conflit, en s'appuyant précisément sur les précédents que le roi lui-même ne voulait pas établir. Ne pas mettre les noms est tout aussi illusoire, puisque les documents les restituent. Savoir que N. et N. désignent Longueville et Guise, nommément cités dans le texte qui relate l'affaire, permet de rétablir la place de chacun et de la rappeler ultérieurement, si besoin est. L'anonymat ne peut être conservé bien longtemps dans des affaires aussi importantes. Quant à l'absence de rang, elle est immédiatement démentie par les témoignages qui évoquent, avec précision, l'organisation d'une séance ou d'un cortège.

L'ultime recours, pour les sujets qui s'estiment mal traités, est alors de ne pas participer. Les uns « évitent d'y estre parce qu'ils n'auroient pas de rang distingué »[72], les autres « ne paroissent point dans cette cérémonie » pour ne pas occuper une place jugée indigne[73]. Attitude extrême, l'abstention semble finalement le seul recours possible dont disposent tous ceux qui se sentent humiliés. Rarement le fait du prince, lequel préfère

---

[70] BnF, Ms. Fr. 20826, fol. 8.
[71] Bibliothèque de l'Institut, Ms. Godefroy 394, fol 432.
[72] BnF, Ms. Clairambault 805, p. 151.
[73] BnF, Ms. Fr. 20825, fol. 41 v°.

imposer un rang que de soustraire les courtisans à leurs obligations de représentation, le renoncement est généralement une décision prise par les corps ou les particuliers, afin de préserver l'intégralité des droits dont ils se targuent d'être les détenteurs. Cette résolution implique des sacrifices, et reflète la tension née d'intérêts contradictoires. Le champ lexical de la passion peut être mobilisé pour exprimer le dilemme devant lequel se trouvent quelquefois les participants : « se trouvant en peine entre le devoir et la passion d'accompagner le Roy et le notable interest qu'ils ont de ne point faire de prejudice a l'honneur de la dignité dont ils sont revestus »[74], les ducs et les pairs préfèrent se retirer. Près d'un siècle plus tôt, le duc de Nevers se prive des festivités organisées à Mézières, à l'occasion des noces royales de Charles IX et d'Élisabeth d'Autriche. La dispute qui l'oppose à Guise, Nemours et Longueville s'étant soldée par un échec, il refuse d'occuper une place qui entamerait son crédit à la cour et interdit à sa femme de se rendre au mariage. Sous Henri III, Nemours à son tour s'abstient de paraître. Ainsi, alors que le duc de Guise précédait en principe le duc de Nemours, « dans les faits [cette préséance] n'a pas eu lieu parce que Mr de Nemours n'assista point à la ceremonie »[75]. Cette attitude, comme bien souvent dans pareil cas, suscite la colère du roi, qui ne peut admettre que les courtisans s'émancipent d'un ordre dont le souverain est seul juge. Le libre arbitre dont s'autorisent tous ceux qui refusent de se plier aux règles du cérémonial est perçu par les autorités monarchiques comme un acte de désobéissance. Il est, quoi qu'il en soit, la manifestation d'une incapacité royale à imposer un ordre à tous les niveaux. Or cette faiblesse s'exprime précisément dans le cadre d'une mise en scène de la puissance royale ; le public est là pour accréditer, autant que subir, la grandeur souveraine. L'absence délibérée de certains participants s'avère un dysfonctionnement intolérable ; elle rompt les équilibres politiques et discrédite le prince. Ceci explique la réaction d'Henri III, qui « défendit [à Nemours] la cour pour six mois à cause de cette absence »[76]. Mais en deçà, les conséquences d'une telle décision, tant pour la monarchie que pour ceux qui la prennent, justifient également que les insatisfactions exprimées fassent l'objet de longues tractations, afin d'éviter la rupture.

---

[74] *Memoire pour soutenir les prerogatives de Mrs les Ducs et Pairs*, BnF. Ms. Clairambault 721, p. 249.
[75] BnF, Ms. Fr. 20825, fol. 31.
[76] *Ibid.*

L'affaire la plus révélatrice de ces tensions extrêmes est celle qui oppose, à la veille de l'entrée de Louis XIV et de Marie-Thérèse à Paris en 1660, les ducs et pairs aux princes étrangers. À la rivalité qui s'exprime entre ces représentants des plus hautes dignités du royaume s'ajoute le bras de fer que les ducs et pairs engagent avec la monarchie. Le conflit n'est pas nouveau en 1660 : cela fait plusieurs années que les ducs et pairs luttent contre la montée en puissance des princes étrangers. « La dignité de duc et pair est en souffrance il y a desja longtemps par le dereglement des choses »[77], se lamentent ces illustres aristocrates. Subodorant quelques désagréments liés au rang, et n'obtenant aucune assurance ni du roi ni du cardinal Mazarin, auquel ils s'adressent en désespoir de cause, les pairs renoncent à accompagner Louis XIV à Lyon lorsqu'il fait mine d'aller épouser une princesse de Savoie pour décider les Espagnols à marier leur fille. L'année suivante, ils sont confrontés à un nouveau dilemme :

> En 1659 au mois de juin lorsque Mrs. les Ducs et Pairs ont veu le Roy disposé au voyage de la frontiere d'Espagne pour son mariage avec l'infante ils ont au mesme temps pris resolution de suivre sa Majesté selon leur devoir, et de se mettre en esquipage convenable a leur dignité. Mais ils ont cru qu'ils ne devoient pas s'engager plus avant sans demander justice au sujet des prerogatives accordées a des maisons qui n'ont nul avantage sur eux en naissance ny en dignité non plus qu'en fidelité et en affection pour le service de sa majesté[78].

Dans l'attente d'une réponse favorable, ils décident

> de se preparer a partir s'ils obtiennent ce qu'ils demandent mais au cas qu'ils n'ayent point la satisfaction qu'ils attendent, ils sont resolu de s'excuser tres humblement du voyage, et d'en temoigner leur extreme deplaisir avec leurs raisons, estant persuadés qu'ils feroient un tort irreparable et honteux a leur dignité s'ils ne faisoient ce qu'ils doivent pour en conserver les avantages[79].

---

[77] *Memoire pour soutenir les prerogatives de Mrs les Ducs et Pairs*, BnF. Ms. Clairambault 721, p. 249.

[78] *Ibid.*

[79] *Ibid.*

Forts de ces expériences malheureuses, les ducs et pairs n'entendent pas
relâcher leur vigilance ni renoncer à des prérogatives qu'ils ont déjà si
chèrement défendues. Pour l'entrée de 1660, « prevoyant qu'il y auroit
des contestations pour les preseances, [ils] s'assemblérent quelques jours
auparavant les uns chez les autres pour aviser aux moyens de conserver
les rangs que leur dignité, qui est la premiere du Royaume, leur doit
donner dans toutes les ceremonies »[80]. Il s'agissait de procéder en deux
temps : d'abord régler l'ordre de marche des ducs entre eux, en fonction
de leur ancienneté, tant dans les duchés que dans la pairie, ensuite
déterminer la place des princes issus de maisons étrangères. Le projet une
fois établi fut porté au Conseil, pour informer ceux qui devaient décider
en cette matière. Il convenait d'anticiper car les bruits couraient que le roi
attendait la veille de l'entrée pour se prononcer. Du cardinal, les ducs et
pairs reçurent quelques assurances, selon lesquelles

> le Roy ne pensoit point a [les faire précéder] par d'autres princes estrangers,
> et encore moins par ceux des maisons de ce Royaume qui pretendent l'estre
> et qu'a l'egard des Ducs simples, il n'avoit point ouy dire qu'ils pretendis-
> sent preceder des pairs, donnant a connoistre qu'il n'y avoit en cela aucune
> apparence. Il pria néantmoins ces Mrs de ne pas faire semblant qu'ils
> eussent rien appris de luy et leur conseilla de s'adresser au Roy pour en
> recevoir les ordres[81].

Ce qu'ils font aussitôt. Mais Louis XIV reste prudent ; il prend connaissance du mémoire, sans rien déterminer. Pour les ducs, cette partie remise
ranime les inquiétudes, d'autant que le temps presse et que les princes, de
leur côté, intriguent également. Le vocabulaire, mobilisé ici, est bien celui
du secret, de l'intrigue, du faux-semblant. Tout semble se jouer en sous-
main, y compris du côté du roi qui refuse de se déclarer ouvertement pour
un ordre déterminé, conservant, jusqu'au dernier moment, la maîtrise de
la situation et la possibilité de casser toute résistance. La suite le
confirme : « Le lendemain 25 qui estoit la veille de l'entrée, le Roy tint
dès le matin chez Mr le cardinal son conseil particulier pour le reglement
des rangs, et l'ordre de cette marche ; ou estoient M. le Chancelier, les

---

[80] *Relation de ce qui s'est passé touchant les differens pour les rangs de Mrs les Ducs
et Pairs a l'entree du Roy et de la Reyne a Paris en 1660*, BnF, Ms. Clairambault 721,
p. 263.
[81] *Ibid.*, p. 266.

secretaires d'Estat, les Maistres des Ceremonies, et quelques autres »[82].
Et, une fois de plus, le roi lève la séance sans conclure réellement. Une
longue attente s'ensuit pour les ducs et pairs, assemblés chez le duc de
Brissac, jusqu'à neuf heures du soir. Là, le maître des cérémonies présente
« l'ordre de l'entrée signée du Roy »[83], lequel s'avère suffisamment
incertain pour que la difficulté soulevée par les pairs paraisse irrésolue.
Aux doléances exprimées, il est répondu que

> si Mrs les Ducs vouloient se trouver le lendemain matin de bonne heure au
> trosne dressé a la teste du fauxbourg St Antoine, ou le Roy devoit recevoir
> les harangues, et les sousmissions de tous les corps avant que commencer
> l'entrée, Sa Majesté regleroit asseurement sur le Champs, selon qu'ils le
> pretendoient. Mais Mrs les Ducs jugeant bien selon toutes les apparences
> que cette irresolution affectée n'estoit que pour leur faire faire ce pas, afin
> de les engager ensuitte par un absolu commandement du Roy, auquel ils
> auroient estez obligez de deferer en presence a suivre Mr le Comte de
> Soissons, en conclurent tous unanimement, qu'ils ne devoient point sortir
> de Paris pour se presenter devant le Roy avant que la chose fust reglée[84].

Finalement, après une ultime tentative infructueuse, les ducs et pairs
prennent conscience que

> toute cette procedure, leur faisoit assez connoistre qu'on les vouloit engager
> à faire deux choses qui blesseroient irreparablement la premiere dignité du
> Royaume qu'ils ont l'honneur de posseder, en donnant a l'avenir un
> exemple si public et si authentique d'une chose qui n'en avoit point encore
> eu par le passé, [ce qui] leur fit conclure tous d'une voix a ne point sortir
> de Paris, et a s'excuser d'aller a l'entrée[85].

La réaction du roi, bien qu'attendue, ne manque pas de surprendre les
séditieux par sa violence :

> On jugea bien qu'un vuide aussy considerable que celuy là paroitroit
> beaucoup dans une ceremonie aussy solennelle qu'estoit cette entrée, et que
> la rencontre de toutes les autres considerations que chacun sçait pourroit

---

[82] *Ibid.*, p. 267.
[83] *Ibid.*, p. 268.
[84] *Ibid.*, p. 268-269.
[85] *Ibid.*, p. 269-270.

donner quelque petit mécontentement d'eux à la Cour, mais comme en de semblables rencontres on avoit tousjours souffert que ceux contre la pretention desquels on jugeoit les rangs, se retirassent sans y assister ; on ne croyoit pas que la chose fust receüe avec tant d'aigreur, et principalement en ce qu'aucun des Ducs n'avoit point receu d'ordre particulier de s'y trouver[86].

Il y a, dans ces affirmations, une mauvaise foi qui répond à l'attitude ambiguë du roi : les pairs ne se présentent pas devant Louis XIV afin de ne pas recevoir en personne l'ordre d'apparaître à l'entrée ; ils peuvent ainsi arguer de n'avoir pas eu commandement express d'y participer. Le monarque, de son côté, évite l'affrontement et biaise pour n'être pas publiquement démenti par un refus catégorique des pairs. Pour autant, l'absence des contestataires dans le cortège provoque la fureur royale. Les uns sont exilés sur leurs terres, les autres privés de cérémonie. En fait, les absents avaient parfaitement conscience du préjudice porté au roi par ce « vide cérémoniel » qui ne pouvait qu'être remarqué.

C'est là la faiblesse d'une cérémonie qui, parce qu'elle est publique, ne peut éviter de subir les conséquences d'un caprice courtisan. C'est là peut-être, aussi, une des raisons profondes de la disparition de telles festivités. Resserrant le rituel autour de sa personne, le monarque peut finalement l'enfermer à la cour, et le soustraire de la sorte aux yeux d'un public témoin de la grandeur du prince, mais tout autant des dysfonctionnements d'un État bien réglé quoique parfois déficient. Les mystères de l'État se recentrent à Versailles, parmi des courtisans initiés à ses règles et parties prenantes dans les représentations du pouvoir qui se jouent à la cour. Écarté d'un monde dont il ne perçoit de loin que les échos, le profane ne participe plus au rituel complexe des mises en scène du pouvoir en présence du prince. Les risques de dérapages sont ainsi limités ; si les querelles ne cessent pas pour autant, elles sont devenues, plus que jamais, un instrument efficace de la domination monarchique.

Les querelles de préséances révèlent ainsi un des enjeux cruciaux des cortèges royaux : paraître selon son rang, défendre sa dignité, assurer, finalement, l'héritage symbolique dont se sentent investis tous ceux qui participent au cérémonial. C'est toute la question de la représentation – du roi et de l'État – qui se pose à travers l'expression publique de l'être politique. Elle concerne autant le souverain que son entourage : l'absence

---

[86] *Ibid.*, p. 270.

des séditieux est plus qu'une rébellion, elle souligne l'incapacité monarchique à faire régner la justice parmi ses serviteurs. Une place indigne est bien considérée comme une injustice, le déshonneur provoqué par la décision du roi ne pouvant être accepté. La fonction royale par excellence est de la sorte contestée.

Pour autant, l'absence délibérée de tous les mécontents est tout aussi pernicieuse, car le monarque est alors capable d'en prendre acte et d'interdire ensuite toute participation aux cérémonies. C'est une autre façon de signer sa perte. La maîtrise du cérémonial est bien affaire d'État et affaire personnelle dans la confusion d'une appréciation des charges entendues comme patrimoniales par les particuliers et publiques par la monarchie. Ce double enjeu est constamment en œuvre ; la force d'un roi tout-puissant est cependant de maîtriser l'ensemble du rituel. C'est pourquoi l'initiative urbaine fait place, dans les entrées du XVIIe siècle, à l'inspiration monarchique ; c'est encore la raison pour laquelle les querelles de préséances sont soustraites au public. Ni désaveu ni impuissance ne peuvent plus désormais s'exprimer au-dehors. Le désordre bien orchestré des espaces politiques signe ainsi le triomphe de la puissance royale.

Fanny COSANDEY
CRH / EHESS

PRESTIGE ET URBANITÉ : LE LUXE DANS LA RUE

Quelquefois les chevaus vont caparassonnez
De drap d'or et dargent, richesse inestimable,
Toutefois arrivéz en la fumante estable
On leur oste l'habit duquel ils sont ornez
*   Et ne leur reste rien sur les dos estonnez*
Que lasseté, sueur, et playe dommageable
Dont l'esperon, la course, et le fais les accable
Deffaillant sous les bons en courbettes tournez :
Ainsi marche le prince accompagné sur terre...
Jean-Baptiste Chassignet, 1594[1]

Au cours de nos travaux[2] sur les entrées royales, l'une des thèses implicites défendue est celle de l'événement qui transforme la ville en un véritable laboratoire : lieu d'investigation, inconscient certes, de la forme urbaine, ajustement des pouvoirs sur les infrastructures et modelage orthogonal de l'espace. Cette hypothèse sera poursuivie en la plaçant dans le cadre des stratégies de prestige, c'est-à-dire des activités qui procèdent autant du somptueux que du somptuaire. La distinction entre ces deux notions permet de différencier deux types d'approche pour étudier l'événement qu'est l'entrée, ainsi que deux saisies du phénomène du luxe. Dans un premier temps, une énonciation du somptueux doit être prise au sens de somptuosité telle que la définit Furetière : « Grande dépense & magnifique ». La ville s'énonce magnifique, tant dans sa matérialité festive que dans le rendu discursif. Dans un second temps, l'entrée est redevable de la dépense, donc du somptuaire. Ces dépenses font pester les

---

[1] Jean-Baptiste Chassignet, *Le mespris de la vie et consolation contre la mort*, Stances CCCXVIII Poètes du XVIe siècle, Paris, Gallimard, coll. : « La Pléiade », 1953, p. 948.
[2] Voir Marie-France Wagner et Daniel Vaillancourt, *Le Roi dans la ville*, Paris, Champion, 2001 ; *XVIIe Siècle*, n° 212, 2001, préparé par D. Vaillancourt et M.-F. Wagner ; ainsi que les travaux entrepris par l'équipe du GRES (http://GRES.concordia.ca).

uns dans leur conscience de bourgeois, car elles appartiennent à une économie du calcul où l'ordre est lié aux pertes et aux gains[3]. Mais la dépense est aussi à inscrire dans une économie positive de la perte, dans la mouvance de l'affaiblissement de la noblesse. De fait, les entrées sont une dépense formidable, qui fait partie des activités de prestige et qui serait, dans le cours normal des choses et des lois, sujet aux édits somptuaires.

La notion de luxe

Ayant été l'objet d'un grand nombre d'études au début et à la fin du XXe siècle[4], le luxe est un phénomène complexe. La méfiance qu'il suscite est déjà inscrite dans l'horizon étymologique du terme latin *luxus*, signifiant « excès dans la manière de vivre, splendeur, faste ». Selon le *Dictionnaire historique de la langue française*, le mot anglais *luxury* témoigne de la proximité des sens entre luxe et luxure, ces deux termes sont liés par le sème de la surabondance. Par sa nature superflue, sa gratuité, pourrait-on dire, il a toujours été le lieu d'une moralisation[5], mettant en scène un esprit de type binaire : les uns plaçant toutes dépenses du côté du superflu et y opposant une éthique du dépouillement[6], les autres valorisant, pour des raisons de transcendance, la monumentalisation, l'excès de ferveur. En bon hégélien, dans *La Part*

---

[3] Ce sera l'intelligence de Monsieur Jourdain, dans le *Bourgeois Gentilhomme*, de toujours revenir à ce qui calcule, de ne jamais perdre de vue l'investissement.

[4] Voir Henri Baudrillart, *Histoire du luxe privé et public depuis l'Antiquité jusqu'à nos jours*, Tomes I-IV, 1867-1880 ; Étienne Giraudias, *Étude historique sur les lois somptuaires*, Poitiers, Société française d'imprimerie et de librairie, 1910 ; Marthe Lériget, *Des lois et impôts somptuaires*, Montpellier, Imp. L'Abeille, 1919 ; Jean Castarède, *Le Luxe*, Paris, PUF, « Que sais-je ? », 1992 ; Gilles Lipovetsky & Elyette Roux, *Le luxe éternel : De l'âge du sacré au temps des marques*, Paris, Gallimard, 2003 ; Pascal Bastien, « "Aux trésors dissipez l'on cognoit le malfaict" : Hiérarchie sociale et transgression des ordonnances somptuaires en France, 1543-1606 », *Renaissance et Réforme*, XXIII, 4, 1999, p. 23-43.

[5] Pascal Bastien fait cependant remarquer avec perspicacité que les édits somptuaires, dont l'objectif demeure de cadastrer le luxe, ne portent pas sur des « considérations morales » qui, par ailleurs, ont été l'objet de discours « condamn[ant] violemment les braguettes démesurées et les décolletés profonds », P. Bastien, *op. cit.*, p. 24. On nuancera cette position en donnant à lire le texte des lois.

[6] De cette tangente procèdent autant une tradition ascétique philosophique que les querelles iconoclastes.

maudite, Georges Bataille a voulu dénouer cette opposition en montrant comment les sociétés se régulaient autour de la dépense et de son résidu, cette part maudite qui doit être supprimée pour permettre à l'ordre social de se recomposer[7]. Le somptuaire, dès lors, est une nécessité d'un autre niveau, et sa qualité ne peut se placer sous l'égide de la simple opposition du positif et du négatif[8]. En effet, dans une économie symbolique de consommation et de consumation, la ville est pensée comme un gain qui nécessite cérémonie et transfiguration pour assumer l'eucharistie du pouvoir royal et maintenir le charisme muet de la personne royale. La ville maintient donc une tradition, elle conserve des privilèges, marque sa position sur une géographie qui fait fi des matérialités comptables. Les entrées solennelles permettent d'exhiber le superflu ou l'extraordinaire, de montrer la ville sous un jour faste, logeant à son enseigne le spectacle de la dépense propre à l'aristocratie, comme l'a vu Lipovetsky, à la suite de Norbert Élias et Robert Muchembled :

> Rois et seigneurs s'emploient à éblouir en dépensant sans compter butins et revenus, en vivant dans le plus grand équipage, en exhibant des parures somptueuses. Ils se doivent de donner des fêtes riches et abondantes, prodiguer des bienfaits en présence du plus grand nombre de bénéficiaires, le luxe ne se concevant pas sans spectacle de la dilapidation, sans le regard et l'admiration de l'autre. C'est par la prodigalité que les grands acquièrent gloire honneurs, manifestent leur puissance et leur supériorité hors du commun[9].

Ce type de prodigalité, cette économie aristocrate du don exige non seulement un auditoire, mais aussi une scène. La nature urbaine des phénomènes sociaux apparaît ainsi liée au luxe. Cette urbanité, réservée

---

[7] Bataille n'avait certes pas en tête ce type de cérémonie, pensant plutôt à des rituels de destruction des récoltes chez certaines ethnies de l'Amérique du Sud, ou à une part maudite participant du déchet.

[8] C'est ce que dit en d'autres termes Gilles Lipovetsky, même s'il rebute les conséquences des hypothèses de Bataille : « Dans le cadre de (la fête primitive), anéantir les richesses signifiait lutter contre la dégénérescence de l'univers, préparer son renouveau, regénérer le Temps. La dépense festive avait un rapport marqué au temps, la consumation excessive ayant charge, dans les systèmes symboliques primitifs, de réactualiser le temps primordial et de répéter le passage du chaos au cosmos : par là était assuré un nouveau cycle de la vie, le rajeunissement et la recréation du monde. » (Gilles Lipovetsky « Luxe éternel, luxe émotionnel », dans Lipovetsky & Roux, *op. cit.*, 2003, p. 90).

[9] *Ibid.*, p. 36.

plus tard à la Cour, commence par la ville, espace théâtral et espace de représentation de soi. Également sollicité par la mode, autre versant du luxe et du somptuaire, – pensons aux reproches que fait Harpagon à son fils dans *L'Avare* de Molière –, l'espace de la ville s'insère dans une dynamique où la proximité, la rapidité et la multiplication du modèle et des exemplaires forment les conditions nécessaires à son apparition[10], d'où le second segment de notre titre, qui lie luxe et rue.

Le « luxe dans la rue » signifie à la fois le luxe affiché par des agents sociaux sur la voie publique qu'est la rue, ainsi que le luxe de la rue transfigurée pour l'occasion de l'entrée. Les personnages nommés, notables ou échevins portant le dais, deviennent sujets d'exception, et les rues « marchées » sont le support de l'honneur. Ainsi le principe d'osmose entre les agents et le milieu révèle un paramètre du dispositif festif. La rue devient un agent, témoin d'une stratégie de prestige, comme le sont les sujets revêtus de costumes somptueux. Ce principe de contamination est une sorte d'idéal vers lequel une communauté tend dans l'horizon imaginaire de sa totalité. C'est aussi, de manière plus lâche, la procédure carnavalisante décrite par Bakhtine, où les éléments de l'ordre du fond forment figure sur le devant de la scène. Inversement, ce qui était au premier plan se fond dans l'ensemble. Dans cet imaginaire jamais atteint, la fête fait coexister les oppositions en annulant leurs valeurs intrinsèques, de sorte que le tissu social se compose d'une constante complémentarité.

En revanche, fort loin de cet état idéal, les conséquences pragmatiques de ce principe de contamination sont problématiques quand elles se heurtent à la question du pouvoir et des devoirs, au moment où se

---

[10] Daniel Roche écrit à propos de la mode vestimentaire et de l'espace urbain : « Entre le XVIe siècle et le XVIIIe siècle, le jeu se complique : en premier lieu en raison du développement des groupes intermédiaires lié à la complexification croissante de la civilisation urbaine et à la divulgation des phénomènes d'imitation distinctive, en second lieu parce que les migrations de la campagne à la ville, et sans doute également pour une part une réelle mobilité sociale vers le haut graphie de ces contrastes met à la fois en cause des lieux et des rythmes. [...] Enumérer ces thèmes finit par imposer une question trop simple pour être vraiment problématique, en tout cas qui ne peut recevoir une seule réponse : a-t-on connu vraiment un Ancien Régime vestimentaire ? L'existence des lois somptuaires, les descriptions classiques de la société processionnaire des ordres, les querelles de rang et d'étiquette vont dans le sens de l'affirmatif. », (Daniel Roche, *La culture des apparences*, Paris, Fayard, 1989, p. 44) ; voir également Louise Godard de Donville, *La signification de la mode sous Louis XIII*, Paris, Klincksieck, 1976.

reconfigure le jeu des attributs et des fonctions. Cela est encore plus évident dans l'espace festif d'une cérémonie de Cour comme l'entrée. À la différence de la vision heureuse du carnaval qui oscille entre la polyphonie et la cacophonie, l'entrée est fondée sur un ensemble d'injonctions et de contraintes doubles, provenant du type de transaction affective entre le Roi, dans la position du père, et la ville, dans la posture des enfants, des sujets soumis. Par exemple, plus le sujet est costumé, « embelli », sérié avec les objets de prestige, plus il disparaît et acquiert un statut équivalent aux tapisseries qui recouvrent les façades des maisons. Les individualités, dès lors, ne sont plus singulières, annexées tant par la singularité de l'événement que par la régularisation textuelle qui en découle. On aura compris que le spectacle textuel efface encore davantage les supports des singularités, les voix d'une dissidence possible, le couac des subjectivités réfractaires. Quoi qu'il en soit, les cérémonies d'État n'ont pas pour rôle d'encourager ou de promulguer les subjectivités.

Un autre aspect de ce luxe de la rue procède de la suspension des édits somptuaires, la rue devenant un espace de transgression. En principe, le luxe ne doit pas s'exhiber dans la rue, ces édits ayant pour but d'interdire une telle situation et d'enclore en quelque sorte l'affichage des signes de prestige. Mais la cérémonie de la Cour met en suspens les lois et légitime la nature excessive de la fête somptueuse. Sous cet angle, les entrées seraient une sorte de part maudite, par laquelle le pouvoir royal use de la dépense pour régulariser les flux sociaux et pour recomposer l'ordre social comme le suppose Georges Bataille. Ainsi, l'énonciation du luxe de la rue et dans la rue met en activité un Temps éternel, hors-temps, moment d'un nouage informe où s'aboliraient les distances nécessaires dans les ordres fixes de la société d'Ancien Régime. Mais cela s'effectue dans les marges d'un état de transgression autorisée, de même nature qu'un état de siège. Celui qui est placé dans la situation du spectateur, malgré les miroirs qu'on lui offre, doit répondre positivement à une sorte d'injonction massive sur le modèle du « Jouis maintenant ! ».

La rue devient un théâtre qui légitime les pratiques somptueuses du Roi, mais aussi celles de l'aristocratie et des participants à cette suspension du somptuaire. C'est un théâtre, car le luxe et la dépense nécessitent un auditoire et, avant la lettre, dans cette rue s'énonce une société de Cour, prête à jouer et à se représenter. Comme dans l'espace clos de la scène, dans le périmètre de la narration et des signes, la rue suspend les valeurs de vérité, se décolle de cette naturalité de l'être qu'on fait naître dans l'imaginaire avec le sang noble. Au théâtre de Corneille, c'est la leçon qu'inflige Alcandre à Pridamant à la fin de *L'illusion comique*.

Répondant au désir du père Pridamant de retrouver son fils Clindor, le magicien Alcandre met en scène la vie du fils qu'il a plus ou moins répudié. Alcandre fait déambuler le jeune Clindor à travers plusieurs histoires pour le faire mourir sur la scène. L'enjeu de ces intrigues est de montrer la valeur de la représentation théâtrale aux yeux de ce noble de province, qui situe le théâtre du côté des forains et des saltimbanques, c'est-à-dire des gens de la rue ou du Pont-Neuf. Alcandre dit à Pridamant :

> S'il faut par la richesse estimer les personnes,
> Le Théâtre est un fief dont les rentes sont bonnes,
> Et votre fils rencontre en un métier si doux
> Plus de biens et d'honneur qu'il n'eut trouvé chez vous. (v. 1801-1804)

Valorisation du théâtre et des costumes d'apparat, valorisation des apparences et des ombres, la parure somptueuse au théâtre recoupe en partie la scène des entrées. Les édits somptuaires y sont aussi suspendus. La valeur de la représentation est de détacher des corps, de rendre arbitraire la motivation du sang ou du rang, au profit de la fiction et du plaisir qu'elle procure. Mais, au cœur même de ce principe de la chose publique qu'est le théâtre ou la rue se trouve une latéralisation par le haut. La latéralisation doit être comprise au sens où les sujets prennent la rue, leurs statuts rehaussés ; l'expression par le haut signifie que celui qui impose l'entrée, le Roi ou le Grand, se singularise, se transcende et se hisse au rang d'Alcandre. Il est cet Auteur qui n'en a que faire des comédiens, du théâtre. L'Auteur est seul, absolu[11]. Robert Muchembled et Pascal Bastien l'avaient remarqué, montrant que les édits somptuaires s'inscrivent, en général, dans la récession des prérogatives de la noblesse au profit du monarque absolu[12]. Mais voyons comment la rue se prête à ces pratiques de prestige.

Luxe et prestige de la rue

Au moment de l'entrée, la rue est habillée, parée, endimanchée pour permettre le lent passage des cortèges solennels, mais elle est aussi

---

[11] Il devient, comme l'a montré Christian Biet dans la conférence, *L'échange théâtral : lieu, publics, texte, représentation*, prononcée à Montréal, le 21 mars 2003, le support d'un Texte plutôt que partie intégrante d'un espace théâtral dynamique.

[12] Pascal Bastien, *op. cit.*, p. 55.

immobile. Cette rue n'est ni carnavalesque, ni ouverte, ni multiple. Elle s'est réduite, rectifiée, toilettée a-t-on écrit ailleurs. La rue des entrées à la Renaissance est soumise à un ordre encore endogène qui, en se rapprochant du règne d'Henri IV, se soumet à un pouvoir exogène, centralisateur. Elle procède d'une autorité qui commence à se manifester dans le juridique. Si, auparavant, la police des rues, incluant justice et entretien, était tributaire des différentes justices, haute et basse, et que, par exemple, l'Abbé de Saint-Germain pouvait rendre des jugements dans les rues qui lui appartenaient, le pouvoir royal tend à s'approprier ces juridictions à l'aide de toutes sortes d'édits et d'ordonnances. La rue devient chose publique, *res publica*, chose du public, médiatisée par les pouvoirs politiques qui la norment, y tiennent justice, pour devenir l'espace du voyer plutôt que celui des voyous. C'est à la toute fin du XVIᵉ siècle que la rue, placée sous l'autorité du Grand Voyer Sully, sera l'objet d'une rationalisation efficace qui annulera ses saillies, radicalisera sa fluidité, tempérera le jeu de ses façades[13]. La voirie, dès lors, commence à avoir ses lettres de noblesse.

Malgré certaines tentatives, ce n'est qu'en 1607[14], date du fameux édit donnant le plein pouvoir juridique à Sully, que la rue deviendra réellement l'objet des pouvoirs publics[15]. C'est pourquoi, cet édit du début du XVIIᵉ

---

[13] Bernard Barbiche écrit à ce sujet : « Tous les spécialistes qui ont étudié la charge de grand voyer de France (1599-1626), qu'il s'agisse des historiens des ponts et chaussées ou des biographes de Sully, ont souligné à juste titre le caractère novateur de cette institution et la place qu'elle tient dans le processus de centralisation administrative qui, dans les deux derniers siècles de l'Ancien Régime, a si fortement marqué la monarchie française. Pour la première fois, en effet, les travaux publics en France furent alors placés sous la direction d'un chef unique, alors qu'auparavant, ils relevaient d'autorités si diverses qu'aucune politique d'ensemble n'était possible. » (Bernard Barbiche, « Une révolution administrative : la charge de Grand Voyer de France », dans André Stegmann (éd.), *Pouvoir et institutions en Europe au XVIᵉ siècle*, Paris, Vrin, 1987, p. 283. B. Barbiche poursuit en montrant comment entre 1597 et 1603, Henri IV et Sully ont dû lutter d'arrache-pied pour imposer au Parlement les pouvoirs discrétionnaires liés à cette charge administrative.

[14] Cet édit intervient après celui de la création de la charge en 1599, puis sa redéfinition en 1603. On note aussi une ordonnance de la prévôté de Paris sur le désencombrement des rues, en septembre 1600.

[15] Sur l'importance de cet édit, voir Alfred Fierro, *Dictionnaire et Histoire de Paris*, Paris, Robert Laffont, coll. Bouquins, 1996, p. 670. Jean Favier, dans sa somme sur Paris, parle d'un changement d'un « urbanisme épisodique » à un « urbanisme global », dans *Paris : deux mille ans d'histoire*, Paris, Fayard, 1997, p. 92.

siècle est la reprise et la réécriture de maintes lois et ordonnances qui n'ont jamais abouti à des réformes appliquées, demeurant sous l'égide de nombreux pouvoirs qui se sont faits plus discrets que discrétionnaires. Ainsi, la rue au XVIe siècle possède encore une physionomie médiévale qui conjugue étroitesse, courbe, saillie[16]. La rue est conçue indépendamment de la circulation de grands volumes. Elle se distingue des chemins qui forment souvent les grands axes des villes. Dans ce contexte, les entrées royales seront un moyen de reconfigurer ces rues dans des axes rectilignes, développant une économie urbaine de l'axe. C'est ce que fait remarquer Jean-Robert Pitte dans son histoire du paysage :

> La ligne droite, la symétrie, le point focal, la lumière étaient déjà apparus au Moyen Âge dans les bastides. À Paris, parmi les grands axes, n'étaient droites que la Grande rue Saint-Jacques et, à peu de choses près, la rue Saint-Martin, son prolongement sur la rive droite. [...]. Il s'agissait à l'époque de choix essentiellement pratiques, sans signification esthétique et encore moins porteurs d'idéologie. La perspective ne présentait aucun intérêt. [...] C'est par le biais des entrées solennelles que la rue droite va s'imposer aux esprits avant de passer beaucoup plus tard dans les faits. Marcel Poëte et d'autres auteurs ont mis l'accent sur le rôle des entrées solennelles des rois qui de « joyeuses » au Moyen Âge deviennent « triomphales » vers la fin du XVe siècle[17].

Certains éléments de cet énoncé méritent qu'on s'y arrête. D'une part, le développement des rues est conçu selon un certain usage relatif à la formation d'axes économiques et fonciers qui permettent à une ville de faire circuler les biens et les moyens de subsistance. Il y a une valeur utilitaire, « essentiellement pratique », participant au déploiement d'une forme urbaine. D'autre part, à cette fonction première de la rue se superpose ce que l'auteur nomme la signification esthétique, c'est-à-dire un certain type d'agencement qui permet de construire une perspective, des vues, un paysage urbain. En raison de sa nature spectaculaire et

---

[16] Dans un style imagé, Favier écrit à propos des rues du Moyen Âge et de la Renaissance, « [...] on se cogne dans les auvents, on bute sur les éventaires, on doit contourner les reposoirs élevés autour d'une statue ou d'une image peinte. La circulation des piétons et des cavaliers est compliquée par les chariots et charrettes nécessaires à l'approvisionnement. Dans le centre, se promener en groupe est impossible. On se perd de vue. » (*Ibid.*, p. 167).

[17] Jean-Robert Pitte, *Histoire du Paysage, Tome 2*, Paris Grasset, 1983, p. 16-17.

théâtrale, l'entrée oblige en quelque sorte les villes à faire du paysage là où il n'y avait que de l'usage. Il ne s'agit pas de l'imagination au pouvoir, comme on le scandait en Mai 1968, mais bien de l'imagination du pouvoir, c'est-à-dire la nécessité qu'éprouve un ordre politique à faire produire de l'image. Cependant, la configuration de la rue n'est pas strictement de nature spatiale, limitée aux données du pavé. Elle procède également des contraintes, engendrées par les modes d'utilisation de cet espace public. Ainsi n'est pas en jeu une réalité strictement d'infrastructure, mais bien une certaine façon d'utiliser la rue, de s'y installer. Les modalités d'usage de l'espace urbain à la Renaissance ne relèvent donc pas de la même logistique que celle qui est requise au XVIIe siècle et préfigurée dans les entrées royales.

Dans son *Histoire du luxe privé et public*, Henri Baudrillart l'a déjà indiqué à la fin du XIXe siècle. Entreprenant de faire une histoire universelle des pratiques culturelles et conceptuelles de la notion de luxe, il évoque l'évolution du luxe dans les sociétés européennes du Moyen Âge et de la Renaissance, en montrant comment un certain nombre de distinctions se sont établies entre le public et le privé, entre la liesse publique et ce qu'il appelle avec une ostentatoire horreur les « orgies du Palais » sous Henri III. Eu égard au déplacement des sensibilités urbaines, l'opposition entre les notions de privé et de public doit être nuancée, comme le doit être l'idée de nostalgie pour un Moyen Âge religieux et communautaire. Rendant compte de la différence entre le Moyen Âge et l'Âge Classique, Baudrillart écrit :

> [Au XVIIe et XVIIIe siècle] la royauté, se faisant moins populaire, devient plus retirée et plus solennelle. [...] Ce qui distingue les quatorzième et quinzième siècles, c'est que, plus qu'aux époques suivantes, la foule en fait partie essentielle, intégrante ; c'est pour elle aussi que la royauté se met en frais ; c'est son goût qu'elle veut satisfaire[18].

Le silence sur la Renaissance témoigne de son statut spécifique qui en fait une sorte de passage périlleux où les valeurs, les comportements sémiotiques, l'attitude face à l'ici et à l'ailleurs sont précarisés au profit d'une sorte d'empirisme des pouvoirs politiques. Ce qui sera consigné par le juridique et par la coutume au XVIIe siècle demeure champ d'expérimentation.

---

[18] Henri Baudrillart, *op. cit.*, p. 522-523.

Ainsi, l'entrée est une forme de laboratoire urbain où un pouvoir peut expérimenter certaines « formalités de pratiques »[19] (Michel de Certeau). Sous le couvert de la fête et du triomphe se développe une logistique de la présence massive dans la rue. C'est une façon de retrouver l'aspect impérial du triomphe. L'espace public n'appartient plus aux individus. Décor et décorum se conjuguent. La pompe est aussi une machine à refoulement. La foule, « partie [...] intégrante [...] [dont on] veut satisfaire [...] le goût » selon la version idéalisée de Baudrillart, est toutefois bornée, mise en lisière comme le montre cette citation tirée du début de l'entrée d'Henri II à Rouen, en 1550[20] :

> [...] il fut déliberé soubz le bon plaisir de mondict Seigneur L'admiral, que les Archiers honorablement montez et vestus de sa livrée leur *Iavelines* de barde a la main fairoient le commencement de toute la suytte, affin de *renger l'infinité du peuple, affluent de toutes pars insolemment estendu par les rues*, lequel *non accoutusmé* a voir telz spectacles, neanmoins le grand desir qu'il avoit de les contempler *de prez*, fut par si bon moyen *rembarré*, tant par iceulx archiers, que par cinquante hommes accoustrez de colletz de marroquin blanc, sur pourpoint de satin Iaulne, le bonnet & chausses de la couleur, qui par les conseillers Eschevins avoient esté a ce deputez, le long du pont & de la grande rue, feirent si bien leur debvoir que ung seul n'a esté trouvé blessé ou plaintif pour quelques bravades que gens de pied ou de cheval ayent faictes par la voye, laquelle pour ses causes estoit de son estendue couverte de sable menu d'ung pied d'espois, & l'ouverture des rues qui aboutissoient à la grande voye, *closes de barrieres* & d'eschaufaulx de grande recœulte, dont *grande affluence de peuple* pouvoit ayseement & sans de soul veoir icelle entrée (Entrée d'Henri II, Rouen 1550, je souligne).

La présence des archers « leur Iavelines de barde a la main », le volume de spectateurs, manifesté par « l'infinité du peuple », la « grande

---

[19] Michel de Certeau, *L'invention du quotidien. 1. Arts de faire*, Paris, Gallimard, 1990, essentiellement Troisième partie, « Pratiques d'espace », p. 139-189.

[20] Cette entrée d'Henri II est réputée pour sa nature grandiose et pour son triomphalisme marqué. R. J. Knecht la décrit comme suit : « Henry's Parisian entry (1549) was compared to a Roman triumph by learned eyewitness, but it was in Rouen in 1550 that the most consistent attempt was made to stage such a ceremony. The citizens chose to honour the king's recent victories with triumphal chariots. The organizers believed that Henry deserved more spectacular triumphs than had been staged in the past because he had brought them peace. » (R. J. Knecht, *The Rise and Fall of Renaissance in France 1483-1610*, Oxford, Blackwell, 1996, p. 226).

affluence de peuple », la conduite de cette masse qu'il faut « renger »,
« rembarrer » parce qu'elle est « non accoutumé[e] » forment autant de
paramètres montrant que l'espace public du triomphe nécessite un
ordonnancement et une rectitude qui isolent distinctement le spectacle du
spectateur. Ces archers, à la différence des compagnons ou maîtres d'une
guilde costumés, sont à la fois les signes prestigieux du pouvoir,
marqueurs d'une certaine féodalité, et les instruments d'un pouvoir qui
peut réprimer et agresser[21]. Cordon ou périmètre de sécurité transfigure
la rue, implante également un habitus, à entendre comme un ensemble de
schèmes qui orientent le comportement des usagers.

Le narrateur poursuit sa description en intégrant les maisons qui servent
de façades :

> Toutes les Maisons eschaulfaulx, galeries, appuys, fenestrages du long
> d'icelle voye estoient *tendus* & parez dedens & d'or & de soye, qui se
> renfonsoyent dedens les boutiques, ou estoient *rengees en nombre infiny*, les
> seigneurs & dames du pays & d'estrange nation avec partie de la commune
> qui se repandoit iusques aux couvertures des maisons, sans toutesfoys *aucun*
> *trouble ou bruit tumultueux*, ainsi avec ung tel silence se contenoyent, qu'on
> eust peu distinctement entendre lung lautre de bien loing (Entrée d'Henri II,
> Rouen 1550).

Il y a une hiérarchie implicite dans le texte, entre le bas où se trouve la
rue insolente et le haut où l'on regarde le spectacle des « eschaulfaulx,
galeries, appuys, fenestrages ». Marquant de manière appuyée le contraste,
l'énonciateur utilise la même topique que dans l'extrait précédent, soit
celle du nombre, de la multitude, connotée par l'infini. « L'infinité du
peuple » cède la place aux « rengees en nombre infiny, les seigneurs &
dames du pays & d'estrange nation ». L'attitude de cette foule est
différente, car elle est habillée de l'habitus nécessaire à ce type de fête :
« sans toutesfoys aucun trouble ou bruit tumultueux, ainsi avec ung tel
silence se contenoyent ». Ce silence, loin du tumulte et de la noise,
comporte un aspect religieux. Vue de cette hauteur, la fête est une
communion avec le souverain, spirituelle et maîtrisée, respectueuse et
transcendante. Le solennel associe le nombre au silence, proche du

---

[21] C'est un peu comme les chars d'assaut et les engins militaires qu'on faisait circuler
sur la Place du Kremlin lors des défilés du 1er Mai dans l'ex-Union Soviétique, signes de
prestige, mais aussi indicateurs d'une répression possible.

caractère religieux de la cérémonie qu'Henri Baudrillart associait à la pompe médiévale[22].

Ainsi, dans une même relation se dégagent deux modalités d'usage de la rue. Cependant, dans les deux cas, la rue est habillée, « dressée ». La soie et l'or recouvrent les maisons, le sol est jonché de sable, ceux qui défilent sont costumés. Dans cette grande tension, présente en toutes fêtes publiques, se retrouve une première tangente cérémoniale et festive dans le plaisir de l'endimanchement, la rupture du quotidien, ainsi qu'une seconde fondée sur le pouvoir, l'ordre, la rectitude, la mise au pas de la ville. Avant de clore cette section sur le prestige de la rue, deux dernières remarques s'imposent. La première comme l'indique Baudrillart, la solennité implique retrait et contenance, qui se traduisent dans une organisation spatiale, une frontière ; la clôture démarquant le spectacle de la rue annonce la clôture du moi, l'intériorité du sujet. Histoire à suivre. On notera aussi au niveau textuel que la rue, voire la ville, à l'exception des brèves mentions des sites où sont construites les architectures éphémères, disparaît. Se substituent à elle les longues descriptions soit du cortège, soit des architectures éphémères. C'est parce que tout motif triomphal comporte sa vertu impériale qui indexe et les comportements et les espaces, ainsi que les discours et les récits. C'est le prix à payer pour que la rue devienne la scène du prestige, l'espace proliférant du luxe, le réceptacle de la dépense symbolique : économies du somptuaire et prestige dans la rue.

Prestige et luxe dans la rue

Il est utile de noter que les notions de prestige et de luxe ne renvoient pas à la même réalité. Le prestige appartient étymologiquement à l'artifice, au « tour de passe », à la « ruse et à la jonglerie »[23], voire à l'illusion attribuée aux sortilèges. Bien que le terme soit utilisé de manière

---

[22] « Considéré sous le rapport des arts, le luxe du moyen âge est éminemment religieux. Les arts profanes s'en dégagent peu à peu, mais ils en revêtent longtemps les formes et en suivent les phases successives. Envisagé au point de vue des pompes mondaines, le luxe de la même période est avant tout militaire, féodal et chevaleresque, il éclate dans les costumes guerriers, dans les harnais, dans les armures. La royauté à mesure que son rôle s'agrandit, emprunte ces magnificences en y ajoutant les splendeurs toujours accrues de la cour. Tout autre sous bien des rapports est le luxe moderne à partir du dix-septième siècle. Ce qui appartenait en propre au Moyen Âge subit une décadence ». (H. Baudrillart, *op. cit.*, p. 1-2)

[23] Ernoult et Meillet, *Dictionnaire étymologique du Latin*.

restreinte au XVIIe siècle, il n'apparaît pas dans le dictionnaire de Furetière. Une filiation évolutive lie les termes, prestige, prestidigitateur, prestidigitation. Elle éloignera progressivement le prestige de l'ensorceleur. Ainsi le terme prendra un tour plus positif, surenchérissant sur l'éclat et la gloire, « qui imposera le respect », au XVIIIe siècle. De l'ordre du sémiotique, le prestige fait signe et sens, et se construit par signes, marques, emblèmes, insignes ou autres. Le signe de prestige est étiquette, logo obligatoire qui désigne, renvoie, énumère et positionne, de façon implicite ou explicite. Il passe ainsi de l'illusion marquée négativement par le diable à ce qui impressionne, opère un charme.

Étymologiquement, le luxe est du côté de l'excès, *luxus*, provenant probablement de « mis de travers ». Furetière en tire une condamnation sans équivoque : « Mollesse qui se contracte dans l'abondance, dans la fainéantise, & dans un entier abandonnement aux plaisirs ». La mollesse s'oppose ici à la vertu virile, dure et masculine. Il poursuit dans un registre d'économie politique, « se dit aussi de la vanité & de la profusion qui arrive dans les Estats quand ils sont riches & puissants. [...] Le luxe des habits, des meubles, des tables, des équipages de la France a égalé celuy de l'ancienne Rome ». Ainsi, deux positions se dégagent de ces définitions. L'une le condamne sans équivoque et renvoie à une acception morale et rigoriste, annonçant Rousseau et appartenant à ce qui a été nommé ailleurs la « contre-urbanité ». L'autre, plus nuancée, à visée collective réfléchit la vision spectaculaire du luxe, son faste et sa magnificence. Souvent, sous Louis XIV, la comparaison avec Rome est avantageuse pour la France, célébrant son hégémonie.

Le somptuaire réunit ces deux termes, en regard des entrées. Le prestige et le luxe, la mesure artificieuse ou l'excès ostentatoire, sont régis sur une base quotidienne par les lois somptuaires, qui veulent limiter la dépense, selon des objectifs divers. Selon Jean Nagle, on trouve une soixantaine d'ordonnances et d'édits de Charlemagne à Louis XV, qui sont du reste sans grande efficacité[24]. Chaque édit commence par justifier la loi en fonction d'une raison économique. Ainsi, l'incipit de l'édit de 1543 sous François 1er se lit comme suit : « Ayant mis en considération l'excessive et superflue dépense qui se fait présent en cestuy nostre royaume, à cause des habillements tant de draps d'or, d'argent, pourfilleures, passemens, brodures d'ord et d'argent qui se portent par plusieurs

---

[24] Jean Nagle, « Lois Somptuaires », dans Lucien Bély (dir.), *Dictionnaire de l'Ancien Régime*, Paris, PUF, 1996, p. 766.

personnes [...] »[25]. Dans le déploiement du texte se lit un ordonnancement par rapport à la dépense : l'excessive et superflue dépense. Mis côte
à côte, ces deux termes témoignent d'un raffinement qui ne pèche pas par
son économie. Si le superflu peut se ramener à un ordre économique, à
l'établissement d'un rapport dominé par celui qui pose la valeur de
l'utilité, en revanche, quoique d'une même consistance, l'excessif ajoute
une connotation plus morale rappelant l'origine étymologique du luxe.
Dans les dictionnaires de l'époque et les dictionnaires étymologiques,
l'adjectif « excessif » est souvent connoté par le religieux, tandis que
l'adjectif et substantif « superflu » est mis en corrélation avec le
nécessaire, et apparaît comme ce « qui surcharge inutilement »[26].
Furetière reprend ce sens : « excessif, inutile, ce qui est au delà du besoin.
Les Grands ne sont riches que de choses superflues ». Ainsi, le terme
évolue dans une topique économique. Dès lors, une dépense inutile pour
la couronne est en jeu. Mais l'excès ou l'adjectif « excessif » appartient
au registre de ce qui a été longtemps la part maudite, la démesure, ce qui
outrepasse une norme morale, comme en témoigne la seconde acception
du substantif dans le Furetière[27]. On retrouve sous ces deux termes, dans
leur redondance et la syntaxe qui les combine, les deux façons de penser
la dépense dans le champ des entrées.

Le terme de luxe apparaîtra comme tel dans l'Édit de 1639 contre le
luxe des habits, sous le règne de Louis XIII. Mais il est déjà présent
conceptuellement : l'édit d'Henri II sur la Réforme des habits, daté de
juillet 1549, débute de la manière suivante : « Comme dès nostre nouvel
advenement à la couronne, considérant les grandes et excessives despenses
du tout inutiles et superflues, qui se faisoient aux accoustrements que
portoient hommes et femmes, sans aucune discrétion ne différence de
leurs qualitez [...] »[28]. Beaucoup plus précis que ceux de l'édit de
François 1er, les termes précédemment relevés sont dédoublés par
« grandes » et « inutiles ». Mais l'édit d'Henri II laisse voir un nouveau
développement, une autre logique, soit celle qui permet le marquage

---

[25] Isambert et al., *Recueil Général des Anciennes Francaises*, Tome XII, p. 834.
[26] *Dictionnaire historique de la langue française*, Paris, Le Robert, 1998.
[27] « Excés, se dit en Morale de ce qui passe au delà des justes bornes & mesures
prescrites à chaque chose. Tous les *excès* de vin, de femme, de travail, sont nuisibles à la
santé. On meurt par un *excès* de joye, aussi-bien que par un *excès* de douleur [...] »
(Furetière). L'acception suivante situe le terme dans le champ théologique.
[28] Isambert et al., *op. cit.*, Tome XIII, p. 101.

d'autrui, la reconnaissance des ordres qui forment le *socius*, la « différence de leurs qualités ». C'est comme si s'ajoutait une autre couche à ce qui s'était mis en place : la dépense a été conçue par rapport à sa valeur économique[29], puis selon son horizon moral et théologique, cet horizon étant lié à la personne et à une psychologie primaire, enfin se dégagent sa valeur sociologique, son inscription dans un espace social.

Ainsi que l'a signalé Alan Hunt dans son ouvrage *Governance of the Consuming Passions ; A History of Sumptuary Laws*[30], les lois somptuaires reposent sur un paradoxe. Dans un premier temps, les articles de luxe favorisent la production et la circulation de la richesse dans les centres urbains, fonctionnant comme une sorte de catalyseur économique. De plus, ils sont nécessaires pour justifier l'appartenance sociale à une classe. Par contre, ils sont répréhensibles sur le plan moral, deviennent trop accessibles selon les prérogatives du pouvoir et entraînent un certain nombre de problèmes sémiotiques repérables dans les textes de lois à partir d'Henri II. Ces problèmes sont de trois ordres. Tout d'abord, l'inflation de l'utilisation des objets de luxe annule leur valeur singulière et rend inopérante leur fonction de désignation ou de distinction. De signes qu'ils étaient quand seuls les nobles pouvaient se les offrir, il ne reste que l'in-signe qui se vide de sa fonction-signe[31]. Ensuite, dans le monde européen apparaissent les phénomènes de simulation et de simulacre, anticipant sur la reproduction industrielle, le kitsch et autres phénomènes d'hyper-réalité. Enfin, les lois somptuaires mettent en évidence des problématiques nouvelles qui se posent par rapport à la personne, à ce sujet en voie de formation qui est en proie de se délester de la présence réelle, pour devenir dans un espace public théâtralisant, curialisé, un ensemble d'attributs fondés sur l'artifice potentiel et le prestige de l'image. C'est comme si le look et la relative démocratie qui lui est attachée venaient de faire leur apparition sur la scène du symboli-

---

[29] Cette valeur prédominera à partir d'Henri IV où se développeront des politiques mercantiles. Voir Pascal Bastien, *op. cit.*, 1999, p. 34 et suiv.

[30] Alan Hunt, *Governance of the Consuming Passions ; A History of Sumptuary Laws*, New York, St. Martin's Press, 1996.

[31] Leur fonctionnement sémiotique est davantage celui d'un symbole, d'un emblème, à savoir un signe qui est motivé ou présente une motivation, comme le nom propre. Ce type de signe, en raison de la répétition et de la reproduction, tend à être remplacé par des fonctions-signes qui ont comme caractéristiques d'être arbitraires. Sur ces questions qui lient sémiotique et conditions intellectuelles et technologiques, voir Terry Cochran, *Twilight of the Literary ; Figures of Thought in the Age of Print*, Harvard U.P., 2001.

que, entre le poids sonnant des monnaies et la force aérienne du spectacle. Dans le cadre des entrées, de ce prestige dans la rue, le somptuaire est marqué de plus d'une façon. Ainsi, dans celle d'Henri IV à Rouen en 1596, le cliquetis des écus difficilement lâchés résonne et leurs prestes transmutations en riches tissus se voient :

> Ce peuple, qui à peine respiroit, sentant encor en soy les maux passez ; par cest advis de la bonne volonté et amour de son prince, fut esmeu d'une très grande joye, reprit nouvelles forces, et incontinent fit offres de soy, et de ses moyens, pour accomplir ce qui luy seroit commandé. Parquoy fut ordonné à chacun estat le nombre d'hommes qu'il devoit fournir et accoustrer, et baillé l'ordre des habits et couleurs qu'ils devoient porter, et ensemble leur furent nommez capitaines et chefs pour les dresser et conduire. Mandèrent aussi lesdicts sieurs Eschevins plusieurs jeunes hommes des meilleures et plus riches familles de la ville, et les invitèrent de s'accoustrer eux et chevaux, selon les portraicts qui pour lors leur furent baillez. (Entrée d'Henri IV à Rouen)

En sourdine se perçoit la complainte normande, certes justifiée après la fin des guerres de Religion, de « ce peuple », qui n'est pas le peuple, qui « à peine respir[e] », « sent[ant] les maux passés »[32]. L'image que le relationniste veut reconduire est celle du roi thaumaturge qui redonne énergie et guérit, mais, du même coup, il montre que l'ordre des habits et des couleurs vient de l'extérieur, que la note doit être payée par chacun qui doit fournir et accoutrer[33]. On choisit les plus riches familles, car elles ont les moyens d'« accoutrer » fils et chevaux[34]. Cette dépense

---

[32] Dans cette entrée et celle d'Henri II à Rouen, Florence Migneault a montré, à l'aide du motif de la ruine, les différentes « voix municipales » qui se donnent à entendre dans les textes. (F. Migneault, « De la ruine de la représentation [...] », *Memini*, 2001, p. 14 et suiv.

[33] Montaigne ironise sur la libéralité des Princes : « Outre ce, il semble aus subjects, spectateurs de ces triomphes, qu'on leur faict montre de leurs propres richesses et qu'on les festoye à leurs despens. » (Montaigne, *Essais*, Livre III, chap. VI, Paris, Gallimard, coll. « La Pléiade », 1962, p. 880).

[34] Le relationniste explique ensuite la raison pour laquelle on recourt aux plus riches : « Veu mesmes que depuis encores en l'an mil cinq cens soixante et trois, incontinent après la prinse, sac et pillage universel de ladicte ville, qui avoit duré huit jours, les habitants d'icelle estans lors tellement incommodez, que les autres plus riches d'entre eux à peine avoient les habits et accoutremens suffisans pour leur usage, receurent néantmoins le Roy Charles neuviéme avec tel apparat, qu'il n'y eut si petit qui ne s'engageast pour faire de tout son pouvoir honneur à son Prince. » (Entrée d'Henri IV à Rouen).

n'est pas qu'une dépense, elle participe aussi d'une autre économie, car la relation laisse entrevoir une certaine résistance, ou plutôt une suffocation qui vient à peine de passer.

On suppose la dépense thérapeutique, comme l'espace théâtral de la rue rectiligne saura redonner souffle au corps municipal. La dépense dès lors n'est plus celle des sous, mais elle se transmute dans l'enthousiasme de la foule qui ne se monnaie pas de la même façon. Ponction supposée au corps du peuple, de ce peuple fictif qui emplit, comme une grande masse, la scène de la rue pour la faire frémir :

> Car on peut bien en vérité affirmer icelle entre avoir esté de plus de *despence*, d'appareil et *magnificence*, que toutes celles que jamais les Empereurs Romains ayent faictes, dont toutefois les histoires font tant mention. Qui ne confessera donc franchement que ce zèle et naturelle affection du peuple de Rouën, à recognoistre et honorer ainsi ses Roys, n'est seulement grande, ainsi très grande et quasi comme *excessive et incomparable* ? (Je souligne.)

Enfin, dans cette relation comme dans la plupart des relations d'entrées se lisent la double richesse des costumes, la dépense des détails et le détail de la dépense toujours implicite. Par exemple, le relationniste décrit le capitaine des Enfants de la Ville.

> Le capitaine de la première compaignie, marchant à la teste d'icelle, avec la gravité et hardiesse requise, estoit un des anciens Capitaines de la ville, homme noble et d'honneur, vestus de *pourpoinct et chausses de veloux gris chamarrés de plusieurs passemens d'or*, avec *boutons aussi d'or*, et le *chapeau de castor* de couleur grise, garni d'un gros *cordon d'or enrichi de pierreries*, avec *pennache et égrette blanche* ; le *bas de soye* gris avec les *jartières de soye* incarnate *frangées et brodées de fil d'or*, *l'escharpe* de taffetas blanc brodée et frangée de crespine de *fil d'or*. Il portoit un *espieu* riche et magnifique, ayant la *lame damasquinnée* par *feuillage d'or*, enlacés des couleurs du Roy, et le *baston* orné et embelli d'un grand nombre de *diamans et pierreries* richement enchassées en iceluy ; et avoit aussi un grand *coutelas* supporté à l'antique, en façon d'escharpe, par un riche *cordon de fil d'or* meslé de *soye* incarnate et verde. Et tout cest ornement joinct au bon geste et beau maintien de ce Capitaine estoit de très bonne grâce et de très belle apparence, comme il se peut aucunement considérer par le portraict d'iceluy, que voyez icy inséré. (Je souligne)

L'entrée royale suspend les lois somptuaires et habille tout ce qui se trouve dans la rue du vêtement « naturel » de la fête. Mais cet événement, ce faisant, pose la réelle difficulté des lois somptuaires, de manière plus explicite que dans le quotidien. Non pas seulement parce que tous ceux qui marchent dans la rue, dignitaires ou non, aptes ou non, deviennent « somptuaires » et portent les marques d'une qualité qui n'est pas la leur[35]. Cela est aussi un problème mais qui fonctionne sur d'autres bases. Mais c'est surtout parce que cette cérémonie marque une grave incohérence par rapport aux lois somptuaires. Comme Montaigne[36] le soutient dans son essai sur les lois somptuaires, on ne peut pas à la fois interdire ce qui définit les Princes et les Grands et en même temps leur demander de suivre leur modèle : « car dire ainsi qu'il n'y aura que les Princes qui mangent du turbot et qui puissent porter du velours et la tresse d'or, et l'interdire au peuple, qu'est-ce autre chose que mettre en credit ces choses là, et faire croistre l'envie en chacun d'en user ? »[37] Ainsi, les entrées sont une manière de susciter dans « le peuple » et surtout parmi les bourgeois le désir du costume, ce dernier est posé comme le modèle de la magnificence. Une véritable politique sur le somptuaire serait, comme l'écrit Montaigne, « d'engendrer aux hommes le mepris de l'or et de la soye ». Toutefois, dans le contexte du XVIe et du XVIIe siècle, cette

---

[35] Par exemple toujours dans l'entrée de Rouen, on voit des bourgeois parés s'occuper du peuple : « Monsieur le grand Maistre des cérémonies de France s'estant offert à ladiste ville, pour estre aussi maistre des cérémonies d'une si joyeuse et desirée entrée, s'y trouva *fort richement accoustré* selon sa qualité : et fut accompaigné de *trois notables bourgeois choisis et esleus* par lesdicts sieurs conseillers Eschevins, pour estre aussi maistres desdictes cérémonies sous iceluy seigneur : *lesquels estoient accoustrés d'habits somptueux et convenables à leur charge*, et montez à l'avantage sur chevaux de prix, pour faire en toute diligence ranger et avancer les compagnies, selon le rang qu'elles devoient tenir, et *mettre bon ordre* tant dehors que dedans la ville, par les *chemins* que tiendroit ladicte entrée ; pour *éviter à la confusion du peuple qui s'y trouvoit, affluant en grande multitude de toutes parts*. Ce qu'ils effectuèrent avec telle dextérité, qu'il ne s'y peust remarquer aucun désordre ny confusion, au grand contentement d'un chacun ».

[36] Montaigne dénoncera à quelques reprises les entrées royales comme néfastes à la vie de la cité. Il se sert de l'entrée d'Henri II à Rouen vu par des « brésiliens » pour montrer le ridicule des sociétés européennes. Dans « Les coches », il écrit à propos des pompes publiques : « L'emploit [sic] me sembleroit bien plus royale comme plus utile, juste et durable en ports, en havres, fortifications et murs, en bastimens somptueux, en eglises, hospitaux, colleges, reformation de ruës et chemins. » (*Essais*, Livre III, Chap. VI, *op. cit.*, p. 881).

[37] Montaigne, *Essais*, Livre I, Chap. XLIII, *op. cit.*, p. 259-260.

politique stoïcienne de soi et des sociétés risque aussi d'entraîner un rejet de la monarchie, de cette grandeur et magnificence qui a besoin de la richesse en tant que représentation de soi. La pauvreté de l'appareil risquerait de transformer le Monarque ou le Grand en appareil de la pauvreté, tandis que la représentation du prestige se traduit par le prestige de la représentation. Mais, dans ce tour de passe-passe où la rue transforme l'or en or, le quidam en mannequin de soie, où l'image du Prince contamine l'image de soi, subsiste la part du diable. Cette dépense n'est jamais récupérable et alimente le désir incandescent de prendre la rue, justifiant les craintes de Montaigne qui, faisant voix avec Platon, « n'estime peste du monde plus dommageable à sa cité, que de laisser prendre liberté à la jeunesse de changer en accoustremens [...] »[38].

Daniel VAILLANCOURT
University of Western Ontario

---

[38] *Ibid.*, p. 261.

De l'empereur au roi :
entrées et divertissements en Roussillon
sous l'Ancien Régime de Charles Quint à Louis XIV

Les entrées royales et divertissements en Roussillon, comme dans de nombreuses provinces françaises sous l'Ancien Régime, ont pour principale finalité l'adhésion d'une population aux idéaux défendus par la monarchie, la personne du roi incarnant cette dernière. Néanmoins, le Roussillon a cela de particulier qu'il est tour à tour entre le XVIe et le XVIIIe siècle province espagnole puis française. C'est en effet un territoire de marge, à la frontière entre les grands domaines royaux des Habsbourg et des Bourbon. Cette situation géographique exceptionnelle annonce à elle seule la richesse et la difficulté de gouverner une telle province. Le problème auquel est confronté le pouvoir royal est celui de l'intégration rapide, efficace et durable d'une population à la triple identité : espagnole, française et, surtout, catalane. Si les cérémonies royales poussent effectivement la population à adhérer aux idéaux défendus par la monarchie, les nombreux concepts et le faste déployé devraient être en Roussillon plus intenses que partout ailleurs dans le royaume. Or, si on se réfère à la seule entrée de Louis XIV en 1660, on constate qu'elle prend davantage l'allure d'une simple réception que celle d'une entrée grandiose et solennelle. Il n'en demeure pas moins que cet événement revêt un caractère tout à fait particulier en Roussillon. La visite de Perpignan pourrait n'être qu'une étape supplémentaire sur la route du long pèlerinage nuptial qui mène le roi et sa famille d'Aix-en-Provence à Saint-Jean-de-Luz. Pourtant plus qu'une simple halte, le roi effectue là un détour pour venir prendre officiellement possession d'une ville récemment acquise au royaume.

La période retenue pour observer l'évolution des entrées et fêtes royales en Roussillon est relativement importante. Cette étude, loin de rechercher l'exhaustivité, se propose plutôt d'axer la réflexion autour de quelques cas. L'entrée de Louis XIV apparaissant comme un moment qui interrompt les activités quotidiennes des Perpignanais, il semble intéressant de s'y attarder. Cependant, une lecture efficace ne peut en être faite qu'en dégageant les permanences et les singularités qui existent entre cette entrée et des événements similaires, à commencer par l'entrée de l'empereur Charles Quint dans la même ville en 1538 ou, plus largement, les entrées louis-quatorziennes dans les autres villes françaises. De l'entrée royale, qui est déjà en elle-même un divertissement, va découler toute une série de festivités. Programmées sur quatre journées, ces réjouissances viennent amplifier l'impact de la visite royale en Roussillon. Le pouvoir royal s'appuiera ensuite sur ces mêmes divertissements pour remédier à l'absence physique du roi dans sa province méditerranéenne.

De Charles Quint à Louis XIV : les entrées dans Perpignan sous l'Ancien Régime

La ville de Perpignan connaît, entre la fin du Moyen-Âge et l'époque moderne, de nombreuses entrées royales ou solennelles[1]. Cette cérémonie publique qui vise notamment à rappeler la place occupée par chaque citadin au sein de la société urbaine et à créer des liens entre le peuple-spectateur et le roi-acteur est donc fréquente dans la capitale du Roussillon. Les entrées officielles, royales ou princières, ont lieu aussi bien sous domination espagnole que française. L'utilisation de ce rituel s'inscrit ainsi dans la permanence, ce qui témoigne sans doute de son efficacité. Cependant, certaines entrées ont une charge symbolique particulière. C'est le cas de l'entrée de Louis XIV qui, sur la route de Saint-Jean-de-Luz où il va retrouver sa future épouse Marie-Thérèse (infante d'Espagne), décide de dévier de son chemin afin de passer par la ville de Perpignan. L'importance de ce geste est indéniable pour une cité nouvellement acquise par le roi de France (l'annexion du Roussillon a eu lieu en 1659) :

Le 10 Abril 1660 environ les six heures du soir Sa Majesté tres chretienne de Louis quatorze de glorieuse memoire fit son entrée en cette ville [Perpignan] accompagné de la Reÿne sa mere, Monsieur Le Duc d'Anjou

---

[1] On en dénombre 7 dans le seul *Livre de la communauté des prêtres de Saint-Jacques* (manuscrit n° 84 conservé à la Bibliothèque Municipale de Perpignan) rédigé entre 1373 et 1624 : fol. 1 Mémoire de l'entrée de l'empereur Segismon (19/IX/1415), fol. 3 Mémoire de l'entrée du roi d'Aragon (1473), Mémoire de l'entrée du roi du Portugal (7/IX/1476), fol. 4 Mémoire de l'entrée du roi et de la reine d'Aragon et de Castille (13/IX/1493), Mémoire de l'entrée de l'archiduc d'Allemagne, prince de Castille (II/1503), fol. 6 Mémoire de l'entrée de deux conseillers de l'empereur Charles Quint (8/XII/1537), fol. 8 Mémoire de l'entrée de Charles Quint (18/II/1538).

son frer et de Madelle La Princesse d'Orléans sa cousine et Mr Le
Gouverneur de la Province et Mrs Les Consuls ayant été le recevoir au bout
du pont de la vasse [la Basse], Sa Majesté fit arreter le Carosse ou Mrs les
Consuls luy firent leur compliment et luy ayant demandé s'il sohaitoit faire
son entrée conformement a celle de l'empereur Charles quint, Il répondit
que non, et en meme temps Il entra dans la ville et s'en fût sans descendre
du carosse a l'Eglise de St Jean ou ayant fait oraison au tres St Sacrement
(qui etoit pour cet effet expose au grand autel) la musique chanta le Te
Deum apres quoy il s'en fût descendre a la maison qui luy avoit été
destinée[2].

Ce texte est l'un des rares récits de l'entrée et du séjour de Louis XIV à
Perpignan. Force est de constater que cet événement au caractère pourtant
tout à fait exceptionnel n'a donné lieu qu'à très peu d'écrits. La seconde
source sur laquelle peut reposer cette analyse est un extrait des mémoires
de Mossen Curp, prêtre de Villelongue-dels-Monts, petit village des
Albères, dans les Pyrénées-Orientales[3]. Enfin, la troisième et dernière
source est un extrait des mémoires de l'université de Perpignan[4]. Ces
trois textes, et en particulier le second, sont donc à usage privé, réservés
à la lecture des consuls, d'un curé de campagne et des universitaires.
Premier constat : la cérémonie de l'entrée de Louis XIV en Roussillon n'a
que sa valeur intrinsèque ; elle ne peut être lue et comprise dans un livret
qui n'existe pas et ne perdurera pas par l'imprimé. L'entrée de Charles
Quint, contenue dans les mémoires de la communauté des prêtres de
Saint-Jacques (une des principales églises de Perpignan), est réduite au
même sort[5]. La faible quantité de ces récits les rend d'autant plus
précieux ; ils renseignent sur les cérémonies elles-mêmes, mais aussi et
surtout sur la vision que les personnages locaux ont de ces dernières.
Dernier détail d'importance, le récit du séjour louis-quatorzien par les
consuls est rédigé en français, tandis que ceux du curé de campagne et de

---

[2] ADPO 1C1532, *Entrée de Louis quatorze Roy de France et de Navarre en la ville de Perpignan.*
[3] ADPO 178 EDT 1, *Memorias de Mossen Curp, rector de Villalongua-del-Mont*, fol. 96 à fol. 98.
[4] « Arrivée de Louis XIV à Perpignan et la manière dont l'Université alla le complimenter », dans *Statute et memoriale Universatis Perpiniani*, p. 164, fol. 82 (Manuscrit n° 87 conservé à la médiathèque de Perpignan).
[5] *Op. cit.*, fol. 8.

l'université le sont en catalan au même titre que celui relatant l'entrée de Charles Quint.

À la lecture des récits de l'entrée de Louis XIV et de Charles Quint, on est entraîné par une série de dates qui rythme, ponctue le séjour, accélère le quotidien et semble de la sorte donner naissance à une temporalité royale. L'événement est exceptionnel, il marque une rupture dans le temps quotidien, et cette rupture est l'œuvre du souverain : Louis XIV fait son entrée le « 10 avril 1660 environ les six du soir », Charles Quint le « 18 du mois de février étant le 7ᵉ dimanche de l'an mil cinq cent trente huit ». La datation est précise, comme pour mieux signifier l'ampleur considérable de l'événement, qui marquera les mémoires, qui s'inscrit déjà et qui est vécu comme événement historique. D'ailleurs les mémorialistes, qui saisissent la plume pour rapporter l'événement dans leurs travaux, prouvent ainsi qu'ils ont conscience de cette historicité. Ces célébrations sont d'autant plus exceptionnelles qu'elles sont éphémères, et là encore la succession précise de dates vient en témoigner : il y a un début et une fin, le tout se produisant dans un intervalle relativement bref.

Aussi bien pour l'entrée de Charles Quint que pour celle de Louis XIV, la cérémonie semble voir le jour ex-nihilo, par la simple volonté du souverain de pénétrer dans la ville. Nulle trace dans les textes de quelques préparatifs que ce soit[6]. Ils débutent tous par l'évocation directe de

---

[6] Ce sont des relations qui omettent en apparence de mentionner les préparatifs pour la fête. À la fin de l'année 1537, le *Livre de la communauté des prêtres de Saint-Jacques* relate l'entrée de deux conseillers de Charles Quint qui viennent certainement reconnaître le parcours de la visite impériale qui n'aura lieu que deux mois plus tard (fol. 6) : « A de la vuyt de desembre del any mill sinc sents e trenta e set intrarem en la villa de perpinya dos secretarios o consellers del senyor emperador don Carles los quals se comes y gran vella en que isquerem los consols M. Garau Giginta, M. Angel Domingo, M. Johan Frances Sabater, M. Jaume Roçel, M. Johan Folgera y tots los officis y la bandera de la villa ab tots los soldats de la villa y ere capita M. Lorens fort al feris, [...] y lo comes a casa del capita general Don Frances y love a la casa de M. Xanxo [...] y acap de vint o nou dies sen anare y pasarem per cop liure » / (« Le 8 décembre de l'année 1537 entrèrent dans la ville de Perpignan deux secrétaires ou conseillers du seigneur empereur Charles reçu par les consuls M. Garau Giginta, M. Ange Domingo, M. Jean François Sabater, M. Jacques Roçel, M. Jean Folgera et tous les officiers avec le drapeau de la ville et tous les soldats de la ville et leur capitaine M. Lorens [...] et ils mangèrent chez le capitaine Don Frances et ils logèrent chez M. Xanxo »). De même, les consuls se rendirent au-devant de Louis XIV qui était alors à Montpellier pour lui demander confirmation des privilèges ; c'est à cette occasion que le roi prend la décision de se détourner de son

l'entrée. En février 1538 « entra le seigneur Don Carles Roi d'Espagne en la ville de Perpignan », en avril 1660, Louis XIV « fit son entrée en cette ville ». Louis XIV est accompagné d'une Cour composée de membres de sa famille et de beaucoup de gens, Charles Quint est seul. La principale relation de la visite royale s'ouvre par une énumération des personnes accompagnant le roi. Certes, les membres de la famille royale occupent une place privilégiée au sein du cortège, place qui témoigne du rôle joué par la Cour dans le cadre de la propagande royale. Les princes et princesses du sang entourent Louis : la reine mère, Monsieur le frère du roi duc d'Anjou et Mademoiselle de Montpensier, la Grande Demoiselle, princesse d'Orléans, celle-là même qui s'était illustrée pendant la Fronde contre son royal cousin. L'ordre est rétabli, la famille réunie. Peter Burke remarque que lors de l'entrée royale parisienne d'août 1660, les décorations montrent un Louis XIV partageant une partie de sa gloire avec sa mère et Mazarin[7]. La présence d'Anne d'Autriche est attestée à Perpignan et son séjour est pour le moins actif, scandé par de nombreuses visites à caractère religieux. Elle a su préserver l'unité du pays durant la minorité de Louis et son ascendant sur le jeune roi est encore fort en 1660. Comme son parrain, Jules Mazarin, a lui aussi participé au maintien et au renforcement du pouvoir royal, on s'étonnera de son absence à Perpignan avec d'autant plus de raison qu'il a été le véritable négociateur de la paix avec l'Espagne. Mais des ennuis de santé expliquent l'absence du Cardinal. Le 11 avril, il est à Montpellier, retenu par un mal dont la nature n'est pas précisée. Il décide néanmoins de quitter la capitale du Languedoc pour se rendre à Pézenas, ville depuis laquelle il passe directement à Carcassonne[8].

Le cortège qui entre dans Perpignan en ce mois d'avril 1660 est donc, par sa structure et son nombre, impressionnant et théâtral. Théâtralisation

---

chemin pour visiter Perpignan et venir en personne confirmer les privilèges devant les Perpignanais.

[7] Peter Burke, *Les stratégies de la gloire*, Paris, Seuil, 1995.

[8] Th. Renaudot, *Recüeil des gazettes nouvelles ordinaires et extraordianires relations et recits des choses avenues tant en ce royaume qu'ailleurs, pendant l'année 1660*, Paris, MDCLXI , p. 67 : « De Montpellier, l'11 Avril 1660. [...] Son Eminence, qui est demeurée ici, à cause de quelque indisposition, se trouvant beaucoup soulagée, se dispose à partir, aujourd'hui [...] De Narbonne, le 12 Avril 1660 [...] Aujourd'hui, Son Eminence a passé par Pézenas, pour aller à Carcassone. », et p. 392 : « De Carcassonne, le mesme jour 17 Avril 1660. Son Eminence, qui estoit partie de Montpellier l'11 de ce mois, arriva ici le 14, en une santé qui ne peut causer qu'une extrême joye à tous les Peuples ».

qui passe aussi par une volonté royale très forte, tranchant d'ailleurs avec l'image d'un jeune roi manipulé par sa mère. C'est Louis XIV seul qui décide de faire arrêter son carrosse pour entendre ce qu'ont à lui dire les consuls venus à sa rencontre à l'extérieur de la ville. En cet endroit précis, les deux entrées (celles de l'empereur et du roi) se rencontrent, se recoupent, se complètent, se répondent et donnent, de ce fait, toute sa cohérence au corpus documentaire que nous avons retenu : les autorités municipales questionnent Louis XIV : « sohaitoit (t-il) faire son entrée conformément a celle de l'empereur Charles quint, Il répondit que non, et en même temps Il entra dans la ville »[9]. Ce passage témoigne de l'inscription de l'entrée de Charles Quint dans la mémoire sinon collective en tout cas consulaire. L'entrée de l'empereur aura marqué les mémoires avec d'autant plus de force et d'efficacité qu'elle s'est répétée. En effet, on peut parler d'entrées au pluriel et non de l'entrée de Charles Quint dans Perpignan. Durant son séjour en Roussillon, l'empereur reçoit deux fois les hommages liés au cérémonial de l'entrée. La première fois lors de son arrivée, la seconde lors de son retour du château de Salses. L'entrée de l'empereur, les consuls l'érigent en référence, en tant que modèle de l'entrée royale dans Perpignan, celui qui doit être reproduit pour marquer la stabilité monarchique[10]. Louis XIV, lui, décide d'asseoir son autorité sur la capitale roussillonnaise en se démarquant de l'empereur. Non seulement il refuse la proposition du corps de ville mais en plus, comme pour mieux signifier qu'à présent il est le maître, il entre dans la ville sans même attendre que les consuls lui proposent une cérémonie de substitution[11]. Le roi de France, par ce geste de majesté, impose son entrée comme nouveau modèle à suivre.

---

[9] Le principal élément divergeant entre l'entrée de Charles Quint et celle de Louis XIV est la porte d'entrée empruntée par l'un et l'autre. Louis XIV entre dans la ville par la porte Notre-Dame qui est percée au pied du Castillet tandis que Charles Quint entre par la porte Saint-Martin. Voir *Livre de la communauté des prêtres de Saint-Jacques, op. cit.*, fol. 3 sur l'entrée du roi d'Aragon en 1473 « en lo portal de Sant Marti », sur l'entrée du prince de Castille en 1503 « entra per lo portal de Sant Marti ».

[10] Voir J. Boutier, A. Dewerpe et D. Nordman, *Un tour de France royal : le voyage de Charles IX (1564-1566)*, Paris, Aubier, 1984, p. 298.

[11] On peut aussi penser que le roi souhaite abréger la cérémonie en raison des précipitations continues lors de son arrivée : « los senyors consols de la fidelissima vila de Perpinya saberen y tingueren notitia de que Sa Magestat Christianissima era serca dels murs de dita vila, no obstant plovia molt [...] » / (« les seigneurs consuls de la fidèle ville

L'absence de faste constatée dans les villes précédemment traversées par le cortège royal caractérise également l'entrée perpignanaise. La comparaison entre ces différentes entrées est inévitable et fondamentale car celle de Perpignan, qui s'inscrit dans une série conduisant le roi et sa famille d'Aix-en-Provence à Saint-Jean-de-Luz, ne peut être réellement comprise qu'en fonction des précédentes[12]. La question des consuls, sur la façon d'entrer, aurait dû flatter Louis XIV. On sait en effet que ce dernier a des prétentions impériales, or à Perpignan les autorités municipales l'assimilent implicitement à l'empereur. Mais le roi ne l'entend pas ainsi. Néanmoins, en dépit de la rapidité de sa réponse et de son geste, les similitudes entre son entrée et celle de Charles Quint ne sont pas négligeables. Tout d'abord, l'empereur comme le roi sont reçus par les autorités locales, en particulier municipales, en dehors de l'enceinte de la ville[13]. C'est donc le souverain qui s'empare de la ville mais aussi les bourgeois qui la lui donnent et acceptent sa visite. L'autorité des uns et des autres est ainsi renouvelée. Des drapeaux sont déployés afin de marquer la solennité de l'événement, sans que les textes précisent les emblèmes y figurant. On sait que l'un d'entre eux est le drapeau de la ville. Les clés sont ensuite présentées à l'empereur dans le cadre d'une

---

de Perpignan savaient que Sa Majesté Très Chrétienne était près des murs de la dite ville en dépit de beaucoup de pluie [...] ». L'abbé Curp poursuit son récit par cette mention qui vient confirmer la prise de décision louis-quatorzienne : « [...]y ab molta gent del govèrn de la vila, al portal de Nostra Senyora. Y encontinent passa dita Sa Magestat ; y no volgue entrar per lo portal de Sant Marti [...] » / (« [...] il y avait beaucoup de gens du gouvernement de la ville à la porte Notre-Dame. Et sans attendre Sa Majesté passa et ne voulut pas entrer par la porte Saint-Martin »), d'une part, sans doute pour éviter le détour sous la pluie, d'autre part, pour se démarquer de son illustre prédécesseur. Voir ADPO 178 EDT 1, *Memorias de Mossen Curp, rector de Villalongua-del-Mont*, fol. 96.

[12] Par exemple, un mois avant son entrée dans Perpignan, le roi est reçu par les consuls d'Avignon. À l'occasion de l'entrée à Avignon, Louis XIV refuse de déambuler dans les rues de la ville sous le dais qui a été prévu à cet effet. Voir Th. Renaudot, *op. cit.*, p. 296 : « D'Avignon, le mesme jour 24 Mars 1660. [...] Le 19 de ce mois, le Roy, qui avoit couché le jour précédent à Arles, arriva en cette ville, sur les trois heures apres-midy, avec Monsieur & Son Eminence [...].Ensuite de quoy, nos Consuls l'ayans, aussi, haranguée, en luy présentant le Dais, qu'Elle refusa, Elle fut conduite au Grand Palais, qui est la demeure dudit Vice-Légat, lequel en estoit sorti pour le laisser entiérement libre ».

[13] De manière générale, les autorités municipales viennent toujours à la rencontre de leur hôte en dehors de la ville. Voir Jean-Marie Apostolidès, *Le roi-machine. Spectacle et politique au temps de Louis XIV*, Paris, Minuit, 1981, p. 16 : « À partir du XIVᵉ siècle, l'accueil se charge d'un rituel plus élaboré ; on vient chercher le roi hors des enceintes de la ville ».

mise en scène aux couleurs baroques : un fils de consul, déguisé en ange, porte le trousseau. Louis XIV, curieusement, ne reçoit pas les clés de la ville : s'agit-il ici d'un oubli de la part des chroniqueurs sachant que le don des clés reste l'un des gestes fondamentaux de toute entrée royale ? D'un côté, la ville, par le don des clés, manifeste sa soumission à l'égard de son hôte royal, de l'autre, en les acceptant, le roi prouve son attachement à la ville et reconnaît les liens qui l'unissent à la bourgeoisie. L'empereur « confirma les privilèges », le roi selon les textes dont nous disposons n'en fait rien[14]. Pourtant, à l'origine de l'entrée de Louis XIV dans la ville de Perpignan se trouve précisément la question du renouvellement des privilèges. Une ambassade de consuls s'est rendue à Montpellier au devant du roi afin de lui demander de les confirmer. C'est à cette occasion que Louis XIV prend la décision de venir en personne à Perpignan afin de rendre publique cette confirmation.

À la suite de la réception municipale des deux souverains, et de leurs réactions légèrement divergentes, les deux cérémonies se rejoignent sur un point : Charles Quint de même que Louis XIV se rendent immédiatement à la cathédrale Saint-Jean[15]. C'est d'ailleurs sur le parvis de cette cathédrale que Louis XIV pose le pied dans la ville. Ce geste est le signe d'un respect et d'une reconnaissance à l'égard des autorités religieuses. C'est aussi l'occasion pour le roi de transformer son propre triomphe, de le concrétiser, en le redoublant par l'exécution d'un chant de louange à Dieu : un *Te Deum*. Ce chant manifeste les liens étroits qui unissent la religion et la monarchie. Les effets de cette action sont nombreux au sein d'un Roussillon, profondément religieux, qui marque cet attachement à la

---

[14] Voir Bernard Guenée, « En guise de conclusion », dans *Les entrées, gloire et déclin d'un cérémonial*, Biarritz, J&D, 1997, p. 259 : « Le prince se montre à ses sujets. Ses sujets l'honorent. Il promet à ses sujets, souvent par serment de respecter leurs libertés. Une entrée permet, à la fois d'affirmer un pouvoir et une communauté en face de ce pouvoir. C'est un moment de dialogue important. »

[15] Ici encore, si l'on s'appuie sur les témoignages des prêtres de la communauté de Saint-Jacques, ni l'empereur ni le roi n'innovent. En effet, bien avant eux, des voyageurs officiels entrant dans la ville se rendent en premier lieu à la cathédrale Saint-Jean. Ce fut notamment le cas du roi du Portugal en 1476. Voir *Livre des mémoires des prêtres de la communauté de Saint-Jacques, op. cit.*, fol. 3 : « A de la set de setembre del any mill quatre cents setante e six intra lo rey de Portugal dins la villa de ppa entra per lo portal de Canet en que li son feta molta honora [...] y ana en la Iglesia de Sant Johan... » / (« Le 7 septembre de l'an 1476 entra le roi du Portugal dans la ville de Perpignan par la porte de Canet [à l'Est de la ville, Canet est un village du littoral méditerranéen à 10 km de Perpignan] où lui sont fait beaucoup d'honneurs [...] et il alla à l'Eglise de Saint-Jean »).

foi par des actes publics de piété baroque[16]. Louis XIV, en se rendant à la cathédrale, réactive devant son peuple l'image du roi très chrétien. Il épouse la religion de ses sujets et à l'aide de celle-ci, il assure la continuité monarchique, la permanence hiérarchique dans une province nouvellement rattachée à la France[17]. Pourquoi alors, dans ce même souci de continuité monarchique, n'a-t-il pas accepté de faire son entrée à la manière de Charles Quint, pourtant première étape du cérémonial de l'entrée, qui aurait sans aucun doute manifesté avec davantage d'éclat et de force cette permanence de la monarchie ? La question reste en suspens mais vient d'une certaine manière atténuer le geste religieux du roi. Peut-être le déplacement vers la cathédrale doit-il être lu tout simplement comme un geste de dévotion, celui d'un roi venant remercier Dieu pour la protection qu'il lui a accordée lors de son voyage[18].

Le roi entre dans la cathédrale, il s'agenouille et prie silencieusement devant le Saint-Sacrement qui, « etoit pour cet office exposé au Grand Autel ». La vénération du Saint-Sacrement permet au souverain de manifester publiquement sa soumission au Christ en adorant son corps

---

[16] Les processions scandent l'histoire de la province, certaines d'entre elles perdurent, en particulier la *Sanch* : défilé de pénitents et de figures de la Passion le Vendredi saint.

[17] Permanence hiérarchique dans la mesure où la cérémonie religieuse est notamment marquée par le chant du Te Deum dont les paroles, d'une part, rappellent la hiérarchie entre le Dieu des Armées qui règne dans les Cieux, le roi de guerre qui le représente sur Terre et les sujets qui reconnaissent ses valeurs, et dont l'organisation matérielle, d'autre part, fixe chacun en une place bien précise : « avoir sa place au Te Deum » dit le *Dictionnaire de Trévoux*, *op. cit.* Voir aussi Peter Burke, *op. cit.* p. 156 : « Le gouvernement s'attendait à voir les heureux événements, comme les victoires ou les naissances dans la famille royale, célébrés à Paris et dans les provinces. Des messages étaient envoyés aux évêques pour leur ordonner de faire chanter le Te Deum dans leur cathédrale à ces occasions, et il arrivait même qu'on leur précisât nommément les individus et les groupes qu'on voulait voir assister à ces services religieux ».

[18] Voir Raymond Darricau, « Te Deum », dans François Bluche, (dir.), *Dictionnaire du Grand Siècle*, Paris, Fayard, 1990 : « [...] il est clair que les Te Deum n'ont pas constitué, au XVIIe siècle, de simples cérémonies civiques mais qu'ils ont d'abord été un lieu privilégié d'expression de la foi chrétienne et de l'identité nationale [...] ». Voir aussi Th. Renaudot, *op. cit.*, p. 438 : « De Madrid, le 21 Avril 1660. Le 15 du Courant, le Roy d'Espagne partit, avec l'Infante, sa Fille Aisnée, pour se rendre sur la Frontiére, apres avoir esté en l'Eglise Nostre-Dame d'Atoccia, demander à Dieu les graces nécessaires pour le bon succez de leur voyage... »

matérialisé sous la forme d'une hostie[19]. C'est aussi reconnaître un objet patrimonial : l'ostensoir, qui occupe la première place dans les processions religieuses roussillonnaises (en particulier lors de la Fête-Dieu). Le roi donne l'exemple aux Roussillonnais, leurs objets de culte (au sens large) sont aussi les siens. Le rapprochement entre la Fête-Dieu et l'entrée royale est souvent établi car le roi est placé sous un dais en velours au même titre que le Saint-Sacrement[20]. En dépit de l'adoration du corps du Christ, le parallèle entre les deux cérémonies ne peut être que partiel à Perpignan, le monarque ayant refusé de faire son entrée sous un dais. En revanche, Charles Quint accepte le dais, en particulier lorsqu'il quitte la cathédrale pour se rendre au palais des rois de Majorque[21]. Le parallèle entre le corps divin et le corps royal n'apparaît donc pas nettement à Perpignan à l'occasion de l'entrée royale de 1660, il l'est davantage lors de celle de 1538.

Après la célébration religieuse, le roi gagne la maison qui lui servira de palais durant son séjour. Celle-ci se trouve sur le parvis de la cathédrale, « Plaça de la Llana » au Moyen-Âge, toponyme venant rappeler l'importante activité textile de la capitale roussillonnaise. Quand Louis y réside, elle porte le nom de « Plaça del Gobernament » depuis 1642, époque de la conquête du Roussillon par la France à la suite de laquelle Philippe de la Motte-Houdancourt, premier gouverneur français, y occupe une maison. Le roi loge donc au cœur de la ville, à la fois proche des édifices du pouvoir religieux, la cathédrale Saint-Jean, le couvent Saint-Dominique, l'église Saint-Jacques, et des édifices du pouvoir public : la Loge de Mer (Hôtel de Ville) et le Conseil Souverain (haute Cour de Justice qui voit le jour dès le lendemain de l'annexion du Roussillon). Le roi réside au cœur de bâtisses qui sont des lieux histori-ques du pouvoir[22]. Anne d'Autriche est hébergée à la Casa Xanxo,

---

[19] Voir Louis Marin, « L'hostie royale : la médaille historique », dans Le portrait du roi, Minuit, Paris, 1981, p. 147-168. La médaille royale serait au corps du roi, ce que l'hostie est au corps du Christ.

[20] Voir J.-M. Apostolidès, Le prince sacrifié. Théâtre et politique au temps de Louis XIV, Minuit, Paris, 1985, p. 13 : « La Fête-Dieu [...] se développe parallèlement à l'entrée royale qu'on a pu à juste titre présenter comme une véritable Fête-Roi ».

[21] « ils allèrent à l'église Saint Jean après il alla au château avec sa garde et les consuls : Guaran Giginta, Ange Domingo, Frances Sabater, Jaume Rosel, Johan Solera lesquels portèrent dais de drap d'or et comme ils furent devant le château », dans Livre des mémoires de la communauté des prêtres de Saint-Jacques, op. cit.

[22] Voir Christian Camps, Perpignan pas à pas, Lyon, Horvath, 1993, p. 110.

fleuron du dernier art gothique catalan, témoignage de pierre de l'histoire d'une illustre famille d'armateurs perpignanais qui commercèrent avec la Cité des Doges et le fameux Jacques Cœur. C'est dans cette même maison, visitée par ses conseillers quelques mois auparavant, que l'empereur Charles Quint séjourna à Perpignan[23]. En résumé, le roi et sa famille, et avant lui l'empereur, résident en des lieux connus et reconnus par l'ensemble des Perpignanais, en raison de leur statut historique et de leurs majestueuses façades. L'architecture joue d'ailleurs un rôle non négligeable dans la publicité royale : les bâtiments publics se doivent d'être imposants afin d'impressionner le passant-spectateur. Les lieux où logent le roi et sa famille participent ainsi à la construction de l'image d'un souverain puissant.

La rareté des descriptions de l'entrée et la faible quantité de textes produits, mais non publiés, sont peut-être révélatrices du peu d'intérêt que les Roussillonnais portèrent à cet événement ou plus simplement au monarque. La Grande Demoiselle, Mademoiselle de Montpensier, évoque bien le séjour royal en Roussillon, mais ne décrit pas l'entrée[24]. Faut-il en déduire que cette absence de description est le signe manifeste d'une cérémonie perpignanaise sans lustre ? Pas forcément. Elle peut être lue comme une marque de lassitude de la part d'une princesse du sang épuisée par le voyage royal vers Saint-Jean-de-Luz et les cérémonies qui se succèdent[25]. Le fait que la royale cousine ne décrive pas davantage les entrées dans Toulouse, Bayonne et Saint-Jean-de-Luz vient soutenir cette hypothèse. Toutefois la *Gazette de France* offre une description précieuse des événements, s'attardant sur le séjour royal mais pas sur l'entrée. En définitive, l'entrée de Louis XIV dans Perpignan, loin d'être solennelle, apparaît bien davantage dans les textes comme une simple réception[26].

---

[23] *Livre des mémoires de la communauté des prêtres de Saint-Jacques, op. cit.*, fol. 6.

[24] *Mémoire de Mademoiselle de Montpensier*, Amsterdam, J. Wetstein & G. Smith, MDCCXXXV, t. 5, p. 80-82.

[25] Les articles de la *Gazette de France, op. cit.*, marquent la succession des entrées, les visites de villes extrêmement nombreuses en ce printemps 1660.

[26] D'autres villes du royaume et non des moindres (Lyon pour ne citer qu'elle) ont réservé le même accueil au roi. Voir *Entrées royales et fêtes populaires à Lyon du XV* au XVIII* siècles*, Lyon, Bibliothèque municipale de Lyon, juin-juill. 1970, p. 98 : « Entrée de Louis XIV : 24-25 novembre 1658. La seule entrée de Louis XIV et la dernière d'un roi de France à Lyon avant la Révolution eut lieu pendant sa minorité et ne fut pas une entrée solennelle mais une simple réception avec hommage du corps municipal ».

L'entrée relatée avec beaucoup plus de force par la *Gazette de France* est celle du couple royal dans Paris à l'été 1660. L'événement est d'ampleur, le roi présente son épouse aux Parisiens et leur reine aux Français. Le mariage est définitivement concrétisé par cet acte et avec lui la paix est consommée entre la couronne de France (victorieuse) et celle d'Espagne. Contrairement à l'entrée provinciale perpignanaise qui n'a donné lieu à aucune publication, les imprimés de l'entrée parisienne sont pléthores : des livrets explicatifs, des planches gravées représentant les décors provisoires élevés sur le pavé parisien, etc. Cette entrée est l'occasion d'une grande réjouissance, d'un extraordinaire déploiement de décorations (arcs de triomphes, trônes, etc.), manifestant l'opulence de la couronne. L'événement est perpétué non seulement dans des publications mais aussi par une médaille. Seuls les grands événements ont droit d'inscription au sein de l'histoire métallique du roi[27]. Rien de tel pour l'entrée perpignanaise.

En ce printemps 1660, comme la rencontre entre Louis et Marie-Thérèse n'a pas encore eu lieu, la future reine n'a donc pas pu être présentée aux Perpignanais. Néanmoins, les thèmes de l'entrée royale dans la capitale, développés autour de deux axes, le mariage royal et la paix, se retrouvent déjà en Roussillon[28]. Pour Perpignan, la visite du roi est le signe d'une paix retrouvée, dans une ville qui depuis plusieurs décennies souffre des malheurs de la guerre. On ne saurait imaginer le pouvoir de

---

[27] La Petite Académie (ancêtre de l'Académie des Inscriptions et Belles-Lettres) est fondée sous le patronage de Colbert, en 1663. Le rôle de cette institution est de rédiger les devises des médias royaux, en particulier des jetons, tapisseries et médailles. Très rapidement, ses membres se penchent sur les grands événements de la vie du roi qui peuvent faire l'objet d'une commémoration par médailles. En 1702 un premier médaillier papier voit le jour. En 1723, Gros de Boze, secrétaire perpétuel de l'Académie des Inscriptions et Belles-Lettres, propose une version augmentée de cet ouvrage. C'est dans ce dernier qu'on retrouve une vision de l'entrée royale de 1660. Voir Claude Gros de Boze, *Médailles sur les principaux événements du règne entier de Louis le Grand avec des explications historiques*, Paris, Imprimerie Royale, 1723, p. 59 : « 1660 L'entrée de la Reine. Le Roy partit de Saint Jean de Luz peu de jour après la célébration de son mariage, & revint à Paris avec la Reine son espouse. Tout y avoit esté disposé pour une des plus superbes entrées, qui eussent jamais esté veües [...] ».

[28] P. Burke, *op. cit.,* p. 57 : « Mazarin aimait les arts pour eux-mêmes, mais il était aussi conscient de leurs usages politiques [...] le souci de la politique des arts en général et de la commémoration de la paix de 1659 en particulier ainsi révélé dans la correspondance du cardinal suggère qu'il a peut-être aussi inspiré les thèmes de l'entrée solennelle de 1660 à Paris [...] ».

persuasion, de séduction d'un tel message pour les Roussillonnais. Beaucoup plus modestement qu'à Paris, les rues de Perpignan ont tout de même, elles aussi, fait l'objet de décorations[29]. Les relations sur le séjour royal sont beaucoup plus exhaustives que celles sur l'entrée proprement dite. Les multiples festivités, qui viennent ponctuer les journées perpignanaises du Roi-Soleil, sont décrites avec force détails. Est-ce à dire qu'elles ont été plus brillantes que l'entrée elle-même ?

De l'entrée aux divertissements : le séjour royal

La Grande Demoiselle dans ses mémoires, nous l'avons déjà mentionné, n'accorde aucune attention à l'entrée royale dans Perpignan. En revanche, elle offre son sentiment sur le déroulement du séjour et les fêtes qui le ponctuent. Il en est de même dans la *Gazette de France* qui, si elle passe rapidement sur l'entrée, « Leurs Majestez estants ici arrivées, avec une merveilleuse joye de tout le Peuple », détaille en revanche le contenu des journées perpignanaises de Louis XIV. Ainsi, on apprend que le lendemain de son arrivée, le roi a visité « la Citadelle, l'une des plus belles de l'Europe, ayant six grands Bastions, double Chasteau, & un Donjon au milieu, avec des Fossez d'une largeur extraordinaire[30] ». C'est le palais des rois de Majorque dont il est question ici. Charles Quint, lui aussi, l'a inspecté en son temps[31]. Car il s'agit bien davantage d'inspec-

---

[29] Néanmoins, l'utilisation de végétaux pour composer un décor visant à embellir la procession n'est pas une pratique qui naît avec la visite de Louis XIV. En effet, antérieurement, en 1630, « lorsque les tailleurs font une fête en l'honneur de Saint Homebon [...] Naturellement toutes ces fêtes et ces processions nécessitent une longue préparation, puisque les autels et les murs des églises sont parés de guirlandes de fleurs, de feuillages et de bougies et que les rues avoisinantes sont ornées de tentures et jonchées de feuilles », dans Dominique de Courcelles, *Fêtes religieuses, comportements religieux et festifs en Roussillon de la fin du Moyen Age au XVIIIe siècle. Recherche sur différents niveaux de culture populaire*, Casa Velázquez, Culturas Populares, Editorial Universidad Complutense Madrid, 1986, p. 41. D. de Courcelles cite le *Livre de Mémoire de J. Cros*, qui fait partie d'une collection privée.

[30] Th. Renaudot, *op. cit.*

[31] *Livre des mémoires des prêtres la communauté de Saint-Jacques, op. cit.* « ... anarem fins ala Iglesia Sant Johan y apres al castel amb la sua guarde y amb los consols : guaran giginta, angell domingo, frances sabater, jaume rosel, johan solera los quals portarem un papa lo ere felador y com forem devant lo castel despararem molta artileria y la soutade la per lo semblant y lo emperador estigue parat finsque agerem fet apres intra en lo castel... » / (« ...ils allèrent à l'église Saint-Jean après au château avec sa garde et les

tion que d'une simple visite. Les souverains observent la place forte de
Perpignan, jouant ainsi leur rôle de roi de guerre. Les visites royales de
la cité catalane prennent un tour militaire qui s'explique assez aisément
par la position frontalière de la ville, véritable verrou tour à tour de
l'Espagne puis de la France[32]. Suivant la même ligne de conduite, les
autres places fortes du Roussillon sont visitées : Salses, Elne, Collioure[33].
Les agents du roi perpétueront par la suite ces visites et lui adresseront
des comptes rendus : Pierre-Paul Riquet, ingénieur du Canal du Midi et

---

consuls : Guaran Giginta, Ange Domingo, Francis Sabater, Jacques Rosel, Jean Solera
lesquels portèrent un dais de drap d'or et et comme ils furent devant le château beaucoup
d'artillerie fut déployée et l'on tira des salves de canons après quoi l'empereur entra dans
le château... »).

[32] « Perpignan était considéré comme *le rempart de toute l'Espagne contre la France* ».
Voir Joël Cornette, *Le roi de guerre. Essai sur la souveraineté dans la France du Grand
Siècle*, Paris, Payot, 2000, p. 227. Citation extraite de Théodore et Denis Godefroy, *Le
Cérémonial françois*, Paris, 1649, p. 1029.

[33] « Charles Quint s'employa de bonne heure à verrouiller les portes d'une invasion
possible en Espagne, aux deux extrémités des Pyrénées. En 1503, la place de Salses, clé
du Roussillon, qui avait été fortifiée en 1497 par l'ingénieur militaire Ramirez, construite
en pierre et dotée de tours cylindriques, résista victorieusement à une tentative française.
L'empereur jugea cependant nécessaire de renforcer ses défenses, avec des innovations
intéressantes : galeries d'écoute pour se prémunir contre les mines, communications
protégées reliant escarpe et contrescarpe, bastions avancés. Salses, qui ne devait être prise
qu'en 1639, fut appuyée par d'autres forts, à Perpignan, que le maréchal Claude
d'Annebaut ne put prendre en 1542, à Elne et Collioure », dans Bartolomé Bennassar et
Bernard Vincent, *Le temps de l'Espagne XVI*-XVII* siècles*, Paris, Hachette, 1999, p. 113-
114. Dans *Mémoires de la communauté des prêtres de Saint-Jacques, op. cit.*, « ...lo
diumars ana al castel de salses ab los soldats castellans y la sua guarde [...] y duca fins
lo dispate quan parti per anar a copliure y pesa per el na y dina ali y apres ana a copliure
y lo diumenge ere Sant Mathia [?] misa en copliure y avia molt gent a causa de una
indulgencia tenia del summo pontifice [...] y apres de la misa sen ana per paralada y sen
ana en barsalona » / (« ...le mardi suivant il alla au château de Salses avec les soldats
castillans et sa garde[...] enfin, le samedi quand il partit pour aller à Collioure, il passa par
Elne et y dîna puis alla à Collioure et le dimanche de la Saint-Mathieu, il entend la messe
à Collioure où il y avait beaucoup de monde à cause d'une indulgence pontificale [...] et
après la messe il s'en alla pour Peralada puis Barcelone »). Louis XIV et le cortège royal
passent eux aussi par Salses comme le mentionne la *Gazette de France, op. cit*, p. 417 :
« le 14, le Sieur Barret Secrétaire du Cabinet, qui estoit arrivé le jour précédant, de
Madrid, aupres de Son Eminence, à Pouzol, vint trouver Leurs Majestez : qui l'ayans
receu selon que le méritoyent les bonnes nouvelles qu'il leur apportoit, & la maniére avec
laquelle il s'estoit si dignement acquité de son Employ, partirent pour aller à Salse, & de
là continüer leur route vers la Frontiére. »

gouverneur du Languedoc et, par la suite, Louvois viendront inspecter les fortifications de Vauban[34]. En dehors de l'aspect militaire de la visite royale, c'est bien l'aspect festif qui est mis à l'honneur dans les descriptions.

Le rassemblement populaire dans les rues, bien que découlant de l'entrée royale, peut être considéré comme une festivité à part entière. L'entrée royale est l'occasion de préparations diverses, de décorations de tous ordres visant à divertir et à impressionner le peuple[35].

> La porte Notre-Dame était magnifiquement décorée, un dais immense, en velours rouge, prolongeait la voûte. Des montants de bois dorés et enrubannés de bleu soutenaient la grande pièce d'étoffe. Le pont-levis, baissé, était jonché de fleurs. De riches tapis pendaient aux balcons et fenêtres des habitations. Petit à petit la foule grossit dans les rues de Perpignan, des gens aux fenêtres s'entassaient tenant dans leurs mains des corbeilles emplies de pétales de rose qu'ils jetteront en pluie au passage du roi [...][36].

Réduite à la demande du roi, la pompe est tout de même présente, donnant un air festif à cette visite royale. L'entrée est un événement unique, car elle est à la fois à l'origine d'une série de divertissements qui

---

[34] « Je viens de Perpignan après y avoir séjourné quatre jours et fait toutes les tentatives pour ramener les peuples du pays de Conflent dans l'obéissance qu'ils doivent au Roy [...] Monseigneur je ne vous saurais dire jusqu'où va l'insolence de ces peuples. Ils sont mutins jusqu'à l'extrême quoi qu'ils ne puissent pas douter qu'il est facile de les punir [...] un beau pays où le carrosse peut rouler presque partout à six ou sept lieux de Perpignan, limitrophe du Languedoc, et séparé de l'Espagne par le pays du Vallespir qui est celui avec lequel je fis le traité [...] comme ils sont voisins du Languedoc, leur débauche pourrait passer par contagion jusqu'à nos frontières, et peut-être plus avant, en sorte que nos peuples deviendraient mutins à leur exemple [...] ». Lettre autographe de Pierre-Paul Riquet, depuis Pézenas le 8 avril 1669 [ADPO. 1J227]. Dans cet extrait, nous voyons l'ingénieur visiter le Conflent et le Vallespir respectivement contrôlés par les forts Liberia à Villefranche de Conflent et Bellegarde à Prats-de-Mollo, deux constructions de Vauban. En ce qui concerne la visite de Louvois, on consultera les nombreuses pages que lui consacre Alain Ayats dans *Louis XIV et les Pyrénées catalanes de 1659 à 1681*, Canet, Trabucaire, 2002. Ainsi que ADPO 1J390 Correspondance de Louvois.

[35] Voir Victor-Lucien Tapie sur « la fête baroque », dans *Baroque et Classicisme*, Paris, Hachette, 1980 (5ᵉ éd.).

[36] Sicard et Medina, *Histoire du Roussillon,* Perpignan, Imprimerie de l'Indépendant, 1942.

vont célébrer la présence du roi dans la ville et un divertissement en elle-même[37]. Elle est en premier lieu une représentation puissante du roi dans la mesure où sa personne physique, et tout ce qu'elle incarne de symbolique, s'impose directement aux yeux des sujets. Le corps mortel est accompagné de toute la panoplie du corps mystique[38]. Voir le roi, c'est se remémorer instantanément l'ensemble du discours que les théoriciens de l'absolutisme tiennent sur lui, sur son corps mystique ; c'est voir disparaître le corps privé du roi au profit de son corps imaginaire[39]. Dans un Roussillon récemment rattaché à la couronne de France, l'une des rares images du roi ayant circulé est celle d'un souverain libéral épousant l'idéal de liberté si cher aux Catalans[40]. D'un point de vue purement iconographique, les Roussillonnais connaissent les traits de Louis XIV enfant, son portrait ayant circulé sur une monnaie catalane portant la titulature de Comte de Barcelone[41]. L'entrée est donc à la fois chargée d'un aspect festif et d'un sens politique. Louis XIV qui entre dans Perpignan est le roi qui se donne à voir à ses sujets. C'est le roi qui se représente, c'est-à-dire qui exhibe « sa propre présence en tant qu'image et ainsi constitue celui qui la regarde comme sujet regardant[42] ». Louis, acteur, est en représentation devant ses sujets roussillonnais, spectateurs. Tout repose d'ailleurs dans l'entrée sur les jeux de regard. Le peuple est descendu dans la rue pour voir le roi. Il devient ainsi sujet regardant, tandis que le roi qui entre dans la ville pose son regard sur son peuple ;

---

[37] Voir B. Guenée, « En guise de conclusion », *op. cit.* : « Il y a deux parts dans une entrée, au beau temps de sa gloire. L'une est chargée de sens, l'autre n'est que divertissement. » (p. 261).

[38] Ernst Kantorowicz, *Les deux corps du Roi. Essai sur la théologie politique au Moyen Age*, (trad. Genet), Paris, Gallimard, [1957], 1989.

[39] J.-M. Apostolidès, *Le roi-machine. Spectacle et politique au temps de Louis XIV*, *op. cit.*. Le peuple doit cependant toujours être aussi très attentif aux traits physiques du roi.

[40] Voir *Représentations faites au roi de France à l'occasion de son passage au nom de la communauté des habitants de la très fidèle ville de Perpignan en 1660*, ADPO. Livre Vert de la municipalité, fol. 668. On peut y trouver une suite de 9 articles ou demandes adressées par la ville au roi Louis XIV, concernant notamment le logement des troupes, les privilèges des habitants de la ville de Perpignan d'être exemptés des droits seigneuriaux, etc.

[41] Voir Frédéric Droulers, *Répertoire général des monnaies de Louis XIII à Louis XVI (1610-1792)*, Paris, Copernic, 1987.

[42] Roger Chartier, *Au bord de la falaise. L'Histoire entre certitudes et inquiétude*, Paris, Albin Michel, 1998, p. 175.

regard d'où jaillit l'ordre et l'autorité[43] . L'un des exemples les plus éloquents de ce rapport du regard entre dominant et dominé est présenté par Arlette Lebigre : lorsqu'un convoi de galériens croise le roi, si l'un d'eux se jette aux pieds du prince pour réclamer sa grâce, le simple fait que le regard royal se pose sur lui permet à ce dernier de recouvrer sa liberté[44]. C'est encore ce même regard royal qui vient donner du sens, qui vient donner leur sens, aux artifices déployés pour l'entrée[45].

L'entrée achevée, le séjour royal en Roussillon débute. Il vient s'inscrire à la suite de l'entrée, la transformer, la confirmer, concrétiser ses effets en perpétuant son caractère festif, cérémoniel. Et les journées de Louis XIV à Perpignan sont bel et bien festives et officielles. Le 11 avril 1660, comme de coutume dans toute visite royale, le « sindic de la ville fût parler a Mr Le Tellier pour demander l'heure que Mrs Les Consuls pourroint rendre visite et saluer Sa Majesté et luy ayant été repondu qu'a dix heures du matin Ils y furent et environ une heure apres midy Ils furent complimenter la Reÿne »[46]. Le soir du même jour, dans le prestigieux bâtiment de la Loge de Mer, la municipalité offre un divertissement au

---

[43] Stanis Perez, « *Illustrat dum respicit*. Réflexions sur le regard de Louis XIV », dans *Communication*, Paris, Seuil, 2004, p. 36 : « L'articulation regard/pouvoir est un avatar de l'articulation savoir/pouvoir : le Prince ne saurait rien ignorer de ce qui se passe dans son royaume, dans sa cour, dans son entourage. Cette connaissance, qui est surtout une forme mixte de surveillance et d'expression de l'autorité (seul le roi peut tout voir et tout savoir), rappelle les analyses de Michel Foucault, notamment son commentaire d'une médaille montrant le roi passant sa première revue militaire, en 1666. La revue réaffirme l'autorité du roi sur ses troupes par l'exercice souverain de son regard ».

[44] Voir Arlette Lebigre, *La vie judiciaire de l'ancienne France*, Paris, Albin Michel, 1988.

[45] Christian Biet, « Les monstres aux pieds d'Hercule. Ambiguïtés et enjeux des entrées royales ou l'encomiastique peut-elle casser les briques ? », dans *XVIIᵉ siècle*, 2001, n° 212, p. 391 : « La cité doit alors être en état de représenter les éléments d'un discours qui marque l'union de la communauté citadine autour de l'image du roi, à ceci près que seul le roi peut avaliser la réalité des signes de cette union par sa présence et son déplacement dans la cité : il doit s'approprier les marques pour leur donner un sens. Les choses mortes et les monuments inanimés ne deviennent peintures vivantes et parlantes, que si, et seulement si, le roi les regarde et s'y meut. [...] En touchant les signes de sa main ou de son regard, il les anime et les relie, il les rend vrais puisqu'il vérifie par sa présence, leur aptitude à signifier que le roi se voit, se reconnaît et qu'il reconnaît que la cité tient son discours, à lui, le roi ».

[46] ADPO 1532, *Entrée de Louis quatorze, op. cit.* Cette visite des autorités est fréquente et similaire d'une ville à l'autre comme lors du séjour royal à Lyon repris dans *Entrées royales et fêtes populaires à Lyon du XVᵉ au XVIIIᵉ siècles, op. cit.*, p. 98.

monarque et à sa famille. L'empereur Charles Quint honora lui aussi de sa présence la Loge de Mer durant son séjour[47]. L'implication des autorités municipales dans le cadre des séjours royaux n'est donc pas une innovation lors de la visite du Roi-Soleil. Louis XIV durant cette soirée prend place sur un trône, élevé à son intention, les membres de sa famille l'entourent. La Grande Demoiselle trace le portrait de ce divertissement en ces termes :

> Il y eut à l'Hôtel de Ville un Bal à la mode d'Espagne qu'on appelloit autrefois un savaros où l'on ne danse pas comme en France, ce qui me donna la curiosité de voir : Et comme il y avoit peu de tems que Monsieur étoit mort la Reine me commanda d'y aller. Je me mis derriere tout le monde, & m'ennuyai beaucoup. Il n'y avoit qu'un violon & de même de toutes sortes d'instruments jusqu'à une vielle & de certaines Tringles de fer avec des boucles que l'on faisoit sonner avec un autre morceau de fer ; je ne sai si cela ne s'appelle pas une cimbale. Les hommes y étoient avec leurs épées au côté & leurs manteaux. Je crois qu'ils prenoient autant de plaisir à y danser que j'en avoit autrefois dans nos Bals. Je dis cela pour ne pas juger du goût des autres[48].

Deux aspects méritent entre autres d'être relevés. La cousine du roi évoque à la fois la modestie de la réception et son caractère espagnol. À plusieurs reprises dans la relation de son séjour perpignanais, elle revient sur cette question de la mode espagnole. Ces mentions rappellent l'actualité du rattachement de la ville à la France ainsi que le profond attachement culturel du Roussillon à l'Espagne et sans doute plus encore à la Catalogne. La Grande Demoiselle n'est pas à même d'apprécier la différence.

---

[47] *Livre des mémoires de la communauté des prêtres de Saint-Jacques, op. cit.* : « [...] y pasarez per longe per veure lo triumphe ere en longe de bals [...] » / (« [...] et ils passèrent (un pont de pierre) pour se rendre à la Loge et pour voir le triomphe en la Loge des Bals (la Loge de Mer) [...] »).

[48] *Mémoire de Mademoiselle de Montpensier, op. cit.* La *Gazette de France* témoigne, elle aussi, de l'organisation de ce divertissement : « Sur le soir, toute la Cour assista, dans l'Hostel de Ville à un agréable Bal de tous les Seigneurs & Dames du Païs, superbement vestus à l'Espagnole : & la Collation y fut servie de quantité de Corbeilles, pleines de Citrons & de Grenades. Le 12, Sa Majesté disna chez le comte de Noailles nostre Gouverneur, qui la régala tres-splendidement ».

Les hommes & les femmes sont habillez à l'Espagnole & y vivent de
même. Leurs maisons y sont aussi bâties à la mode du même pays, sans
cheminée, si ce n'est la cuisine. Comme il faisoit froid & que je n'aime pas
à prendre ma chemise humide, j'allois dans la cuisine me chauffer, & y
prendre ma chemise qui étoit sechée à la fumée de la viande, ce qui n'étoit
pas une agréable cassolette[49].

Elle rappelle aussi que lors des entrées et séjours royaux, les villes de
province usent généralement d'un appareil folklorique. Le roi ainsi honoré
par des traditions locales reconnaîtrait, en même temps que ses sujets, les
coutumes de ces derniers[50].

La Montpensier offre une vision toute singulière du Roussillon. Elle
poursuit son appréciation par l'étude des mœurs légères d'une partie du
clergé de la province. Ce passage permet de revenir sur le rôle d'Anne
d'Autriche dans l'entrée et le séjour royal. La reine mère multiplie à
Perpignan, comme sur l'ensemble du trajet parcouru par le cortège royal,
actes de dévotions et visites religieuses :

> La Reine alla voir tous les Couvents de Religieuses. Celles qui sont très
> austeres dans ce pays ci, sont très coquettes dans ce pays-là, elles portent
> des Guimpes de quintin plissé, mettent du rouge, se fardent, & font gloire
> d'avoir des amants. Il y en eut une qui pria Comminge de me la présenter
> & de me dire qu'elle étoit maîtresse de St. Aunais. Je fus fort effrayée de

---

[49] Des remontrances adressées par le Président du Conseil Souverain Fontanelle viennent
conforter cette impression de la princesse : « [...] représente que nonobstant la nécessité
qu'il y a en ce pays de réduire les choses de tout ce qui sera possible à la mode de
France, il y a beaucoup de personnes principalement de ceux qui par le traité de la paix
sont retournés d'Espagne lesquels et ses femmes vont habillé à l'espagnolle, estant certain
qu'en Catalogne ne permettent point à ceux qui sont retournés de Roussillon soit hommes
ou femmes d'être habillé à la française [...] ». La réponse royale ne se fait pas attendre :
« Sa Majesté entend que tous les habitants de la ville de Perpignan, comme de la capitale
du pays, en qui par conséquent doit se montrer l'exemple aux autres soient dorénavant
vêtu à la française [...] ». Voir ADPO. 2B90, *Remontrances au Roy,* 1662.
[50] « En identifiant ses sujets, le roi ne reconnaît pas seulement leurs privilèges et
libertés, mais aussi leurs mœurs. Désormais les entrées bayonnaises parlent « basque ».
En 1659 pour Mazarin et en 1660 pour Louis XIV, Bayonne et Saint Jean de Luz
accentuent les termes de cette démonstration culturelle. À Saint Jean, en 1660, douze
danseurs, les « cascablayres », coiffés de « bonnets d'escarlate fine », agitent les
crascabilles, sonnettes retenues à leurs jambes ». Christian Desplat, « Moribondes ou
assassinées ? Les entrées dans les villes des Pyrénées Occidentales », dans *Les entrées,
gloire et déclin d'un cérémonial, op. cit.* p. 241-242.

ce genre de compliment. Elle me dit qu'elle esperoit que par la bonté qu'il
lui avoit toujours dit que j'avois pour lui, j'en aurois un peu pour elle ;
qu'il y avoit dix ans qu'elle étoit devote, qui est leur nom ordinaire qu'on
leur donne. Je ne sus que repondre[51].

Le 12 avril 1660, le roi va entendre la messe au couvent Saint-Dominique, il y est introduit processionnellement avec sa suite[52]. La procession,
acte fondamental en Roussillon, témoigne du respect porté à la personne
royale et offre à cette dernière une nouvelle occasion (la première étant
l'entrée) de se re-présenter. Tandis que le Saint-Sacrement ou une relique
sont souvent au cœur de la procession religieuse, dans cette procession
royale c'est le corps du roi qui est mis à l'honneur. Cette cérémonie a un
double poids, car elle revêt à la fois un caractère civil et religieux. En
effet, un parallèle peut être établi entre l'objet de la procession religieuse
et celui de la procession civile, entre le Saint-Sacrement et le corps du roi
(contrairement à l'entrée dans Perpignan où ce parallèle, nous l'avons vu,
mérite d'être nuancé en raison du refus du roi de déambuler sous un dais).
Enfin, la destination de la procession (un couvent où la messe sera dite)
accentue l'idée d'une cérémonie civile doublée d'un caractère religieux.
Louis, centre de cette procession, bénéficie des retombées sacrées de cette
dernière. En visitant le Palais des rois de Majorque, il joue son rôle de roi
de guerre, alors qu'ici, il reprend son rôle de « roi très-chrétien » et se
démarque une nouvelle fois des Habsbourg, anciens maîtres de la
province, « rois catholiques »[53]. Louis, souverain de droit divin, roi oint
et thaumaturge, sacralise la procession par sa simple présence.
    Le soir du même jour, le roi est reçu chez le comte de Noailles,
gouverneur de la province de Roussillon. Le dîner n'est qu'un prétexte
permettant au souverain de venir confirmer l'autorité de son gouverneur.
La présence royale dans cette maison doit être lue comme le geste d'un
souverain qui vient reconnaître officiellement ses représentants devant le
peuple. À la fois, le peuple spectateur, qui voit le roi chez Noailles, et le
peuple lecteur, qui gardera le souvenir de ce divertissement et pourra se

---

[51] *Mémoire de Mademoiselle de Montpensier, op. cit.*
[52] « Sa Majesté est allée dans la matinée écouter la messe à Saint-Dominique ; et les
pères du dit monastère sortirent en procession pour l'accueillir... », dans *Memorias de
Mossen Curp, op. cit.*
[53] Charles Quint se prêta lui-même à une procession honorant le Saint-Sacrement. *Livre
des mémoires des prêtres de la communauté de Saint-Jacques, op. cit.*

persuader de son importance en lisant, en relisant la *Gazette de France* :
« Le 12, Sa Majesté disna chez le comte de Noailles nostre Gouverneur,
qui la régala tres-splendidement »[54]. La *Gazette*, ne se contente pas de
rapporter l'événement, mais elle utilise un superlatif qui amplifie la gloire
du roi-convive et celle de son hôte. Le 13 avril 1660, le roi rend visite à
sa mère et assiste à une comédie, donnée dans le palais où Anne
d'Autriche loge[55]. Les consuls de la ville offrent ensuite des présents au
roi en gage de leur attachement et pour manifester la richesse de la
ville[56]. Ils rappellent à la population les liens et les ordres de la société
d'Ancien Régime. Les prud'hommes des jardiniers de Saint-Jacques
offrent eux aussi des citrons doux, des oranges, etc. En retour, le
souverain leur abandonne cinq quadruples d'or (environ 400 livres, soit
trois années de travaux des champs)[57]. Ce geste s'inscrit dans le cadre
des libéralités royales, émanant d'un bon roi, père de son peuple.
L'illustration la plus célèbre de cette libéralité reste l'approvisionnement
de Paris en céréales lors de la famine de 1662[58]. Les couronnes étrangères soulignent à l'inverse l'avarice du roi, car elles révèlent la politique
des refrappes monétaires. Pourtant, le roi veillant à pérenniser sa figure
paternelle verse régulièrement d'importantes sommes d'argent aux plus
démunis[59].

Mademoiselle de Montpensier relate un autre divertissement offert au
roi par le colonel Loqueman, ce même 13 avril 1660 :

---

[54] Th. Renaudot, *op. cit.,* p. 417.

[55] *Ibid.* « Le 13, il y eut Comédie en l'Appartement de la Reyne ». Nous n'avons guère
plus de renseignements sur ce divertissement.

[56] « Le 13 Mrs Les Consuls firent present a Sa Majesté de vingt quatre flambeaux de
cire et une charge de vin mouscat, a la Reÿne de vingt quatre flambeaux de cire, a Mr Le
Duc d'Anjou de douze et a Madelle D'Orléans d'autres douze. », dans ADPO 1C1532,
Entrée de Louis quatorze..., *op. cit.*

[57] Voir ADPO. 178EDT1 (Série des Archives Communales de Villelongue-dels-Monts).
L'abbé Mossen Curp, dans son manuscrit fol. 97 évoque cet épisode : « la vila de
Perpinya feu present a Sa Magestat de un poch de vi de moscat y algunas aixas de sera
blanca ; y lo Rey dona de estrenas a aquells qui aportavam dit present, sinch dobles de
quatre en or » / (« la ville de Perpignan fait présent à Sa Majesté d'un peu de vin de
muscat et de quelques bougies de cire blanche ; et le Roi donne des étrennes à ceux qui
apportent lesdits présents, cinq quadruples en or »).

[58] Voir Louis XIV, *Mémoires pour l'année 1662*, Paris, Tallandier, 1978, p. 109-111.

[59] ADPO. 1C1409, *Etats des pièces justificatives d'une somme de 6000 livres donnée
par le Roy, pour la distribution au pauvre du Roussillon, 1684-1685.*

L'on y donna un divertissement à Leurs Majestez qui devint un peu tragique. Loqueman Colonel Suisse y étoit en Garnison. Il avoit fait venir un âne & un ours dans une cour, afin que nous en vissions le combat des fenêtres. Comme toute la maison étoit pleine de monde, quantité de gens se mirent sur un degré en perron, apliqué contre la Muraille. L'antiquité de la maison, la grande pluye qui étoit tombée, la foule du monde qui s'y étoit placé, ébranla le degré d'une maniere qu'il en tomba deux pierres qui écrasérent la tête d'un de mes Pages ; couperent deux doigts de la main à un autre ; un Mousquetaire qui étoit entre deux eut sa casaque toute dechirée, & fut tout meurtri depuis la tête jusqu'aux piez sans avoir de coups mortels. Cet accident fit ôter leurs Majestez & tous les spectateurs des fenêtres : tout le reste de la journée l'on ne parla que du malheur de mon Page & du bonheur du Mousquetaire, ainsi il fallut essuyer tout le jour cette desagréable conversation qui me laissoit des impressions peu divertissantes[60].

Plusieurs points retiennent notre attention. Tout d'abord, le divertissement est offert par un officier : le colonel Loqueman[61]. Comme pour le dîner chez le gouverneur, un serviteur de la couronne offre un divertissement au roi et s'illustre aux yeux de ce dernier et du peuple témoin de l'événement. La première des retombées de cette fête est le renforcement du pouvoir de celui qui a réussi à attirer le roi jusqu'à chez lui. Donné en l'honneur du roi, on convie cependant une grande partie de la population, car « la maison étoit pleine de monde » rapporte la Grande Demoiselle. Si le peuple se plaît au spectacle, il sera reconnaissant envers l'organisateur et envers celui par qui la fête a vu le jour, c'est-à-dire Louis XIV, « roi machiniste », pour reprendre l'expression de Jean-Marie Apostolidès. Sans qu'il en soit l'organisateur, Louis XIV est l'ordonnateur (même indirectement) de ces fêtes, le démiurge qui crée le plaisir des peuples. Tout commence à son arrivée, tout s'achève avec son départ, le 14 avril 1660 :

Sa Majesté fût au Palais de la Reÿne ou se trouverent Mr Le Duc d'Anjou et Madelle D'Orléans, Lesquels fûrent ensemble a l'Eglise de St Jean et estant arrives au parvis de l'Eglise Messieurs Les Consuls (qui attendoient dans l'Eglise) fûrent recevoir Sa Majeste, lesquels ensemble entrerent dans

---

[60] *Mémoire de Mademoiselle de Montpensier, op. cit.*

[61] Charles Quint fut lui aussi reçu en la demeure d'un de ses officiers. *Livre des mémoires des prêtres de la communauté de Saint-Jacques, op.cit.*

l'Eglise jusqu'au Presbiterat marchant Sa Majesté devant avec le premier Consul qui alloit a sa gauche ou estant arrivés Sa Majesté avec la Reÿne, Mr Le Duc d'Anjou et Madelle D'Orléans s'assirent a la droite dudit Presbiterat et Mr Le Duc d'Anjou et Mrs Les Consuls s'en fûrent a pied jusqu'au bout du pont de la vasse ou Mrs Les Consuls prirent Congé de Sa Majesté qui s'en retourna en France[62].

Le séjour perpignanais débuta par une cérémonie religieuse et s'achève de la même manière. Le roi fait quelques dons à l'Église du Roussillon[63]. Ensuite, au-delà des simples questions de bienséance qui régissent l'accueil du souverain à la cathédrale, le monarque, avant de quitter sa nouvelle province, fixe et confirme la place de chacun au sein de la société roussillonnaise. Les consuls de la ville, marchant de concert auprès du roi de France, lui prêtent allégeance, tandis que leur pouvoir est, d'une part, réaffirmé par cette proximité royale et, d'autre part, réduit à ce qu'il est, c'est-à-dire inférieur à celui du souverain. Ce mécanisme était déjà présent lors de l'entrée dans Perpignan, comme dans toute entrée royale, au demeurant.

Pour le séjour comme pour l'entrée, les déplacements du roi dans la ville, de palais en palais, de divertissements en divertissements, sont présentés par les chroniqueurs au jour le jour. Une nouvelle fois, le temps choisi, raconté, est celui du roi qui vient transcender le temps référentiel. Sous la plume des observateurs locaux, c'est la figure d'un roi maîtrisant le temps qui voit le jour. En apparence, seulement. Mademoiselle de Montpensier est en effet moins catégorique sur la question. D'après elle, le séjour royal à Perpignan est plus long que prévu à cause des intempéries qui sévissent alors en Roussillon. Elle affirme qu'« il plut si horriblement que les Rivieres & les torrents étoient debordez : il y fallut séjourner ». La Têt, principale rivière de la province, sort de son lit. L'illustre famille est retenue à Perpignan. Le jour même du départ, le mercredi 14 avril 1660, la décrue n'est que partiellement entamée ; la Grande Demoiselle se remémore son passage chaotique de la rivière, offrant un récit pour le moins burlesque :

---

[62] ADPO 1C1532 *Entrée de Louis quatorze, op. cit.*

[63] Voir ADPO. 178EDT1, dans *Manuscrit de Mossen Curp, op. cit.*, l'abbé précise : « y antas de anar-se feu alguns donatius com son Hospital a las senyoras monjas de Sant-Salvador a la confreria de la Minerva y a altres mols » / (« Avant de s'en aller, font quelques dons comme ceux de l'Hôpital, aux dames religieuses de Saint-Sauveur, à la confrérie de la Minerve et à de nombreux autres »).

Lors que les eaux furent diminuées, on partit. Il me souvient que j'eus grand'peur, lors que l'on passa au gué où l'eau entroit par les portieres des Carosses. Il y en eut un des miens où étoient mes pierreries, qui pensa se perdrent & les gens de dedans faillirent à être noyez. Une de mes femmes, qui assura n'avoir eu aucune peur, fut presque en état d'être perdue. Elle crioit toujours qu'on lui donnât du secours ; qu'elle avoit les pierreries de Mademoiselle[64].

De manière générale, à travers de virulentes critiques, c'est un portrait et une ambiance bien moroses qui apparaissent sous la plume de la cousine du souverain. Tout cela laisse à penser que ce dernier n'a pas dû éprouver énormément de plaisir durant cette visite. Néanmoins, plus que son propre plaisir, ce que le roi recherche lors de son séjour perpignanais, c'est la réunion du Roussillon à la France, c'est l'assurance de la fidélité des habitants et des autorités de sa nouvelle province. C'est là que réside toute la singularité de la visite de Perpignan par rapport aux autres visites effectuées par le roi sur le trajet qui le mène au pays basque. Louis XIV qui entre dans Perpignan, ce n'est pas simplement le *rex ambulans* qui perpétue une tradition séculaire, c'est le roi de France qui vient prendre possession d'une nouvelle ville[65]. Louis XIV vient reconnaître les droits et les libertés des Roussillonnais et plus généralement des Catalans, ce que leur a toujours refusé l'Espagne d'Olivares. Louis XIV, en déviant de son trajet nuptial vers Saint-Jean-de-Luz, vient à Perpignan pour accorder aux Roussillonnais ce que l'Espagne ne leur a jamais accordé et ainsi, marquer par un ultime geste, la suprématie de son royaume sur celui de sa future épouse (l'illustration la plus éloquente de cette volonté politique restant l'entrée royale dans Paris et les décors prévus à cet effet). Par sa présence dans la ville, il montre aux habitants qu'il est leur nouveau maître et le vainqueur des Espagnols, celui qui a réussi à rétablir la paix. Ce message d'espoir est bientôt mis à mal par la reprise des luttes entre les deux couronnes et le renforcement de l'administration royale en Roussillon.

---

[64] *Mémoire de Mademoiselle de Montpensier, op. cit.*

[65] Daniel Vaillancourt, « La ville des entrées royales : entre transfiguration et défiguration », dans *XVIIe siècle, op. cit.*, p. 492 : « [...] le roi vient asservir un espace, rétablir une situation conflictuelle, au moyen d'un rituel qui simule l'unité et l'ordre ».

Quand les divertissements perdurent et se substituent à l'absence royale

Tout au long de l'Ancien Régime, des divertissements divers et variés viennent rompre le quotidien des Roussillonnais. Avec Louis XIV en avril 1660, ce sont les rois de France qui quittent la capitale du Roussillon[66] ; ni Louis XV ni Louis XVI ne reviendront dans cette province. Les fêtes, elles, perdurent. Le Roi-Soleil, par le geste symbolique de l'entrée et des célébrations auxquelles son séjour a donné lieu, a manifesté son autorité sur les populations du Roussillon et sur les élites locales. Ces mêmes élites qui, dès son départ, vont exercer le pouvoir qui leur a été conféré ou en tout cas réaffirmé par sa proximité. Le roi s'est ainsi assuré des relais performants visant à confirmer et à faire vivre le message et l'impact de sa visite. D'un point de vue purement administratif, le Roussillon est doté d'un Conseil Souverain, haute chambre judiciaire dépendante du roi, propre à tous les pays d'État, c'est-à-dire nouvellement rattachés à la couronne. La justice royale est donc exercée en Roussillon[67]. La province est assimilée au royaume notamment par l'obligation de l'apprentissage de la langue française puis par son imposition au début du XVIIIe siècle. Cependant, l'appareil le plus « spectaculaire » dont use la monarchie pour confirmer sa présence, diffuser l'image royale et affermir les liens avec ses sujets, est un appareil publicitaire basé bien davantage sur les plaisirs que sur la répression. Comme partout dans le royaume et sans doute plus qu'ailleurs, tout événement qui survient dans

---

[66] Seul le roi Philippe V, petit-fils de Louis XIV, visitera la ville. Voir ADPO 1C1532 : « Le 12 décembre 1702, Sa Majesté Catholique Philippe Quint Roy d'Espagne fit son entrée en cette ville, et quoyquil ne fut faite aucune démonstration de la part de la ville et que le canon ne tira point pour avoir voulu Sa Majesté entrer incognito en ce pays cependant M. le premier consul monta la garde à la tête de quatre vingt hommes à la porte de Sa Majesté qui fut relevé le lendemain par le lieutenant colonel de la ville avec quatre vingts hommes et pendant tout le temps que Sa Majesté resta en cette ville Messieurs les Consuls firent publier que les habitants eussent à tenir lumière aux fenêtres toutes les nuits ce qui feut executé avec plaisir ». Son épouse Marie-Louise de Savoie l'a précédé en 1701.

[67] Voir Yann Lignereux, « Les trois corps du roi. Les entrées d'Henri IV à Lyon, 1594-1596 », dans *XVIIe siècle, op. cit.*, p. 414 : « Au roi réintroduit dans la ville, à Henri IV en personne la parcourant, il semble nécessaire d'ajouter le prolongement de la présence du roi dans sa cité à travers la mise en œuvre de la première des fonctions souveraines : l'exercice de la justice ».

la famille royale (naissance, mariage, décès[68]), toute victoire militaire sont officiellement proclamés en Roussillon et célébrés par diverses réjouissances, à commencer par des actions de grâces et des *Te Deum*[69]. Des cérémonies identiques étaient déjà organisées sous domination espagnole, c'est donc encore une fois la permanence qui est de mise dans le choix des instruments utilisés par la couronne de France en Roussillon.

L'une des premières festivités organisées en Roussillon français vient célébrer la signature de la paix entre les deux couronnes. Peu de temps avant la visite de Louis XIV, plusieurs fêtes furent programmées dans tous les villages de la région. Ce fut notamment le cas à Thuir, petit village à 20 km de Perpignan, où le peuple est réuni par les autorités afin de lui « faire savoir une grande joie c'est à dire la Paix et la concorde générale faite entre le sérénissime et catholique Philippe Roi des Espagnes [...] et le Sr Roi de France[70] ». Peut-on dire que les célébrations de la paix en Roussillon ont plus de retentissement qu'ailleurs dans le royaume ? Elles doivent être vécues sans nul doute avec un véritable soulagement par les Roussillonnais. Néanmoins, toutes les grandes villes de France fêtent dignement l'événement[71]. Cependant, une célébration plus que toute

---

[68] ADPO 1C1364, *Prières publiques faites à Perpignan à l'occasion de la mort de la reine mère (1666)*. L'organisation de ces cérémonies donne souvent lieu à des tensions entre les différents organisateurs à savoir les élites locales. Il y a donc bien un enjeu important de maîtrise et de manifestation du pouvoir qui apparaît à travers ces querelles. Voir ADPO 1C1533, *Lettre de l'évêque d'Elne et de M. Voysin au sujet des contestations entre le chapitre cathédrale et les consuls de Perpignan à l'occasion du luminaire employé au service funèbre de Mgr le Dauphin (1711)*.

[69] Les lettres de cachet appelant à donner des *Te Deum* sont conservées aux Archives Départementales des Pyrénées-Orientales sous les cotes suivantes : ADPO 2B55, *Lettres de cachet concernant les événements survenus dans la famille royale et organisation du gouvernement du royaume (1662-1757)* ADPO 2B56, *Lettres de cachet sur les événements militaires et les traités de paix (1657-1762)* ADPO 2B59, *Lettres de cachet diverses (1659-1739)*. Voir Marie-France Wagner, « De la ville de province en paroles et en musique à la ville silencieuse ou la disparition de l'entrée royale sous Louis XIII », dans *XVIIᵉ siècle, op. cit.*, p. 473 : « Ainsi le souverain, absent physiquement, ne prend plus littéralement la parole dans l'espace public urbain. Il dicte ses ordres à partir d'un autre lieu, d'un cabinet privé. La plume remplace en quelque sorte la voix ; « la parole orale » de l'ordre royal s'écrit sous forme, entre autres d'édits, de lettres de cachet et de remontrances ».

[70] ADPO 1EDT9, Série des archives communales de Thuir.

[71] Voir Claude-François Menestrier, *Les réjouissances de la Paix*, Lyon, B. Coral, 1660. Le Père Menestrier y relate les festivités organisées à Lyon pour célébrer la paix entre la France et l'Espagne. La *Gazette de France, op. cit.*, p. 371, décrit la même réjouissance.

autre mérite d'être étudiée en Roussillon, d'une part, pour la manière dont elle voit le jour, d'autre part, pour la régularité de son exécution. Il s'agit de l'anniversaire du roi couplé à la réduction de la ville.

> De par le Roy. Nos amez et féaux ayant accordé aux consuls de notre très fidèle ville de Perpignan, la permission qu'ils nous ont demandé de pouvoir solennisé annuellement dans notre dite ville le jour de notre naissance qui est le cinquième septembre et celui de la réduction de la dite ville le jour de notre obéissance arrivée le même mois, a pour cette fin d'aller en corps dans l'église cathédrale de la dite ville pour assister à un office solennel. Nous aurons bien voulu vous en donner advis par cette lettre à vous dire que pour rendre cette fête d'autant plus célèbre notre intention que vous ayez au dit jour chaque années à communier en la présente et à vous rendre en corps et en robe rouge en la dite église cathédrale pour assister à l'office qui s'y fera pontificalement par le Sieur évêque d'Elne suivant la lettre que nous lui écrivons sur le subject...[72]

C'est le pouvoir royal qui donne les instructions à suivre dans le cadre de ces cérémonies. Cependant, on voit très clairement que la réussite et l'exécution de ces célébrations s'appuient sur des relais locaux, en particulier des institutions mais aussi des nobles qui jouent les mécènes afin d'asseoir leur rang au sein de la société roussillonnaise[73]. D'ailleurs, cette lettre de cachet adressée par la couronne au Conseil Souverain n'est que la réponse du pouvoir royal à une demande formulée par les consuls de la ville de Perpignan. Le pouvoir royal en Roussillon comme ailleurs n'impose donc pas son culte ; il reçoit un culte spontané de la part des pouvoirs locaux[74]. Ces fêtes sont autant d'opportunité pour les artistes locaux d'exercer leur art. Le pouvoir s'adresse généralement à des personnes compétentes pour l'encenser, à des thuriféraires royaux, dont l'ascension est le fruit des services qu'ils ont rendus au pouvoir royal. Ainsi, Dominique Laplace, docteur et professeur de philosophie à

---

[72] ADPO 2B55, Lettre de cachet du 16 août 1686 *Solennités du jour de la naissance de Louis XIV.*

[73] ADPO 1C1620, Arrêt du Conseil d'Etat portant que « Sa Majesté estant informée que la somme de 1200 livres laissée pour les dépenses imprévues de la ville de Perpignan sera ordonnée pour les frais des feux qui se font les jours de la naissance de Sa Majesté... ».

[74] Paul Veyne, *Le pain et le cirque. Sociologie d'un pluralisme politique*, Paris, Seuil, 1976, p. 502, « L'empereur ne se fait pas adorer, il se laisse adorer ; ou alors c'est un tyran, s'il organise lui-même son culte. »

[74] *Relation de la fête de 1729, op. cit.*

l'université de Perpignan, rédige un panégyrique du roi et en donne
lecture à l'occasion de la célébration de son anniversaire le 5 septembre
1696[75]. Dix ans plus tard, les effets de la lettre de cachet se font donc
toujours ressentir.

Les cérémonies royales font appel à des décorations de rues qui
viennent embellir le pavé des grandes villes du royaume, ainsi que des
villes plus modestes, pour marquer une rupture dans le temps quotidien
et manifester aux yeux du grand nombre le caractère exceptionnel de
l'événement. En Roussillon, les décors de rue font partie intégrante des
fêtes royales. L'entrée de Louis XIV, comme nous l'avons signalé
précédemment, a donné lieu à de tels préparatifs. Une fête se démarque
cependant des autres par la magnificence de sa préparation et de son
exécution. Les sources qui y font référence sont nombreuses et variées, ce
qui témoigne sans nul doute de son originalité. Il s'agit de la fête ou
plutôt de l'ensemble de fêtes de l'automne 1729, célébrant la naissance du
Dauphin, fils de Louis XV. Le peuple est convié à la fête et, un temps,
tout ce que la province de Roussillon compte comme population est
réunie, nobles et roturiers, nous disent les relations, comme pour mieux
signifier que cet événement est créateur d'une réjouissance qui est ou qui
se veut unanime, unificatrice :

> Les Consuls & les Habitans de la Ville de Perpignan toujours attentifs à
> donner à leurs Princes des marques de leur attachement & de leur zele,
> viennent de faire éclater toute la joye qu'il sont ressentie dans les circons-
> tances heureuses de la naissance d'un Dauphin [...] le Clos de Perpignan qui
> consiste dans une place publique & fermée, dans laquelle se rassemblent la
> noblesse et le peuple indistinctement, masquez ou non masquez, pour s'y
> exercer deux fois par jour, au son de plusieurs instruments singuliers, à des
> danses rares & particulières au Pays, étant pour les habitants de cette ville,
> la marque d'une joie extraordinaire & le plus grand plaisir qu'on puisse
> offrir au public[76].

Comme à l'occasion du séjour royal de 1660, les consuls et les nobles
locaux sont les premiers à participer à la préparation et à la réalisation de

---

[75] Dominique Laplace, *Panégyrique du Roy. Prononcé dans l'Eglise Catédrale de
Perpignan. Le 5 Septembre 1696 jour de la naissance de Sa Majesté,* François Reynier,
Perpignan, MDCXCVI.

[76] ADPO 1C1532, *Réjouissances faites à l'occasion de la naissance de Monseigneur le
Dauphin (octobre 1729).*

la fête, « marques de leur attachement ». Ils occupent d'excellentes places dans les cortèges et font preuve de libéralité à l'égard du peuple, pour rappeler leur position sociale, leur pouvoir. Dans le cadre de ces festivités, les diverses autorités tentent d'associer leurs compétences pour mieux imposer leur pouvoir[77] :

> Les personnes chargées des Ordres du Roy dans cette Province, également sensibles à un événement aussi interessant, se sont de leur part distinguées par les réjoüissances les plus solemnelles, & les plus conformes à la satisfaction de toute la France, & à leur joye particuliere [...] la jeune Noblesse de cette Ville en Habits Magnifiques, & montée sur des Chevaux superbement Harnachez, précédées par les Chefs de chaque Corps de Métier, portant des Drapeaux & Etendars de leurs Corps, & accompagnée de Tambours, Timbaliers, Trompettes, & haubois de la Ville, qui avoient été habillez de neuf pour cette cérémonie, fit avec beaucoup d'ordre & de magnificence une Cavalcade des plus brillantes, observant de s'arrêter aux lieux accoûtumez pour y reciter tour à tour, des vers faits à l'honneur du Dauphin[78].

Comme toujours, la fête connaît son épisode religieux. La cathédrale Saint-Jean est à nouveau le théâtre d'une action de grâces et reçoit des décorations tout à fait splendides en sa façade principale :

> Mais l'objet de tant de Fêtes, étant un don du Ciel, il étoit juste qu'avant de s'y livrer, on en rendit à Dieu des actions de graces. Ce fut aussi la principale occupation des Magistrats & de la ville. L'Eglise de Saint Jean qui sert de cathédrale avoit dans cette vûë été préparé avec beaucoup de magnificence ; Au dessous de deux rangs de riches Tapisseries dont elle avoit été ornée, regnoit une Corniche le long de laquelle plusieurs guirlandes de Mirthe, formoient en lettres très lisibles les versets *Domine salvum fac regem & Fiat manus una super virum*. Sur cette Corniche

---

[77] Nous sommes assez loin ici des oppositions qui peuvent apparaître autour de la bienséance dans le cadre des fêtes royales. C'est en tout cas le sentiment qui émane de la relation des fêtes de 1729. Pourtant, des tensions sont bien présentes entre le Conseil Souverain et le gouverneur de la province, M. Lebret. Voir ADPO 1C1398, *Discussions entre le Conseil Souverain et Lebret, commandant de la province, à l'occasion du Te Deum célébré pour la naissance du Duc d'Anjou*. Voir autour de ces querelles Michèle Fogel, *Les cérémonies de l'information dans la France du XVᵉ au milieu de XVIIIᵉ siècle*, Paris, Fayard, 1989.

[78] *Réjouissances faites à l'occasion de la naissance de Mgr le Dauphin, op. cit.*

étoient posez de deux en deux pieds de gros Flambeaux de Cire Blanche,
& de distance des Cartouches avec les armes de Monseigneur de Duc de
Noailles, qui a bien voulu contribuer à cette dépense[79]. Le grand Autel,
la Voute & la grille du Sanctuaire, étoient de même garnis de quantitez de
Lustres, de Cierges & de Bougies. Les pilastres du Dôme qui est au
frontispice de cette Eglise, l'Architrave & le reste de l'Architecture, étoient
ornez de festons de Mirthe & de Laurier. Une grande quantité de Lampions
formoient sur la surface extérieure des chiffres & un dessein régulier. Ce
Dôme étoit surmonté d'une Fleur-de-Lys couronnée & cantoné de Piramides
garnies en dedans de lumieres qui paroissoient à travers de Cristaux de
différentes couleurs & le tout ensemble formoit une illumination & une
perspective d'un goût singulier[80].

Les notables locaux offrent des fêtes pour manifester leur attachement
(supposé ou réel) au roi et bénéficier, en retour, de sa protection et de sa
reconnaissance. Ils rappellent aussi plus simplement et plus directement
leur suprématie à la population. La noblesse et les institutions apparaissent
constamment comme ordonnateurs des festivités. Ainsi, après l'action de
grâces :

Messieurs les Consuls, Monsieur le Commandant de la Province à leur tête,
se rendirent en même tems, sur la Place, pour y allumer un feu de joye qui
y avoit été préparé. Sur le champ, toute la Ville fut illuminée, des fontaines
de vin coulerent de toutes parts, milles crys de joye se firent entendre, le
Canon de la Place fut tiré, la Garnison rangée sur le rampart, fit feu, & ces
salves furent ainsi repetées trois fois, & trois fois la Citadelle répondit à la
Ville[81]. Le même soir, Monsieur le Comte d'Albaret Premier President,
assembla chès lui tous Messieurs du Conseil Souverain, & les principaux
Officiers des Cours inferieures, son Hôtel & la maison qui y fait face,
garnis de flambeaux de poing, & de beaucoup d'autres lumieres de
differentes especes, formoient une illumination fort brillante ; une fontaine

---

[79] L'évergétisme d'un membre de la noblesse roussillonnaise est clairement souligné ici
par l'auteur du texte, ce qui témoigne s'il en faut de la nature des premiers bénéficiaires
des retombées des fêtes « royales » : les élites locales.

[80] *Ibid.* Voir aussi à ce sujet ADPO G242 la couverture du *Livre de la communauté des
prêtres de Saint-Jean* qui est illustrée d'un dessin rehaussé de couleurs figurant les
décorations apportées à la façade de la cathédrale décrites ici.

[81] On retrouve l'harmonie régnant entre les différents corps roussillonnais et entre le
civil et le militaire. Le texte veut une nouvelle fois souligner le caractère unificateur de
l'événement.

de vin très abondante y coula toute la nuit [...] La fête du troisième jour donnée par Monsieur Orry, [...] certainement une des plus brillantes & des plus parfaites. Il avoit fait élever dans le fond d'un jardin qui fait face à son Hôtel, un Arc de Triomphe de 45 pieds de largeur (15 m), sur 59 de hauteur (20 m), d'ordre dorique, porté par quatre colonnes qui le divisoient en trois arceaux, l'un desquels avoit 7 pieds de largeur (2,50 m) sur 17 de hauteur (6 m) et les deux autres 6 pieds de largeur (2 m) sur 12 de hauteur (4 m). Ces trois arceaux étoient remplis ; sçavoir, celui du milieu par une figure qui représentoit la France, assise sur la poupe d'un Vaisseau [l'Etat], appuyée sur un globe fleurdelizé & tenant de la main droite, un Medaillon dans lequel étoit l'image du Dauphin, avec cette legende, NUNC GAUDIUM, MOX DELICIÆ. Dans l'un des petits arceaux, étoit une renommée montrant avec la main gauche un Soleil levant dans un horizon fort clair, avec ces paroles, ORTU JAM RECREAT ORBEM. Dans l'autre un jeune Lys sortant d'une grande tige, sous un Soleil dan son midy, avec ces paroles, NON DEFICIENT. Tout l'ouvrage étoit terminé par un attique en balustrade, de 4 pieds de hauteur (1,50 m) surmontée au milieu par les Armes du Roi & au cotez, par celle du Dauphin, à jour ; l'entre-deux des Armes garni de quatre piramides portées par les pilastres de la balustrade. Tout cet édifice peint en marbre de différentes couleurs, le corps de l'Arc de Triomphe élevé sur terre, de deux pieds pour y monter par trois gradins, étoit garni de lampions, depuis le haut jusqu'en bas, avec ordre et simetrie, & accompagné de deux peristilles elevez aux deux côtez du jardin sur toute la longueur & surmonté d'un attique, le tout aussi garni de Lampions, ainsi que de plates bandes, les Orangers et la façade du jardin[82].

Le goût de l'Antique transparaît dans les fêtes royales et les élites cultivées, pétries de cette culture antique, élèvent des arcs de triomphe et font rédiger des inscriptions latines. En somme, tout ce que le pouvoir royal lui-même a mis en place et renforcé dès l'année 1663 à l'échelle nationale avec la création de la Petite Académie se retrouve en province durant les décennies suivantes. En Roussillon, comme le déplore l'abbé de Pure, les machines ne sont élevées que temporairement, le temps de la fête[83]. Elles ne jouent donc leur rôle publicitaire que durant un laps de

---

[82] *Ibid.*

[83] Abbé Michel de Pure, *Idée des spectacles anciens et nouveaux*, Paris, 1668, p. 206-207 : « Il serait à souhaiter qu'on observât cette coutume de Rome d'ériger des arcs triomphaux solides et durables, pour y conserver contre le temps le souvenir des belles actions et des mérites des héros. Mais, soit avarice, soit impuissance, nous ne faisons que des jeux de cartes, des ouvrages de papier, et nous nous contentons de quelque peinture

temps extrêmement bref mais qui ne fait que renforcer leur influence. Elles participent à la magie de la fête qui réside notamment dans son caractère éphémère. Ces machines, ces artifices marquent davantage la grandeur de ceux qui les commandent et les font dresser dans leur propriété, que la grandeur de celui qu'ils sont censés louer. Ce sont bien le lieu et la dimension de la construction qui comptent plutôt que les inscriptions et emblèmes qui les ornent. En effet, combien de Perpignanais, de Roussillonnais sont à même de comprendre les inscriptions latines qui figurent sur ces monuments éphémères ? En Roussillon surgissent les mêmes interrogations soulevées par les Anciens et les Modernes sur la nécessité d'utiliser ou non la langue latine comme référentiel universel, à cela près que les arcs de triomphe et autres monuments dressés à Perpignan sont éphémères[84].

Le peuple, principal public visé par ces démonstrations d'opulence, est présent sur le théâtre des opérations. Il participe activement aux festivités à l'appel de la noblesse et des organisateurs. Par exemple, la fête offerte par le Comte d'Albret attire de jeunes femmes qui viennent danser devant les convives, ce qui donne l'occasion au Président de faire preuve de ses libéralités en leur offrant confitures et dragées[85]. Les nobles locaux, ici d'Albret, reproduisent à petite échelle les libéralités du roi. Une fois de plus, c'est une fête royale qui permet de renouveler la hiérarchie d'Ancien Régime, de la manifester devant les sujets : le roi, la noblesse, le peuple. Le premier reste toujours le maître, car, même si le Comte apparaît ici comme le dispensateur de la fête, le peuple sait pertinemment que la naissance du fils du roi en est la source. En Roussillon, les fêtes ont une double fonction : célébrer et rappeler la puissance de la monarchie et de ses serviteurs.

La fête royale, pour être pleinement réussie, doit être populeuse, et les récits se font toujours l'écho de foules réelles ou supposées. Mademoiselle

---

qui abuse, et de quelque machine qui dure autant que la fête ».

[84] François Charpentier, *Défense de la langue française pour l'inscription de l'arc de triomphe*, Paris, Barbin, 1676, p. 336. Charpentier prétend que, la langue latine n'étant pas suffisamment maîtrisée par la population, ce serait une grave erreur d'utiliser cette dernière sur les arcs de triomphe dont la construction représente une dépense très importante.

[85] *Réjouissances faites à l'occasion de la naissance, op. cit. :* « [...] beaucoup de jeunes filles d'Artizans de la Ville, qui s'y exercerent pendant une partie de la soirée, à des danses differentes, & auxquelles Monsieur le Comte d'Albaret fit distribuer une quantité considérable de confitures & de dragées. Cette danse fut suivie d'un festin aussi somptueux que délicat, après lequel on tira un feu d'artifice qui fut très-bien executé. »

de Montpensier l'évoque déjà chez le colonel Loqueman en avril 1660.
C'est toujours la grandeur et le nombre qui importent, tout particulièrement en ce qui concerne les convives et la quantité de victuailles offertes.
En effet, dans les récits, l'abondance de nourriture rivalise avec l'abondance des convives. La richesse, l'opulence de la monarchie et de ses
serviteurs se manifestent par la quantité de biens offerts. Richesse de la
Ville, richesse des autorités locales, richesse de la monarchie qui jaillit par
la mention de chiffres précis, ce qui accroissent le sentiment d'opulence :

> Cinq Tables dont 4 de 25 couverts & une de 48 servies dans cinq Salles
> différentes, parfaitement illuminées offrirent aux yeux de l'assemblée le
> repas le plus somptueux, le mieux ordonné & le plus recherché qu'il soit
> possible d'imaginer & formerent tant par la variété & l'abondance des Mets
> que par le nombre des Convives, un coup d'œil aussi agréable que
> surprenant. Tout s'y passa sans confusion & à souhait, les graces & les
> attentions avec lesquelles les honneurs de ce repas furent faits y inspirerent
> une gayté generale d'autant plus admirable, qu'elle n'est pas ordinaire dans
> des assemblées aussi nombreuses [...] on y servit toute sorte de rafraî-
> chissements[86].

Tous les ingrédients de la fête sont réunis : la foule, composée d'acteurs
et de spectateurs, l'abondance des convives et de la nourriture, la religion,
la manifestation de la grandeur par tout un artifice d'arcs de triomphe, de
feux de joie, de banquets, d'opéras, etc[87]. Les comptes de la municipalité
viennent confirmer les dépenses importantes réalisées par les Consuls à
l'occasion de ces fêtes et l'on n'en devine que mieux la splendeur[88]. La

---

[86] *Ibid.*
[87] *Ibid.*, p. 4 : « Sur les six heures du soir les personnes les plus distinguées de la Ville,
& de la Garnison, se rendirent au sortir du Clos du Concert qui fut donné chez M.
l'Intendant, & ce fut par là que commença sa fête. Ce Concert fut composé des meilleurs
Instrumens de la Pronvince. Quelques Personnes de la premiere distinction voulurent bien
y chanter, & furent admirées ; on y exécuta parfaitement une Idile sur la naissance du
Dauphin, & sa loüange parodiée de quelques scenes du premier Acte de l'Opera d'Atis.
Le sujet de cette poësie se trouvant conforme aux sentimens des spectateurs, on parut
avoir pris beaucoup de plaisir à l'entendre. Le Concert conduisit insensiblement, &
agréablement à l'heure du souper ».
[88] ADPO 1C1532, *Dépenses effectuées à l'occasion des réjouissances célébrant la
naissance de Monseigneur le Dauphin (octobre 1729)* : Pour la cavalcade, trompettes
musiciens et tambours pendant trois jours : 220 £, pour les journées des travailleurs au feu
d'artifice : 360 £, pour des armoiries, des lanternes et autres : 185 £, pour les feux

Loge de Mer dépense sans compter et ceux qui apparaissent comme des acteurs spontanés de la fête dans la relation (les danseurs issus du peuple, les clercs, etc.) sont en réalité payés par les autorités. Tout est donc bien régi et calculé par le pouvoir sinon central, en tout cas local.

Toutes ces festivités, ces célébrations, ces divertissements sont davantage la marque d'un pouvoir royal fort que des instruments visant à renforcer ce pouvoir. Les nobles locaux sont puissants et comme ils tiennent leur pouvoir du roi, ce dernier l'est tout naturellement davantage encore. Ces festivités se substituent à l'absence royale ou viennent rappeler plus précisément la puissance de l'absent. Elles laissent néanmoins une marge de manœuvre assez large aux élites locales qui sont sans aucun doute les premières à bénéficier des retombées du lustre déployé lors de ces fêtes. On peut d'ailleurs s'interroger sur la réelle nécessité de ces fêtes pour le pouvoir royal. Toujours est-il qu'il ne faut pas se tromper sur la nature du créateur et de sa créature ; les fêtes royales ne construisent pas ou peu l'absolutisme, c'est bien davantage l'absolutisme qui construit les fêtes royales[89].

Bien que brève et s'inscrivant dans la continuité plutôt que dans la rupture, la visite royale de Louis XIV à Perpignan reste un événement d'une ampleur considérable non seulement pour l'histoire moderne du

---

d'artifices, cocardes et autres choses : 441 £, pour la façon de l'étendard et l'habillage des robes de Mrs les Consuls : 181 £, pour serrurie, affairement qui a servi au feu d'artifice : 43 £, pour la cire en bougie, 1 008 £, pour les prêtres qui ont porté la grande custode de Saint Jean : 50 £, pour les peintures de couleurs : 155 £, pour la musique : 69 £. Bref un premier état de dépense totalisant 7 587 £. Un second état de dépense de 10 732£ dont collations des danseurs : 89 £, gratifications accordées à Mrs les Consuls : 1 500 £, effets perdus à l'occasion du repas : 20 £. Enfin un troisième état de 914 £ dont six grandes armoiries pour 5£, deux charretées de laurier faisant 120 fagots : 30 £, six charges de mirte : 6 £, trois cannes blanches pour mettre aux côtés des grandes portes et fenêtres pour supporter les lampions : 7 £, le menuisier qui a fait ledit travail : 2 £, un quintal d'anchois cherché à Collioure : 12 £, pour 9 journées des hommes qui ont en soin d'allumer et de prendre garde le jour et la nuit : 13 £. On a là un précieux document, une source concrète, matérielle, qui peut être mise en perspective avec la source littéraire que représente « la relation de la fête ». On notera donc que si cette relation tente sans doute d'amplifier la qualité de la fête, l'énumération des dépenses vient tout même confirmer le caractère exceptionnel.

[89] P. Burke, *op. cit.*, p. 13-14 : « Le danger, c'est d'inciter l'auteur et les lecteurs à interpréter les poèmes, tableaux et statues représentant le roi comme s'ils n'étaient rien d'autre que des tentatives de persuasion, et non, disons, des manifestations de la puissance du monarque et de la dévotion à son égard de certains au moins de ces sujets ».

Roussillon, mais aussi pour la compréhension de la construction du territoire français et de l'image royale. Ce voyage s'inscrit comme un instrument de la politique de propagation de la monarchie française en Roussillon, propagation qui s'effectue premièrement à l'aide d'une multitude de divertissements offerts pour et par le roi, deuxièmement par la représentation, voire la sur-présentation du souverain se montrant à son peuple. Par ces diverses cérémonies, le roi dévoile à la fois son corps physique et son corps mystique, et rappelle surtout la grande autorité qui est la sienne en la manifestant, tout d'abord, pour l'exemple sur les élites locales, c'est-à-dire sur les détenteurs du pouvoir connus et reconnus par la population. L'entrée et les festivités qui ponctuent le séjour royal peuvent et doivent être mises en parallèle avec les cérémonies de même nature exécutées dans toutes les villes traversées par le cortège royal entre Aix-en-Provence et Saint-Jean-de-Luz dans le cadre du pèlerinage nuptial. Ce parallèle souligne mieux l'originalité de l'entrée perpignanaise, qui si dans la forme est identique à celles de l'empereur Charles Quint, dans le fond a une importance beaucoup plus considérable, puisque le roi vient prendre possession d'une nouvelle ville.

Le roi, *rex ambulans*, parcourt son royaume, il y pose des yeux de maître et c'est de son regard que l'ordre jaillit. À Perpignan, au printemps 1660, a lieu la première et la dernière visite du Roi-Soleil en Roussillon. Ne pouvant être physiquement présent partout à la fois, il va mettre des serviteurs (agents de l'État, nobles, artistes, etc.) et des arts à son service afin de compenser l'absence de son corps physique par toute une production de textes, de fêtes, de portraits. En Roussillon, Louis XIV vient reconnaître ces représentants, réaffirmer sa supériorité à leur égard, et se faire reconnaître par son peuple. Les fêtes royales perdureront durant tout l'Ancien Régime, certaines d'entre elles étant particulièrement fastueuses, sans qu'aucun souverain n'honore à nouveau de sa présence la cité catalane. On doit sans doute lire dans cette absence prolongée la marque d'une propagande royale performante, d'une intégration réussie ou plus simplement d'un pouvoir qui, se sachant absolu, attend comme seule et unique nécessité pour affirmer la marque de sa puissance, des fêtes organisées en son honneur pour le célébrer.

Fabrice CHARTON
Doctorant
CRH / EHESS (GRIHL)

SECTION 2

Le don dans l'économie
des émotions et des marchés

« LE CUEUR CRAINTIF EST DE TOUT DANGER SEUR, PUISQUE TITAN EN CE PAYS ARRIVE ». LE DON DANS LES ENTRÉES SOLENNELLES EN FRANCE AUX XVᵉ ET XVIᵉ SIÈCLES

À l'instar des funérailles, du sacre, du lit de justice et même des assemblées d'États[1], les entrées royales sont désormais considérées comme des manifestations symboliques constitutives de la monarchie française, permettant une forme de dialogue politique durant la période pré-absolutiste. Cette interprétation, aujourd'hui dominante au sein de la communauté des historiens, est le fruit des recherches menées dans les années 1960 par Bernard Guenée et Françoise Lehoux qui ont révélé l'ordonnancement séquentiel stéréotypé de ces rituels. Par la suite, dans les années 1980, Lawrence Bryant, prenant Paris en exemple, s'est intéressé au rôle constitutionnel de ces manifestations et à l'incidence qu'elles avaient sur l'équilibre de l'honneur au sein de la capitale[2]. Depuis, dans la foulée de ces travaux, plusieurs recherches consacrées aux entrées royales effectuées durant des règnes particuliers ou dans des villes spécifiques ont révélé la richesse des représentations élaborées dans les grandes cités[3]. Les dimensions esthétique et idéologique du rituel sont

---

[1] Sur cette institution dans l'espace français, voir Michel Hébert, « Le théâtre de l'État. Rites et discours dans les assemblées provençales de la fin du Moyen Âge », *Historical Reflections*, vol. 19, nº 2, 1992, p. 267-278 ; Thomas N. Bisson, « Celebration and Persuasion : Reflections on the Cultural Evolution of Medieval Consultation », *Legislative Studies Quarterly*, 7, 1982, p. 181-204.

[2] Bernard Guenée et Françoise Lehoux, *Les entrées royales françaises de 1328 à 1515*, Paris, CNRS, 1968 ; Lawrence M. Bryant, *The French Royal Entry Ceremony*, Genève, Droz, 1986 et « Cérémonie de l'entrée à Paris au Moyen Âge », *Annales E.S.C.*, nº 3 , 1986, p. 513-542.

[3] Anne-Marie Lecoq, *François Iᵉʳ imaginaire : symbolique et politique à l'aube de la Renaissance française*, Paris, Macula, 1987 ; Michel Wintroub, « L'ordre du rituel et l'ordre des choses : l'entrée royale d'Henri II à Rouen (1550) », *Annales HSS*, mars-avril 2001, nº 2, p. 479-505. Voir aussi les articles de Florence Migneault, « Ruines et désolation : la mise en scène de Rouen dans les entrées royales de 1563 et 1596 », de

pour cette raison mieux conceptualisées. Toutefois, ces cérémonies d'accueil sont loin d'avoir livré tous leurs enseignements.

En effet, une relecture récente du fonctionnement de la société politique en France entre les XIIe et XIXe siècles appelle une analyse du rituel des entrées comme une dramatisation du don[4]. Cette lecture ne se prétend pas exclusive, mais vient plutôt se superposer aux nombreuses autres déjà énoncées, notamment celles concevant l'entrée comme rituel identitaire. En poussant plus loin la réflexion autour de l'aspect affectif des relations sociales et politiques, Natalie Zemon Davis a exploré ce qu'elle a appelé « le registre du don » dans la France du XVIe siècle[5]. Elle a montré d'une manière très convaincante que le don est un mécanisme faisant partie du répertoire de comportements qui permettent de créer, puis d'entretenir les relations entre les individus, qu'ils soient de même statut ou non. Jean Nagle, pour sa part, a montré la capacité qu'avaient le roi, et dans une moindre mesure les élites du pouvoir, de mobiliser l'affection des sujets. Il s'agit d'un aspect fondamental, jusqu'ici sous-estimé, de la mise en place de l'État moderne[6]. Cette affection, qui s'exprime dans un discours du cœur exaltant un sentiment d'amour réciproque, est le ferment de concorde par lequel la société dans sa totalité parvenait à établir les liens de solidarité qui assuraient la paix dans le royaume. Ainsi, les dons de toute nature, consentis au roi et à son entourage lors des cérémonies

---

Marie-France Wagner, « Lieux de l'éphémérité : statues équestres des entrées royales de François 1er à Rouen et de Louis XIII en Avignon » et de Lyse Roy, « Espace urbain et système de représentations. Les entrées du Dauphin et de François 1er à Caen en 1532 », *Memini. Travaux et documents*, n° 5, 2001.

[4] Cette dimension de l'entrée a été suggérée déjà par quelques historiens, voir entre autres Richard Trexler, *Public Life in Renaissance Florence*, Ithaca, Cornell University Press, 1980, p. 270-330 ; Florence Migneault, « Bon vouloir et affection : don et réciprocité dans les entrées rouennaises du 16e siècle », *Cahier du Groupe de recherches sur les entrées solennelles*, Montréal, 2003, p. 11-23 (http ://web2.concordia.ca/GRES/publications/articles_pdf/migneault.pdf) ; Michel Wintroub, *art. cit.*

[5] Natalie Zemon Davis, *The Gift in Sixteenth-Century France*, Madison, The University of Wisconsin Press, 2000, traduit en français sous le titre *Essai sur le don dans la France du XVIe siècle*, Paris, Seuil, 2003. Les références citées dans cet article sont tirées de l'édition française.

[6] Jean Nagle, *La civilisation du cœur : histoire du sentiment politique en France du XIIe au XIXe siècle*, Paris, Fayard, 1998. Voir également l'article précurseur de Michael Clanchy, « Law and Love in the Middle Ages », John Bossy (dir.), *Disputes and Settlements. Law and Human Relations in the West*, Cambridge, Cambridge Univ. Press, 1983, p. 47-67.

d'entrées, deviennent les pièces maîtresses d'un important rituel de réciprocité ayant pour objectif l'établissement de liens privilégiés empreints de dilection, allant au-delà de la forme traditionnelle des rapports régis par le droit unissant le roi à ses sujets.

Cet article se propose d'analyser les cérémonies d'entrées dans un cadre culturel large, défini par la civilisation du cœur et le registre du don. Dans ce contexte, nous montrerons d'abord que la symbolique et la rhétorique utilisées lors des entrées, tant par les villes que par le pouvoir monarchique, donnent à voir un déploiement structuré d'émotions positives[7]. La lecture de la cérémonie comme une ritualisation du don suscite en deuxième lieu des interrogations quant aux stratégies administratives utilisées par les villes françaises de la Renaissance pour organiser ces événements. Les aspects plus prosaïques du financement des activités et, surtout, des dons offerts sont des illustrations bien quantifiables de la « quantité conventionnelle » de l'amour que les villes portaient à leur souverain[8]. Ainsi, pour les villes, leur puissance financière devenait un outil de leur affirmation dans l'économie des émotions qui agissait entre elles et leur roi.

Les livrets d'entrée fournissent plusieurs exemples de la dynamique dialogique entre la ville et ses hôtes : des sources d'une telle qualité ne pouvaient être mises de côté. Toutefois, cette analyse se base surtout sur les registres de délibérations et de comptabilité de petites et grandes villes du royaume de France, principalement au XVIe siècle, période où le rituel de l'entrée est à son apogée[9]. Ces sources documentaires sont les plus pertinentes à cette enquête, les plus aptes à appréhender tout le problème du don, du fardeau financier que les villes consentaient à s'imposer et des stratégies de financement mises en œuvre pour défrayer les coûts de ces cérémonies onéreuses. De plus, cette documentation permet d'aborder les entrées particulières, c'est-à-dire toutes les autres activités d'accueil réservées soit à des princes étrangers de passage dans une ville, soit à des

---

[7] De nombreuses circonstances politiques s'offrent également pour faire l'analyse du déploiement structuré d'émotions, entre autres la naissance du dauphin, le mariage du souverain et ses funérailles.

[8] Cette conceptualisation a été proposée par Marcel Mauss, « L'expression obligatoire des sentiments », *Journal de psychologie*, 18, 1921, p. 425-434, reprise dans Marcel Mauss, *Essais de sociologie*, Paris, Éd. de Minuit, 1968-69, p. 81-88.

[9] Dans les limites de cet article, il était impossible de viser l'exhaustivité. Nous avons donc basé l'analyse sur un échantillon de plusieurs villes à travers le royaume que nous croyons représentatives.

ambassadeurs venus négocier une entente ou encore à des grands officiers visitant les villes de leur juridiction. Les formes rituelles de ces entrées, jusqu'à ce jour encore très peu étudiées, découlent du modèle de l'entrée royale et sont très signifiantes dans l'ensemble de l'économie cérémonielle des villes et dans l'établissement de leurs rapports avec les agents du pouvoir. Cette étude permettra, en outre, de situer les entrées dans le développement fiscal de l'État moderne au XVIᵉ siècle. À ce jour, peut-être en raison des difficultés posées par l'exploitation des sources d'origine urbaine, les modalités de financement des entrées solennelles n'ont que très peu attiré l'attention des chercheurs, si bien que seul le rôle symbolique du rituel est tenu pour une composante de la mise en place de l'État[10].

Une ritualisation dramatique du don

Les entrées royales, comme les entrées particulières, figurent parmi les manifestations les plus spectaculaires du don sur la scène politique aux XVᵉ et XVIᵉ siècles. La structure cérémonielle est balisée par quatre grandes étapes. D'abord, l'hôte est reçu par les notables venus l'accueillir hors de la ville. C'est en effet une marque de déférence que de parcourir une longue distance pour aller au-devant de l'hôte. Les différents groupes sociaux qui peuplent la ville (clergé, membres des corporations de métiers, universitaires, magistrats et grands officiers) défilent devant l'hôte dans un impressionnant cortège organisé selon des règles strictes de préséance. L'ordonnancement du cortège urbain et les vêtements des hommes qui le composent sont, dans cette société d'ordres, un élément fondamental de l'organisation de la cérémonie. Des harangues sont prononcées par quelques porte-parole de ces différents groupes, ils échangent avec l'hôte

---

[10] La pression financière que le versement des dons offerts lors des entrées imposait aux villes demeure à ce jour, à quelques exceptions près, un thème peu exploité par les chercheurs qui se sont intéressés aux entrées du XVIᵉ siècle. Voir toutefois Alain Guery, « Le roi dépensier. Le don, la contrainte et l'origine du système financier de la monarchie française d'Ancien Régime », *Annales E. S. C.*, 39, n° 6, 1984, p. 1241-1267 ; pour la Provence des XIVᵉ et XVᵉ siècles, Michel Hébert, « Dons et entrées solennelles au XVᵉ siècle : Marguerite de Savoie (1434) et Jean d'Anjou (1443) », *Provence historique*, fasc. 195-196, 1999, p. 267-281 et Henri Bresc, « Les municipalités provençales, entre autonomie et dépendance : Draguignan (1360-1440) », *La politique et la ville. Journées d'étude du CHSCO, Paris-Nanterre, avril 2001*, à paraître. Nous remercions l'auteur de nous avoir fait parvenir une version préliminaire de cet article.

des vœux de courtoisie et des paroles de bienveillance. En deuxième lieu, le cortège se dirige vers la ville : l'hôte reçoit les clés de la ville et il est installé sous un dais, un attribut royal, porté par les magistrats. Le roi est alors accueilli au son de pièces d'artillerie, ce qui ajoute une dimension sonore au rituel. La troisième étape est constituée par la traversée du roi et de son propre cortège d'une partie de la ville, suivant un itinéraire savamment composé. Il passe à cette occasion sous des arcs de triomphe, devant des spectacles ou tableaux vivants, voit des chars de triomphe et des architectures éphémères ; sur son trajet les maisons sont décorées de draperies, d'emblèmes et d'insignes préparés en son honneur, des gens portant des chapeaux de triomphe crient l'amour qu'ils lui portent. Le parcours aboutit le plus souvent à la principale église de la ville. Un prélat de haut rang prononce alors une harangue ; la messe est célébrée et un *Te Deum* est chanté. Enfin, la cérémonie se termine par un banquet. Le lendemain, le souverain discute avec les notables de la ville qui souhaitent bénéficier de sa grâce et qui lui font un don soit en nature, soit le plus souvent en pièces d'orfèvrerie. En contrepartie, le roi confirme les privilèges de la ville.

Ces cérémonies traduisent les règles de l'hospitalité qui commandent la libéralité, la gratuité et la réciprocité. Elles mettent en scène une logique du don qui trouve sa dynamique dans les actes de donner, de recevoir et de rendre, pour reprendre les termes de Marcel Mauss[11]. Rituels complexes, les entrées royales expriment cette logique lorsque considérées d'abord dans leur ensemble. En effet, les dépenses somptueuses occasionnées par l'organisation de l'événement et consenties par les villes constituent un don en soi. Il s'agit pour les villes d'une occasion extraordinaire de se faire voir et de se faire entendre du roi dont elles dépendent pour leurs privilèges et leurs libertés. La pompe est la mesure de l'intensité des liens sociaux établis entre les villes et leur hôte ; les dépenses sont relatives aux « possibilités objectives du profit », selon l'expression de Pierre Bourdieu, aux « attentes collectives » selon Marcel Mauss, lesquelles sont inhérentes à la logique du don[12]. Aussi, les entrées royales ne peuvent-elles se faire sans grandes dépenses, sans l'expression ostentatoire de la libéralité et de la générosité -modèle de

---

[11] Marcel Mauss, « Essai sur le don. Forme et raison de l'échange dans les sociétés archaïques », *Année sociologique*, seconde série, 1923-1924.

[12] Pierre Bourdieu, « La double vérité du don », *Méditations pascaliennes*, Paris, Seuil, 1997, p. 231.

comportement noble de la ville qui reçoit le roi. Le don libéral et gratuit tisse les liens de réciprocité, il garantit leur qualité pacifique. Le prestige et le pouvoir du roi nécessitent que les villes se dépassent sans cesse pour être reconnues et se faire entendre. Ces sacrifices contraints s'inscrivent dans une économie émotive, mise en jeu par le rituel, à partir de laquelle se construisent en partie les relations politiques dans le royaume. Ces enjeux n'échappent pas aux édiles urbains et sont autant d'actes de communication stéréotypés destinés à illustrer le tempérament libéral des villes. Les documents d'archives montrent que les villes dépensent stratégiquement en calculant les dispositions généreuses dont elles pourront bénéficier en faisant plaisir au roi. Ne pas s'y contraindre risquerait, par opposition, de mécontenter le souverain, au plus grand préjudice des habitants de la ville. Le faste déployé lors de la cérémonie, manifesté par la richesse des vêtements des représentants des corps sociaux de la ville et par les différents dispositifs représentatifs constitue ainsi un acte de libéralité.

Suivant cette logique, les divers gestes rituels accomplis lors de la cérémonie d'accueil sont autant de facettes différentes et complémentaires du registre du don et de l'échange symbolique. La remise des clés est un acte de soumission de la ville qui s'offre ostensiblement à son souverain. Au cours du rituel, les paroles échangées lors des harangues transmettent des discours de bienveillance et renforcent les liens réciproques. Le banquet offert à l'hôte et à son entourage, à la fin de la cérémonie, est une autre manifestation de la largesse de la ville. Toutefois, c'est la remise d'un présent qui condense et résume toute cette mise en scène du don. Ce présent, élément crucial du rituel, est l'objet de nombreuses délibérations des autorités municipales qui, consciencieusement, réfléchissent à sa nature, à son coût, à ses conséquences, aux possibilités des attentes qui principalement visent à attirer l'attention du roi. Cette offrande se fait le plus souvent sans publicité, alors que le reste de la cérémonie fait agir l'ensemble de la population urbaine dans une mise en scène publique. Ainsi, le lendemain de l'entrée, les représentants légitimes de la ville retrouvent l'hôte à son logis. Honorés de la présence du roi, ils lui offrent un cadeau et lui présentent oralement leurs demandes. Par contraste, après l'exposition de la prospérité de la ville succède l'étalage de ses malheurs. La dynamique de l'échange se résume à ce moment du rituel alors que le roi, en retour de cet accueil somptueux, remercie la ville et accepte le présent. Il fait acte de libéralité à son tour en confirmant les privilèges et les libertés de la ville, en consentant, à l'occasion, à l'exemption d'un impôt levé par son prédécesseur[13], en touchant les écrouelles ou encore en graciant les prisonniers, cadeau que l'on pourrait cependant qualifier d'empoisonné[14].

Les villes adoptent les mêmes formes rituelles pour accueillir différents personnages influents et prestigieux entre leurs murs. C'est le cas notamment pour les officiers royaux qui entrent en fonction et qui sont susceptibles d'attirer des faveurs à la ville. Bien que l'intensité des activités d'accueil varie selon les situations particulières et les individus reçus, le faste déployé se décline à partir du modèle royal. En Dauphiné, l'entrée en fonction des gouverneurs, un poste qui existe dans cette province depuis 1361 et qui confère à son détenteur des pouvoirs très étendus[15], donne toujours lieu à ce que les sources qualifient de « *jocundus adventus* » dans les différentes villes de la province.

Grenoble utilise d'ailleurs ces occasions pour affirmer, encore à la fin du XVe siècle et au début du XVIe siècle, son rôle de capitale delphinale[16]. L'entrée organisée par cette ville en décembre 1497 pour la visite du nouveau gouverneur, Jean, comte de Foix et d'Étampes, vicomte de Narbonne, illustre fort bien cette reprise du modèle royal[17]. Les officiers du Parlement et de la Chambre des Comptes vont à la rencontre de Jean de Foix qui, pour l'occasion, est accompagné de l'abbé de Saint-Antoine, des sires de Saint-Vallier, de Sassenage, du Mollart, d'Uriage « *et alii multi domini et nobiles dicte patrie* » ainsi que d'environ 200 hommes d'armes. Une fois le cortège arrivé à la porte de la ville, un consul souhaite la bienvenue au gouverneur à qui on présente les clés de la cité ainsi qu'un dais qu'on a voulu « *pulcrum et honestum* ». Il refuse toutefois de se placer sous cet objet hautement symbolique qui est alors simplement porté devant lui par trois consuls et le receveur de la ville. De

---

[13] Natalie Zemon Davis, *op. cit.*, p. 147.

[14] La libération des prisonniers représente pour les villes des moments de bouleversement de leur équilibre social et elles s'empressent de les expulser de peur d'avoir à faire face à une hausse de la criminalité. À Rouen, en 1532, les autorités urbaines déplacent des prisonniers avant l'entrée d'Éléonore d'Autriche, pour éviter leur libération.

[15] Gustave Dupont-Ferrier, *Les officiers royaux des bailliages et sénéchaussées et les institutions monarchiques locales en France à la fin du Moyen Âge*, Paris, E. Bouillon, 1902, p. 672-683 ; sur la naissance particulière de cet office en Dauphiné : Anne Lemonde, *Le temps des libertés en Dauphiné. L'intégration d'une principauté à la Couronne de France (1349-1408)*, Grenoble, PUG, 2001, p. 77-83.

[16] Grenoble tient ce rôle depuis le milieu du XIVe siècle.

[17] Archives Municipales (désormais A. M.) de Grenoble, BB 2, f. 47-52.

cette façon, l'absence du roi-dauphin est mise en scène tout comme l'est le respect de ceux qui se contentent de suivre le dais. Les rues de la ville sont ornées et des échafauds installés de manière à permettre la présentation d'histoires préparées grâce à l'heureux concours des gens d'Église. La ville fait aussi don à son invité d'épices et de vin – les meilleurs que l'on ait trouvés. Au cours de cette réception, le gouverneur jure de respecter les privilèges de la ville.

Bien que les édiles souhaitent organiser, en reprenant leurs mots, un accueil « *magis honorabilis que fieri poterit* » parce que le nouvel officier est de sang royal, tout est fait en moins de trois semaines. Du reste, leur tâche est facilitée par leur décision de s'en remettre aux procédures d'accueil en vigueur dans la ville. Ainsi, on conclut de procéder comme on l'avait déjà fait, en septembre 1486, lors de la première entrée du seigneur de Bresse, nommé gouverneur l'année précédente. La ville avait d'ailleurs fait en sorte que les détails des activités organisées à ce moment demeurent bien en mémoire en faisant inscrire le récit de cette entrée dans le « livre de la chaîne », outil de référence utilisé par la ville en matière de privilèges et franchises, qui contient la transcription de l'ensemble des cérémonies de serment concernant le Dauphiné et la ville depuis le milieu du XIIIe siècle[18].

Malgré tout, le rite d'accueil des gouverneurs dans leur capitale delphinale et la nature des dons qui leur sont offerts ne sont pas figés dans le temps. Au contraire, bien qu'une étude approfondie du phénomène soit toujours à faire, on remarque que des innovations, voire des ajustements, sont régulièrement adoptées. Ainsi, à partir des années 1520, la

---

[18] A. M. de Grenoble, AA 6. Ce registre doit son nom au fait qu'il était enchaîné à une table. Pour la description de l'entrée de 1486, voir le f. 212. À cette occasion, le gouverneur avait déjà refusé de se placer sous le dais. Cette réaction ne semble pas avoir été rare. En 1533, Anne de Montmorency, gouverneur du Languedoc, refuse tout simplement le dais lors du « grand tour » de François 1er dans les villes de cette région alors que d'autres l'acceptent, comme le connétable lors de son entrée à Toulouse en 1583, mais encore une fois, sans se placer dessous, A. M. de Toulouse, BB 153, f. 86. Il en va de même lors de l'entrée de Catherine de Médicis à Périgueux en 1542 où celle-ci « ne voulust permettre quon luy mist le poyle sur elle, parce que monseigneur le Dauphin estoit en danger de sa personne au siège devant Perpignan. Ledict poyle fust porté par quatre consulz devant elle jusques à son logis », Le Président de Montégut, *Dix entrées solennelles à Périgueux, 1470-1566. Publiées pour la première fois d'après les manuscrits de la Bibliothèque Nationale et les Archives de la ville de Périgueux*, Bordeaux, P. Chollet, libraire et éditeur, 1872, p. 65-68.

valeur des dons gagne en importance. Les épices et le vin offerts en 1497 auraient semblé bien insuffisants en 1522 alors que la ville remet 12 sommées de vin, 12 sommées d'avoine et des boîtes de dragées de deux livres au gouverneur lors de son entrée. Ces mêmes présents ne font pas meilleure figure en 1528 quand Grenoble choisit d'offrir une médaille d'une valeur de 100 écus à François de Bourbon, comte de Saint-Pol, nouveau gouverneur du Dauphiné[19]. Vers la même époque, certains joyeux avènements du gouverneur sont soulignés de salves de canon et par la participation des hommes de la milice. C'est le cas en 1519 lors de l'entrée d'Artus Gouffier, comte d'Étampes[20]. Peu de temps auparavant, la visite solennelle de Pierre Terrail, natif de Grenoble, connu sous le nom du chevalier Bayard, lieutenant général du Dauphiné et militaire célèbre, avait déjà donné lieu à une salve de canon. Dans ce dernier cas, à en croire le registre des délibérations de la ville, mis à part les nombreux nobles, bourgeois et marchands qui se seraient déplacés pour saluer ce militaire de renom, l'utilisation de l'artillerie a été le seul élément de mise en scène publique, les consuls de la ville se contentant d'aller voir le lieutenant pour le saluer et lui offrir deux tonneaux de vin deux jours après son arrivée, comme cela avait été fait pour son prédécesseur[21]. Malgré le prestige de l'individu reçu, son statut de lieutenant nécessitait un ajustement du faste déployé.

Une dernière entrée doit aussi être soulignée. Toujours dans la documentation grenobloise, on remarque qu'à l'automne 1517, la ville décide d'offrir neuf sommées de vin, le meilleur que l'on pourra trouver, au nouveau président du Parlement. Ici, aucune célébration publique n'est organisée. Pourtant, la justification du don souligne que celui-ci est fait tant pour la joyeuse entrée de cet homme de loi que pour des services qu'il a rendus à la ville[22]. Tout en permettant de connaître une version très minimaliste de la relation par le don que sous-tend la « joyeuse entrée », la situation décrite révèle à la fois l'importance prise par les relations personnalisées pour entretenir de bons et durables liens politiques, de même que les aspects parfois occultes de cette dynamique.

---

[19] A. M. de Grenoble BB 9, f. 68v°-69.

[20] A. M. de Grenoble BB 6, f. 47-48.

[21] Le 17 mars 1515, les gens de la Chambre des Comptes du Dauphiné forment une deuxième délégation, laquelle fait une visite semblable au chevalier Bayard le jour même de son arrivée, A. M. de Grenoble, BB 3, f. 180.

[22] A. M. de Grenoble, BB 3, f. 251v°.

Le rituel est rehaussé par la participation de l'élite administrative de la province. Siège du Parlement et de la Chambre des Comptes, Grenoble peut mieux que les autres villes de la région mettre en scène la belle société qui l'habite. Cela se produit surtout lors des entrées du gouverneur, lesquelles calquent assez fidèlement leur cérémonial sur celui des entrées royales, tandis que d'autres entrées particulières sont beaucoup moins ostentatoires et souvent moins complexes. En effet, certains hôtes refusent tout simplement le protocole tel qu'il est planifié[23]. Quelques activités d'accueil se résument à rassembler une modeste délégation pour aller au-devant de l'hôte – parcourant un trajet moins important que pour le roi ou la famille royale –, à lui présenter un dais – refusé par plusieurs d'ailleurs –, à lui offrir un présent, le plus souvent en nature. Ces activités, plus modestes, mais tout aussi signifiantes, traduisent la même dynamique de réciprocité en plaçant notamment la remise d'un présent comme élément central de la cérémonie, au point parfois de n'en être plus que le seul[24]. Les villes s'attendent en retour à bénéficier des bonnes grâces de ces personnages influents, bien que les possibilités de profit soient considérablement réduites, comparativement aux entrées organisées pour le roi.

Dans la première moitié du XVIe siècle, les villes du royaume entretiennent globalement de bonnes relations avec le pouvoir royal qui tend à leur concéder des exemptions notamment dans le domaine fiscal, en même temps qu'il tire avantage de l'enrichissement de la bourgeoisie, sollicitée à lui faire crédit. En contrepartie, les villes gagnent ou conservent l'autonomie de leur administration. Dans la seconde moitié du siècle, les interventions autoritaires accrues de la monarchie sur les plans administratif et militaire, en plus des troubles religieux à partir de 1562, provoquent de graves tensions entre le pouvoir monarchique et les bonnes

---

[23] Le cardinal de Florence, envoyé à Rouen en décembre 1596, ne consent pas à faire une entrée « pour certaines considérations » : les 24 conseillers de la ville se contentent alors de le retrouver à son logis, de lui faire la révérence et de prononcer un discours en latin, A. M. de Rouen, A 21.

[24] L'entrée de Louise de Polignac en 1542 est à ce titre éloquente et semble être un cas limite d'organisation d'activité d'accueil : épouse, en secondes noces, de François Belcier, seigneur de la Boyse et premier président au Parlement de Bordeaux, elle est reçue 22 ans après l'entrée solennelle de son mari qui marquait son entrée en fonction. Les activités d'accueil sont minimales : « au devant de laquelle personne n'avoit esté, et lui fut faict présent d'une pièce de vin de Quercy », Le Président de Montégut, op. cit., p. 71-72.

villes[25]. Un contexte de bonne intelligence ou un contexte de crise requièrent toutefois que les liens sociaux entre la communauté urbaine et le pouvoir souverain soient constamment réaffirmés, notamment lors d'événements comme les entrées. Conçues comme une ritualisation dramatique du don, les entrées inaugurent, créent, consolident des rapports d'engagement réciproques unissant les villes à leur souverain et aux agents politiques du royaume[26]. Elles constituent un épisode ponctuel de la longue séquence des échanges. L'efficacité du don et les retombées politiques concrètes à court, moyen et long termes, sont très difficiles à cerner puisque jamais enregistrées explicitement dans les archives. Une analyse microscopique pour chacune des villes pourrait éventuellement mieux nous éclairer sur différents profits que les villes ont retirés de l'organisation des entrées. La capacité du rituel à mobiliser l'affection des sujets pour le roi et du roi pour ses sujets s'exprime toutefois ouvertement.

« Pour l'amour et l'entiere amytié »

Philippe Braud définit l'émotion en politique par les différents états affectifs qui s'éloignent du degré zéro de l'indifférence. Il fait valoir que les divers mécanismes affectifs de la sphère du psychisme personnel sont également perceptibles dans la vie sociale et qu'ils « confèrent aux multiples formes de conflictualité ou de la sociabilité collective leur dynamisme fondamental »[27]. Socialement et culturellement construites, « les émotions naissent en situation, à partir de jugements d'évaluation supposant l'inculcation préalable de normes d'éthique »[28]. Leur expression, notamment lors des commémorations ou des rites funéraires, apparaît

---

[25] Bernard Chevalier, *Les bonnes villes de France, XIVᵉ-XVIᵉ siècle*, Paris, Aubier, 1982, p. 101-112.

[26] Lorraine Attreed, « The Politics of Welcome. Ceremonies and Constitutional Development in Later Medieval English Towns », *City and Spectacle in Medieval Europe*, B. Hanawalt et K. Reyerson (eds), Minneapolis, University of Minnesota Press, 1999, p. 208-231.

[27] Philippe Braud, *L'émotion en politique : problème d'analyse*, Paris, Presses de la Fondation Nationale des Sciences Politiques, 1996, p. 9.

[28] *Ibid.*, p. 48. Voir également Barbara H. Rosenwein, « Émotions en politique. Perspective de médiéviste », Claude Gauvard (dir.), *Hypothèse 2001. Travaux de l'école doctorale d'histoire de l'université Paris I Panthéon-Sorbonne*, Paris, Publications de la Sorbonne, 2002, p. 315-324.

comme un devoir collectif, « imposé par le groupe », « attitude [...] dans une large mesure indépendante de l'état affectif des individus »[29]. Ces dispositions émotionnelles sont repérables dans les cérémonies d'entrées. Les affects exprimés appartiennent au registre positif de l'amour et de l'affection et leurs manifestations stéréotypées actualisent et renforcent des rapports d'obligation et de réciprocité.

Les Miroirs des Princes des XIVe et XVe siècles enseignaient entre autres que les princes devaient gouverner avec amour pour éviter de tomber dans la tyrannie[30]. L'amour du prince devait se manifester par la pitié envers ses sujets malheureux, ainsi que par sa magnanimité et sa libéralité. La générosité du prince avait deux formes : les dons matériels à ses sujets et à son entourage et la « libéralité du cœur » exprimée par sa justice et son pardon. Fonctionnant comme des miroirs des princes, les entrées mettent en scène ces représentations du bon gouvernement. Par ailleurs, Michael Clanchy a montré que l'amour qualifiait au Moyen Âge des rapports d'affection établis publiquement devant témoins et maintenus par la pression sociale[31]. Moyen de gouvernement et moyen de résolution de conflit, l'amour cimente les liens sociaux et assure la paix sociale. Dans les entrées, l'expression protéiforme de ces liens s'affirme, entre autres, par la mise en scène des allégories du cœur comme l'a montré Jean Nagle[32]. Cette dimension affective, opposée en apparence seulement à la rhétorique rationnelle de l'État moderne, tient une place importante dans les qualifications relationnelles ainsi que dans l'appel à la justice du roi. Le corps politique, qui n'est jamais émotionnellement neutre, met de

---

[29] *Ibid.*, p. 137.

[30] Jacques Krynen, *Idéal du pouvoir et pouvoir royal en France à la fin du Moyen Âge (1380-1440)*, Paris, Picard, 1981, p. 119-123.

[31] Michael Clanchy, *art. cit.*, p. 47.

[32] Jean Nagle, *op. cit.*, p. 168-170. Cet historien fait de l'entrée royale un lieu d'adhésion et de participation du « cœur populaire » à la vie politique, une cérémonie « cordiale » exaltant le sentiment monarchique où se manifestent des allusions au cœur, dans les divers tableaux et les cadeaux. Il affirme que le cœur emblématique signifie au XVe siècle l'hommage de la ville au roi (un cœur de Foi) et qu'au XVIe siècle, il évoque plutôt la concorde, c'est-à-dire l'union des cœurs. Bien que cette évolution de la signification du sentiment ne soit pas perceptible dans les documents que nous avons consultés, l'expression des sentiments positifs colore l'ensemble des interactions sociales mises en œuvre lors des entrées et apparaît indissociablement liée au registre du don : le don concrétise l'amour obligatoirement exprimé, conventionnellement proclamé ou sincèrement affirmé, entre les parties engagées.

l'avant son cœur pour assurer l'efficacité symbolique de sa mise en représentation.

Les exemples du cœur emblématique et rhétorique dans les entrées sont innombrables, nous n'en citerons que quelques-uns. Ainsi, en 1521, lors de l'entrée de François 1er à Langres, une jeune fille lui présente un lys d'argent au milieu d'un cœur pour signifier que la ville « met tout son cœur pour garder la fleur de lys »[33], soit le royaume. En 1533, le dauphin François après sa captivité en Espagne, accompagne son père dans un grand tour de France. Lors de son entrée à Bordeaux, il aperçoit sur son itinéraire « une jeune fille nommée la ville de Bordeaulx a genoulz que tenoit ung cueur ou estoient les armes de la ville lequel s'ouvroit et apparessoit seme de fleurs de lys et avoit ung personnage acoutré en l'homme de justice que se nommoit conseil vertueux ». Les visites du dauphin et du gouverneur, à Romans en 1533, sont marquées d'allégresse par la référence au cœur. Une harangue au dauphin proclame que « Le cueur craintif est de tout danger seur, Puisque Titan en ce pays arrive » ; au gouverneur cette joie est réaffirmée : « Le cueur du peuple, qui étant se réjouisse/ De ton heureuse et plaisante venue »[34]. À Béziers en 1533, au-dessus d'un écusson royal placé sur un arc de triomphe figure un cœur traversé de la lettre F pour représenter le cœur de la France ; lors de cette entrée, Anne de Montmorency, gouverneur du Languedoc, peut lire une devise toute naïve composée à partir de son nom : « Mont d'amour morant cy »[35]. En 1564, Charles IX voit à Lyon sur un portail complexe à deux étages exaltant les vertus royales, la représentation de Piété qui porte « en main un cœur embrasé, & flamboyant ; et à destre Iustice, tenant son glaive en main de la dextre, de laquelle pendoyent deux Balances »[36]. Lorsqu'Henri IV fait son entrée à Caen, ville qui n'a pas pris le parti de la Ligue, il peut voir sur son trajet, « une figure d'Amour du Peuple envers le Roy en forme d'ange, ayant deux ailles, lequel de la main droicte luy presentoit deux clefz entrelacées de mirthes, pour faire

---

[33] E. Julien de la Boullaye, *Entrées et séjours de François 1er à Langres*, Langres, Imprimerie et Librairie Firmin Dangien, 1873, p. 10.

[34] Émile Giraud, *Entrée de François 1er à Romans en MDXXXIII*, Valence, Imprimerie de Chenevier & Chavet, 1873, p. 10-13.

[35] Louis Domairon, *Entrée de François 1er dans la ville de Béziers*, Béziers, La Cour (1886), 1996, p. 15-16.

[36] Vital de Valous, *L'entrée de Charles IX à Lyon en 1564. Texte de la relation contemporaine accompagné de pièces justificatives et de figures*, Lyon, À la librairie ancienne d'Auguste Brun, 1884, p. 16.

ouverture de leur cœur qu'il trouveroit embrasé de l'amour de leur Prince. Laquelle ardeur d'amour estoit aussy representée par un flambeau allumé qu'il tenoit en l'autre main ». On lui dit alors « Nous t'ouvrons nostre sein, entre aussy dans nos cœurs / Dont ce public Amour qui maintient les vainqueurs »[37]. Hors du cadre géographique du royaume de France, l'entrée à Anvers, en février 1582, du duc d'Anjou qui avait acquis, par les rebelles des Pays-Bas en lutte contre Philippe II, les titres de comte de Flandre et de duc de Brabant, constitue un exemple très significatif. Orchestrée par Guillaume d'Orange, cette cérémonie veut cristalliser autour de la personne du prince français un sentiment national et formule clairement les attentes de la population[38]. Aussi montre-t-on à François d'Anjou une mise en scène de la ville sur le Chariot de l'Alliance : une jeune fille porte « un cœur tenu de deux mains armées, ayant des aisles, signifiant Union, Foy et Force »[39]. Emblème de l'amour des sujets pour leurs gouvernants, de l'humilité, de la fidélité, de la justice du roi, de l'union, du courage, du sentiment patriotique et monarchique, le cœur décline un registre symbolique large et colore émotionnellement les relations politiques établies par la cérémonie.

Cette rhétorique du « cœur politique » s'exprime également lors des préparatifs des cérémonies : le souverain en annonçant sa venue met l'amour qu'il porte à ses sujets en équation avec les dépenses encourues par sa visite. Ainsi, en 1563, pendant l'organisation de l'entrée de Charles IX à Rouen, ville fortement touchée par le protestantisme, mise à sac l'année précédente par les troupes royales et que l'on a choisie pour proclamer la majorité du roi, Catherine de Médicis précise aux conseillers de la ville que « sous umbre de ladicte entrée, les conseillers n'eussent a mectre la ville en superflue despence cognoissant assez la bonne et entiere affection de ses subjects et habitants de ladite ville »[40]. On retrouve cette même équation lorsque Henri IV entre, en septembre 1596, à Rouen laquelle a maintenant pris le parti de la Ligue. Conscient de donner peu

---

[37] *Discours de l'entrée faicte par treshaut et trespuissant Prince Henry IIII, Roy de France et de Navarre, et tresillustre princesse Marie de Medicis, La Royne son epouse, en leur ville de Cæn, au mois de septembre 1603*, Cæn, Mancel, 1842, p. 29.

[38] Frances A. Yates, *The Valois Tapestries*, London, The Wartburg Institute Univ. of London, 1959, p. 96.

[39] *La Joyeuse et magnifique entrée de Monseigneur Françoys, fils de France et frere unique du Roy, par la grace de Dieu, Duc de Brabant, d'Anjou, Alençon, Berri, etc, en sa tres-renommée ville d'Anvers*, Anvers, Christophe Plantin, 1582, p. 26

[40] Bibliothèque Municipale (désormais B. M.) de Rouen, A 18, f. 104.

de temps aux habitants de Rouen pour préparer sa visite, le roi affirme qu'il se contentera « qu'ils y fassent le moins de frais qu'ils pourront, car ajoute-t-il, j'ayme mieux le cueur de mes subjects et leur soulaigement que tout autre apparat »[41].

Malgré ces prescriptions royales, les villes gardent à l'esprit que la somptuosité exhibée par la cérémonie de l'entrée demeure un gage de l'expression de leur adéquation à l'ordre du royaume et que cette richesse contentera le roi. En se pliant aux règles de l'hospitalité qui exigent libéralité, les villes accomplissent leur devoir. Lors des préparatifs de l'entrée d'Henri II à Rouen en 1550, la ville l'exprime clairement :

> s'il n'estoit receu en grand honneur et triomphe, pourroit advenir injure ausdits habitans et mal contentement du roy [...] estoit requiz se mectre de tout en son debvoir a faire theatres, establies pour monstrer le bon voulloir que se vrays et bons subjectz auroient en luy, qui auroit declaré son affection qu'il verroit autant de choses singulieres en sa dicte ville de Rouen que a nulle aultres villes de son royaulme, ou il avoit este[42].

En 1603, lors de l'entrée d'Henri IV, les échevins de Caen souhaitent que la cérémonie témoigne « de l'entiere obeissance et bonne volonté desdicts habitans, [...] leur faire cognoistre la singuliere affection qu'ils apportent a tout ce qui concerne leur service »[43] ; Marie de Médicis fait également une entrée dans cette ville qui profite de l'occasion pour répéter son hommage : « [...] c'est pourquoy, Madame, nous qui sommes une parcelle de ceulx qui administrent sa Justice en ceste province, vous presentons humblement et d'une sincere affection nos cœurs d'aussy grande devotion que nous demeurons et demeurerons eternellement vos tres humbles, tres fidelles et tres affectionnez subjects et serviteurs »[44].

---

[41] B. M. de Rouen, A 21, f. 190v°.

[42] A. M. de Rouen, A 16, d'après l'inventaire, p. 171. Pour ce même événement, le livret de l'entrée fait valoir que les vêtements magnifiques du cortège urbain véhiculent ce même message : « ce qu'il faisoit l'acomplissement du tant magnifique et triumphant appareil, par lequel, les cytoiens de la ville ont pour ce jour, non seulement acquis l'amour et faveur de leur Roy, chose toutesfois que plus ilz desiroient, mais des autres nations estranges, tiltres d'honneur et louenge immortelle ».

[43] *Discours de l'entrée faicte par treshaut et trespuissant Prince Henry IIII, Roy de France et de Navarre, et tresillustre princesse Marie de Medicis, La Royne son epouse, en leur ville de Caen, au mois de septembre 1603*, op. cit., p. 7.

[44] *Ibid.*, p. 33.

Cette rhétorique est mise en œuvre dans les harangues prononcées durant la cérémonie. L'avis aux lecteurs de l'entrée d'Henri II à Rouen, en 1550, met par ailleurs l'accent sur la hiérarchie entre le donateur et le donataire, le premier affirmant sa situation d'infériorité par rapport au second, malgré l'acte du don. Son humilité rend compte du sacrifice consenti pour recevoir le roi :

> Voyez donc icy le triumphe qui autant liberallement que magnifiquement a esté dressé pour l'exaltation de sa majesté, voyez les autres inventions, excogitez pour luy donner contentement icy pourtraictes et representées en plate figure. Et ne considerés tant ce qui a esté fait que ce que nous avons voulu faire, avec protestation que si nous n'avons peu correspondre au devoir auquel l'eminence de son estatz et nostre office nous astraignent, cela ce doit atribuer non a faulte de vouloir bien affectionné : mais a la grandeur de ses mérites[45].

La somptuosité demeure la règle pour recevoir la famille royale et les personnages de marque, tels les ambassadeurs. Ils sont accueillis avec le même faste que s'il s'agissait du roi lui-même. Le souverain exige d'ailleurs expressément que les membres de sa famille soient reçus en grande pompe. En respectant les règles de l'hospitalité, les villes consolident leurs liens avec leur souverain et deviennent elles-mêmes des intermédiaires dans les relations du roi avec les hôtes des villes. En outre, dans ce double jeu relationnel, elles tissent de nouveaux et durables liens avec ces personnages influents. C'est en ces mots que Louis XI demande aux Lyonnais en 1469 de recevoir son « tres chier et tres amé oncle, le roy de Secile » qui retournait en Provence :

> nous desirons de tout nostre cuer qu'il soit receu honnestement en chascune ville de nostre royaume, et que autant d'honneur, service et plaisir lui soient faiz comme a nous mesmes, nous vous prions et neantmoins mandons bien expressement que faire nous desirez, que a icellui nostre dit oncle vous faciez tout en tel et semblable honneur, plaisir et service que vous feriez et

---

[45] *Cest la deduction du sumptueux ordre plaisantz spectacles et magnifiques theatres dresses et exhibes pa les citoiens de Rouen ville metropolitaine du pays de Normandie, a la sacree Majesté Treschristian Roye de France, Henry second leur souverain seigneur et a tresillustre dame, ma Dame Katherine de Medicis , la Royne son espouze lors de leur triumphant et joyeux et nouvel advenement en icelle ville, qui fut es jours de mercredy et jeudi du premier et second jours d'octobre, mil cinq cens cinquante..... Rouen, 1551, p. 4.*

faire pourriez a nostre propre personne, en lui presentant et offrant les clefz
de la dicte ville, et lui faisant toutes et chascunes les autres offres et choses
que verrez estre a faire, et qu'il vous semblera en honneur, plaisir ne
pourriez faire, et tout ce que en ce vous lui ferez, nous le repputons avoir
esté fait a nous mesmes, et recongnoistrons en temps et lieu quant d'aucune
chose nous requerrez[46].

Ces promesses de contre-don sont également formulées en 1517, à la
ville de Paris. Elle reçoit l'ordre du roi d'accueillir honorablement la reine
Claude : « A cette cause nous en avons bien voulu ecrire et adverir, a ce
que prepariez et donniez ordre de vostre part es choses qui seront
necessaires, et comme voudriez faire pour nostre propre personne : et ce
faisant nous ferez chose que aurons tres agreable, et que retiendrons a
memoire quand besoin sera »[47]. En décembre 1530, pour l'entrée
d'Éléonore, François 1er commande à la ville de Paris de recevoir la
nouvelle reine encore plus « honorablement et somptueusement » qu'à
l'accoutumé, « a l'occasion des estrangers qui s'y doivent trouver ». Les
conseillers rétorquent « s'il plaist au Roy qu'elle fasse plus qu'elle n'a de
coustume de faire, en le mandant, elle luy obeyra »[48]. L'amiral de
France, avertissant la ville de Rouen de la venue de la reine Éléonore et
du dauphin François en 1532, fait les recommandations suivantes : « Je
veuil bien vous donner advis pour l'estime et vraye seureté que j'ay de
votre desir et grande affection de les recepvoir en l'honneur qui leur
appartient a ce que vous dressez et preparez les entrez a ladite dame et
mondit sieur le daulphin et vous y employez de votre debvoir et bonne
coustume que bons et loyaulx subgectz »[49]. Le roi François 1er avertit la
ville de Lyon de la venue de la famille royale en 1533 et lui demande

---

[46] E. Charavay et J. Vaesen (éd.), *Lettres de Louis XI*, t. IV, Paris, Société de l'histoire
de France, 1895, p. 37-38.

[47] Théodore et Denis Godefroy, *Le Cérémonial françoys, contenant les cérémonies
observées en France aux mariages et festins, naissances baptesmes, majoritez de Roys,
Estats généraux et particuliers, assemblées de notables, lits de justice, hommages,
serments de fidèlité, receptions et entrevues, serments pour l'observation des traitez,
processions et Te Deum*, Paris, 1649, t. I, Extrait des registres de l'hostel de ville de Paris,
p. 759.

[48] *Ibid.*, Extrait des registres du Parlement de Paris, décembre 1530, p. 506.

[49] B. M. de Rouen, A 13, f. 157v°.

qu'elle fasse son « devoir » ; dans ses délibérations, Lyon fait valoir qu'il « convient promptement de faire a grands frais » cette entrée[50].

Ces mêmes règles de somptuosité s'observent lors des entrées des ambassadeurs. En 1493, Charles VIII qui attend l'arrivée des ambassadeurs du roi de Naples demande aux habitants de Lyon de les recevoir « et, pour ce que nous voulons bien traicter lesdicts ambassadeurs, nous vous prions et mandons que allez au devant d'eulx quant il en sera temps, et les recevez honnorablement, en leur offrant et faisant tous les plaisirs et services que pourrez, ainsi que vous savez bien faire »[51]. À Grenoble, François 1er, annonçant la visite de Laurent de Médicis, prescrit à la ville de le recevoir selon les mêmes honneurs dus au dauphin, c'est-à-dire à lui-même[52]. En 1527, il exige de la ville d'Amiens qu'elle accueille les ambassadeurs d'Angleterre « le plus honorablement que faire se povoit, mesmes aller au-devant d'eulx hors des portes d'icelle ville »[53]. Même pour la visite de Charles Quint à Orléans en 1539, hôte que l'on conçoit assurément comme n'étant pas particulièrement le bienvenu dans le royaume, le connétable de France fait savoir aux échevins d'Orléans « que le vouloir du Roy este que pour l'amour et l'entiere amytié qu'il avoit audit Empereur, il commandoit a ses subjects luy faire a sa joyeuse entrées, recueil, service et honneur autant et plus pour ceste foys que a luy mesmes si faire se pouvoit »[54].

Les cérémonies d'entrées sont donc des lieux d'expression d'une « quantité conventionnelle » d'émotion positive. Les dispositifs représentatifs, comme les différents échanges entre la ville et l'hôte, avant et durant la cérémonie sont particulièrement chargés d'affectivité. Cet amour ouvertement exprimé se concrétise par les dépenses ostentatoires qui occasionnent des dettes d'amitié. En se conformant aux exigences royales de libéralité, les villes espèrent se ranger dans les bonnes grâces du roi et être davantage en mesure de faire reconnaître la légitimité de leurs demandes.

---

[50] A. M. de Lyon, BB 52, fol. 140r°.

[51] P. Pélicier (éd.), *Lettres de Charles VIII, roi de France*, t. III, Paris, Renouard, 1902, p. 362.

[52] A. M. de Grenoble, BB 5 f. 39-39v°.

[53] B. M. d'Amiens, CC 110, f. 94v°.

[54] *Le double et copie d'unes lettres envoyées d'Orleans a ung Abbé de Picardie contenant a la verité le triumphe faict audict lieu d'Orleans a l'entrée et reception de l'empereur contre ce qui par avant en a esté imprimé qui est faux.* Paris, 1540, p. 4.

Le don et les intermédiaires du pouvoir

Les dons offerts au roi et à son entourage lors des entrées constituent une dépense considérable dont la proportion varie entre 10 % et 86 % – le plus souvent plus du tiers – des dépenses totales consacrées à chacune des entrées royales[55]. Les montants alloués pour le présent sont donc stratégiques dans l'organisation de l'événement, tout comme les frais d'intendance et de « bouche » nécessaires à l'entretien du roi, de son entourage, des chevaux de leur suite[56] ainsi que tous les frais alloués aux décorations, jeux, décors, architectures éphémères, costumes des acteurs, vêtements des membres du cortège urbain, salaires des artisans, etc. Les dons, appelés dans les documents d'archives « dons gratuits », présents ou gratuités, sont « sans conséquence », c'est-à-dire qu'ils ne présentent pas une obligation légale et n'ont pas de caractère itératif. Il existe une hiérarchie élaborée, en qualité et en quantité, des dons lors des entrées, mettant en évidence non seulement le statut de l'hôte et les capacités financières de la ville, mais encore la qualité des liens qui se tissent entre donateur et donataire[57]. On perçoit trois grandes catégories de dons offerts lors des entrées. Une première concerne les dons solides et durables qui valent leur pesant d'or, c'est-à-dire de la vaisselle ou des pièces d'orfèvrerie diverses dont les formes mêmes, souvent allégoriques, perpétuent une représentation identitaire de la ville ou un message politique véhiculé par l'emblème du cœur. Les exemples sont innombrables, nous n'en citerons que quelques-uns : Nantes offre à la reine Claude, en 1518 « un cœur d'or avec deux hermines portant ledit cœur du poids de six marcs »[58] ; à Nîmes, François 1er reçoit une pièce d'orfèvrerie représentant les arènes

---

[55] Voir le tableau ci-joint, détaillant des exemples de coûts des entrées royales.

[56] Les quantités de nourriture mobilisées pour une entrée royale sont impressionnantes et proportionnelles à la lourdeur de l'équipage de l'hôte. Par exemple à Nîmes, 300 muids de vin (valant 2 250 livres) 23 bœufs, 356 moutons, un quintal de lard sont rassemblés pour l'entrée de François 1er ainsi que 800 setiers d'avoines (valant 304 livres) pour les chevaux. Il y eut des surplus qui ont été revendus après la fête, voir Achille Bardon, *Ce que coûta l'entrée de François 1er à Nîmes (1533)*, Nîmes, Imprimerie Gervais-Bedot, Libraire-Éditeur, 1894, p. 23 ; 26 ; 31-32.

[57] Michel Hébert, *art. cit.*, p. 269-270.

[58] Pierre Lelièvre, « Les entrées royales à Nantes à l'époque de la Renaissance (1500-1551) », *Les Fêtes de la Renaissance*, sous la direction de J. Jacquot, t. III, Paris, C.N.R.S., 1975, p. 82.

de Nîmes ; Toulouse lui remet une sculpture représentant Crainte et Amour[59]. Lyon donne à Henri II une statue d'or représentant la déesse Libéralité[60]. Une coupe d'or ou d'argent remplie de pièces de monnaie figure parmi les cadeaux les plus récurrents : elle symbolise la convivialité et l'abondance[61]. Les donataires recevant des dons d'une plus grande valeur monétaire sont à l'évidence le roi, la reine, le dauphin et les grands dignitaires qui les accompagnent dans leurs entrées. La seconde catégorie de dons est constituée par les dons liquides ou périssables, comme le vin, une importante quantité de nourriture ou autres denrées du pays, des torches souvent ornées aux armes de la ville, présents qui ne sont pas sans rappeler les obligations féodales du droit de gîte[62]. Ces dons sont le plus souvent offerts aux officiers royaux et aux ambassadeurs. Il n'est pas exclu que les membres de la famille royale reçoivent, en plus des dons solides, des dons en nature. Enfin, la dernière catégorie de présents rassemble les dons de chevaux et de mules faits le plus souvent aux fils du roi et à certains dignitaires. On veut que ces bêtes soient les plus belles et des mieux harnachées.

L'offrande du don intervient lors de la phase finale du rituel, le lendemain des processions des cortèges et des différentes mises en scène. La remise du don permet une ultime représentation de la ville, paradoxale, exposant ses moyens et sa pauvreté, son autonomie âprement défendue et sa dépendance reconnue. La chronique d'Étienne de Médicis fait état des paroles échangées lors de la remise du don à François 1er au Puy en 1533.

---

[59] À Toulouse, les consuls prévoient en 1533 investir jusqu'à 4 000 livres pour le don du roi, 3 000 livres pour celui de la reine, 4 000 livres pour celui d'Anne de Montmorency et 500 nobles d'or pour le dauphin, des chevaux pour ses frères ; le chancelier Duprat reçoit deux belles mules harnachées et une coupe d'or contenant 500 écus, A. M. de Toulouse, II 657, fol. 218.

[60] Natalie Zemon Davis, op. cit., p. 148.

[61] Anne de Montmorency reçoit une coupe remplie de pièces d'or frappées aux armes de la ville de Toulouse et des siennes au revers, A. M. de Toulouse, AA 82, f. 7v°. Catherine de Médicis à Béziers en 1564 reçoit également une coupe d'argent remplie de médailles d'or où se trouvent d'un côté les armes des Médicis et de l'autre les armes de Béziers, A. Soucaille, « Entrée de Charles IX et Catherine de Médicis à Béziers », Bulletin de la Société Archéologique de Béziers, 3e série, 1885, p. 35-43.

[62] Richard Trexler, op. cit., p. 324. Dans les cérémonies d'entrées des villes allemandes au XVe siècle, Valentin Grœbner remarque que le vin est le liquide politique par excellence, « Accountancies and Arcana : Registering the Gift in the Late Medieval Cities », Medieval Transformations. Texts, Power, and Gifts in Context, Esther Cohen et Mayke D. de Jong, Leyde, Brill, 2001, p. 226.

Un représentant de la ville, accompagné des consuls et des notables, déclare alors au roi :

> Sire, de la partie de vos bons et loyaux subjects, manans et habitans en vostre cité du Puy, très humblement vous presente foy, amour, obeissance, loiaulté & reverence, &, en signe de ce, ung bien petit present [...]. Le present est d'or pur, aourné d'une pierre safirique de bonne extimation [...] long temps a, reservée pour vostre tant desirée venue par la cité, vous supplian excuser les citoiens, car de vouloir pur et entier, a sa possibilité, l'ont faict, & avoir esgard a leur poureté, que a eu de grans inconveniens pour la cherté des vivres, temps pestiffereux, charge de grant multitude de poures habitans, scituée en pays gueres fructeux, & le vouloir tenir en votre protection et sauvegarde[63].

Les attitudes corporelles se révèlent tout aussi stéréotypées que le discours. À Rouen, les délibérations de 1550 rapportent que les hommes du conseil retrouvent le roi à son logis, « et s'étant mis a genoux devant, ils le remercient de ce qu'il luy avoit pleu venir veoir sa ville de Rouen et lui presenterent une figure en forme de Mynerve (...) Le Roy feist responce que le present estoit beau et honneste ». C'est après avoir présenté des dons à la reine, au connétable, au chancelier et à la duchesse du Valentinois que les conseillers ont l'intention de faire « entendre les requetes » au roi et « requerir opportunite au Roy de les oyr »[64].

Le faste de la cérémonie et les dons permettent aux villes de rentrer dans les bonnes grâces du roi et ainsi de garantir l'intégrité de leurs privilèges. En outre, elles passent par des médiateurs pour atteindre le roi et se faire entendre. L'exemple d'Anne de Montmorency, lors du grand tour de François 1er en 1533, illustre la hiérarchie des dons pour une même personne, en même temps que son rôle d'intermédiaire du pouvoir. Anne de Montmorency reçoit des cadeaux variés dans les villes du Midi à la fois en sa qualité de grand maître du royaume, mais surtout de gouverneur du Languedoc. Personnage très influent, il agit dans la province comme représentant du pouvoir royal. Il fait dans plusieurs villes de la province des entrées spécifiques et reçoit tous les honneurs, même le dais qu'il refuse cependant. Au Puy en 1533, d'abord flatté dans une harangue prononcée, il entend ensuite les plaintes de la ville qui fait état

---

[63] A. Chassaing, *Chroniques de Estienne de Médicis, bourgeois du Puy*, t. II, Le Puy, Imprimerie de M. P. Marchessor, 1869, p. 363-364.
[64] B. M. de Rouen, A 16, d'après l'inventaire, p. 172.

de la pauvreté de ses habitants et qui espère de son hôte le rôle de médiateur entre elle et le roi : « Si vous supplie les avoir en votre protection & saulvegarde, & tenir en amour envers la sacrée Magesté, ainsi que bons & loiaulx subjects »[65]. À la fin de son entrée, il reçoit un drageoir d'argent doré dans lequel se trouve une médaille d'or à ses armes d'une valeur de 530 livres. À Toulouse, ville prospère en pleine expansion économique, métropole provinciale, capitale administrative, religieuse et intellectuelle, les capitouls se mettent en frais en lui offrant un présent somptueux d'une valeur de 4 000 livres[66], soit le même montant que celui du roi. Si leurs intentions ne sont pas explicites dans les archives, on perçoit cependant que les parlementaires qui détiennent la réalité du pouvoir urbain n'hésitent pas à se mesurer au gouverneur du Languedoc. Au début du XVIᵉ siècle, ils ont pu réduire ses prérogatives et les limiter à ses attributions militaires[67]. Le gouverneur visite également la ville de Gaillac, communauté plus modeste, et y fait une entrée. Anne de Montmorency y reçoit seulement une mule, symbole significatif du message que l'on souhaite qu'il porte au roi : « per affins de porta la paraula al rey per ly demostra la dolensas pauretat e deffortuna de la ville de Gailhac et far confirma los privileges de aqueto »[68]. La ville de Béziers quant à elle offre un présent d'une valeur de 500 livres et le gouverneur se montre tout disposé à son égard :

> lequel present le dict seigneur receust fort gracieusement, et parla auxdits messeigneurs consulz et autres habitants de la police de la ville et reparations en icelle necessaire et leur promist que en brief le roy pourvoiroit aulx reparation y requises. Si leur offrist faire tout le bien et plaisir en ce que la ville le requerroit et advertiroit[69].

---

[65] A. Chassaing, *op. cit*, p. 360.

[66] Il s'agit d'une coupe d'or remplie de 100 pièces d'or frappées aux armes de la ville de Toulouse et de l'autre côté aux armes dudit seigneur, A. M. de Toulouse, AA 82, f. 7vᵒ.

[67] B. Bennassar et B. Tollon, « Le siècle d'or », *Histoire de Toulouse*, Toulouse, Privat, 1974, p. 240.

[68] *Annuaire statistique et administratif du département du Tarn*, 1862, p. 230.

[69] Le présent est un grand plat d'argent surdoré et deux belles coupes, Louis Domairon, *op. cit.*, p. 40.

Le gouverneur du Languedoc ne paraît toutefois pas enchanté du cadeau proposé par Nîmes, pourtant chef-lieu d'une sénéchaussée et qui espère beaucoup de cette visite : on souhaite que le gouverneur fera beaucoup de bien « a ce pays (...) en otant les garnisons au diocèse » et exemptera la population du logement des troupes[70]. Nîmes hésite pourtant sur le montant à débourser et ne se montre pas habituée aux usages. On prévoit d'abord offrir au gouverneur une médaille de 60 écus d'or, puis les enchères montent à 400 livres. Un député trouve le présent mesquin. On décide alors de lui offrir en plus une chaîne de 25 livres. Le lendemain de son entrée, devant la déception affichée par le gouverneur, certains conseillers réunis ajoutent enfin qu'un grand maître aurait bien mérité un cadeau de 500 livres[71]. La déconvenue du gouverneur, qui s'attendait à une marque d'affection plus forte, ainsi que la discorde autour des modes d'affirmation de la quantité conventionnelle d'amour à mettre en scène par la ville incitent à faire un constat simple : malgré une solide volonté de mise en relation avec un puissant agent du pouvoir monarchique, Nîmes échoue.

Le rôle médiateur des reines dans le gouvernement du royaume a déjà été souligné par plusieurs historiens[72]. Ce rôle est clairement mis en évidence lors de leurs entrées. En 1517, à l'occasion de l'entrée de Claude, la ville de Paris discute de la pertinence d'offrir un don à Louise de Savoie, la mère du roi, « laquelle a le gouvernement du royaume, pour captiver sa benevolence et mettre en sa grace et amour cette ville de Paris et les habitants d'icelle ». Sachant que d'autres villes, notamment Lyon, lui avait offert un présent, Paris décide donc de lui faire un don en vaisselle jusqu'à concurrence de 2 500 livres, « ce que pourra trop plus profiter à la ville en quelques ses affaires qui peuvent survenir que ne monte ladite somme ». Ainsi, « le roy le prendra a plaisir, car l'honneur et plaisir fait a la mere redonde au fils »[73]. En 1542, lors de l'entrée de Catherine de Médicis, alors simplement épouse du dauphin Henri, les maire et consuls de Romans « luy recommandèrent les affaires de la ville

---

[70] Achille Bardon, *op. cit.*, p. 9.

[71] *Ibid.*, p. 28-29.

[72] Voir, entre autres, Fanny Cosandey, *La reine de France. Symbole et pouvoir*, Paris, Gallimard, 2000.

[73] Théodore et Denis Godefroy, *op. cit.*, Extrait des registres de l'Hostel de ville de Paris, p. 760.

et la prièrent les tenir en grace envers monseigneur le Dauphin »[74]. Un
autre très bel exemple peut se lire dans le livret de l'entrée de Catherine
de Médicis à Rouen : tout en soulignant l'amour et l'affection qu'elle
porte à la souveraine et au roi, affection illustrée par la magnifique entrée,
la ville demande explicitement que la reine joue le rôle d'intermédiaire du
pouvoir entre elle et son royal époux :

> [...] a la grande affection qu'avoient les habitans de la ville pour faire
> honneur et service agreable a la Royne [...]. La supliant treshumblement,
> qu'elle voulist les habitans de Rouen consilier et maintenir en la bonne
> grace de son royal espoux, chose qui luy fut tres agreable, leur promettant
> d'une bonnaireté royalle tellement si employer qu'ilz auroient cause d'eulx
> contenter eu regard a la fidele amytié propre obeissance et autant liberale
> que magnifique reception dont les habitans de Rouen avoient tant du passé
> que de present usé envers les roys de France, leurs souverains seigneurs, et
> en faveur, de son seigneur et mary a sa propre personne voulant de sa part,
> au temps advenir, leur faire entendre pour recompense que la faveur et
> credit qu'elle avoit acquitz par ses vertus insignez envers le Roy, seroient
> du tout employes au grand bien profit et soulagement du peuple francoys
> specialement de ce luy de Rouen peuple qu'elle estimoit de condition non
> abjecte, ains de liberal et magnanime courage, d'avoir exposé devant la face
> de son naturel seigneur un tant magnifique triumphe qui s'est monstré egal
> au mutuel amour du Roy et de ses subjectz[75].

En outre, en 1603, l'université de Caen profite de l'entrée de Marie de
Médicis pour se recommander au roi : l'université « espere de votre
faveur, par vos sainctes persuasions, encourager Sa Majeste, pour obtenir
l'effect d'une treshumble et juste requeste qu'elle luy presente : affin de
pouvoir continuer notre profession »[76].

---

[74] Émile Giraud, *op. cit.*, p. 68.

[75] *Cest la deduction du sumptueux ordre, plaisantz spectacles et magnifiques theatres
dresses, et exhibes par les citoiens de Rouen, ville metropolitaine du pays de Normandie,
a la sacree Majesté du treschristian Roy de France, Henry second leur souverain
Seigneur, Et a tresillustre dame, ma Dame Katharine de Medicis, la Royne son espouze,
lors de leur triumphant joyeulx et nouvel advenement en icelle ville, qui fut es jours de
mercredy et jeudy premier et second jours d'octobre, mil cinq cens cinquante...*, *op. cit.*,
p. 116.

[76] *Discours de l'entrée faicte par treshaut et trespuissant Prince Henry IIII, Roy de
France et de Navarre, et tresillustre princesse Marie de Medicis, La Royne son epouse,*

Le rituel des entrées fonde des relations structurées positivement par un discours du cœur. Qu'elles soient organisées pour le roi, ses proches et sa famille, ou pour les officiers du royaume, les entrées renouvellent instamment les vœux d'une relation pacifique, en même temps qu'elles cachent le jeu complexe de concurrence entre les villes pour faire appel à la justice du roi. Toutefois, cette rhétorique appartenant à la logique du don ne doit pas occulter les résistances de certaines villes à recevoir « honorablement » leur hôte, faute de moyens, ni le fait qu'elles aient des récriminations à formuler à leur souverain.

Le fardeau de l'entrée

Dans le cas des nombreuses entrées particulières, les sommes engagées ne sont pas assez importantes pour exiger l'organisation de modes de financement spécifiques ou extraordinaires. Les budgets des villes permettent alors d'absorber ces dépenses. Toutefois, le coût total des entrées royales est exorbitant et l'inflation du rituel au XVIe siècle entraîne inexorablement des dépenses toujours plus somptuaires. Il n'est pas toujours aisé de reconstituer la comptabilité des entrées, faute de documents ou encore de précision dans la documentation. De plus, la diversité de la valeur de la monnaie de compte, selon le temps et l'espace, rend l'exercice comparatif hasardeux. Les coûts globaux de l'entrée s'estiment le plus souvent à partir du montant des emprunts faits à court terme par les villes pour les financer et il n'est pas exclu que, dans certains cas, elles se servent d'une partie des sommes destinées aux entrées pour équilibrer leur comptabilité régulière ou financer d'autres secteurs de leur administration. À titre d'exemple, tout de même, mentionnons quelques données qui permettent de mettre en relation le coût total des entrées avec la valeur du don offert.

---

en leur ville de Caen, au mois de septembre 1603, op. cit., p. 32.

Exemples de coûts des entrées royales aux XVe et XVIe siècles[77]

Date	Ville	Coût de l'entrée	Valeur des dons offerts	Proportion des dons dans le coût total de l'entrée (en %)
1437	St-Flour	331 livres	285 livres[78]	86
1462	Angers	711 livres	600 livres[79]	84
1504	Paris	----------	7 500 livres[80]	----------
1514	Paris	----------	6 000 francs	----------
1517	Paris	----------	~ 6 000 francs	----------
1518	Nantes	----------	2 615 livres[81]	----------
1531	Paris	----------	6 000 francs	----------
1532	Nantes	3 210 livres	----------	----------
1533	Gaillac	1 200 livres	350 livres[82]	29
1533	Le Puy	5 080 livres	2 499 livres[83]	49
1533	Béziers	3 000 livres	~ 1 500 livres[84]	50

[77] Nous n'avons retenu ici que les chiffres disponibles pour les entrées royales, c'est-à-dire les activités d'accueil réservées au roi, à la reine, au dauphin ainsi qu'à leur suite composée du chancelier, du connétable, etc.

[78] Albert Rigaudière, *Saint-Flour ville d'Auvergne au Bas Moyen Âge. Étude d'histoire administrative et financière*, t.II, Paris, PUF, 1982, p. 581-583.

[79] Les chiffres pour les entrées dans la ville d'Angers proviennent de l'article de Sylvain Bertoldi, « Les entrées des rois et des enfants de France à Angers de 1424 à 1598 », *Bulletin de la société nationale des antiquaires de France*, 1993, p. 310-311. Ces chiffres lui font dire qu'à partir du règne de François 1er, le don n'est plus un élément prépondérant des entrées, les spectacles et les architectures éphémères englobant le plus gros des dépenses.

[80] Les données pour Paris sont toutes tirées de Lawrence M. Bryant, *op. cit.*, p. 34 et ss.

[81] Pierre Lelièvre, *art. cit.*, p. 82.

[82] *Annuaire statistique et administratif du département du Tarn*, 1882, p. 230.

[83] Auguste Chassaing, *op. cit.*, p. 363-365.

[84] Il s'agit d'une approximation très conservatrice : il ne reste que la mention du don fait à Anne de Montmorency, soit 500 livres ; nous estimons que les présents faits au roi et à la reine ont dû représenter au moins le même montant, soit au total 1000 livres. Voir Louis Domairon, *op. cit.*, p. 40.

1533	Nîmes	9 000 livres	1 875 livres[85]	21
1533	Lyon	10 400 livres	3 400 livres	32
1533	Toulouse	36 851 livres	25 702 livres[86]	69
1548	Lyon	16 000 livres	--------	----------
1550	Paris	30 000 livres	12 000 livres	40
1551	Angers	4 138 livres	929 livres	22
1563	Rouen	12 000 livres	5 042 livres	42
1564	Lyon	16 134 livres	1 690 livres[87]	10,5
1564	Angers	4 077 livres	--------	----------
1596	Rouen	12 500 livres	~ 5 000 livres[88]	40

Malgré la nature très fragmentaire des informations, il est possible de discerner une inflation importante des sommes consenties à l'organisation des entrées royales dès le début du XVIᵉ siècle. Le phénomène est particulièrement bien illustré dans les grandes villes du royaume que sont Paris, Lyon, Rouen et Toulouse. De plus, bien que la hausse des coûts globaux soit en partie liée à la seule valeur du don offert, les sommes versées pour l'aménagement des « théâtres » dans la ville grèvent les budgets des entrées plus lourdement. Il serait d'ailleurs intéressant, si l'opération pouvait être menée avec suffisamment de précision, de vérifier si les villes plus modestes, encore durant le XVIᵉ siècle, préféraient « investir » une proportion plus importante de leurs ressources financières limitées dans l'achat d'un présent, comme l'avait fait Saint-Flour en 1437.

Rituels identitaires, les cérémonies servent d'armes dans la lutte symbolique entre les villes concurrentes[89]. Au XVIᵉ siècle, les villes

---

[85] Achille Bardon, *op. cit.*, p. 58.

[86] Ce montant cumule les dépenses pour les dons gracieux et le dais, A. M. de Toulouse, AA 82, fol. 23r°.

[87] Vital de Valous, *L'entrée de Charles IX à Lyon en 1564. Texte de la relation contemporaine accompagné de pièces justificatives et de figures*, Lyon, 1884, p. XIII.

[88] Les délibérations du 14 septembre 1596 indiquent que les dons seront les mêmes que ceux faits lors de l'entrée de Charles IX. On présume ici que la ville a investi les mêmes montants, B.M. de Rouen, A 21, f. 195 v°.

[89] Michel Wintroub, *art. cit.* p. 482.

rivalisent entre elles, s'informent des activités d'accueil réservées par d'autres villes, surenchérissent dans la dépense. Les références à partir desquelles elles établissent leurs comparaisons en disent long sur leur positionnement symbolique et l'importance qu'elles s'attribuent dans le champ politique auquel elles s'identifient. Ainsi en 1533 en Dauphiné, à Romans, l'annonce « que le roy nostre seigneur, madame la reyne et messeigneurs les enfans, sont arrivez a Lyon et qu'il se delibere venir en ce pays et mesmemant en ceste ville » met les consuls en émoi, surtout dans la mesure où « ceux de Vienne et de Valence ont ja faict leurs preparatives pour l'honneur et reverence de ledit seigneur a leur nouvelle entree »[90]. La même année, Nîmes, où est attendu François 1er, tient à savoir comment les villes de la province du Languedoc, du Puy, de Rodez et de Toulouse reçu le roi. Ces entrées, apprend-t-elle, ont été brillantes, voire extraordinaires dans le cas de Toulouse. Les villes de Carcassone, de Béziers et de Montpellier ne doivent surtout pas savoir quelles « inventions » Nîmes réserve à ses entrées. Il lui faudra faire plus et mieux que les autres villes de la province, malgré l'avis de certains conseillers qui tentent de freiner les dépenses[91]. Rouen souhaite concurrencer sur le plan national les villes de Paris, Lyon, Troyes pour l'entrée d'Henri II. La fameuse et spectaculaire entrée brésilienne est ainsi préparée dans ce climat de forte rivalité[92]. Les délibérations de la ville de Rouen font valoir que :

> consideré que es villes de Paris, Lyon, Troyes et autres villes, ledit seigneur a esté receu, faisant ses entrées, en fort grand honneur, et les citoyens de telles villes se sont mys en leur debvoir en tous actes, tant en triumphes, presens, etc [...] estoit requiz se mectre de tout en son debvoir a faire theatres, establies pour monstrer le bon voulloir que ses vrays et bons subjectz auroient en luy, qui auroit declaré son affection qu'il verroit autant de choses singulieres en sa dicte ville de Rouen que a nulle aultres villes de son royaulme, ou il avoit este[93].

Pour les grandes villes, le mandat est donc clair et les confrontations se font à l'échelle du royaume. Quant à Anvers, en 1582, la concurrence se joue à l'échelle internationale : « Et toutesfois plusieurs y assitoyent,

---

[90] A. M. de Romans, BB 5, f. 246v°-247.
[91] Achille Bardon, *op. cit.*, p. 7 ; 19 ; 25.
[92] Michel Wintroub, *art. cit.*, 482.
[93] B. M. de Rouen, A 16, d'après l'inventaire, p. 171.

tant de ces Païs qu'estrangers, qui ont veu plusieurs assemblées superbes et magnificques, tant en la mesme ville que plusieurs autres païs, comme Paris, Londres, Roüen et Lyon, et neantmoins cest voix estoit commune, que ceste derniere surpassoit toutes les autres »[94].

La volonté, assez répandue parmi les bourgeois qui participent à la vie municipale, de limiter les dépenses encourues pour manifester l'affection vouée au roi ou à son entourage tranche assez radicalement avec la rhétorique du cœur attribuant des devoirs coûteux à la ville. Malgré une rédaction habile et pudique, les délibérations municipales laissent parfois planer quelques doutes au sujet de la volonté de payer de certains. Que doit-on penser de ces assemblées, convoquées par criée, auxquelles un nombre insuffisant de personnes se présentent, entraînant ainsi un report des débats ? De même, quelle réalité se cache derrière des conclusions obtenues après « meure deliberation » ? Il arrive que des débats houleux laissent des traces nettes. Ainsi, dans le tumulte des préparatifs de l'entrée de François 1er à Rouen en 1517, un bourgeois inquiété par l'augmentation exagérée, selon lui, des coûts des vêtements depuis l'entrée de Louis XII en 1508, fait ce commentaire durant une assemblée du conseil de la ville : « si l'on croit, pour le temps a venir, ne semble-t-il pas qu'à la prochaine entrée, l'on devra être vêtu de drap d'or »[95]. L'importance des frais consentis à l'organisation des entrées, conjuguée aux réticences parfois exprimées avec limpidité, suscite des stratégies de financement diversifiées selon les villes et qui, au sein d'une même ville, varient selon les époques. Ainsi, les finances urbaines sont un thème qui nécessite une analyse fine des usages locaux qui dépasse largement le cadre de cet article. Malgré tout, certaines stratégies adoptées par les villes peuvent être schématisées à l'aide d'exemples précis.

Les entrées de la reine et du dauphin, à Lyon en 1533, montrent que pour un même événement, les autorités municipales peuvent avoir recours simultanément à différentes stratégies de financement. Les finances municipales lyonnaises sont alors grevées par les frais de fortifications, la révolte d'avril 1529, la peste et la rançon du roi pour laquelle 35 000 livres sont demandées à la ville. Dès que l'annonce de la visite est officielle, la ville demande à cinq bourgeois présents lors de la délibéra-

---

[94] *La Joyeuse et magnifique entrée de Monseigneur Françoys, fils de France et frere unique du Roy, par la grace de Dieu, Duc de Brabant, d'Anjou, Alençon, Berri, etc, en sa tres-renommée ville d'Anvers*, Anvers, Christophe Plantin, 1582, p. 13.
[95] Cité par Florence Migneault, *op. cit.*, p. 18.

tion de « vouloir prester ou emprunter pour prester [...], ce qu'ilz ont
offert faire jusqu'a la somme de dix mil livres et aux dessoubz ». Par la
suite, les consuls de la ville tentent aussi, par une manipulation comptable,
de réaffecter aux financements des entrées, et donc au remboursement de
l'emprunt, des sommes perçues pour les réparations des fortifications de
la ville. Cette tentative, qui aurait permis de mettre rapidement la main sur
2 200 livres, se heurte toutefois à la volonté du roi qui ne consent pas à
un tel transfert de fonds. Mais selon les conseillers de Lyon, « soulager
les riches et faire payer le menuz ne seroit raison et qu'on n'y veut
innover aucunement »[96]. Aussi la ville se tourne-t-elle, avec l'accord du
roi, vers les marchands pour financer l'événement en imposant une
« ayde » de deux deniers par livre de marchandises qui entrent dans la
ville. Les marchands lucquois et florentins se plaignent du préjudice et
installent leur commerce hors des murs, à Saint-Just. Pour éviter cette
aide, on demande aux marchands italiens de fournir 2 000 livres, 1 000
livres sont exigées des autres marchands. En avril 1534, soit près d'un an
après les entrées et un hiver de tergiversations, les sommes attendues des
marchands italiens n'ont toujours pas été payées. Au total, les frais des
entrées s'élèvent à 10 400 livres. Sans la participation des cinq individus
qui ont consenti le prêt initial pour ensuite assumer, d'une manière ou
d'une autre, les coûts de ce crédit le temps que soit perçu l'argent du
remboursement, la situation aurait assurément été plus tendue. Dans cet
exemple, la rapidité avec laquelle la ville de Lyon réussit à rassembler la
somme nécessaire à l'organisation des entrées est en lien directement avec
l'importance et la diversité des ressources financières que peuvent
mobiliser les membres de cette communauté.

Il en va autrement dans les villes plus modestes. La même année, à
quelques kilomètres de Lyon, la ville de Vienne en Dauphiné apprend
qu'elle sera elle aussi honorée par la présence de la reine et du dauphin.
Le conseil conclut de « fayre entrée le plus richement et honorablement
que fayre ce pourra, et de fayre les presens cellon la faculté et pouvoir de
la cité »[97]. À la suite de cette décision, on ordonne de contracter un
« amprompt » qui sera « faict sur les manans et habitans de la cité pour
trouver plus promptement deniers pour fayre lesdites entrées de la royne
et de monseigneur le daulphin et leurs don avecques l'indition de deux

---

[96] A. M. de Lyon, BB 52, f. 140, 142v°, 153v°, 154v°, 161, 163, 165, 170, 180, 184v°-
185v°, 187v°-188.
[97] A. M. de Vienne, BB 15, f. 108-113v°, 128-129.

tailles et demye pour remboursement ». Vient ensuite une liste de 88 noms de personnes entre lesquelles l'emprunt de 300 écus soleils est réparti. Le même jour, une provision de justice émise conjointement par le vice-bailli de Vienne, juge souverain de la cité, ainsi que par le juge ordinaire, vient ajouter la force du droit à cette décision du conseil. Alors qu'à Lyon, il s'était trouvé des volontaires pour financer les devoirs de réception de la ville, les Viennois n'ont pas affiché le même enthousiasme, à tel point que l'emprunt forcé s'est avéré une mesure nécessaire. Cœrcition et « pur et libéral don » sont parfois partie prenante d'une même opération[98]. Néanmoins, les termes de la provision assurent aux personnes sollicitées un plein remboursement des sommes versées, ce qui est d'ailleurs fait sept mois plus tard, le 31 décembre 1533. On peut s'interroger sur l'intérêt mobilisateur que l'entrée a dans cette ville puisque l'emprunt est un expédient fréquemment utilisé[99]. D'ailleurs, toujours en 1533, à Romans, à la suite de l'annonce de l'arrivée du roi, de la reine et des enfants royaux, on décide également de procéder à un emprunt auprès des bourgeois de la ville avant d'imposer là aussi deux tailles destinées au remboursement de cette dette[100].

Ailleurs, les villes confrontées à la nécessité de trouver rapidement des liquidités pour organiser leur entrée font preuve d'imagination. Par exemple, Rouen vend ses blés « qui commencent a tourner en empirance » pour payer une partie de l'entrée d'Henri IV en 1596. Ici aussi la cœrcition côtoie le don gratuit ; la ville veut contraindre les plus notables et aisés bourgeois à consentir un prêt,

> ausquelz (bourgeois) sera baillé toute assurance de restitution selon le roole de leur prest et a leur refus sera usé de contraincte, seront arrestez les enfans d'honneur a certain nombre, sera aussi faict instance au seigneur de Montpensier pour les gendarmes qui sont a present sur les champs, plus

---

[98] Natalie Zemon Davis, *op. cit.*, p. 147-148.

[99] En août 1536, la ville a encore dû emprunter 300 écus « sur les apparans de la ville » pour voir aux paiements de dépenses militaires urgentes « alors que l'argent du roy ne venoit pas legierement et promptement ». La somme est répartie entre 20 personnes sans qu'aucune forme de contrainte juridique ne soit nécessaire, A. M. de Vienne, BB 15, f. 152-153.

[100] Dans cette ville, si le recours à un emprunt ne suscite pas la controverse, l'établissement de l'assiette de répartition de ces tailles soulève de vifs débats au conseil. A. M. de Romans, BB 5, f. 246v°-247.

pour les cappitaines de ceste ville qui vueullent contraindre les bourgeois
s'accoustrer a leurs despens pour les suivre[101].

Dans les exemples cités, malgré les crises et les luttes de pouvoir, les
villes parviennent à mobiliser suffisamment leur population pour arriver
à organiser des rituels d'entrées en se fiant uniquement sur leurs propres
ressources économiques. L'entrée de François 1er à Nîmes montre que ce
n'était pas le cas partout. Cette ville doit dépasser le cadre urbain pour
faire face aux nombreux frais entraînés par l'organisation de l'évènement.
Aussi, dès qu'ils sont informés des intentions du souverain, les consuls de
Nîmes demandent-ils à l'assemblée de l'assiette[102], une réunion extraordinaire pour voter la somme de 12 000 livres, répartie sur l'ensemble du
diocèse. Cette façon de procéder transforme radicalement la puissance
financière de Nîmes puisque les huit vigueries qui forment le diocèse
comptent 144 communes. Les membres des communautés présents à
l'assemblée consentent à lever et à fournir une somme de 10 000 livres
et précisent explicitement qu'en participant aux dépenses ils souhaitent
également bénéficier des profits de la visite du roi[103]. Même en élargis-
sant le cadre financier de cette manière, l'urgence de la situation à
laquelle s'ajoutent des délais d'organisation très serrés forcent le recours
à l'emprunt à court terme. Dans ce cas, c'est du côté du receveur du
diocèse que les organisateurs de l'entrée trouvent le numéraire dont ils ont
besoin. Le receveur du diocèse devient donc prêteur et avance la somme
de 5 000 livres, mais à certaines conditions. Il veut d'abord que des rôles
supplémentaires soient dressés pour chacune des communes sur lesquelles
il appuiera le recouvrement de 15 deniers par livre et exige, en outre, pour
lui-même une commission de 250 livres. Enfin, il se réserve la possibilité
de demander une deuxième indemnité, si les rôles ne sont pas dressés en
décembre, ce qui, il est vrai, aurait pour effet de rendre son travail de
recouvrement des sommes beaucoup plus ardu. Il se dit par ailleurs tout
à fait disposé à avancer 5 000 livres supplémentaires moyennant une autre
commission de 250 livres.

---

[101] B. M. de Rouen, A 21, f. 194v°.

[102] Lorsque les États du Languedoc votent des sommes demandées par le roi, s'ouvre
dans chaque diocèse une assemblée de l'assiette qui fixe la part contributive de chaque
viguerie.

[103] Achille Bardon, *op. cit.*, p. 17

Si, comme ces exemples le montrent, le financement d'une entrée solennelle entraîne pour les villes l'adoption de mesures variées pour parvenir d'abord à trouver les sommes requises, puis à amortir sur la population ces emprunts de manière à pouvoir rembourser cette dette, il y a des situations où la bonne volonté des villes se trouve rudement mise à l'épreuve, en particulier lors des années où l'organisation de plusieurs entrées importantes devient inévitable. C'est ce qui se produit à Grenoble en 1548, alors que la vie politique de la modeste capitale du Dauphiné est presque complètement consacrée à l'organisation de trois entrées solennelles importantes[104]. D'abord celle du gouverneur François de Lorraine, duc de Guise, impose aux élus de la ville des efforts. Les délibérations laissent croire que les détails de cette réception ne sont pas laissés au hasard : pavoisement des rues, planification des mystères, achat de vêtements de soie et de satin pour les consuls, construction et décoration des « théâtres » par des peintres, choix des actrices qui joueront dans l'histoire ainsi que de leurs vêtements, confection d'un dais, embauche de joueurs de violon et, surtout, entente avec un orfèvre pour faire fabriquer la pièce qui est destinée au don lui-même. Rien n'est négligé pour cette entrée du gouverneur. Toutefois, le receveur doit *in extremis* emprunter 100 livres à un marchand de la ville pour couvrir une portion des dépenses engagées. À la lumière des exemples précédents, la situation peut sembler ici maîtrisée. Quelques jours après cette entrée, l'annonce de l'arrivée prochaine du roi Henri II modifie ce bilan. Les coffres de la ville étant vides, on impose une taille sur les exempts et les non-exempts pour amasser les sommes dont on a besoin. Tandis que les ecclésiastiques de la ville refusent de contribuer à cette collecte de fonds, les efforts entrepris pour emprunter de l'argent auprès des Grenoblois ne donnent aucun résultat, ce qui force les consuls à emprunter 600 écus à intérêt. Bien que l'élaboration du programme cérémoniel aille bon train, le volet financier se dégrade à nouveau lorsqu'il devient clair que personne ne veut prêter d'argent à la ville sous quelle que forme que ce soit. Moins d'un mois avant l'arrivée du roi, le conseil se résigne donc à vendre le poids des farines en échange de 1 000 écus. Toutefois, le même conseil décide rapidement que le poids serait racheté grâce à l'argent qui doit être obtenu par la vente de la maison qui sert à l'entreposage de cet

---

[104] Tout ce qui suit est tiré des délibérations de l'année 1548, A. M. de Grenoble, BB 14. Pour un résumé, voir M. A. Prudhomme, *Inventaire sommaire des archives communales antérieures à 1790. Ville de Grenoble, séries AA et BB*, Grenoble, 1886, p. 42-43.

équipement. Les finances de la ville sont dans un bien piètre état quand vient l'annonce de l'arrivée de la duchesse d'Aumale, épouse du gouverneur. Trois arcs de triomphe sont malgré tout préparés et disposés comme à l'habitude aux portes de la ville et son arrivée est également soulignée par des salves d'artillerie.

Les décisions qui marquent l'organisation de ces trois entrées grenobloises suggèrent que la planification des cérémonies d'accueil, même lorsqu'elle doit tenir compte des contraintes posées par un cumul de passages de dignitaires, se fait d'abord en fonction des objectifs de mise en relation de la ville avec ses hôtes et de maintien de son capital symbolique au sein du champ politique auquel elle juge appartenir. Les autres exemples renforcent ce sentiment. Dans ce contexte où la fin semble justifier les moyens, les emprunts à court terme que doivent contracter les villes, plutôt que d'être un détournement de leurs ressources, agissent tel un stimulant sur le développement institutionnel des grandes et petites communautés urbaines confrontées aux problèmes du remboursement des sommes dépensées[105]. Les préparatifs des entrées solennelles nécessitaient l'adoption de mesures fiscales particulières propres à assurer le financement de la cérémonie et du don. Pour cette raison, les entrées du XVIe siècle, comme celles moins coûteuses des siècles précédents, s'inscrivent dans le processus de création et de consolidation des finances urbaines dont une des fonctions déterminantes est d'assurer le versement de la « part du prince », c'est-à-dire de l'ensemble des ponctions fiscales étatiques[106]. En effet, partout, ces frais de représentation viennent s'ajouter aux autres prélèvements et dépenses imposés par le roi que sont les tailles votées par les assemblées d'États, les frais d'entretien des garnisons et les autres dépenses de nature militaire. Toutefois, comme l'argent nécessaire aux entrées est amassé spécifiquement pour mener à bien un rituel illustrant l'amour voué au roi par la ville et ses habitants qui participent directement au déroulement de la cérémonie, il serait

---

[105] Pour une lecture éclairante sur le phénomène de l'endettement urbain, voir Antoní Furió, « La dette dans les dépenses municipales », dans Denis Menjot et Manuel Sánchez Martínez (éd.), *La fiscalité des villes au Moyen Âge (Occident méditerranéen). t. 3. La redistribution de l'impôt*, Toulouse, Privat, 2002, p. 321-350.

[106] Manuel Sánchez Martínez et Michel Hébert, « La « part du prince » : contribution et transferts au roi dans les dépenses des villes des pays de la Couronne d'Aragon et de Provence », dans Denis Menjot et Manuel Sánchez Martínez (éds.), *op. cit.*, p. 295-320. Comme le soulignent les auteurs, l'expression la « part du prince » a d'abord été utilisée par Albert Rigaudière.

judicieux de préciser comment réagissent les populations envers ce type spécifique de demande fiscale. Les études de cette nature restent à faire.

Conclusion

« Ceux qui désirent acquérir la faveur d'un prince ont coutume le plus souvent de venir à lui avec les choses qu'ils ont de plus cher ou dont ils voient qu'il se délecte davantage. Aussi voit-on souvent qu'on leur fait présent de chevaux, d'armes, de tissus d'or, de pierres précieuses et semblablement ornements dignes de leur grandeur ». C'est par cette constatation que Machiavel commence son adresse à Laurent de Médicis dans *Le Prince* et, eût-il été plus émotif, peut-être aurait-il ajouté le cœur des communautés à cette liste[107] ?

Doit-on croire que la ritualisation dramatique du don et les manifestations d'amour, mises en scène lors des entrées solennelles, ne sont pas réellement vécues par les participants ? Si rien dans la documentation ne permet de témoigner de la pureté, ni de la profondeur des émotions de chacun, en contrepartie, les signes utilisés donnent raison à Machiavel et à ses froides analyses des usages politiques de son temps : il vaut mieux pour les villes de montrer l'affection qu'elles vouent, ou qu'elles se doivent de vouer à leur roi et à ceux qui en sont proches, que de tenter d'établir des relations dénuées d'amour. Toutefois, en choisissant de mettre en scène la noblesse de leur cœur, les villes s'obligent également à en reprendre les attributs en se montrant libérales envers ceux qui le méritent plus que tous, le roi et son entourage. D'une manière générale, en regard de l'importance des enjeux locaux, les villes préfèrent offrir leur cœur en ne lésinant pas sur les détails et en déployant le faste le plus grandiose qu'elles peuvent se permettre d'offrir – et souvent même celui qu'elles ne peuvent précisément pas s'offrir – quitte à provoquer, d'elles-mêmes, la déroute de leurs finances.

La réciproque est tout aussi juste et si Machiavel souligne que pour un prince, il vaut beaucoup mieux être craint qu'aimé, il précise qu'être craint ne signifie nullement être détesté[108]. D'ailleurs, il n'est pas exagéré de croire que la crainte se profile souvent derrière les énoncés d'amour et la rhétorique du cœur déployée par les villes. Cette crainte est liée au risque que comportent l'organisation du rituel et la planification

---

[107] Machiavel, *Le Prince*, Paris, Bordas, 1987, p. 19.
[108] *Ibid.*, chapitre 17.

du présent à offrir puisque si les entrées sont des moments forts dans les relations qui se tissent entre les villes et leur prince, il peut arriver que ce moment marque l'imaginaire pour de mauvaises raisons. Les signes conventionnés de l'affection peuvent être mal lus par le prince et son entourage. Pire, ils peuvent être parfaitement lus, mais tout simplement jugés insuffisants. Dans les deux situations, le résultat peut être catastrophique. Alors que l'objectif des villes est de mériter les bonnes grâces du prince de manière à obtenir des avis favorables à leurs demandes, l'écoute de celui à qui elles offrent leur affection pourrait s'en trouver fort restreinte, tout comme le contre-don tant attendu. Mûrement délibérés dans les assemblées urbaines, ces contre-dons souhaités du roi varient d'une ville à l'autre, mais c'est le plus souvent dans ce contexte dynamique de concurrence urbaine qu'il faut situer les demandes des villes : ce qui est accordé à l'une se fait souvent aux dépens de l'autre ou encore attise les jalousies préexistantes. En outre, la qualité de la réception, par comparaison avec les autres villes, garantit la qualité de l'écoute du roi à l'égard de leurs demandes. Si les bourgeois du Puy, en 1533, cherchent la création d'un siège présidial dans leur ville, c'est aux dépens de la cour du sénéchal de Nîmes[109] ; Lyon souhaite conserver ses foires et éviter qu'un tel privilège ne soit accordé aux villes voisines et concurrentes comme Grenoble, Valence, Montpellier ; Caen en 1532 veut être exemptée de la taille, comme d'autres villes de la Normandie telles Rouen, Dieppe, Pont-Audemer et Honfleur[110]. Au-delà de l'énoncé fait sur un mode anecdotique, la liste de ces demandes mériterait un jour une mise en commun et une analyse systématique.

Bruno Paradis et Lyse Roy
Université du Québec à Montréal

---

[109] Achille Bardon, *op. cit.*, p. 5.
[110] Lyse Roy, *art. cit.*, p. 74.

LA COMPTABILITÉ DE L'ÉPHÉMÈRE : L'EXEMPLE
DES ENTRÉES TROYENNES

Les comptes des entrées royales ont été peu étudiés jusqu'à présent, car les chercheurs ont privilégié l'exploitation des relations imprimées ou des témoignages de contemporains. Il est vrai que le travail est ingrat : après avoir surmonté l'obstacle paléographique, il reste à mettre en tableau quantité d'informations et de chiffres. La démarche est sans aucun doute fastidieuse avant d'arriver à des résultats exploitables. Par ailleurs, comment comparer les longues descriptions des livrets aux informations sèches et allusives contenues dans les différentes pièces comptables ?

La ville de Troyes a conservé des archives importantes. On y trouve de nombreux ordres de paiement et reçus, parfois des cahiers récapitulatifs des dépenses, soit pour un type de dépenses, soit pour l'ensemble de ces dépenses. Outre ces liasses et pièces individuelles, onze registres ont été conservés, consignant ou récapitulant les recettes et les dépenses occasionnées par les entrées royales[1]. Face à la richesse de telles sources, le chercheur serait tenté de traiter toutes ces données comptables et d'établir des comparaisons. Mais démontrerait-il autre chose que ce qu'il voudrait mettre en évidence, comme le poids de plus en plus important des décors éphémères par rapport à la mise en scène de mystères ? Comme toutes données chiffrées, les corrélations et les comparaisons doivent être faites avec prudence. Mis à part les chiffres bruts de dépenses totales, il est difficile de comparer de façon précise plusieurs entrées, poste de dépenses par poste. Chaque enregistrement peut varier dans sa précision, et il est parfois délicat d'en identifier la nature exacte. Ainsi, comment classer celles portant la seule mention *pour son salaire et*

---

[1] Arch. Mun. Troyes, registres K 1 à K 11 (K1 et K2 : recettes et dépenses de l'entrée de Charles VIII à Troyes en 1486 ; K 3 et K 4 : entrée de Louis XII (1500) ; K 5 : entrée de François Ier (1520) ; K 6 : le couronnement d'Henri II à Reims (1533) ; K 7 : L'entrée du duc de Nivernais, en tant que gouverneur de Champagne et de Brie (1545) ; K 8 : entrée d'Henri II (1548) ; K 9 : entrée de Charles IX (1563) ; K 10 : le duc et la duchesse de Guise, en tant que gouverneur de Champagne (1572) ; K 11 : entrée d'Henri IV (1595).

peyne ? De plus, nul n'est à l'abri des erreurs faites par le greffier ou de lacunes. Ainsi, une certaine humilité s'impose à l'égard de ce type de sources, car il s'agit d'accepter de manœuvrer avec une marge d'erreur ou d'inexactitude.

C'est au regard de ces sources à exploiter avec prudence que nous choisissons les exemples des entrées d'Henri IV et de Louis XIII à Troyes. Nous analyserons l'apport d'une comparaison raisonnée des comptes de ces deux entrées. Cependant, ces registres de comptes permettent la reconstitution de nombreuses entrées qui n'ont laissé d'autres traces que celles qui sont chiffrées. Ces dernières peuvent nous faire revivre la vie d'un chantier, sujet que nous aborderons ensuite, avant de clore notre analyse par une réflexion sur le destin de ces décors éphémères.

Comparaison raisonnée des comptes des entrées d'Henri IV et de Louis XIII

Pour l'entrée d'Henri IV, des pièces comptables[2] autorisent une approche assez précise du montant et de la nature des dépenses. Les unes sont des billets par lesquels le maire ordonne au receveur de la ville de régler une somme au porteur. Généralement, un reçu figure à l'endos. Le porteur du billet y déclare avoir été payé par le receveur pour ses travaux ou ses fournitures. Parfois, ce reçu est indépendant de l'ordre de paiement. Outre ces pièces, des « états » récapitulent des dépenses de même nature. Enfin, un cahier, *Estat sommaire des fraiz*[3], enregistre tous les coûts occasionnés, cependant sans détailler leur nature. De plus, un feuillet manque à ce cahier. Ces différentes pièces mises ensemble permettent d'établir le coût de l'entrée, qui s'élève à 5 217 écus 31 sols et 14 deniers. Un autre compte du receveur des deniers communs, Thomas Maillet, de la recette faite sur les habitants de la ville pour le remboursement des dépenses[4] ajoute des précisions et conclut à un montant total de ces frais de 5 706 écus 18 sols et 7 deniers tournois. Ainsi, la lacune créée par le feuillet disparu peut être évaluée à 489 écus 10 sols et 2

---

[2] A. M. de Troyes, AA 44, 3ᵉ liasse, dorénavant A. M.
[3] *Estat sommaire des fraiz impensez aux ouvrages faictz pour decorer lentrée du roy...*, A. M. de Troyes, AA 44, 3ᵉ liasse.
[4] A. M. de Troyes, K 11.

deniers, constituant, dans le Tableau 1[5], la catégorie « frais indéterminés ». Pour les Troyens de l'époque, cette somme totale est énorme. Le contexte justifie ce qualificatif. Une lettre adressée au roi quelque temps après l'entrée[6] fait état des dettes de la ville, accumulées d'année en année depuis 1582 et le début des troubles de la Ligue, qui s'élèvent à plus 80 000 écus, soit 240 000 livres tournois. Les frais de l'entrée et un prêt ou *don gratuit* de 12 000 écus, accordé au roi le lendemain de son entrée, ne font qu'accroître l'endettement de la ville, tandis que les revenus des biens patrimoniaux et des octrois ne s'élèvent plus qu'à 3 000 écus, pouvant à peine suffire à payer les gages des officiers, à entretenir les fortifications et à verser les intérêts des créances.

Pour l'entrée de Louis XIII, les dépenses, répertoriées plus précisément en un document fourni aux ecclésiastiques[7], s'élèvent à 23 004 livres et 14 sols tournois. Comparées à celles de l'entrée d'Henri IV, converties en livres tournois, donnant une somme de 120 livres 10 sols et 2 deniers, celles de l'entrée de 1629 dépassent de 5 883 livres 9 sols et 10 deniers (soit 25,58 %) celles de l'entrée de 1595, en faisant abstraction de la légère dévaluation de la monnaie entre ces deux dates. Cependant, la comparaison de ces deux sommes est délicate, le contexte économique et financier de la ville ayant beaucoup changé. Pour l'entrée de Louis XIII à Dijon, le 31 janvier 1629, la ville emprunte 18 200 livres pour couvrir les frais qui s'élèvent à 18 193 livres 16 sols et 1 denier[8]. Troyes a donc engagé une somme supérieure de 4 810 livres 16 sols et 4 deniers (soit 20,91 %) à la dépense assumée à Dijon. Mais l'interprétation de cette différence est difficile à établir, si on ne connaît pas les ressources et les potentialités économiques de Dijon. La valeur d'une telle somme doit être comparée aux possibilités de la ville qui doit en faire la dépense. Troyes est-elle plus riche en 1629 que Dijon, ou qu'en 1595, pour se permettre d'engager des frais plus importants ?

En 1629, la communauté urbaine troyenne se dit encore endettée. L'assemblée de l'échevinage du mardi 23 janvier, dont l'ordre du jour s'intitule *Ce que lon devra demander au Roy en sa faveur de son Entrée*[9], y fait allusion. Les libéralités soumises au roi sont essentiellement d'ordre

---

[5] Les Tableaux 1 et 2 se trouvent à la fin du texte.

[6] A. M. de Troyes, « Plaintes au roy », AA 7.

[7] A. Départ. de l'Aube, G 2617, « Cahier des frais » ; dorénavant A. D.

[8] A. M. de Dijon, L 516, Compte présenté par N. Nicolardot, f°46.

[9] A. M. de Troyes, A 32, f° LII r°.

financier, *pour subvenir aux paiements des charges et des grandes dettes contractées pour les affaires de la ville*[10], en particulier pour la construction de l'hôtel de ville et la réparation des remparts en ruine ou de leurs brèches. Pour l'année 1629, les deux principales ressources de la ville, deux octrois de 15 sols et de 10 sols par muid de vin entrant en la ville, et un autre octroi de 12 sols et demi par muid de sel vendu à Troyes, rapportent 9 322 livres 5 sols et 6 deniers, affectés principalement à l'hôtel de ville et aux remparts. Les revenus de la ville n'ont guère augmenté par rapport à 1595. Ils s'élèvent à environ 3 000 écus, c'est-à-dire à 9 000 livres. La ville est toujours endettée, mais de façon beaucoup moins importante et pour des raisons différentes : on entreprend la construction du nouvel hôtel de ville. Malgré cette situation qu'ils décrivent difficile, les Troyens offrent une fête à leur souverain pour une somme dépassant largement le revenu de leurs principales ressources. Cette situation, sans doute caractérisée par un contexte économique et local plus favorable, moins marqué par la guerre, suffit-elle à expliquer les écarts de dépenses, alors que le temps consacré à la préparation de l'entrée est le même ? Les différentes pièces des comptes de l'entrée imposent leur propre logique de classement. Les Tableaux 1 et 2 en montrent les données brutes.

La répartition des dépenses peut aider à comprendre les priorités et les aspirations des organisateurs. Les dépenses résultent-elles du cumul des travaux qui sont réalisés au jour le jour, ou ont-elles été prévues ? À l'assemblée de l'échevinage du vendredi 19 mai 1595, une semaine après la réception de l'avis de passage d'Henri IV dans la ville et l'établissement des projets pour l'entrée, on prend la décision d'emprunter 2 000 écus. En outre, l'échelonnement des différents ordres de paiement et de leurs reçus, au cours de la seconde moitié du mois de mai et des mois suivants, permet d'affirmer que la somme globale de ce budget n'est pas définie à l'avance. On élabore au coup par coup, en fonction des besoins qui se présentent à mesure que prennent forme les lignes directrices décidées dès les premières réunions.

La comparaison des deux tableaux permet d'abord d'observer qu'entre les frais de l'entrée d'Henri IV et ceux de l'entrée de Louis XIII, les ensembles de dépenses ne sont ni égaux ni équilibrés de la même manière. Dans les dépenses de 1595 (Tableau 1), trois ensembles se détachent,

---

[10] A. M. de Troyes, A 32, f°LII r°.

dépassant les 5 000 livres. Les « dons et présents » arrivent en tête, suivis des « vêtements » et de la « décoration ». Ces trois ensembles sont les plus importants en 1629 (Tableau 2), mais dans un ordre différent. Si les « dons et présents » représentent toujours l'ensemble des frais les plus importants, la « décoration » vient en seconde position suivie des « vêtements ». En fait, les « dons et présents » et les « vêtements » sont restés dans des proportions équivalentes. Ce sont les deux autres sortes de dépenses qui se sont inversées. Les proportions des frais de décoration augmentent de façon considérable, passant de 19,7 % en 1595 à 26,7 % en 1629. L'absence des « frais indéterminés » en 1629, frais qui n'ont pu être établis de façon précise à la suite des lacunes des cahiers de compte, ne peut expliquer à elle seule les fortes progressions des ensembles « décoration » et « organisation » ; ce dernier à lui seul absorbe le pourcentage des « frais indéterminés », tout en restant dans des proportions bien inférieures aux trois premiers ensembles. Il n'y a donc pas de grand bouleversement ni de profondes modifications dans la répartition des dépenses, mais un certain nombre de nuances en découle.

Trois pourcentages s'isolent du reste des dépenses pour l'entrée de 1595. Le premier, de 21,1 % du total des frais et 93 % de l'ensemble « vêtements » (1 202 écus et 6 sols), représente l'achat des étoffes et tissus. Les dépenses en vin viennent en seconde position. Elles représentent 20,4 % du total des frais, soit 71,5 % de la catégorie des « dons et présents ». Chacune de ces deux catégories de frais est supérieure à l'ensemble « décoration » dont 67,5 % sont constitués des ouvrages en charpentes et menuiseries, catégorie qui arrive en troisième position, avec 13,3 % du total des frais. Ces trois catégories, achats d'étoffes, achats de vin et constructions en bois, totalisent 54,8 % de tous les frais occasionnés par l'entrée d'Henri IV. En 1629, des modifications sont intervenues. Le plus gros taux réalisé est celui des charpentes et menuiseries, avec 17,8 % du total des dépenses. Les achats de vin ont proportionnellement chuté. De 20,4 % en 1595, ils sont tombés à 3,48 % en 1629. Par contre, les présents au roi subissent le processus inverse. En 1595, ils ne représentent que 0,30 % des dépenses. En 1629, ils sont passés à 13,6 %, occupant la seconde place des frais. Enfin, les étoffes, façon comprise, perdent 10,46 % tandis que les frais de dais se distinguent dans les comptes, atteignant 11,5 % et devenant la troisième dépense la plus importante.

Ainsi, à l'entrée d'Henri IV, la ville semble avoir plus brillé par ses largesses en matière de vin et par la richesse des vêtements de ses officiers que par ses décorations. Offrir du vin est un rite ancien, un rappel des anciennes fontaines qui, lors des précédentes entrées, crachent le vin, signe de prospérité et d'abondance de la ville et de son pays. En 1595, l'échevinage en offre en don au roi et à sa cour à tous les repas et en grande quantité. C'est essentiellement du vin du pays, fourni par des citadins. Son prix est en moyenne de 20 écus le muid. En 1629, c'est encore du vin de la région qui est offert et plus précisément de Laigne-aux-Bois, à raison de 150 livres la queue. Mais cette forme de présent a considérablement diminué. Les dons sont plus personnalisés. Les dons gratuits ont progressé et surtout les présents au souverain. D'autres dons aussi traditionnels ont disparu : les étains et la vaisselle, toujours au profit des cadeaux royaux. La réalisation du décor en bois est l'autre modification importante. À l'entrée de 1595, les réalisations en bois l'emportent largement sur les autres formes de décor. Les charpentes et les menuiseries représentent 67,5 % de la catégorie « décoration ». Les comptes montrent à nouveau que les décors étaient essentiellement réalisés en bois. Ce type de construction est rapidement mis en place. Dans une ville où les habitations sont en pans de bois et torchis, la main-d'œuvre et les gens de métier y sont nombreux, et le matériau se trouve en abondance dans la région. Comme salaire, tous les menuisiers reçoivent un tiers d'écu, soit 20 sols par jour[11]. Le total du salaire des menuisiers s'élève à 261 écus 20 sols, soit 34,34 % des frais de charpentes et menuiseries. Ce travail représente l'équivalent de 791 journées de travail partagées par 29 menuisiers la première et la deuxième semaine, 30 menuisiers pour la troisième semaine et 25 pour la quatrième.

Pour l'entrée de Louis XIII, le décor est plus riche et plus important. Cette croissance se retrouve non seulement dans les descriptions ou les projets, mais aussi dans la comptabilité. Ainsi, la décoration occupe la seconde place dans les ensembles de frais. Les constructions en bois, avec 66,5 % des dépenses de cet ensemble, conservent les mêmes proportions qu'en 1595. L'entrée d'Henri IV se révèle plus rustique, sans doute, dans sa conception. Le corps de ville est attaché à sa parade somptuaire, dans ses riches habits de draps de soie et de velours. Il offre aussi le traditionnel pot-de-vin à profusion, ainsi que des étains. L'organisation est plus sommaire ; la réparation du pavé est entièrement à la charge de l'habitant et ne figure pas dans les comptes ; l'échevinage encadre moins bien le logis de la Cour du roi. L'entrée de Louis XIII paraît plus élaborée, plus précieuse et surtout plus centrée autour de la personne du souverain. Le

---

[11] *Estat de Yves Popelier*, A. M. de Troyes, AA 44, 3ᵉ liasse.

décor, encore plus somptueux, met l'hôte en valeur. On lui offre un
magnifique et coûteux présent, on le promène sous un superbe dais. Le roi
devient l'objet central de l'entrée.

Cependant, à la comparaison de ces deux seules entrées royales, il est
présomptueux de déduire une évolution dans le cérémonial. Les préparatifs
de l'entrée d'Henri IV s'effectuent entre le 12 et le 30 mai 1595, soit en
18 jours ; ceux de Louis XIII, entre le 12 et le 24 janvier, soit en 12
jours. Ainsi, la plus grande somptuosité de l'entrée de Louis XIII par
rapport à celle d'Henri IV ne trouve pas son explication dans le temps
consacré aux préparatifs, celui-ci étant plus court. Les circonstances
évoquées précédemment fournissent certainement une part importante
d'explication dans les différences majeures qui existent dans ces comptes.
D'une part, à l'époque d'Henri IV, la région vient tout juste d'être
pacifiée, alors que les troubles religieux se sont succédé par phases depuis
plus de trente ans. La dernière, celle de la Ligue, s'est fait particulièrement ressentir. Au passage de Louis XIII, la région ne connaît plus de
conflit armé de cette ampleur, et même si la ville est endettée, les
contingences sont différentes. Les sommes engagées sont toutefois
considérables, et les plus importantes sont celles consacrées au don.

Pour une reconstitution des cérémonies éphémères

Contrairement aux grandes villes du royaume qui dépensent des
sommes d'argent importantes dans la mise en place de décors coûteux, les
petites villes engagent des frais plus modestes, se limitant de fait à un
accueil simplifié, sans pour autant déroger à la traditionnelle entrée
solennelle. Nombre de ces cérémonies intéressent les historiens. Elles ne
laissent bien souvent que quelques lignes dans des registres de comptes.
Ces sources sont pourtant importantes pour mieux connaître les entrées
solennelles, fêtes éphémères aux ornementations caduques. Celles-ci
établissent un inventaire très composite des matériaux utilisés et du travail
nécessaire à la mise en forme du tout. Lorsqu'elles sont précises, elles
autorisent une reconstitution mentale de ce qu'a été la fête de l'entrée
solennelle. Pour ce faire, il convient d'élargir l'étude des sources à Laon
et à Châlons-en-Champagne.

Dans ses études sur les entrées solennelles à Troyes[12], Albert Babeau
utilise les sources comptables pour reconstituer les cérémonies offertes
aux souverains ou à des Grands, de Louis XII à Henri IV. Entre ces deux
souverains, la seule des entrées qui nous a laissé des relations imprimées
est celle de Charles IX. L'historien troyen ignore l'entrée de Charles VIII,
qui donne lieu à une longue relation en vers, et celle de Louis XIII,
disposant de sources imprimées plus importantes, dont le livret officiel de
la municipalité a été édité par Marie-France Wagner et Daniel Vaillancourt[13]. Ces sources comptables peuvent encore nous éclairer sur les
entrées solennelles plus anciennes, nous apportant des éléments sur la
constitution d'un cérémonial au cours des XIVe et XVe siècles. Dès cette
époque, elles attestent qu'il existe à Troyes une cérémonie d'accueil des
souverains, princes ou personnages de marque. Les mentions sont très
minces, mais elles permettent de se représenter des cérémonies d'alors.

Les plus anciennes mentions d'un accueil à l'extérieur des murailles à
Troyes datent du 7 août 1389. Quatre ménestriers[14] reçoivent quarante
sols pour aller avec les habitants au-devant de Valentine Visconti, dite de
Milan[15], femme de Louis, comte de Valois et duc de Touraine[16]. Peu
de détails du cérémonial de cette réception restent, hormis que Valentine
de Milan se rend à l'hôtel du bailli, Jean de Vanderesse. On lui offre dix-
huit pintes de vin. Elle reçoit les bourgeois et bourgeoises de la ville,
accompagnés des « ménestriers », qui s'y « esbastirent et densèrent ». Les
présents lui sont enfin remis ; il s'agit de vingt pièces de toile de fin lin
et de vingt-cinq fromages. Lorsqu'en octobre 1389, le roi Charles VI
annonce sa venue à Troyes, la ville envoie deux sergents à sa rencontre,
pour s'enquérir de la date de son arrivée, « Afin que les gens de la ville
de Troyes alassent au devant de luy »[17]. C'est encore accompagnés de
quatre ménestriers que les Troyens vont au-devant de Louis, duc de

[12] Albert Babeau, *Les Rois de France à Troyes au seizième siècle*, Troyes, Leopold
Lacroix, 1880 ; « Henri IV à Troyes », *Annuaire de l'Aube*, 2e partie, Troyes, 1880, p.23-
45 ; « Encore quelques mots sur Henri IV à Troyes », *Annuaire de l'Aube*, 2e partie,
Troyes, 1882, p. 141-146.

[13] *Le Roi dans la ville. Anthologie des entrées royales dans les villes françaises de
province (1615-1660)*, textes introduits et annotés par Marie-France Wagner et Daniel
Vaillancourt, Paris, Honoré Champion, 2001.

[14] Il s'agit de Raton, Jaquemin, Quotin et Petit Guillaume.

[15] A. M. de Troyes, B 5, fo 11 ro.

[16] C'est le fils du roi Charles V et frère de Charles VI.

[17] A. M. de Troyes, B 5, fo 15 vo.

Touraine, accompagné de son épouse, Valentine de Milan, en février 1390 (anc.st.)[18]. Ces cérémonies semblent relativement simples, sans grandes dépenses de décoration. Elles consistent en une procession qui sort de la ville accueillir la personnalité à honorer. Puis, celle-ci entre dans la ville qu'elle traverse, accueillie aux carrefours par les ecclésiastiques et les clercs jouant orgue et autres instruments de musique, et se termine à la cathédrale. Et c'est souvent ainsi qu'est accueilli le roi dans un grand nombre de villes modestes jusqu'au cœur du XVIe siècle.

Pour l'entrée de Louis XII à Laon, en 1498, on prend pour référence ce qui a été fait pour l'entrée de son prédécesseur Charles VIII. Les dépenses se répartissent essentiellement en vin offert au roi et aux personnes qui l'accompagnent, en étoffes pour le dais, en argent donné en don aux officiers du roi. Pour la réception de Charles VI, en 1392, les quelques éléments dont nous disposons nous informent que le seul décor qui ait été réalisé est un blason du roi[19]. Les armoiries sont souvent l'essentiel des ornements réalisés pour l'accueil de ses successeurs, avec l'introduction d'un élément nouveau dans la procession, le dais, sans doute comme bon nombre de villes alors, à la fin du XVe siècle. Les armes du souverain et de la ville sont encore l'unique décor pour l'entrée de Catherine de Médicis en 1570[20]. Augustin Sauvaige, peintre du comte de Chaulnes, Roch de Marolles et Jean Torcant, peintres à Laon, réalisent les dix armoiries du roi et de la reine. Elle est reçue au son des canons et des fifres ; un feu d'artifice et des illuminations lui sont préparés pour le soir. Enfin, pour l'entrée de Louis XIII, ce sont vingt-huit armoiries du roi, de la reine et de Luines qui sont peintes avec d'autres « ouvrages » pour la plupart non identifiés, parmi lesquels un vieux portrait d'Henri IV repeint pour l'occasion, sans doute conservé lors d'un précédent passage, et posé à la porte Monte. Un même accueil est réservé à Louis XIV, en 1653, avec encore des armoiries et toujours le même portrait d'Henri IV, posé au même endroit. Les frais occasionnés par ces « embellissements » sont réduits au strict minimum, bien inférieurs à ceux entraînés par les présents et dons offerts aux rois et à leur suite. Et il semblerait que l'essentiel, pour la cité, réside en ces dépenses, qu'elles soient les plus importantes possible, dans les limites du budget de la cité ; par consé-

---

[18] A. M. de Troyes, B 6, f° 10 v°.
[19] A. M. de Laon, CC 316.
[20] A. M. de Laon, CC 454.

quent, économiser sur les décors permet d'augmenter la part accordée aux présents.

À Châlons-en-Champagne, les armoiries sont tout aussi nombreuses, mais elles sont entourées de « chapeaulx de triomphe ». Les décors restent modestes mais plus nombreux. Pour l'entrée de Charles IX, en 1564, préparée un mois durant, des « chaffaux » sont réalisés, ainsi qu'un théâtre pour lequel deux trônes ont été confectionnés. Des tapisseries sont tendues depuis la Porte de Marne jusqu'à l'Hôtel-Dieu[21]. Sur une dépense totale de 2 649 livres, 15 sols et 7 deniers, la somme totale des dépenses concernant les décorations et la réalisation du dais s'élève à 295 livres, 18 sols et 1 denier. Le reste correspond au coût des dons offerts au roi, à sa cour et à ses officiers. La seule part des vins s'élève à 1 127 livres et 5 sols. Là encore, les dons priment dans les priorités de la ville. Pour le duc de Guise, entrant en tant que gouverneur de Champagne en 1571, l'entrée solennelle est plus modeste, s'élevant à 182 livres tournois. Il lui est tout de même présenté un dais d'environ 70 livres. Le détail des matériaux achetés permet de l'imaginer, fait de franges de soie assorties aux couleurs de l'étoffe, de damas et de satin vert, blanc et orange. Des « chaffaux et tableaux » sont dressés, de même qu'un théâtre au carrefour de Notre-Dame. Pierre le Dart, peintre, a passé dix-sept jours à faire des armoiries et autres peintures[22]. Nicolas de Lassus et un serviteur y ont totalisé vingt-trois jours de travail ; Simon Blanc Pignon a complété l'équipe des peintres. Le duc de Guise est accueilli par le tonnerre des sept canons de la ville. Nous ignorons si des présents sont offerts au duc.

La vie d'un chantier

À Troyes, les cérémonies changent avec l'entrée de Charles VIII, en 1486. Elles s'étoffent, un certain nombre de rituels s'y ajoutant, alors que le décor s'est considérablement développé. Un grand chantier se met alors en place. Lorsque la logique d'enregistrement des comptes le permet, en privilégiant la chronologie des dépenses, il est possible d'imaginer ce qu'a pu être la vie sur ces chantiers ; ils nous laissent appréhender la réalité quotidienne des préparatifs, dans laquelle tous s'affairent selon leurs compétences. Une telle restitution est possible à l'aide des comptes pour l'entrée d'Henri II.

---

[21] A. M. de Châlons-en-Champagne, AA 13.
[22] *Ibid.*

Pour l'entrée d'Henri II, les travaux débutent le dimanche 8 avril 1548, sous la direction de Dominique Florentin, artiste italien ayant travaillé sous les ordres du Rosso et du Primatice, en particulier à Fontainebleau. Le travail se répartit entre les jardins et la salle haute de la maison du roi, ancien palais des comtes de Champagne. Tout d'abord, ce même dimanche, on fait provision d'une quantité importante de pièces de bois : plus d'un millier de pieds de différentes sections, soixante-douze solives, soixante-deux chevrons, cinq cent trente-cinq trapans[23] et six cent trente et un pieds d'autres planches. Dix charretiers ont transporté le bois depuis le marché aux trapans jusqu'au jardin du palais du roi ; dix « manouvriers » les ont aidés à le charger et à le décharger. Sur place, des scieurs de long commencent à tailler les pièces de bois. On fait provision d'étoffes, de lierre et de couleurs. Les autorités municipales, ayant la charge de la réalisation des décors de l'entrée, n'ont pas hésité à faire ouvrir le marché aux trapans et les boutiques de tous les marchands concernés. Il est vrai que, pour ces marchands, c'est l'occasion de vendre rapidement d'importantes quantités de matériaux.

Le lundi 9 avril commencent réellement les travaux ; les provisions de bois et de toutes sortes de matériaux s'accumulent. On récupère même des éléments conservés des entrées précédentes, que l'on a soigneusement rangés dans la grange communale, dans l'éventualité d'un réemploi, par exemple, la tige de l'arbre de Jessée pour un nouvel arbre qui porte cette fois les douze pairs de France et le roi. Chaque jour, des charrettes et des « manouvriers » parcourent la ville dans un va-et-vient incessant, à la recherche des matériaux dont les responsables des comptes ont fait marché. Outre les marchands, tous les particuliers sont sollicités. François Pothier fournit au chantier un certain nombre de planches. Louis Pothier, peintre, procure chaque semaine des pots de terre pour les peintres, des couleurs et différentes sortes de colle. On achète des fagots et des sacs de charbon pour cuire la colle. Les clous se comptent par milliers.

Le 12 avril, quarante pages de papier sont achetées pour faire les lis de l'arbre aux douze pairs, alors que pour les tiges il faut quatre-vingts feuilles de gros papier noir. Les feuilles seront fabriquées avec du fil de fer. Le lendemain, quatre mille pommes de bois blanc sont achetées pour orner les festons et chapeaux de triomphe. Il faut encore quinze feuilles de papier blanc pour confectionner les fleurs de lis. Sur plusieurs journées,

---

[23] « Le haut de l'escalier où finit la charpente » (Furetière) ; « planches » en Champagne (Jean Daunay, *Parlers de Champagne*, Tome 1, page 391, Langres 1998.)

on envoie des personnes cueillir du lierre hors de la ville. Le 14 avril, on commence à fabriquer le gros cheval qui se dressera sur un podium. Il est réalisé en ficelle, foin, « serpillères ». Déjà les « manouvriers » creusent des trous à la porte du Beffroy pour y dresser l'arc prévu et devant l'Hôtel du Cornet pour y placer le cheval. Le même jour, Dominique Florentin est sans doute à court de papier. On lui fournit à nouveau trois pages de grand papier blanc. Il travaille à la conception des décors qui ne sont pas encore commencés. On a besoin encore de dix pages de papier noir pour les branches de l'arbre aux douze pairs. De semaine en semaine, les activités se poursuivent, les mêmes dépenses se succèdent, dévoilant peu à peu l'avancement des travaux ; l'arc de triomphe édifié devant la porte du Beffroy sera couvert de roses en papier.

Le lundi 15, une nouvelle semaine commence ; on a même travaillé la veille, jour du Seigneur. Dominique Florentin a encore besoin de papier pour ses « pourtraicts ». La structure du cheval d'Hector est recouverte de plâtre. Pour le renforcer, on utilise quatre douzaines et demie de cercles de tonneaux liés entre eux avec du fil d'archet. L'échafaud du cheval est recouvert de serpillières, sans doute pour être à son tour plâtré. Du papier est pétri au moulin pour fabriquer de la pâte. Le jeudi 19 avril, la veuve de Jean Passot, peintre, apparaît dans les comptes : elle a doré les pommes de bois pour les festons et chapeaux de triomphe. Pour la première fois, des commissaires nommés par l'échevinage inspectent le chantier. On leur offre un goûter auquel participent Dominique Florentin et Maître Josse de Reims qui, sous la responsabilité de l'Italien, dirige la confection de l'arbre des douze pairs.

Le vendredi 20 avril, un certain nombre de peintres sont payés pour une partie de leurs travaux. Nicolas Pothier réalise trente et une armoiries du roi et du dauphin, pour une somme de 8 livres 18 sols et 3 deniers. Par ailleurs, il reçoit un dédommagement pour les dix-sept armoiries de la reine que l'on croyait mal faites. Un brodeur est envoyé au lieu où se trouve la cour pour en vérifier l'exactitude ! Nicolas Pothier effectue et dore de fin or les grandes armoiries du roi avec la couronne et le collier de l'ordre. C'est à lui qu'on demande aussi de peindre les douze armoiries des douze pairs de France, une couronne, un sceptre avec la main de justice pour le roi. On lui commande encore quatre blasons aux armes de monsieur de Nevers. Dominique Florentin a encore besoin de papier pour ses « pourtraicts ». Le samedi 21 apparaissent les premières mentions de travaux pour la confection des arcs de triomphe qu'on placera aux étuves aux hommes et à l'étape aux vins. Le même jour est posé un échafaud à la porte du Beffroy pour les travaux qui doivent y être faits, en particulier la figure d'Hector troyen.

Le dimanche 22 avril, les « manouvriers » portent les bois de l'arbre des douze pairs et font la place dans la salle aux peintres. Le lundi, ils creusent des trous aux étuves aux hommes pour y dresser un arc. Le lendemain, ce sont cinquante-quatre voitures qui transportent les éléments des arcs de triomphe des étuves aux hommes et de l'étape aux vins, ainsi que l'arbre aux douze pairs. Les commissaires visitent à nouveau le chantier. On ne travaille pas le mercredi 25 avril, mais les travaux reprennent le lendemain. Le samedi 28 avril, maître Dominique Florentin reçoit un premier « salaire pour ses peines et vaccations d'avoir conduict toutes les besoignes de l'entrée du Roy Henry et de la Royne par l'espace de quinze jours suivant l'ordonnance des maire et échevins ». Il reçoit 22 livres 10 sols tournois. Outre les travaux de finition sur les ouvrages déjà dressés, qui se poursuivent jusqu'à la veille de l'entrée, on réalise désormais le jardin et la fontaine de la place de l'Hôtel-de-Ville. Le dimanche 29 avril est chômé. Le lundi 30 avril, les commissaires visitent le chantier en compagnie de Maître Josse. Le lendemain, Nicolas Pothier reçoit à nouveau ses salaires pour des séries d'armoiries : six grands écussons du roi, dix écussons du roi et de la ville, quatre écussons de monseigneur de Nevers. Le mercredi 2 mai, les comptes nous apprennent que douze chapitaux ont été taillés par Robert Bonamy pour l'arc de l'étape aux vins. Le sculpteur François Gentil travaille à réparer l'ange de l'Annonciation de la porte du Beffroy ; il lui refait les ailes et le sceptre. Par ailleurs, il répare le doigt d'Hector de Troyes, géant conçu pour les entrées précédentes que l'on ressort pour l'occasion. Le dimanche 6 mai, on parfait la composition place de l'Hôtel-de-Ville : Thiénot Blancpignon réalise trois mannequins qui seront placés au-dessus de la salamandre tandis que Symon Collet exécute trois « pieds d'estals » pour la fontaine. Ce même jour, les tapisseries sont clouées sur les échafauds où seront placés les petits enfants qui acclameront le roi. Dominique Florentin reçoit à nouveau ses gages pour les huit journées supplémentaires de travail, du 28 avril au 5 mai, à raison de 30 sols par jours, soit un total de 12 livres tournois. Dans la nuit qui précède l'entrée du roi, le mardi 8 mai, on continue d'attacher les festons et on termine quelques décorations à la porte du Beffroy, les finitions se poursuivent le lendemain matin. Deux voitures partent chercher des « mais[24] » pour l'entrée. Les comptes s'interrompent le jeudi 10 mai, mais reprennent le lendemain afin de payer ce qui reste à régler, entre autres les chandelles utilisées pendant l'entrée pour la salamandre afin de faire croire qu'elle flambe.

Tous ces comptes permettent de comprendre, d'une part, l'organisation d'un chantier. Dominique Florentin a la charge de « superintendant » de tous les travaux d'embellissement de la ville. Chaque semaine, on lui livre du papier pour qu'il établisse les « pourtraicts » des décors. Ainsi ne sont-ils pas entièrement décidés au début des travaux. Cette manière de faire laisse place à l'invention, codifiée par la tradition. Sous les ordres du surintendant, une personne est responsable d'un décor, tel maître Josse de Reims pour l'arbre des douze pairs de France. Ce dernier dirige l'ensemble des intervenants : charpentiers, menuisiers, couvreurs, maçons, torcheurs, tailleurs d'images et autres peintres, qui, pour nombre d'entre eux, ont travaillé à Fontainebleau, aux côtés de Dominique Florentin. D'autre part, ces comptes permettent d'évaluer la quantité des matériaux nécessaire à la réalisation des décors et de comprendre la conception de ceux-ci. Ainsi, pour l'entrée d'Henri II, il a fallu deux « chers[25] » de lierre cueilli par vingt-deux personnes, sans compter les cueillettes plus sporadiques, cinquante-huit pages de gros papier blanc pour réaliser les fleurs de lis de l'arbre de Jessée, montées sur une armature de fil de fer, dix de papier noir pour faire les branches de l'arbre. À la lumière de ces exemples, les comptes nous rappellent la réalité matérielle de ces décors éphémères. La fête terminée, ce qui en reste doit être démonté. Quel en est le destin ?

Les restes de la fête dans les cérémonies champenoises

On peut penser que les édifices et décors élevés et réalisés pour une entrée solennelle sont revendus au lendemain de la fête, pour rembourser une partie des lourdes dépenses engagées. C'est ce qui apparaît à la lecture des sources. Pour l'entrée de Charles VIII à Troyes, le greffier donne des informations à propos du sort réservé à ces décors, comme la revente à des particuliers de certains éléments ou la reprise d'autres par

---

[24] Rameaux, branches ou arbrisseaux, par référence à ceux que l'on posait dans la nuit du 1er mai devant la maison d'une personne que l'on voulait honorer.

[25] Chars.

ceux qui les ont fournis[26]. Il en est ainsi d'un pavillon de serge et damas fait pour une tente de la Paix posée contre le portail de la cathédrale. Il a coûté 14 livres 17 sols et 6 deniers. Il est revendu à Noël Godefroy, brodeur. Le prix de la vente n'est pas mentionné, mais le greffier précise qu'il reste à payer à Nicolas le Peleterat, pour les étoffes et franges qu'il a fournies, 9 livres 19 sols et 10 deniers. Cependant, il n'est pas dit si la « façon » est comprise[27]. La revente de certaines réalisations est encore pratiquée au lendemain de l'entrée de Charles IX, en 1564. Michel Mauroy et Nicolas de Bury, maîtres charpentiers à Troyes, font une estimation des ouvrages de charpente ; Gilbert Mertot et Nicolas Auteluser, menuisiers, font le devis des menuiseries[28]. Les ouvrages et décorations en bois sont ensuite vendus aux enchères pour rembourser une partie des frais engagés. Les enchères « des artifices, portes, arcs de triomphe, cherriot et aultres ouvrages » doivent commencer le mardi 25 avril à midi à la porte du Beffroy, et se poursuivre aux différents lieux de la ville[29]. La population est avertie à cri public et, le dimanche 23 avril, aux prônes des vicaires ou chapelains des principales églises de Troyes : Sainte-Madeleine, Saint-Remy, Saint-Nicolas, Saint-Jean et Saint-Nizier[30]. D'autres réalisations sont aussi vendues. Par exemple, Nicolas Barat se porte acquéreur pour 9 livres tournois d'un petit étendard de taffetas jaune à l'effigie de la France, de trois enseignes, l'une de taffetas bleu semé de fleurs de lis, l'autre jaune et violet et la dernière jaune et vert, qui ont servi aux compagnies des sauvages et satires[31]. Le total des enchères s'élève à 599 livres, 15 sols et 9 deniers[32]. Cependant, ces décorations ne sont pas sans attirer des convoitises. Considérées comme offertes au roi, ne doivent-elles pas revenir aux officiers qui l'accompagnent ? Ainsi, devons-nous analyser les restes d'autres cérémonies, comme le sacre, dans d'autres villes que Troyes, comme Laon, pour répondre à cette question.

Au XIVe siècle, ce qui subsiste du sacre du roi a été l'objet de rivalités et de longs procès entre les échevins, les officiers du roi et les ecclésias-

[26] A. M. de Troyes, registre K 1.
[27] A. M. de Troyes, *Compte de Jehan Hennequin...*, Fonds Delion, layette 55, pièce 2.
[28] *Ibid.*, pièce 68.
[29] *Ibid.*, pièces 58,
[30] *Ibid.*, pièces 61 à 65.
[31] *Ibid.*, pièces 71 et 84.
[32] *Ibid.*, pièce 84.

tiques[33]. À la suite du sacre de Philippe VI, en 1328, une procédure est engagée au sujet de ces restes. Les officiers de la Maison du roi, les échevins et habitants de la ville de Reims se disputent les restes du banquet dont la vaisselle, les ustensiles de cuisine, les nappes et les serviettes. En 1345, le procès est toujours en cours[34]. Le 25 octobre 1350, à la suite du sacre de Jean le Bon, les « hallis », échafaudages et loges en bois construits dans la cathédrale, sont attribués aux échevins et habitants, contre les prétentions des chanoines du chapitre, en remboursement des frais engagés par la municipalité. Cependant, les contestations des chanoines en retardent l'exécution. Il faut attendre le 6 décembre 1360 pour que l'ordre soit donné d'en réaliser la vente. Dans le même temps, à la suite d'un arrêt du Parlement du 10 décembre 1353, le grand panetier et les autres officiers de l'Hôtel du Roi se désistent des restes du banquet en faveur des échevins et habitants de la ville. Cependant, ces arrêts ne semblent pas mettre fin aux rivalités qui se poursuivent le siècle suivant. Le 30 juillet 1547, les échevins de Reims obtiennent des lettres du roi demandant aux officiers de leur donner trente écus pour pouvoir garder la vaisselle d'argent du banquet du sacre[35].

À Laon, des informations dans les pièces comptables nous éclairent sur les restes de la fête. Une « composition » établit un accord entre les fourriers du roi et les représentants de la ville de Laon, lors de l'entrée de Charles VII, en 1442. Les fourriers acceptent la somme de quatre saluts d'or en échange de ce à quoi ils prétendent avoir droit, c'est-à-dire le dais et le parement de la cité réalisés en son honneur et révérence[36]. Ici, le don fait au roi appartient au roi, et le décor est considéré véritablement comme partie intégrante du don. Le roi, en ne le conservant pas pour lui-même, le cède implicitement aux gens de sa Maison. Cette composition est faite pour empêcher un éventuel pillage, tel que peuvent le laisser entendre les mots « laquelle prinse ». S'agit-il d'une menace d'accaparement ou de pillage de ces restes de la fête ? Aussi faut-il en déduire que tout ce qui est réalisé pour l'entrée appartient au roi qui, dans sa grande libéralité, le cède à ses officiers. C'est dans ce sens qu'il faut comprendre tous les « dons gratuits » accordés aux officiers du roi, comme un rachat

---

[33] A. M. de Reims, Fonds Anciens, carton 731, liasse 5 (sacre de Jean Le Bon).
[34] *Ibid.*, liasse 4 (sacre de Philippe VI)
[35] *Ibid.*, 13 (sacre d'Henri II).
[36] A. M. de Laon, CC 11, f° 79.

de leur « droit » sur les entrées. Tel est bien ce que nous révèlent les sources comptables.

Dans les entrées royales troyennes, quelques rares mentions permettent d'établir que de telles prétentions puissent exister sur les restes de la fête, sans pouvoir affirmer qu'elles sont de coutume. Ainsi pour le banquet offert par le duc d'Aumale à Charles IX, à l'occasion de son entrée à Troyes, les serviettes sont « perdues ». La municipalité doit débourser 30 livres 1 sol et 8 deniers pour rembourser ceux qui les ont prêtées[37]. À l'entrée de Louis XIII, en 1629, les fourriers du roi et maréchaux des logis perçoivent un « don gratuit » de 474 livres et 60 pistoles pour leurs droits sur les ouvrages de décoration. Cette somme représente 31,58 % des dons gratuits distribués à l'ensemble des officiers royaux[38]. À Dijon, pour l'entrée de Louis XIII qui suit celle de Troyes, le 31 janvier 1629, les maréchaux des logis et fourriers du roi reçoivent 300 livres pour le rachat de leurs droits sur les « portiques et les arcs triomphaux[39] ». C'est d'ailleurs cette justification que l'on retrouve dans un certain nombre d'entrées pour expliquer les « dons gratuits » aux officiers royaux, « pour leurs droits sur l'entrée ». Là encore, les dons gratuits peuvent être considérés, de façon implicite, comme un rachat de leurs droits et prétentions sur les décors. Ont-ils pour autant empêché complètement les pillages habituels ? L'existence de ceux-ci à Troyes serait parfaitement inconnue s'il n'y avait pas un des rares témoignages iconographiques, sinon le seul connu jusqu'à ce jour.

Une série de quatre vitraux réalisée à Troyes en 1621 par Linard Gonthier pour l'Hôtel des Arquebusiers représente l'entrée d'Henri IV dans cette ville, en 1595. L'artiste livre des tableaux d'une grande précision de détails avec un souci de réalisme. Le quatrième panneau illustre l'arrivée d'Henri IV devant le portail de la cathédrale de Troyes. Le roi, entouré de gentilshommes, est descendu de son cheval. À gauche, quatre gardes écossais, que l'on peut identifier grâce à des hauts-de-chausse dans une étoffe rappelant les tartans, s'éloignent avec le dais. À droite, six personnages se disputent le cheval blanc d'Henri IV. Ce vitrail témoigne de la persistance de ces pratiques dans les esprits, au début du XVIIe siècle. L'appropriation du cheval et du dais s'est accrue au cours de la deuxième moitié du XVIe siècle. Les autorités cherchent des moyens

---

[37] A. M. de Troyes, Fonds Delion, layette 55, pièce 57.
[38] A. D. de l'Aube, G 2617.
[39] A. M. de Dijon, L 516, f° 49.

pour se préserver de ces pillages, contraires à la solennité des cérémonies. Marc H. Smith[40] met bien en lumière ces tentatives pour empêcher ce désordre. À Lyon et à Paris, en 1596, pour l'entrée d'Alexandre de Médicis, les autorités dressent des barrières et des palissades pour protéger le légat des bousculades, sinon des violentes mêlées. Pour l'entrée du légat Aldobrandini à Lyon, à l'occasion du mariage d'Henri IV et de Marie de Médicis, en décembre 1600, une interdiction de toucher au dais et à la mule est proclamée, sous peine de mort. Cette interdiction ne convainc pas les soldats et les mêmes violences se renouvellent sous le regard amusé d'Henri IV.

L'entrée comme don

Implicitement, l'ensemble de l'entrée, dans sa réalité matérielle, est conçu comme un don qui peut générer des profits à qui peut s'en approprier les droits, ou un don en vin, offert aux puissants et aux gentilshommes de la cour, ou encore les présents offerts au roi. Les sources comptables les plus anciennes ne laissent aucune ambiguïté sur cette conception de la cérémonie :

> à laquelle entrée furent fez plusieurs jeuz mystèrez et esbatemens à icelluy sire et autres desdits seigneurs de son sang et conseil, fez plusieurs dons et présents tant d'argent que de vin, linges et autres sommes déclairées est cy après comme pour avoir dudict sire lettres de exemptions des tailles pour le corps et communauté de ladicte ville ; laquelle exemption ledict sire octroye de sa grâce et libéralité audicts habitants. Et avec ce leur octroya deux foires qui souloient être en la ville de Lyon[41].

Pour les Troyens, les dépenses occasionnées par les décors et spectacles sont liées aux différents présents, formant un tout. Cependant, ce don n'est pas gratuit. On attend du roi un contre-don, en l'occurrence des exemptions et l'établissement de foires, dans l'espoir de voir revenir la prospérité qu'a connue la ville à l'époque des foires établies par les comtes de Champagne, faisant d'elle l'un des centres de « l'économie

---

[40] « Ordre et désordre dans quelques entrées de légats à la fin du XVIe siècle », *Les entrées : gloire et déclin d'un cérémonial. Colloque des 10 et 11 mai 1996, château de Pau*, Actes réunis par Christian Desplat et Paul Mironneau, Biarritz, Société Atlantique d'impression, 1997, p. 65-91.

[41] A. M. de Troyes, Layette 55, pièce n° 3.

monde », selon Fernand Braudel. Dans une autre pièce comptable, un ordre de paiement pour du vin est complété de mentions explicitant l'objectif du don

> qui a esté distribué en don gratuit au roi nostre sire, madame la royne, à leur joyeuse et nouvelle entrée naguères faite en ladicte ville, et semblablement à plusieurs autres princes et seigneurs présents en ladite entrée affin de les toujours tenir en amour et avoir les affaires de ladicte ville pour recommandation[42].

La pratique n'est pas spécifique à la ville de Troyes, et de mêmes objectifs se retrouvent ailleurs. À Laon, en 1498, Jehan Vairon, l'un des gouverneurs et receveurs de la ville, cité et pays de Laon, enregistre les dépenses

> pour l'entrée et Joyeuse venue du Roy nostre souverain sire en ceste ville pour le recevoir luy et les seigneurs et son sanc, plus honorablement qui seroit possible et faire et luy faire le présent comme il avoit esté conclud pour et au nom de messieurs les gens d'esglise et de la ville ensamble et aux sieurs estans en sa compaignie, et aussy pour luy remonstrer les affaires de la ville comme il a este fait ou ont estes fays les frais en la fasson et manière qui censuit[43].

Dans cet extrait, il apparaît que les frais occasionnés par l'entrée ne sont pas faits uniquement pour le recevoir le plus honorablement possible. Les « gens d'église » comme ceux de la ville attendent quelque chose en retour. Les seigneurs de la Cour ne sont pas non plus ignorés. Les dons qui leur sont octroyés entrent véritablement dans cette même logique. Les présents ont pour but d'infléchir ceux qui entourent le roi, ceux qui le conseillent tous les jours, et, par conséquent, de faire appel à leur intercession pour accéder au roi. Ainsi ce n'est pas seulement aux principaux seigneurs que l'on donne, mais aussi à tous les officiers et serviteurs qui l'entourent. On n'oublie pas même les trompettes et clairons, qui diffusent la gloire du souverain. Sans doute pourraient-ils « claironner » ou « tambouriner » les affaires de la cité à ses oreilles ? Leur rôle appuie la mise en scène de l'acte du don.

----

[42] *Ibid.*, pièce n°12
[43] A. M. de Laon, CC 407.

À Troyes, l'un de ces présents, une pièce d'orfèvrerie remise au roi pendant la procession, bénéficie d'ailleurs d'une mise en scène particulière. Les comptes nous permettent de l'appréhender, faisant souvent appel à des « secrets » pour ménager l'effet de surprise. Ainsi, à l'entrée de Charles VIII, un enfant habillé en ange descend de la porte de Beffroy pour lui remettre une croix blanche argentée et un écu sur lequel est inscrit en lettres d'or le nom de Jésus et gravée la couronne d'épines. Il rappelle l'ange qui s'est présenté à Constantin. Câbles et poulies lui permettent de se lancer dans le vide du haut de la porte. Par ce même moyen, c'est une jeune fille déguisée en ange qui descend de la porte du Beffroy pour souhaiter la bienvenue au roi Louis XII, en 1512. Ce dispositif avait été élaboré pour l'entrée annulée de 1500. Pour l'entrée de François Iᵉʳ, en 1521, la jeune fille représente Hélène, figure mythologique. Ainsi, le répertoire change de registre par le biais de la substitution de la ville de Troie d'Asie Mineure à la ville de Troyes en Champagne. À l'arrivée du roi, Hélène sort d'une tour et lui offre une image de la Foi, suspendue par une chaîne à un cœur. Cette jeune fille récite un quatrain, dans lequel elle lui déclare que la foi est la clé de son cœur. À la Foi chrétienne, symbolisée dans les entrées précédentes par l'ange offrant les symboles du christianisme, s'ajoute une relation d'amour entre le roi et la ville, représentée par Hélène. Pour l'entrée d'Henri II, en 1548, une jeune fille descend de la porte du Beffroy pour faire le présent au roi. Avec l'entrée de Charles IX, la mise en scène se déplace au centre de la ville. Le roi arrivé devant l'hôtel de ville et ayant passé un magnifique arc de triomphe surmonté d'une pyramide, un char sort de dessous une estrade, se mouvant sans cheval par « moyen secret ». Une jeune fille remet au roi un cœur d'or. Cette solution est retenue pour l'entrée d'Henri IV. Lorsque le roi se présente devant un arc posé à la même place, un char sort de l'arcade centrale, tiré par deux chevaux blancs parés de panonceaux de taffetas cramoisis semé de fleurs de lis d'or ; le char est orné de deux sirènes d'or à l'avant et de deux griffons à l'arrière. Il conduit la fille d'un bourgeois de Troyes, Françoise Le Bé, vêtue d'une robe de satin blanc. Parvenue au-devant du roi, elle lui offre un cœur d'or gravé de fleurs de lis et lui récite quelques vers. À cet instant, quatre canons tonnent sur cette place.

En 1629, la scène se répète place de l'Hôtel-de-Ville. Lorsque le roi se présente à l'arc de triomphe, les musiciens cessent de jouer. Une jeune fille avance à sa rencontre, dans un char dirigé par un homme dissimulé. Ce char, en forme de galion, paraît voguer sur la mer de laquelle sortent dauphins, tritons et sirènes. Cette belle jeune fille, âgée de neuf ans, est vêtue d'une robe de satin incarnadin et blanc à broderies et paillettes d'argent ; des diamants couvrent les manches de satin blanc. D'autres diamants et des perles montés en fleur de lis enrichissent sa coiffure, donnant naissance à un long voile de gaze d'argent et de dentelle cousue de perles. Elle ressemble à une apparition divine, sans doute celle qui vient secourir La Rochelle de l'envahisseur anglais. Elle tient en une main un cœur d'or. Celui-ci s'ouvre, par le moyen d'un ressort, sur une fleur de lis couronnée portée par un double « L » et entourée d'une couronne de laurier. Le tout est d'or émaillé. À l'intérieur de ce cœur, des fleurs de lis sont gravées, entourant un « L » couronné qui fait face à un « A » également couronné. Une grosse perle orientale pend à ce cœur à l'aide d'une chaîne d'or. Cette jeune personne, d'une dizaine d'années, fille de l'échevin Odard de La Ferté, présente ce cœur au roi après trois belles révérences et quelques vers, récités d'une voix mélodieuse. Louis XIII prend le cœur et la complimente. Il monte ensuite dans le char de la jeune fille qui le conduit jusqu'à la cathédrale. Les musiciens reprennent leur aubade.

Le soir, au cours du repas, Louis XIII considère longuement le cœur d'or qui lui a été offert. Il le remet au chevalier de Saint-Simon pour qu'il aille le porter à mademoiselle de La Ferté. Le don de la ville, expression d'amour et de fidélité d'une communauté à l'égard de son souverain, devient un don privé, détourné de sa fonction première. Le roi est libre d'en disposer à sa guise. Catherine de Médicis fait de même en 1564. Elle adresse à la municipalité un billet l'informant de la destination des dons qu'elle pourrait faire au roi :

> Aujourd'huy VIIme jour de septembre lan mil cinq cens soixante troys. La Royne, mere du Roy, estant à Boullon, a fait don au Sr de Carnay, m[e] dhostel ordinaire dud[ict] seigneur, du don et présent qui sera fait à Sa Majesté par les habitants de la ville de Troyes en Champagne à lentrée que led. seigneur fera en icelle, a quelque valeur et estimation que led. don et présent se puisse monter. En tesmoing de ce, moi, sad[icte] ma[jes]te commande luy en expedier ce present brevet[44].

---

[44] A. M. de Troyes, Fonds Delion, layette 55, pièce 33.

Occasion de dépenses très importantes, les entrées royales se révèlent à plus d'un titre un don fait au roi qui en dispose selon les pratiques établies par la tradition ou selon son bon vouloir. Le caractère éphémère de la fête ne fait que renforcer ce rôle. À la fois décor servant de mise en scène au don et don lui-même, don d'une communauté qui passe parfois plusieurs mois à l'élaborer, qui n'hésite pas à embaucher les meilleurs artistes et artisans, le décor comme tous les éléments qui servent à l'entrée, tels que le dais ou le cheval du roi, la vaisselle ou les serviettes du banquet, sont des matériaux qui peuvent se donner et se vendre. Ils représentent une valeur marchande pouvant attiser les convoitises. Don fait au monarque reçu, qui en dispose à son gré, confirmant l'attribution aux uns ou l'accaparement par les autres, que la municipalité doit alors dédommager de « dons gratuits » sans doute plus ou moins forcés à l'origine (peut-on concevoir un officier du roi repartant avec une pièce d'arc de triomphe, une statue de plâtre ou les solives d'une estrade ?) et devenus une pratique coutumière par la suite. Cette pratique est d'autant mieux vécue que le don ne peut se concevoir à l'époque sans un contre-don, comme le montre Natalie Zemon Davis[45]. La municipalité, en échange de ces « dons gratuits » et autres présents, est alors en droit d'attendre un juste retour. Le don crée l'obligation du contre-don sous la forme d'une faveur ou d'une intercession auprès du souverain, tout comme on attend du souverain certaines libéralités ou exemptions en échange de la très honorable réception qui lui a été faite et, en particulier, la confirmation ou l'augmentation des privilèges de la ville.

L'entrée royale de la fin du XVe siècle au début du XVIIe siècle apparaît bien comme l'expression d'un contrat de réciprocité entre une ville et son souverain, défini par les règles tacites du don et contre-don, et la comptabilité de l'éphémère mise en scène de ce contrat, l'alignement de ces chiffres et les justifications qu'on leur donne alors à l'époque permettent de pénétrer au cœur de cet échange que l'on ne perçoit pas de la même manière dans les relations imprimées.

Jacky PROVENCE
Centre Pithou, Troyes

---

[45] Natalie Zemon Davis, *Essai sur le don dans la France du XVIe siècle*, Paris, Seuil, 2003.

Tableau 1 : frais de l'entrée de Henri IV

Nature des dépenses	Livres	sols	deniers	% du total
A. Décoration	3366	167	13	19,7
a. menuiseries et charpentes	2 280	14	4	13,3
b. peintures	711	34	9	4,16
c. tapisserie	78	42		0,47
d. maçonneries et sculptures	57	31		0,34
e. frais divers	45	46		0,28
f. lierre et feston	195	40	11	1,15
B. Organisation	564	67	6	3,31
a. frais de bouche	39	29	6	0,24
b. chauffage	144			0,84
c. publication	63			0,37
d. artillerie	90	3		0,53
e. éclairage		8		
f. divers	228	27		1,34
C. Dais et habillement	4143	65	11	24,2
a. broderies	204			1,19
b. Chapeaux	27	40		0,17
c. étoffes et façon (dais compris)	3912	25	11	21,32
D. Dons	4601	112	10	26,9
a. clé	150			0,88
b. monnaie (dons gratuits)	249			1,45
c. orfèvreries et dons au roi (étains)	423	78		2,49
d. vin	3492			20,4
e. dons en nature	569	34	10	3,32
E. Frais d'imposition et de justice	2196	120	12	12,8
a. procédure (voyages)	384	40		2,26
b. taxes	270			1,58
c. imposition	1161	40	2	6,79
d. intérêt	381	40	10	2,24
F. Frais divers	741	55	2	4,3
G. Frais indéterminés	1467	10	2	8,54
Total	17078	571	63	

Tableau 2 : frais de l'entrée de Louis XIII

Nature des dépenses	Livres	sols	deniers	% du total
A. Décoration	**6143**	**54**	**0**	**26,7**
a. menuiseries et charpentes	*4 085*	*30*		*17,8*
b. peintures	*1223*			*5,32*
c. tapisserie	*120*			*0,52*
d. maçonneries et sculptures	*340*	*24*		*1,48*
e. frais divers	*375*			*1,63*
B. Organisation	**2780**	**16**	**0**	**12,1**
a. frais de bouche	*319*	*10*		*1,39*
b. chauffage	*242*			*1,05*
c. publication	*17*	*10*		*0,08*
d. artillerie	*664*	*8*		*2,89*
e. éclairage	*450*	*8*		*1,96*
f. logement	*741*			*3,22*
g. pavage	*190*			*0,83*
h. musique	*156*			*0,68*
C. Dais et habillement	**5256**	**7**	**7**	**22,8**
a. broderies	*110*			*0,48*
b. Chapeaux	*60*			*0,26*
c. étoffes et façon	*2448*	*5*	*7*	*10,6*
d. dais	*2638*	*2*		*11,5*
D. Dons	**6356**	**14**	**0**	**27,6**
a. clé	*209*	*8*		*0,91*
d. monnaie (dons gratuits)	*1506*	*16*		*6,55*
c. orfèvreries et don au roi	*3118*			*13,6*
d. vin	*800*			*3,48*
e. dons en nature	*719*	*10*		*3,13*
E. Frais d'imposition et de justice	**2356**	**18**		**10,2**
a. procédure (voyages, greffe)	*839*	*14*	*12*	*3,64*
b. taxes	*615*	*1*		*2,67*
c. imposition	*56*			*0,24*
d. intérêt	*846*	*2*	*6*	*3,68*
F. Frais divers	**113**			**0,49**
Total	**22886**	**148**	**25**	

SECTION 3

L'ÉCHANGE SYMBOLIQUE : TEXTES ET IMAGES

LE RETOUR D'ASTRÉE ET DE L'ÂGE D'OR SOUS LE RÈGNE DE LOUIS XII

Au cours de dix-sept années de règne, le portrait idéal de Louis XII (1498-1515) est dominé par la volonté de superposer l'image du roi au modèle du souverain pacifique. Une des facettes de l'imaginaire qui se cristallise sur la figure monarchique est celle d'un roi naturellement juste, soucieux du bien public, procréateur de concorde sociale et de paix. Même pendant les guerres d'Italie, notamment lors des révoltes de Milan et de Gênes contre Louis XII, les lettrés insistent avant tout sur le thème du roi de clémence, imitation du Christ pardonnant à ses bourreaux. Le portrait imaginaire du roi recouvre, certes, nombre d'autres dimensions, Louis XII imperator néo-antique ou roi-chevalier, pour n'en citer que deux, mais force est de constater que le parangon de miséricorde et de justice occupe une place privilégiée. Ce thème n'est pas nécessairement l'apanage personnel de Louis XII, mais le roi et ses thuriféraires ont choisi de consacrer, dans l'ensemble, une vision traditionnelle et médiévale de la royauté, à un moment où naissent et s'affirment tant l'humanisme que l'idéologie absolutiste[1].

Le règne de Louis XII se caractérise, de ce point de vue, par une certaine indécision du pouvoir qui paraît hésiter entre une image saisie à

---

[1] L'image de Louis XII a été l'objet de deux travaux récents : Didier Le Fur, *Louis XII 1498-1515. Un autre César*, Paris, Perrin, 2001 et Nicole Hochner, *Representations of Power in early modern France : Louis XII, the Father of the People, 1498-1515*, Cambridge, Ph. D., 1998. Voir aussi : Laurent Avezou, « Grandeur et décadence d'un mythe politique, du XVᵉ au XIXᵉ siècle », *Revue Historique*, 308, 2003, p. 95-124 ; N. Hochner, « Louis XII and the porcupine : transformation of a royal emblem », *Renaissance Studies*, 15, 2001, p. 17-36 ; Robert. W. Scheller, « Ensigns of authority : French royal symbolism in the age of Louis XII », *Simiolus*, 1983, t. 13, p. 75-141 et « Gallia cisalpine : Louis XII and Italy 1499-1508 », *Simiolus*, 1985, t. 15, p. 5-60. Ursula Baurmeister et Marie-Pierre Lafitte, *Des livres et des rois*, Paris, 1992 ; Pascale Thibault, « Louis XII, de l'imperator au père du peuple : iconographie du règne et de sa mémoire », *Nouvelle Revue du Seizième*, 13, 1995, p. 30-45 et « Louis XII, images d'un roi », Blois, 1987.

travers le prisme nouveau des valeurs néo-antiques et une représentation plus modérée, conforme aux freins réclamés par Claude de Seyssel[2]. La seconde vision semble plus représentative du règne, comme en témoignent les nombreux titres et épithètes que Louis XII s'est vu attribuer. Du Père du Peuple au Bien aimé, en passant par le Bon pasteur, cette titulature est relayée par des images, telles que celle du *Rex Apium*, ou par des spectacles comme celui du cavalier sans éperons, thème d'un échafaud lors de l'entrée dans Rouen en 1508. Louis XII-pilier de la justice est donc un poncif du règne, un topique qui imprègne au plus haut niveau les formes d'expression de l'imaginaire royal. Au regard des liens intimes qui existent entre *Justicia* et Louis XII, il est logique, en cette période de pré-Renaissance, qu'Astrée, la vierge Justice, vienne se joindre à l'arsenal symbolique et idéologique de la royauté française pour aider à la construction du portrait du roi juste.

La place occupée par Astrée et l'âge d'or, au cœur du discours déployé pour sous-tendre l'imaginaire royal, reste néanmoins discrète. Le retour des temps saturniens sous le règne de Louis XII, tel qu'il sera présenté ici, se limite à trois brèves apparitions qui méritent qu'on les souligne. Ces occurrences sont d'autant plus intéressantes que le thème de l'âge d'or recouvrira une importance accrue à partir de François Ier, dès son entrée dans Rouen en 1517, et deviendra un des éléments incontournables des grandes fêtes de la Renaissance. Un sujet qui s'inscrit donc à la croisée des chemins entre une appréhension traditionnelle du roi de France, garant de la justice et de la paix dans son royaume, et le renouveau esthétique et idéologique du XVIe siècle. Cet article se veut un regard sur les conditions idéologiques et culturelles qui déterminent les deux premières références à la vierge Astrée et à l'âge d'or dans l'univers des entrées solennelles françaises. La toute première mention connue de ce thème, lors d'un *adventus* en France, remonte à l'année 1501 à l'occasion d'une entrée offerte à un souverain étranger. En revanche, la troisième allusion

---

[2] Claude de Seyssel, dans *Les loüenges du bon Roy de France, Louis XII de ce nom* (1508) et dans la *Monarchie de France* (1515), attire l'attention sur les risques engendrés par le développement du pouvoir absolu, en particulier si celui-ci tombe entre les mains d'un mauvais prince. D'où la nécessité d'être capable de modérer cette dimension absolutiste de l'État par des freins. Il insiste notamment sur l'autorité qui doit être accordée aux Parlements, le frein de Justice, dans lequel il voit un moyen de réfréner le désir de puissance absolue du monarque. Parmi les autres freins avancés par Claude de Seyssel se trouvent le frein de Religion et le frein de Police, c'est-à-dire les ordonnances dont l'observation est contrôlée par la chambre des Comptes et les Parlements.

n'appartient plus à l'univers des entrées solennelles, mais s'inscrit dans le cadre d'une œuvre de propagande destinée à soutenir la politique de Louis XII. Astrée et l'âge d'or, dans les différents contextes où ils seront abordés, sont naturellement indissociables de la IVe Églogue des *Bucoliques* de Virgile, leur écrin poétique et historique.

L'éternel retour d'Astrée

Chez les poètes latins, notamment dans les *Métamorphoses* d'Ovide, on trouve la théorie des quatre âges. La vierge Astrée, personnification de la justice, habite la terre durant l'âge d'or sous le gouvernement de Saturne. Elle gagne les montagnes pendant l'âge d'argent et, à l'âge de fer, elle s'enfuit devant le vice et la décadence des mœurs. La dernière des immortels rejoint alors la sphère céleste où elle s'installe sur l'arc du zodiaque entre le Lion (un juge doit être fort) et la Balance (il doit aussi être impartial et équitable) : une place astrologique illustrée par les attributs traditionnels de la Justice que sont l'épée, symbole de son pouvoir exécutif, et la balance. Les poètes latins identifient par ailleurs *Astraea* à *Virgo*, c'est-à-dire le signe du mois d'août. Pour le thème qui nous intéresse ici, c'est évidemment à Virgile que la juste vierge de l'âge d'or doit toute sa gloire[3].

Au début de la IVe Églogue des *Bucoliques*, la sibylle de Cumes prophétise le retour d'Astrée et du règne de Saturne (*Iam redit et virgo, redeunt Saturnia regna*)[4]. Virgile célèbre également la naissance d'un enfant sous lequel renaîtra l'âge d'or sur la terre entière (*Iam nova progenies clo dimittitur alto*). Quelles que fussent ses intentions, les commentateurs médiévaux élevèrent Virgile au rang d'un prophète préchrétien et ses vers furent interprétés comme l'annonce de la naissance du Christ. En choisissant de naître dans un monde romain, uni et pacifié sous l'égide d'Auguste pour inaugurer l'ère chrétienne, le Christ consacre l'ordre et la justice de Rome[5] et fait de l'Empire un idéal politique. Mais,

---

[3] Frances Yates, *Astrée. Le symbolisme impérial au XVIe siècle*, Paris, Belin, 1989. Voir aussi : B. Mestwerdt, *Virgo Astraea und Venus Urania*, Hambourg, 1972 ; Harry Levin, *The Myth of the Golden Age in the Renaissance*, Bloomington, Indiana University Press, 1969 et Ernst. H. Gombrich, « Renaissance and the Golden Age », *Journal of the Warburg and Courtauld Institutes*, 24, 1961, p. 306-309.

[4] Maintenant revient la Vierge, maintenant revient l'âge de Saturne.

[5] F. Yates, *op. cit.*, p. 20.

en dehors de la *renovatio* de Charlemagne, l'Empire romain d'Occident ne ressuscite pas et le titre impérial reste une institution cantonnée aux terres germaniques. C'est essentiellement l'idée d'empire qui a survécu,[6] véhiculant avec elle le rêve d'une renaissance d'un empire universel chrétien de nouveau uni et pacifié. Le thème du retour de l'âge d'or et d'Astrée est marqué tout au long du Moyen Âge par ce double caractère, messianique et impérial. Une *renovatio* de l'Empire est, dans l'univers prophétique médiéval, un préalable obligé à la parousie du Christ. Il s'agit d'une étape essentielle de la tradition chiliastique autour de laquelle s'articulent les prophéties du second Charlemagne qui se matérialisent, par exemple en France, sur les souverains portant le nom de Charles. Gravée dans la mémoire de l'Occident chrétien, la IVe Églogue sert à soutenir les prétentions de l'empereur comme celles des monarques français ou anglais à la domination universelle et à la rénovation du monde. Elle resurgira de nombreuses fois, au cours du XVIe siècle, au profit de souverains chrétiens, incarnations du monarque universel qui ramènera Astrée sur terre.

Si le retour de l'âge d'or, par le biais d'un placard sur un échafaud, fait une première apparition lors de l'entrée de Philippe le Beau à Paris en 1501, le sujet n'est pas nouveau. Il était déjà utilisé en France dans le champ de la littérature ou celui de la politique. Ainsi sous le règne de Charles VIII (1484-1498), lors des États généraux tenus en 1484, le chancelier Guillaume de Rochefort présente le jeune roi comme un monarque annonciateur de temps nouveaux. Son avènement doit être compris comme l'expression de la volonté divine qui dote la France d'un monarque providentiel : « Assurément avec cette confiance que nous avons en lui, il accomplira ses œuvres, de sorte que, pendant sa vie, le *siècle d'or* fera un retour vers nous, et que tout retentira de cris d'allégresse et de réjouissances [...] »[7].

En 1494, la ville de Vienne en Dauphiné adapte la IVe Églogue des *Bucoliques* pour célébrer la naissance de Charles-Orland[8], fils de Charles VIII et d'Anne de Bretagne. Les Viennois font frapper à cette occasion une médaille où ils assimilent Anne de Bretagne à la Vierge Marie et Charles-Orland au Christ. Le procédé est classique. Charlotte de

---

[6] *Ibid.*, p. 18.

[7] Jean Masselin, *Journal des états généraux de France tenus à Tours en 1484*, éd. et trad. A. Bernier, Paris, 1835, (Documents inédits), p. 45.

[8] Il naquit deux ans plus tôt en 1492 et décéda en 1495.

Savoie, mère de Charles VIII avait déjà été comparée à la Vierge[9] et
Marie d'Angleterre en 1514 deviendra à son tour une nouvelle Vierge de
miséricorde. En 1519, Louise de Savoie, la mère de François Ier, sera aussi
appréhendée, dans un chant royal, comme la mère du Christ. L'avers de
la médaille représente, sur un champ semé de fleurs de lis parti d'hermines, la reine de France assise sur un siège sans dossier, portant le sceptre
et la couronne royale. Sur ses genoux, elle tient son fils debout qui arbore
un dauphin emblématique dans la main gauche. L'ensemble de la
composition est bâti sur le modèle de la Vierge à l'enfant. La légende
confirme cette identification : *ET NOVA PROGENIES CELO DIMITTITUR ALTO
1494* (Et une nouvelle progéniture nous est envoyée du haut des cieux)[10].
Empruntant à l'Antiquité l'une de ses références les plus connues, d'une
part, les Viennois identifient la venue au monde du dauphin à celle du
sauveur. Le bouillonnement prophétique et eschatologique qui entoure
l'imminent départ de Charles VIII pour la reconquête du royaume de
Naples, derrière lequel se profile l'espoir de croisade, n'est peut-être pas
étranger à la dimension messianique de ce choix iconographique. D'autre
part, les Viennois ont pu être influencés par le nom du dauphin, Charles-
Orland, qui répond à un désir royal manifeste de faire référence à la vie
de Charlemagne. Enfin, cette composition s'accorde bien avec la
christomimesis de la royauté française où le roi est l'image de Dieu, et où
la reine, par extension, incarne la Vierge Marie et le Dauphin, dans ce cas,
le Christ. En revanche, la première mention de l'âge d'or sous Louis XII
est loin de revêtir un tel caractère christologique. Elle s'inscrit dans une
traditionnelle exaltation de la paix et de l'harmonie qui règnent dans le
royaume de France sous la houlette de Louis XII le Bon pasteur. En fait,
la première association entre Louis XII et l'âge d'or se trouve dans la
Complainte sur la mort de Charles VIII (1498), où le poète Octavien de
Saint-Gelais annonce le triomphe de Justice sous le règne à venir par ces
vers : « Paix fleurira, Justice décorée / Aura son cours, comme en l'aage
doré » (BN, ms. fr. 13761, fol. 20 v°).

---

[9] BN, ms. fr. 2222, *La nativité et congratulations du roy charles VIIIe*.
[10] Anne-Marie Lecoq, *François Ier imaginaire. Symbolique et politique à l'aube de la
Renaissance française*, Paris, Macula, 1987, p. 336.

L'entrée de Philippe le Beau dans Paris (1501)

En août 1501, le traité des accordailles signé à Lyon unit Claude de
France, fille de Louis XII et d'Anne de Bretagne, à Charles de Gand,
futur Charles Quint, fils de Philippe le Beau et de Jeanne d'Espagne et
petit-fils de l'empereur Maximilien Ier. À la fin du mois de novembre, les
parents du jeune Charles, âgé d'un an, effectuent un voyage triomphal à
travers la France, relaté entre autres par Érasme. Ils sont accueillis dans
plusieurs villes du royaume, dont Paris, avec un faste que les contemporains décrivent comme extraordinaire[11]. Cette traversée du royaume par
un prince étranger est l'occasion de remarquer que les entrées dans les
villes de France sont soumises à un rituel et à un protocole très stricts. De
même, il est intéressant de constater que le souverain des Pays-Bas n'est
ni le sujet des spectacles parisiens, ni même évoqué dans ceux-là. Les
organisateurs de l'entrée, au nombre desquels figure Pierre Gringore, l'ont
considéré comme un hôte de marque et comme le spectateur de trois
échafauds dont le thème est le pouvoir royal français et la ville de Paris.

Louis XII insiste pour que Philippe le Beau et sa femme soient reçus
dans Paris avec les mêmes honneurs que ceux qui sont dus à sa personne,
à un roi certes, mais non à un roi de France. Les rues sont tendues de
tapisseries, des feux sont allumés aux principaux carrefours de la ville, les
membres du clergé se rendent en procession au-devant des deux souverains et les cloches des églises et de la cathédrale sonnent. En revanche,
certains privilèges leur sont refusés. Ils n'ont pas droit au dais, les clefs
de la ville ne leur sont pas présentées et le peuple ne crie pas « Vive le
roy ». Si Philippe le Beau se voit accorder les épithètes de Très-haut,
Très-puissant et Très-noble Prince et Seigneur, en revanche celle de Très-
redouté lui est déniée. En outre, les membres du Parlement ne se rendent
pas à leur rencontre et les souverains ne sont pas autorisés à ouvrir et à
embrasser les reliques de la cathédrale. À Paris, Philippe le Beau dispose
de la possibilité de faire sonner les trompettes et d'avoir une épée nue
portée devant lui, deux privilèges qu'il préfère décliner[12]. Par la suite, le

---

[11] L. P. Gachard, *Collection des voyages des souverains des Pays-Bas*, Bruxelles, 4 vol.,
1874-1876 ; Jean d'Auton, *Chroniques de Louis XII*, éd. René-Alphonse-Marie de Maulde
la Clavière, 4 vol., Paris, 1889-1895, in t. 2, p. 205-212 ; R. W. Scheller, « Ensigns of
authority... », *op. cit.*, p. 129-134.

[12] Michel. A. Sherman, « Pomp and Circumstances : Pageantry, Politics and Propaganda
in France during the Reign of Louis XII, 1498-1515 », *Sixteenth Century Journal*, vol. 9,
1978, p. 13-32.

couple princier se rend à Blois où aucune cérémonie d'entrée ne lui sera accordée, puisque le roi et la reine de France se trouvent dans la ville. Les spectacles réalisés pour l'entrée parisienne de 1501 n'ont pas suscité un grand intérêt chez les historiens, mais force est de constater que si l'événement est d'importance, en revanche l'ensemble de son traitement scénique ne dénote pas une grande originalité, si ce n'est la première mention de l'âge d'or[13].

Trois spectacles seulement sont présentés aux souverains pour leur entrée dans Paris, si l'on ne tient pas compte de la fontaine du Ponceau qui comporte selon la tradition un lis d'où coule de l'eau destinée à rafraîchir la foule. Le premier échafaud représente le personnage de Paris qui désigne la ville organisatrice, chevauchant Pégase, ou Bonne Renommée, conduit par Justice et Minerve, déesse de Sapience[14]. Le thème du cheval ailé commence à connaître un certain succès dans les entrées royales françaises, et notamment dans la ville de Lyon où il est déjà apparu en 1485 et 1490[15]. À Paris, Pégase frappe de ses sabots un

---

[13] Eloise Kiser Craft, *Evolution de l'entrée royale en France 1389-1571 : étude iconographique, théâtrale et littéraire, suivie de l'édition commentée de l'entrée de Philippe le Beau à Paris en 1501*, Ph. D., University of California, Davis, 1976 ; Théodore Godefroy, *Le Cérémonial françois*, Paris, 2 vol., 1649, dans vol. 2, p. 713-735.

[14] Cet échafaud est décrit dans T. Godefroy, *Le Cérémonial françois, op. cit.*, vol. 2, p. 723, mais le *Cérémonial françois* ne fournit pas la description des deux mystères restants, voir : E. K. Craft, *op. cit.*, p. 307. Pégase représente la Renommée dans le *Mythologicon* de Fulgence. À l'occasion de l'entrée de Louis XII dans Lyon, en 1507, un personnage nommé *Noble Vouloir* identifiait Pégase à la Renommée. Une association naturelle puisque cette dernière est le plus souvent pourvue d'ailes à l'image des *Trionfi* de Pétrarque.

[15] Nous possédons peu d'informations sur les entrées solennelles dans la ville de Lyon à la fin du XV\ siècle et au début du XVI\ siècle. La ville, située sur la route qui conduit les troupes françaises en Italie, est le théâtre de plusieurs entrées royales à la charnière des siècles. Charles VIII séjourne à Lyon en 1490, 1494 et 1495. Il est un fait avéré que Jean Perréal mais aussi Simon de Phares, l'astrologue de Charles VIII, participent à l'organisation de certains spectacles. Simon de Phares travaille également à l'entrée de l'archevêque de Lyon, Charles de Bourbon, en décembre 1485 et réalise à cette occasion un échafaud ayant pour sujet le cheval Pegasus. Soit en raison du succès de ce spectacle auprès des Lyonnais, soit par simple récupération des éléments, en 1490 un mystère ayant un thème identique est présenté à Charles VIII. Lors de cette entrée, célèbre pour son tableau vivant mobile intitulé le char du soleil, un spectacle montrait Renommée armée d'une épée, chevauchant Pégase et tranchant la gorge de [...], le nom de sa victime ne nous est jamais parvenu. Sur les entrées solennelles à Lyon voir : F. Rolle, « Jean de Paris, peintre et valet de chambre des rois Charles VIII et Louis XII et François Ier. Documents sur les travaux de cet artiste pour la ville de Lyon, 1483-1528 », *Archives de*

rocher, faisant ainsi naître une fontaine. Cette scène est sans doute une adaptation de la légende selon laquelle Pégase engendre la source Hippocrène en heurtant de ses sabots l'Hélicon, la montagne des Muses. À côté de la source est inscrit *Fluminus impectus letificat civitatem Dei* (Le courant du fleuve réjouit la cité de Dieu), citation tirée du psaume 45 : 5.

Cet extrait des Psaumes annonce le second mystère, près de la porte aux Peintres, consacré à la figure de David musicien jouant de la harpe. Lors des premières entrées solennelles de Charles VIII, entre 1484 et 1486, les tableaux vivants articulés autour du personnage de David renvoient à l'épisode du combat contre Goliath, ou au rappel de l'élection divine et de l'onction du roi biblique qui préfigurent celles du roi de France. En 1501, le choix du fatiste[16] se porte sur une image répandue dans les Psautiers, celle de David musicien jouant du psaltérion pour accompagner les Psaumes dont il est l'auteur. Il est à noter que les deux aspects, la harpe et l'onction, sont combinés dans un triptyque, achevé la même année, célébrant le sacre de Louis XII. Le mystère de 1501 s'accorde bien avec la vision harmonieuse du royaume qui imprègne l'ensemble de cette entrée, mieux que ne peut le faire l'épisode de la victoire de David sur Goliath.

Sur scène, le roi biblique est entouré de ménestrels qui parachèvent la vision idyllique d'un royaume paisible gouverné par un roi exemplaire, non seulement oint mais aussi pieux, sage et pacifique. Ce tableau renvoie vraisemblablement aux qualités davidiques du roi de France, bien que Louis XII ne soit pas explicitement identifié à David. Le spectacle est illustré par trois inscriptions, l'une au-dessus de David : *David cum cantoribus cytharam tangebit*[17] (David accompagné de chœurs jouait de la cithare), tandis que les deux autres placards, placés au bord de l'échafaud, comportent *Nunc venit carminis etas* (voici venir l'âge prédit par la prophétie) pour le premier et *Redeunt Saturnia regna* (voici que revient le règne de Saturne) pour le second. Il s'agit de la première

---

l'art français, 2ᵉ s., t.1, 1861, p. 15-142 ; *Entrées royales et fêtes populaires à Lyon du XVᵉ au XVIIIᵉ siècle*, 12 juin-12 juillet 1970, Lyon, Bibliothèque de la ville, 1970, 198 p. ; *Relations des entrées solennelles dans la ville de Lyon, de nos rois, reines, princes, princesses, cardinaux, légats et autres grands personnages depuis Charles VI jusques à présent*, Imprimé pour messieurs du consulat, Aymé Delaroche, Lyon, 1752.

[16] L'auteur - ou *le faiseur* - d'un mystère, compris ici comme représentation théâtrale.

[17] À la Renaissance comme au Moyen Âge, la harpe est souvent confondue avec la cithare.

référence connue à la IVe Églogue des *Bucoliques* de Virgile lors d'une
entrée solennelle en France[18]. Le texte s'inspire plus particulièrement des
vers 4 et 6 *Ultima Cumæi venit iam carminis ætas* et *Iam redit et virgo,
redeunt Saturnia regna*. Ce tableau vivant effectue une symbiose éton-
nante entre l'avènement de temps davidiques et le retour de l'âge d'or
sous le règne de Louis XII. Le fatiste ne semble pas avoir, à cette
occasion, intégré de référence impériale, et ce, peut-être par égard pour
Philippe le Beau. La portée politique de cet échafaud est néanmoins
teintée d'une forme d'universalisme. Elle se veut fidèle, en ce sens, à
l'interprétation des vers de Virgile, comme le montre l'explication du
spectacle : « Signifiant ledit mystere que quant David fut roy paisible,
paix fut universelle et aussi que paix pour le jour d'huy est en crestien-
té ». Moins que le retour de la justice, c'est le retour de la paix voulue
universelle qui est célébré ici. Mais l'une va rarement sans l'autre, comme
le proclame le psaume 84 : 11, une inaltérable source d'inspiration :
Justicia et pax osculat sunt.

Sur scène, le roi David descend de son trône pour déclamer quelques
vers dans lesquels il appelle chacun à se réjouir car « Les temps de paix
sont prensent retournez ». Comme de nombreux mariages princiers, le
projet d'union entre Claude de France et Charles de Gand est saisi comme
l'assurance d'une paix éternelle entre vieux ennemis. Cette volonté de
chanter le retour de l'âge d'or, d'exalter le triomphe de l'harmonie et de
consacrer l'avènement de temps idylliques doit être comprise au regard de
l'espoir de paix apporté aux hommes par le futur mariage. Les fatistes
désirent certes magnifier le gouvernement pacifique et l'entente qui
règnent dans le parc de France, mais ils entendent aussi accueillir, à sa
juste valeur, l'ère nouvelle annoncée par cette union. À Lyon, en août
1501, est donnée une mommerie, un spectacle de cour composée de
danses accomplies par plusieurs couples. Les danseurs sont vêtus pour
l'occasion à la mode allemande, espagnole, italienne et enfin française que
Jean Molinet décrit ainsi : « Premier, vindrent à la danse ung bergier
francois et une bergière de meismes ». Une fois les danses achevées, un
homme de stature imposante habillé à la mode turque essaye à son tour
de trouver une cavalière, mais toutes refusent de danser. Alors, de dépit,
il brise son arc, selon Jean d'Auton, ou son sceptre, selon Jean Molinet.
Pour les deux chroniqueurs, la signification du spectacle est la même :

---

[18] E. K. Craft, *op. cit.*, p. 309 et R. W. Scheller, « Ensigns of authority... », *op. cit.*,
p. 133.

Par ce personnage estrange est entendu le Grant Turcq, qui lors menachoit
France, Espaigne, Alemaigne et Ytalie, et les danseurs, ensemble accoupléz,
signifoyent la bonne union, paix et concorde des regions dessusdites qui,
par la vertu de ce noble traittié de mariage, seront tellement connexéz
ensamble que, moyennant la grace de Notre Seigneur, le Turc ne fera sur
eulx aucune emprinse[19].

Comme c'est souvent le cas lors des célébrations matrimoniales entre les
adversaires d'hier, on chante le retour de la paix et de l'ordre. Au-delà se
profile le rêve d'une chrétienté unie, surmontant ses dissensions, capable
de tourner ses armes contre l'ennemi commun, le Turc, attisant ainsi le
vieil idéal de croisade jamais éteint et sans cesse ravivé.

Cette association du retour de l'âge d'or à l'univers des entrées royales,
en dehors de l'engouement de plus en plus fort pour les auteurs antiques,
n'est sans doute pas étrangère à la multiplication des scènes pastorales
depuis le règne de Charles VIII. Chez Virgile et à moindre titre chez
Hésiode, l'âge d'or est intimement lié à un univers bucolique, une Arcadie
de bergers où règnent paix et harmonie. C'est un sujet qui, à la charnière
des siècles, présente l'avantage de se combiner avec l'image d'une
humanité chrétienne comprise comme le troupeau de Dieu, ou encore avec
les thèmes du Christ-pasteur, de l'Adoration des bergers ou de David-
berger. Ce rapprochement est d'autant plus évident pour les organisateurs
des spectacles de 1501 que dès la première entrée parisienne de Louis XII
en 1498, l'adventus suivant son sacre, le roi est identifié au Bon Pasteur.
À la porte aux Peintres, « ung monde » occupe la plate-forme de
l'échafaud, le spectacle se présente sans doute sous la forme d'un
hémisphère ouvert face au public. À l'intérieur du monde règnent deux
personnages, Bon Temps et Paix, accompagnés de ménestrels. Autour de
ce Monde où triomphe la paix, se tiennent Peuple françois, Rejouyssance
et Bon Pasteur, ce dernier désignant bien évidemment Louis XII, dont la
montée sur le trône de France engendre la paix et l'allégresse : « [...] A
la venue du Bon Pasteur de France ; / Paix et Bon Temps il entretient au
monde / Honneur, louenge, triumphe en luy habonde, [...] »[20]. Cette

---

[19] Jean Molinet, *Chroniques*, Publiées par Georges Doutrepont et Omer Jodogne, 3 vol.,
Bruxelles, Palais des Académies, 1935-1937, dans vol. 2, p. 486.
[20] Bernard Guenée et Françoise Lehoux, *Les entrées royales françaises de 1328 à 1515*,
Sources d'Histoire Médiévale, Institut de Recherche et d'Histoire des Textes, éd. du
CNRS, Paris, 1968, p. 131.

composition n'est pas sans évoquer le dernier spectacle présenté à Philippe le Beau en 1501.

Le roi de France, saisi comme le Bon Pasteur, renvoie au modèle biblique du Christ berger (Évangile de Jean X : 1-6 et celui de Luc XV : 3-7), déjà préfiguré par David-berger défendant son troupeau contre le lion et l'ours. Cette image contribue à l'édification d'une vision idéalisée de la royauté conçue comme le bon gouvernement par excellence, un régime naturel et pacifique fondé sur l'amour à l'imitation du Christ. Cette conception du pouvoir royal est facilitée par l'identification du royaume à un parc, au sens d'enclos où l'on garde les moutons, dans lequel le roi-berger veille à la protection de ses brebis. Sous Louis XII, on assiste aussi à une multiplication des scènes bucoliques et champêtres intégrant des danses et des chants exécutés par des pastoureaux et pastourelles. Ce type de divertissement devient quasiment incontournable dans les entrées royales. Sa genèse renvoie à l'Adoration des bergers et à l'avènement de la paix engendrée par la naissance du sauveur et renouvelée par l'*adventus* du roi dans la ville. Ces spectacles sont destinés à exprimer l'harmonie qui existe dans le parc de France sous la conduite du roi-pasteur, divinement institué pour veiller sur le troupeau du Seigneur. Lors de l'entrée d'Anne de Bretagne à Paris en 1504, le dernier mystère, exposé devant le Châtelet, se compose d'une pastorale que le témoin, André de la Vigne, omet de décrire avec précision, mais dont il donne le sens : « [...] estoit plusieurs personnages comme bergers et bergières en paix et union au parc de France, chantans mélodieusement, et plusieurs autres choses de grande conséquence [...] »[21]. Cette concordance thématique permet de projeter l'image d'un souverain saisi comme roi idéal, procréateur de bienfaits et de paix pour ses sujets, régnant par l'amour, au cœur d'un univers idyllique où triomphe la justice. Une définition de la royauté qui s'accorde parfaitement avec l'imaginaire de l'âge d'or. En 1501, il s'agit de montrer à un souverain étranger une vision sublimée du royaume de France tout en accueillant le retour de la paix, espérée universelle, que laisse entrevoir le projet de mariage entre Claude de France et Charles de Gand.

En 1501, le dernier échafaud installé devant le Châtelet est composé par Pierre Gringore. Une jeune femme vêtue de blanc la main posée sur deux livres personnifie Science. Elle se tient debout sur une fontaine qui

---

[21] Henri Stein, « Le sacre d'Anne de Bretagne et son entrée à Paris en 1504 », *Mémoires de la Société de l'Histoire de Paris et de l'Ile de France*, t. 29, 1902, p. 268-304.

à juste titre porte le nom de « Fontaine de Science ». Cette dernière mise
en scène glorifie en partie Paris. L'objectif est d'exalter la réputation de
la ville et son rayonnement comme foyer culturel à partir du thème de la
fontaine parisienne arrosant ou abreuvant de sa science le parc de France.
À côté se trouve un clos, ou peut-être c'est la fontaine qui est située à
l'intérieur du jardin, il est difficile de trancher sur ce point. Toujours est-il
que devant l'entrée du clos se dresse Paris vêtu d'une robe partie de deux
couleurs, sans doute rouge et bleu, mais le narrateur ne le précise pas. Il
a les bras et les jambes recouverts de pièces d'armures et tient un bâton
blanc, en signe d'autorité et de son rôle de gardien du royaume[22]. À
l'intérieur du clos, une houlette dans la main droite, se trouve Pasteur
Paisible. Ce personnage désigne à nouveau Louis XII veillant sur le parc
de Paris et par extension sur celui de France. Le titre de Pasteur Paisible
correspond à l'imaginaire royal évoqué précédemment et traduit l'idée
d'un roi régnant par l'amour et non par la force. Sa main gauche repose
sur un personnage appelé Tout, destiné à montrer que le roi « tient tout
soubz sa main » ; il est difficile ici d'être plus précis que le texte. Bien
qu'elle soit discrète, nous sommes en présence d'une exaltation originale
de la toute-puissance du monarque français. À la droite, se tiennent trois
bergers[23] vêtus de rouge (Droit Chemin, Bon Vouloir, Cueur Loyal) et,
parée de jaune, une bergère nommée Paix. Le rouge et le jaune étant les
couleurs de Louis XII, ces quatre personnages désignent tant les qualités
royales que le principal bienfait qui en découle. Sur leur gauche, une
seconde bergère incarnant Police est accompagnée de ménestrels habillés
en pastoureaux (Honneur, Peuple Joyeux et Acord) auxquels se joint une
troisième pastourelle du nom de Louenge. Ce second groupe incarne le
bon gouvernement de Louis XII et célèbre l'harmonie et la joie qui
règnent au cœur du peuple de France.

---

[22] Le bâton blanc renvoie aussi au prévôt de Paris, comme le montre un extrait de
l'entrée d'Anne de Bretagne à Paris en 1504 : « [...] y avoit plusieurs officiers de sa
maison [du prévôt] et des fréquantans en icelle, à tout grans bastons blancs en leurs mains
[...] » (dans H. Stein, « Le sacre d'Anne de Bretagne... », op. cit., p. 286).
[23] En 1504 au Châtelet, le mystère présenté sera de nouveau une scène bucolique. Les
organisateurs se sont peut-être inspirés de la réalisation de 1501. Pierre Gringore et le
charpentier Jean Marchand jouissaient d'un quasi-monopole sur l'organisation des
représentations théâtrales lors des entrées solennelles dans Paris. Ils sont mentionnés dans
les comptes de la ville pour la réalisation des mystères en 1501, 1502, 1504, 1514 et 1517
et il n'est pas rare que les fatistes s'inspirent, voire récupèrent, des éléments d'une
précédente entrée.

Derrière la plate-forme, installés contre les murs du Châtelet, sept figurants personnifient les arts libéraux. Ils sont divisés en trois groupes, à droite Grammaire, Physique et Géométrie, à gauche Rhétorique, Astrologie et Musique, et naturellement, au centre et surélevée, Théologie[24]. Ces personnifications sont destinées à rappeler le rôle joué par l'Université dans le prestige et la renommée de Paris. Ce troisième mystère représentant l'État idéal sous la conduite du Pasteur Paisible est de fait assez mièvre, surtout si l'on considère que cette composition est de Pierre Gringore. Cette modération comme la relative restriction dans la portée des spectacles doivent être attribuées à une probable consigne du pouvoir qui désirait souligner le caractère pacifique du royaume et des temps à venir, en évitant une affirmation trop manifeste de la supériorité et de l'indépendance du roi de France. Cette double exaltation de la concorde et de la paix universelle enfin restaurée, trouve néanmoins un écho idéal dans la première utilisation de la IVe Églogue de Virgile dans le cadre d'une entrée solennelle.

La fontaine de Justice (Rouen 1508)

La première mention du nom d'Astrée renvoie à l'entrée de Louis XII à Rouen en 1508. À l'extérieur de la ville, le roi est tout d'abord accueilli par un magnifique échafaud. La scène représente l'Apollon musagète trônant sur une reproduction du mont Parnasse où s'élève un laurier, « arbre dédié à Apollo, aux Muses et à ceux qui sont triomphans »[25]. Apollon, entouré des Neuf Muses, est vêtu de damas blanc et arbore deux de ses attributs traditionnels, l'arc et la harpe. Il invite ses compagnes à danser et à décliner des vers à la gloire de Louis XII que le « Dieu de Sappience » en personne identifie à un autre César. Cette entrée magnifique commandée par le cardinal d'Amboise comporte un programme élaboré, composé de six échafauds d'une richesse et d'une originalité

---

[24] Le thème des sept arts libéraux personnifiés est un sujet d'expression artistique fréquent au Moyen Âge comme à la Renaissance. Ils ont été classifiés au Ve siècle dans un roman symbolique de Marcianus Capella. Les sciences sont partagées en deux groupes : le *Quadrivirium* philosophique (Arithmétique, Géométrie, Astronomie, Musique) et le *Trivirium* (Grammaire, Rhétorique, Dialectique). Il était communément admis que la Théologie pouvait être la Mère des sept Arts, elle remplace dans la composition de 1501 la Philosophie.

[25] Il s'agit peut-être d'une référence à Virgile et aux *Géorgiques*, II, 18-19, *etiam Parnassus laurus*[...] ou aux *Bucoliques*, II, vers 62, *Sua laurea Phœbo*. De manière plus générale, depuis l'Antiquité, le laurier est considéré comme l'attribut d'Apollon.

encore rarement égalées sous le règne de Louis XII[26]. Astrée fait son apparition dans le cadre du troisième mystère présenté au roi.

À côté de la cathédrale se dresse une plate-forme dont les montants sont voilés au public par de magnifiques tapisseries sur lesquelles sont tissés, en lettres d'or couronnées, le « L » de Louis et le « A » de Anne. Aux lettres royales sont jointes les armes de Rouen et de Normandie, tandis qu'au-dessus de l'échafaud dominent les armes de France. Le spectacle en lui-même se compose d'un rocher que les vers désignent comme le Mons Liligerus sur lequel est planté un lis couronné. La signification de l'ensemble est fournie par la relation : « Par le rocher hault eslevé et le lys dessus est entendu le Roy tres chrestien, qui sur tous les aultres roys est eslevé par les vertus qui sont en luy ». De la racine du lis royal jaillit une source d'une eau claire et belle, qui s'écoule à travers un parc avant d'arrêter sa course dans un premier bassin, en forme de cuve de fontaine, fait à l'imitation du marbre. Dans une chaire, au centre, se tient Justice personnifiée par une belle jeune femme vêtue de draps d'or, parée de pierres précieuses, le front ceint d'une couronne, portant une balance dans la main gauche et, dans la droite, une épée nue. Cette jeune femme, au regard des vers latins qui accompagnent le spectacle, est aussi une représentation de la vierge Astrée.

De chaque côté du bassin, deux léopards, figurant aux armes de Normandie, mus artificiellement, se promènent et s'abreuvent à la fontaine de Justice. L'eau poursuit sa course hors de cette grande vasque, par le biais de sept tuyaux, vers une seconde fontaine située en contrebas, avant de se répandre dans un parc. Au cœur de cet espace de verdure, deux autres léopards et un agneau articulé mécaniquement s'ébattent en de joyeuses gambades. Au moment ou le roi s'arrête devant l'échafaud, l'agneau se dirige vers la fontaine pour boire, avant de revenir s'agenouiller devant Louis XII « comme sy par signe l'eust voullu remercier de l'eaue d'ycelle fontayne [...] ». Le thème du mystère est celui du roi source de justice. La justice qui règne dans le parc de Normandie prend sa source dans le roi. L'auteur de la relation nous fournit la signification de tous les éléments. La première fontaine désigne le Parlement (« cour souveraine dudict pays »), les sept tuyaux représentent les sept bailliages

---

[26] Pierre Le Verdier, *L'entrée de Louis XII et de la reine Anne à Rouen (1508)*, Rouen, Société des Bibliophiles Normands, 1900. La relation de cette entrée figure également dans BN, ms. fr. 5749. Cette entrée est l'une des plus somptueuses offerte à Louis XII, avec celle réalisée à Paris en 1514, et en l'absence de plus amples informations sur les spectacles composés à Lyon en 1499 par Jean Perréal et Claude Chevalet.

du duché, l'agneau symbolise la ville de Rouen et les léopards la Normandie. L'image de l'agneau et des léopards s'abreuvant à la même source, dans une harmonie parfaite, est peut-être une évocation d'Isaïe 11 : 6, une prophétie annonciatrice des temps merveilleux engendrés par la venue du Messie. Ce spectacle qui accorde une grande place à la ville et au duché de Normandie par le biais de leurs armes, n'est pas sans rappeler l'échafaud intitulé « Ordre Politique » présenté à Charles VIII en 1485 dans lequel les « sept lampes » symbolisaient l'archevêché et les six évêchés de Normandie[27].

Comme le signale Robert Scheller, cet échafaud complexe est un bon exemple de composition allégorique de la fin du Moyen Âge où se mélangent des éléments biblique, héraldique et classique[28]. Les vers en latin qui accompagnent le mystère déclarent *Regius hic mons est quem Jupiter oequat Olympo* (Voici le mont Royal que Jupiter égale [met au niveau de] à l'Olympe), il s'agit d'une manière d'affirmer la souveraineté du roi à l'intérieur du royaume de France, en comparant implicitement la place du roi à celle de Jupiter sur l'Olympe. Ce spectacle, qui, dans les vers latins illustrant le mystère, emprunte un ton antique, demeure une déclinaison sous une forme nouvelle du traditionnel thème médiéval selon lequel Dieu a constitué les rois pour qu'ils assurent la justice et la paix. Au regard de la pensée médiévale, que ce soit chez les juristes, les théologiens ou encore les poètes de cour, à travers les miroirs du prince, les livres sapientiaux, ou les ouvrages destinés à l'éducation du prince, le premier devoir de la monarchie est un devoir de justice. Cette idée est profondément ancrée dans les mentalités et dans la conception juridique de la royauté. Elle se retrouve dans le serment prêté par Louis XII lors de son entrée dans Paris en 1498, où il promet de défendre grands et petits et de faire régner le droit et la justice. Cette dernière occupe une place centrale dans les entrées royales où elle s'impose comme un thème quasi permanent et presque obsessionnel. Elle est la mission première du roi qui

---

[27] Le mystère de 1508 trouve peut-être sa source dans un spectacle réalisé pour Charles VIII à l'occasion de sa venue à Rouen en 1485. L'échafaud intitulé la « Nouvelle eau celique », représente une fontaine, appelée Fontaine de grâce, pourvue de trois tuyaux d'où jaillit la « Nouvelle eau celique ». Cette manne, qui symbolise le jeune roi, est envoyée du ciel pour arroser un arbre sec du nom de Peuple ; au contact de l'eau l'arbre reverdit et se couvre par un savant mécanisme de feuilles blanches, signe de pureté, d'un côté, et de feuilles vertes, signes de renaissance, de l'autre.

[28] R. W. Scheller, « Gallia Cisalpina... », *op. cit.*, p. 50.

doit la rendre en toute équité, et ce quel que soit le rang des sujets concernés.

À Rouen, en 1508, le ton des placards est nouveau[29], mais le message politique délivré par l'échafaud ne diffère pas de ce qui fut fait sous Charles VIII. Il serait certes tentant de voir dans cette composition scénique les prémices de l'absolutisme sous Louis XII. Cependant, rien n'indique que ce mystère soit une représentation, avant l'heure, d'idées défendues dans les *Paradoxa* (1518) où le juriste Alciat affirme que le monarque est à l'origine de tout pouvoir et de toutes lois. Louis XII fait régner la justice qui trône toute-puissante dans le royaume de France, mais le roi est aussi une condition nécessaire au retour d'Astrée sur terre. Le fatiste aborde le thème du retour d'Astrée uniquement dans les vers accompagnant l'échafaud. La Vierge ne semble pas avoir, ici, d'autre fonction que celle de faire littérairement écho à la personnification de la Justice sur scène. D'ailleurs le cartel explicatif comme la relation du mystère désignent le personnage sur scène par le nom de *Justicia* et non d'*Astræa*. La dimension universaliste à peine suggérée à Paris en 1501 semble par conséquent absente à Rouen. L'ensemble marque davantage la rencontre entre une figure traditionnelle des mystères politiques de la fin du XVe siècle et une référence antique qui ne va pas tarder à devenir un élément central de la religion monarchique au XVIe siècle. Les vers latins suggèrent un changement, un glissement thématique, mais l'essence du message politique demeure fidèle à ce qui fut fait sous le règne précédent, ces vers font allusion à la IVe Églogue, sans toutefois la citer directement. C'est avant tout le nom d'Astrée, en tant qu'incarnation antique de la Justice, qui est utilisé par les organisateurs de l'entrée dans Rouen. Son personnage est dégagé de sa référence habituelle au retour de l'âge d'or, encore que l'on puisse suggérer que le second thème soit naturellement contenu dans le premier.

> *Regius hic mons est quem Jupiter oequat Olympo*
> *Hinc scatet astree vivida fontis aqua,*
> *Viseret ut terras quas olim Astraea reliquit*
> *Hujus erat tanti vertice montis opus[30].*

---

[29] On peut notamment signaler l'utilisation systématique du latin dans la composition des vers et des textes illustrant les spectacles vivants.

[30] R. W. Scheller, « *Gallia Cisalpina...* », *op. cit.*, p. 20. P. Le Verdier, *op. cit.*, p. 19-20. Les trois derniers vers doivent être compris ainsi : « De là ruisselle l'eau vive de la fontaine Astrée. Il était besoin du sommet de ce mont [le lis qui représente le roi] si haut,

Sous la meilleure loi du monde, celle du roi de France, Astrée et son cortège de vertus peuvent enfin revenir sur terre. L'échafaud n'annonce pas le retour futur d'Astrée-Justice, mais signale aux spectateurs que celle-ci siège toute puissante dans le royaume de France par la grâce de Louis XII, source naturelle de Justice. En dépit de l'apparition de sujets comme l'Apollon musagète ou la vierge Astrée, l'entrée de Louis XII dans Rouen reste dominée par une conception traditionnelle du pouvoir et de l'*adventus* ; d'ailleurs, le cardinal d'Amboise lui-même recommandait de s'en tenir aux pratiques habituelles. L'influence des entrées organisées en Italie, notamment à Milan, ne se fait pas sentir. Cette persistance est d'autant plus signifiante qu'entre Rouen et Vernon, sur les bords de la Seine, s'élevait le château de Gaillon considéré comme le chef-d'œuvre de cette pré-Renaissance.

Louis XII le réformateur de l'Église

La troisième et dernière référence à la vierge Astrée et à l'âge d'or sous le règne de Louis XII s'inscrit dans le cadre des prétentions de la monarchie française à la domination universelle. Le support n'est plus un élément extrait des mystères élaborés pour la venue du souverain, mais un manuscrit de Jean Lemaire de Belges offert à la reine, Anne de Bretagne, en juillet 1511. Le but avoué de l'auteur est de défendre la cause de Louis XII dans le conflit qui l'oppose au pape Jules II à partir de l'année 1510. Le manuscrit BN, fr. 25295[31] est un texte politique dont l'argumentation s'articule autour de méthodes kabbalistiques. L'auteur donne la parole à un personnage nommé « Sainct Siege Apostolique » qui non seulement stigmatise l'immoralité de Jules II, mais élabore aussi un long discours mystique afin de prophétiser la victoire finale de Louis XII. Jean Lemaire de Belges procède à un déchiffrement du nom royal à partir de techniques propres à la kabbale. Il s'inspire du *De Verbo Mirifico* de Jean Reuchlin, un ouvrage commenté à Dole en 1509 par le philosophe et astrologue allemand Cornélius Agrippa. Cette lecture interprétante du nom royal afin de révéler le message divin qu'il contient est légitime, car Louis XII est un roi sacré et élu de Dieu et, par conséquent, l'attribution

---

pour qu'Astrée revienne sur les terres qu'elle a quittées jadis ».

[31] Kathleen Miriam Munn, *A Contribution to the Study of Jean Lemaire de Belges. A Critical Study of Bio-bibliographical Data Including a Transcript of Various Unpublished Works*, New York, Columbia University, 1936, 216 p. K. M. Munn a reproduit l'intégralité de ce manuscrit et c'est à sa publication que je me réfère ici.

comme la nature de son nom ne doivent rien au hasard[32]. L'auteur, à partir de savants exercices sur les lettres formant le nom du roi, parvient à en déceler les vertus et la signification. Ce décryptage révèle, à terme, un groupe de trois vertus, Victoire, Invincibilité et Magnitude, qui fournissent une devise pour l'étendard royal : *Vim Ludovicus habet* (Louis possède la puissance). Il conclut que le roi de France participe à une Histoire divinement agencée. La dimension miraculeuse de son nom qui comporte la parole de Dieu permet d'affirmer qu'il a été choisi pour mener à bien la réalisation des desseins de la Providence. La lecture de Jean Lemaire de Belges a pour fonction de dévoiler simultanément la nature signifiante et personnelle de ce nom, et la vocation eschatologique de la maison royale de France.

Quels sont les desseins que la Providence assigne au roi ? Dans le cadre de la crise politico-religieuse qui secoue le royaume de France, il est évident que l'un des buts assignés à Louis XII est la réforme de l'Église. L'auteur rappelle donc l'imminence du concile de Pise[33], réuni par Louis XII contre Jules II, dont la finalité est la réalisation de cette mission. Mais ce n'est là qu'un début puisque l'union des princes chrétiens, en l'occurrence entre l'empereur Maximilien Ier et Louis XII, a pour objectif la croisade : « [...] et pour illec ordonner le grand passaige

---

[32] *Ibid.*, p. 176. Voir Jennifer Britnell, « Jean Lemaire de Belges and Prophecy », *Journal of the Warburg and Courtauld Institutes*, XLII, 1979, p. 144-166 et Jean-Louis Vieillard-Baron, « Platonisme et kabbale dans l'œuvre de Johann Reuchlin », dans *L'Humanisme allemand (1480-1540)*, XVIIe Colloque international de Tours, Paris, 1979, p. 159-167.

[33] Après la victoire de Louis XII à Agnadel (14 mai 1508), la présence française en Italie se trouve renforcée tandis que Venise, à la grande satisfaction de Jules II, est amoindrie. Mais le pape ne peut pas accepter cette situation et, une fois les villes pontificales de Faenza et Rimini retrouvées, il se retourne contre les Français. En 1511, Jules II conduit en personne les opérations militaires contre la Mirandole et Ravenne. Cette attitude belliqueuse du pape choque d'ailleurs les contemporains comme en témoigne le *Julius exclusus* d'Érasme. Louis XII décide de porter son offensive sur le plan spirituel afin de légitimer de manière théologique son conflit avec le pape. Au mois de septembre 1510, un synode se réunit à Tours afin de déterminer si le roi pouvait se défendre, mais aussi attaquer le souverain pontife. La réponse de l'assemblée est unanime, le pape porte seul la responsabilité de la guerre. Mais Louis XII souhaite aller plus loin et l'idée de déposer Jules II commence à s'imposer. Soutenu par l'empereur et des cardinaux schismatiques, Louis XII annonce la tenue d'un concile général à Pise, le 1er septembre 1511, pour déposer le pape et réformer l'Église. Jules II, naturellement, refuse d'y participer et répond à la manœuvre royale en convoquant à son tour un concile général en avril 1512, à l'église du Latran.

universel et la croisée contre les Turcz et autres infidelles, car le temps de leur desertion aproche[34] ». La croisade demeure l'un des idéaux suprêmes de cette société et Jean Lemaire de Belges s'attache à démontrer que le roi de France a pour seule ambition l'extension de la foi chrétienne alors que le pape œuvre à sa destruction. Mais il mobilise aussi en faveur. du roi les topiques des prophéties millénaristes selon lesquelles la purification de l'Église, étape primordiale du millenium, doit précéder la reconquête de Jérusalem et l'éradication des infidèles. « Le sainct Siege Apostolique » déclare attendre un sauveur, venu de France, qui accomplira la prophétie énoncée jadis par saint Severus, que Jean Lemaire de Belges identifie à Boèce. Cette prédiction permet de rappeler que la monarchie française doit jouer un rôle essentiel dans l'avènement de la paix universelle et la domination du christianisme[35] :

> *Ex gallica genitus terra vir justus et equus*
> *Pastor erit : clau[v]es celi sceptraque gubernans.*
> *Pax erit : et toto surget concordia mundo*
> *Una fides : unus regnabit in omnia princeps*[36].

Cette prophétie annonçant la venue d'un pape angélique français est également connue à Rome puisqu'elle est citée dans le *De ecclesia restituta* de Petrus Galitanus[37]. Elle prévoit aussi la domination universelle d'un empereur originaire de cette même nation. Ce berger juste et impartial, qui détiendra à la fois les clefs spirituelles (*claves celi*) et les sceptres du pouvoir temporel, issu de terre gallique et dont l'avènement annoncera la domination de la paix et de la concorde sur le monde où un seul roi et une seule foi régneront, peut dans ce contexte désigner Louis XII. Le roi de France est donc appelé, selon cette prophétie, à assurer le gouvernement du monde. L'image du berger et du troupeau unique renvoie au fameux passage de saint Jean (Jean 10 :16) sur le bon berger (« [...] et il y aura un seul troupeau, un seul berger ») habituellement utilisé en faveur du Christ ou du pape. La juxtaposition des arguments kabbalistiques et de l'imaginaire prophétique élève Louis XII au rang de monarque providentiel, de roi divinement choisi pour accomplir la réforme ecclésiastique qui permettra le retour de l'âge d'or

---

[34] K. M. Munn, *op. cit.*, p. 174.
[35] *Ibid.*, p. 172. J. Britnell, *op. cit.*, p. 160.
[36] K. M. Munn, *op. cit.*, p. 173.
[37] *Ibid.*, p. 172. J. Britnell, « Jean Lemaire de Belges and Prophecy », *op. cit.*, p.160.

prophétisé par Virgile. C'est une *renovatio* que l'auteur attend avec ferveur. Jean Lemaire de Belges ne cite dans son propos que les vers 4 et 6 de la IVᵉ Églogue des *Bucoliques* : *Ultima Cumei venit iam carminis etas, / Jam redit et virgo, redeunt Saturnia regna*. Louis XII est désigné par la Providence pour assumer la monarchie du monde et ramener sur terre la vierge Astrée et les vertus perdues. Dans ce cadre politico-religieux, le retour d'Astrée et de l'âge d'or est conditionné par la nécessaire réformation de l'Église. Mais Jean Lemaire de Belges préfère de loin insister sur la signification du nom royal, plutôt que de continuer dans cette veine prophétique. Louis XII est, à ce moment, encore allié avec Maximilien Iᵉʳ et il n'est pas nécessairement très approprié de présenter le roi de France comme *Dominus mundi*.

Jean Lemaire de Belges développe pour le pouvoir royal des arguments que les partisans de Jules II ne manquent pas de mettre en exergue. Ils voient eux aussi dans le pontificat de Jules II un retour de l'âge d'or et du règne de la justice[38]. On peut notamment citer le discours de Gilles de Viterbe (Egidio da Viterbo (1465-1532)) en l'honneur du pape Jules II le 21 décembre 1507[39]. Gilles de Viterbe est également un lecteur, mais aussi un défenseur, de Jean Reuchlin. Il s'illustre, entre autres, comme traducteur des principaux monuments de la kabbale et il fut, tout comme Jean Lemaire de Belges, très influencé par les travaux d'Annius de Viterbe. On retrouve dans son discours offert au pape des arguments très proches de ceux développés par Jean Lemaire de Belges. Ou, devrait-on dire, on retrouve dans le manuscrit de Jean Lemaire de Belges des arguments similaires à ceux utilisés par Gilles de Viterbe. Ce dernier fait aussi référence au retour de l'âge d'or, il souligne la signification du nombre douze, là où Jean Lemaire de Belges s'intéresse au nombre six. Gilles de Viterbe insiste sur le symbolisme végétal en rapport avec les armes de Jules II, le chêne qui signifie un retour à l'âge d'or, tandis que Jean Lemaire de Belges stigmatise le caractère périssable du chêne, soumis aux lois de la nature et du temps. Ils citent tous deux le passage de l'Évangile concernant le bon berger, un passage que l'Arioste dans

---

[38] Une épigramme sur le thème de l'âge d'or dédiée à Jules II se trouve dans Godelieve Tournoy-Thœn, « Le manuscrit 1010 de la Bibliotheca de Cataluña et l'humanisme italien à la cour de France vers 1500 (II) », *Humanistica Lovaniensia*, XXVI, 1977, p. 1-81, p. 25-26.

[39] John. W. O'Malley, « Fulfillement of the christian golden age under pope Julius II : Text of a discourse of Giles of Viterbo, 1507 », *Traditio*, vol. XXV, 1969, p. 265-338.

l'Orlando furioso transposera à son tour en faveur de l'empereur Charles Quint[40].

L'âge d'or devient, dans ce troisième cas, l'objet d'un enjeu idéologique et chacun des protagonistes mobilise un véritable arsenal littéraire afin de s'approprier le retour des temps saturniens. La référence à la vierge Astrée chez Jean Lemaire de Belges s'inscrit dans le cadre d'une affirmation du caractère providentiel de la monarchie française dotée d'un devenir prodigieux et divinement chargée du devoir de rénover l'unité du monde chrétien. Un argument d'autant plus nécessaire que l'adversaire du moment n'était pas l'empereur, mais le pape.

La possible influence du *De Monarchia* de Dante[41], l'engouement chez les Rhétoriqueurs pour l'Antiquité, le développement de spectacles de plus en plus complexes lors des entrées solennelles et l'image du roi juste qui se cristallise sur Louis XII sont quelques explications au retour d'Astrée sous le règne du « Père du Peuple ». Le thème n'est pas sujet à un traitement systématique et ses apparitions sporadiques dépendent avant tout des circonstances. Astrée et l'âge d'or font leur retour à trois reprises, autant d'occurrences véhiculant une charge symbolique sensiblement différente. En 1501, l'utilisation de la IVe Églogue participe à l'exaltation de la paix universelle enfin retrouvée. En 1508, il s'agit d'assurer à tous le règne de la justice sous le gouvernement de Louis XII. En 1511, elle annonce l'avènement de l'âge d'or sous le triomphe de la monarchie française. La dimension universaliste abordée en 1501, puis en 1511 par Jean Lemaire de Belges, dans deux contextes différents, reste cependant discrète. La référence à l'Empire sacré et à la symbolique impériale mise en lumière par Frances Yates n'est pas encore prégnante dans le retour d'Astrée sous Louis XII. En revanche, le règne de son successeur, François Ier, sera clairement appréhendé comme un retour de l'âge d'or et verra l'élaboration d'une intense propagande impériale.

Vincent TERRASSON DE FOUGÈRES
Université de Roskilde

---

[40] Ludovico Ariosto, *Orlando Furioso*, Chant XV, strophe 26. La strophe XXV du même chant est d'ailleurs consacrée au retour d'Astrée (voir : F. Yates, *op. cit.*, p. 44-49).

[41] L'ouvrage a été publié pour la première fois à Bâle en 1559.

ICONOGRAPHIE ET MISE EN SCÈNE D'UN POUVOIR AU FÉMININ.
LES QUATRE LIVRES D'ENTRÉES DE MARIE DE MÉDICIS EN EXIL

Jusqu'à tout récemment, la recherche sur les cérémonies royales en France a surtout porté sur la représentation du roi. Au centre du système d'échanges urbains et royaux, c'est lui, bien évidemment, qui incarne le plus le pouvoir monarchique et la souveraineté. Plusieurs ouvrages se concentrent sur le chef d'État, comme ceux de Lawrence Bryant ou de Ralph Giesey[1]. Étant donné que les femmes sont exclues du trône à cause d'une falsification philologique de la loi salique, cette focalisation sur le roi s'explique[2]. Néanmoins, s'interroger uniquement sur le rôle du roi pourrait, d'une part, fausser notre compréhension des relations entre monarchie et sujet, et, d'autre part, contribuer à la propagation du paradigme patriarcal en vigueur au XVIIe siècle (non sans contestation). Comme l'a indiqué Fanny Cosandey, une appréciation de la construction de la monarchie du début de l'ère moderne nécessite une reconnaissance de la position de la reine, à la fois centrale et liminale[3].

---

[1] Lawrence Bryant, *The King and the City in the Parisian Royal Entry Ceremony*, Genève, Droz, 1986 ; Ralph Giesey, *Cérémonial et puissance souveraine : France XVe-XVIIe siècles*, Paris, A. Colin, 1987. D'autres ouvrages qui présentent un choix de textes concernant les entrées, comme *Les Entrées royales françaises de 1328 à 1515* de Bernard Guénée et Françoise Lehoux, Paris, CNRS, 1968, ou plus récemment *Le Roi dans la Ville* de Marie-France Wagner et Daniel Vaillancourt, Paris, Champion, 2001, se penchent davantage sur le personnage du roi.

[2] Sur cette falsification, voir, par exemple, Sarah Hanley, « Identity politics and rulership in France : female political place and the fraudulent Salic Law in Christine de Pizan and Jean de Montreuil », dans Michael Wolfe (éd.), *Changing Identities in Early Modern France*, Durham and London, Duke University Press, 1996, p. 78-94, et Sarah Hanley, « La loi Salique », dans Christine Fauré (éd.), *Encyclopédie politique et historique des femmes*, Paris, PUF, 1997, p. 11-31.

[3] Fanny Cosandey, *La Reine de France. Symbole et pouvoir : XVe-XVIIIe siècle*, Paris, Gallimard, 2000. Toute une partie du livre est consacrée aux entrées royales des reines.

Selon la tradition, l'entrée de la reine est modelée sur celle du roi. Ainsi, jusqu'à la fin du XVIe siècle, la reine n'entre pas dans la ville en même temps que son époux, mais le lendemain ou quelques jours plus tard. La souveraineté et la majesté de la reine sont donc soulignées par le fait même qu'elle est la seule personne royale présente au moment de son entrée. Dans la seconde moitié du XVIe siècle, une première modification apparaît lorsque, en 1560, le roi et la reine reçoivent ensemble les harangues de la ville. Par la suite, s'ils continuent à entrer séparément, les deux entrées ont toutefois lieu le même jour. « La reine [...] reçoit les mêmes honneurs que son époux et les clés lui sont offertes à la porte de la ville »[4]. Cependant, l'entrée à Bordeaux en 1615 marque une rupture, qui tient lieu dorénavant de norme[5]. Anne d'Autriche entre en même temps que son époux dans la ville. « Ainsi l'évolution des entrées royales se réalise dans le sens d'une association de plus en plus étroite entre les époux royaux », selon Fanny Cosandey. Ce développement est à double face. À l'avers, on souligne la reconnaissance du rôle de la reine dans la monarchie ; au revers, la présence de la reine est voilée par celle du roi. En effet,

---

Il faudrait également tenir compte des travaux d'Elizabeth McCartney *Queens in the Cult of the French Renaissance Monarchy : Selected Studies in Public Law, Royal Ceremonial, and Political Discourse, 1484-1610*, thèse de doctorat, University of Iowa, 1998. Les entrées françaises de Marie de Médicis sont étudiées, entre autres, par Françoise Bardon dans *Le Portrait mythologique à la cour de France sous Henri IV et Louis XIII. Mythologie et politique*, Paris, Picard, 1974, p. 93-127. Pascal Lardellier examine en détail l'ouvrage de Pierre Matthieu sur l'entrée de Marie de Médicis à Lyon en 1600 dans son étude récente *Les miroirs du paon. Rites et rhétoriques politiques dans la France de l'Ancien Régime*, Paris, Champion, 2003. Pour d'autres entrées de reines, voir, par exemple, Évelyne Berriot-Salvadore, « La venue de la reine Aliénor à Bayonne, en 1530 » et Catherine Chédeau, « L'entrée d'Eléonore d'Autriche à Dijon, en 1534 » dans *Les Entrées. Gloire et déclin d'un cérémonial*, Actes réunis par Christian Desplat et Paul Mironneau, Biarritz, J & D Éditions, 1997, p. 93-103 et 105-110. Abby Zanger traite de l'entrée de Marie-Thérèse d'Autriche à Paris en 1660 dans *Scenes from the Marriage of Louis XIV : Nuptial Fictions and the Making of Absolutist Power*, Stanford, Stanford University Press, 1997, p. 131-154. Voir aussi Victor E. Graham et W. McAllister Johnson, *The Parisian Entries of Charles IX and Elizabeth of Austria*, Toronto, Toronto University Press, 1974.

[4] Fanny Cosandey, *op. cit.*, p. 187.

[5] Pour cette évolution, *ibid.*, p. 185-187.

la présence « monarchique » [...] du roi aux entrées des reines [...] installe l'épouse royale dans l'ombre de son seigneur. Lorsque les cérémonies étaient temporellement distinctes, lorsque la reine n'entrait dans une ville que le lendemain ou plusieurs jours après le roi, elle se substituait à lui et prenait en quelque sorte sa place. [...] En entrant en même temps que le roi, la reine s'annonce dans son sillage et le suit plutôt qu'elle ne le remplace. La voilà effacée par une présence plus éclatante, quand elle était mise en valeur par l'absence du souverain, glorieuse dans son unicité. [...] Dans l'imagerie monarchique, l'indépendance de l'épouse est effacée par les liens qui l'unissent au roi[6].

Cette constatation contraste radicalement, comme nous le verrons, avec les entrées à l'étranger de Marie de Médicis. Certes, elle entre seule, aucun époux ne l'éclipse ; cependant, cette réalité n'explique pas entièrement la réception chaleureuse faite à cette reine – mère d'un roi, veuve d'un autre, ancienne régente, mais exilée et disgraciée – et la manière dont cette réception est représentée dans les quatre livres d'entrées publiés à l'époque. Cet article portera à la fois sur les images et le texte de ces quatre livres d'entrées, et sur les continuités et discontinuités entre ces deux médias[7]. Après avoir esquissé le contexte historique de la parution de ces quatre ouvrages, nous analyserons donc, dans un premier temps, les enjeux de l'iconographie représentant la reine. Dans une deuxième partie, nous examinerons brièvement les récits des entrées. Notre but est de montrer jusqu'à quel point, et avec quel succès, un discours politique de légitimation peut être utilisé et détourné pour octroyer une légitimité à une reine qui ne semble plus en avoir.

L'exil de Marie de Médicis : rituel et pouvoir

Après la journée des Dupes, le 10 novembre 1630, Marie de Médicis fuit à Avesnes dans les Pays-Bas espagnols, où elle arrive le 20 juillet 1631. Elle ne retournera jamais sur le sol français, mais passera les onze dernières années de sa vie en exil[8]. Loin de deviner que cet exil sera définitif, la reine vit son arrivée aux Pays-Bas espagnols d'une manière

---

[6] *Ibid.*, p. 187-188.
[7] Nous entendons par « média », un moyen d'expression.
[8] Sur cette période de sa vie, voir Michel Carmona, *Marie de Médicis*, Paris, Fayard, 1981, p. 473-565, et Philippe Delorme, *Marie de Médicis*, Paris, Pygmalion, 1998, p. 279-320.

somptueuse. D'après Michel Carmona, « l'arrivée de ses bagages, huit carosses et vingt-deux mulets lourdement chargés, lui permet de reconstituer à Avesnes le décor d'une existence quasi royale : repas en public, messes et vêpres, et tout le rituel de Cour »[9]. Ce rituel comprend également les cérémonies d'entrées. La réception de la reine est facilitée par le fait qu'elle est accueillie à bras ouverts par l'infante Isabelle, petite-fille d'Henri II et de Catherine de Médicis, qui éprouverait « une double inclination pour la France et l'Italie » et qui verrait en Marie de Médicis « l'artisan des mariages espagnols et l'irréductible adversaire de la politique anti-espagnole du cardinal de Richelieu »[10]. Depuis la mort de son mari, l'Archiduc Albert, en 1621, l'infante gouverne seule aux Pays-Bas. Après neuf jours à Avesnes, la reine passe à Mons, et, par la suite – accompagnée par l'infante –, à Bruxelles et à Anvers avant de s'installer à Bruxelles. Ce périple s'échelonne sur un peu moins de deux mois, soit entre le 29 juillet et le 11 septembre. Dans les trois villes, Mons, Bruxelles et Anvers, Marie de Médicis fait une entrée, et est reçue en grande pompe, surtout dans la dernière de ces villes. D'après Michel Carmona, son séjour de deux semaines à Mons constitue « un véritable voyage officiel »[11].

Nous devons nos informations sur les déplacements et les entrées à Jean Puget de La Serre, historiographe de la reine du début de son exil jusqu'en 1638. Installé aux Pays-Bas depuis 1626, La Serre est responsable de trois des quatre livres d'entrées consacrés à Marie de Médicis durant cette période. Ce premier voyage en 1631 donne lieu à la publication d'un récit intitulé *Histoire curieuse de tout ce qui s'est passé a l'Entrée de la Reyne Mere du Roy tres chrestien dans les Villes des Pays-Bas*[12]. Sept ans plus tard, le 14 août 1638, l'ancienne régente entreprend un autre voyage totalement inattendu : elle passe des Pays-Bas, catholiques, aux Provinces-Unies, protestantes, où elle séjourne jusqu'à la mi-octobre, période qu'elle passe à Bois-le-Duc, à Dordrecht, à Gorinchem, à Rotterdam, à La Haye, à Delft, à Haarlem et à Amsterdam – villes qui, toutes, l'accueillent chaleureusement. De ces entrées, nous

---

[9] Michel Carmona, *op. cit.*, p. 477. D'après Toby Osborne, son entourage se constituait d'au moins 204 personnes (« "Chimeres, monopoles and strategems" : French Exiles in the Spanish Netherlands », *Seventeenth Century*, 152, 2000, p. 156).

[10] Michel Carmona, *op. cit.*, p. 475.

[11] *Ibid.*, p. 478.

[12] Anvers, B. Moretus, 1632.

conservons deux textes. Le premier, écrit en latin par le grand humaniste Caspar Barleus, traduit en français la même année et en néerlandais l'année suivante, s'intitule *Marie de Medicis entrant dans Amsterdam : ou, Histoire de la réception faicte à la Reyne Mere du Roy tres-Chrestien, Par les Bourgmaistres et Bourgeoisie de la Ville d'Amsterdam*[13]. Le deuxième, intitulé *Histoire de l'entrée de la reyne mere du roy tres chrestien dans les Provinces Unies des Pays-Bas*[14], est de Puget de La Serre, qui s'inspire en partie de Barleus[15]. Après ce bref séjour aux Provinces-Unies, Marie de Médicis se rend directement en Angleterre, vers la fin octobre 1638. Elle y séjourne près de trois ans, avec sa fille Henriette-Marie et son gendre Charles Ier. Le fidèle La Serre l'accompagne et publie l'année suivante son *Histoire de l'entrée de la reyne mere du roy tres chrestien, dans la Grande-Bretaigne*[16], qui narre les événements de ses premières semaines en Angleterre, et surtout son entrée à Londres.

L'accueil de la reine soulève bien des difficultés, car, partout, son statut ambigu suscite des questions[17]. Ni Olivarès ni Philippe IV ne se réjouissent de son arrivée aux Pays-Bas espagnols, craignant que sa présence ne contrarie Louis XIII et Richelieu. Ils exhortent même l'infante à pousser la reine vers Aix-la-Chapelle. Heureusement pour Marie de Médicis, les instructions arrivent trop tard de Madrid, l'infante l'ayant déjà accueillie[18]. Son séjour dans la partie protestante, donc « rebelle » des Provinces-Unies – qui, ironiquement, semble être des plus chaleureux, les habitants continuant sans doute à honorer en elle la veuve d'Henri IV – aurait pu mettre en péril les relations avec la France[19]. Enfin, alors que

---

[13] Amsterdam, Chez Iean et Corneille Blæu, 1638.

[14] Londres, Par J. Raworth, pour G. Thomason, et O. Pullen, 1639.

[15] Sur le texte de Barleus, voir Colette Nativel, « L'entrée de Marie de Médicis à Anvers. La fin du rêve italien », dans *Le « siècle » de Marie de Médicis. Actes du séminaire de la chaire rhétorique et société en Europe (XVI*[e]*-XVII*[e] *siècles) sous la dir. de M. Fumaroli*, Études réunies par Françoise Graziani et Francesco Solinas, Alessandria, Edizioni dell'Orso, 2003, p. 67-78, pl. 1-11. Cet ouvrage a été commissionné par les bourgmestres d'Amsterdam. Comme Barleus l'indique à son ami Joachim Vicofortus : « Je l'ai écrit à la demande d'hommes dont les demandes sont des ordres ». Cité dans C. Nativel, *ibid.*, p. 68.

[16] Londres, Par J. Raworth, pour G. Thomason, et O. Pullen, 1639.

[17] Pour une discussion sur les implications politiques de l'exil, voir T. Osborne, *op. cit.*, p. 155-158.

[18] M. Carmona, *op. cit.*, p. 477-478.

[19] D'après P. Delorme, *op. cit.*, p. 295 ; on se rappelle aussi qu'elle a toujours appliqué l'édit de Nantes pendant sa régence.

Marie de Médicis est ruinée, l'arrivée en Angleterre, chez son gendre qui, dès le début de son exil, a tenté de la dissuader de faire ce voyage, fait naître au sein d'une population troublée des soupçons au sujet d'un complot catholique, auquel serait mêlé Charles 1[er20]. Les éléments propices à la glorification de la reine ne sont réunis nulle part.

En dépit de circonstances différentes, les quatre livres d'entrées se ressemblent, comme s'ils suivaient la même formule, celle des entrées sur le territoire français. Or, parler de canevas met en évidence une série d'éléments rituels[21]. Il n'est pas étonnant que l'entrée soit associée au rituel : le lien entre rituel et politique est connu depuis longtemps, et l'entrée royale – ce que Christian Jouhaud définit comme « un théâtre du pouvoir » – constitue un des exemples les plus flagrants[22]. Cependant, la nature de ce lien s'avère ambiguë, car il ne s'agit pas de refléter une réalité quelconque, mais de la construire. C'est ce que suggère David Kertzer :

> Far from simply reflecting existing power relations, rituals are often important in doing just the opposite, that is in fostering beliefs about the political universe that systematically misrepresent what is going on. [...] Political rituals erase as much history from our memories as they inscribe on them. Far from simply projecting the political order onto the symbolic plane, ritual propagates a particular view of the political order[23].

Dans le cas des entrées, non seulement le rituel peut donner une représentation biaisée de la réalité, mais le lecteur prend connaissance de celle-ci dans la relation, qui, forcément, la dénature. C'est ainsi que W. McAllister Johnson peut écrire que

---

[20] Voir M. Carmona, *op. cit.*, p. 545, 550-554 ; Caroline M. Hibbard, *Charles I and the Popish Plot*, Chapel Hill, University of North Carolina Press, 1983.

[21] Marie-France Wagner et Daniel Vaillancourt en font un résumé : « [A]nnonce de la venue du roi ; remise des clefs à la porte de la ville ; écoute des harangues ; présentation du dais ; parcours de la procession ; déambulation accompagnée des vivat du peuple ; chœur qui entonne le *Te Deum* dans la cathédrale ; dîner à l'archevêché ». « Introduction », *op. cit.*, p. 17.

[22] Christian Jouhaud, « Imprimer l'événement. La Rochelle à Paris », dans *Les Usages de l'imprimé (XVᵉ-XIXᵉ siècle)*, sous la dir. de Roger Chartier, Paris, Fayard, 1987, p. 391.

[23] David Kertzer, *Ritual, Politics and Power*, New Haven and London, Yale University Press, 1988, p. 86-87.

[l]e livre, et avec lui l'image viennent corriger et épurer la réalité ; ils opèrent un transfert conceptuel permettant un éloignement dont la dimension est comparable à celle de la perspective historique : ce n'est pas ce qui se passait qui était important, mais bien ce que nous avions voulu qu'il y ait et que nous croyons qui se déroulait. [...]
[O]n ne devrait ni chercher, ni souhaiter trouver dans le livre d'entrée des informations ou révélations authentiques, puisqu'il est lui aussi commémoratif. [...] Si le monument où l'inscription prend place est une réalisation éphémère, celle-ci sera recueillie et conservée dans cette réalisation idéale qu'est le livre, lui aussi témoignage d'époque devenu monument historique[24].

Comme l'indiquent Marie-France Wagner et Daniel Vaillancourt, « [s]ous la plume des poètes et sous le stylet du graveur, [la relation de l'entrée] devient livre-monument »[25]. Il s'ensuit donc, dans le cas de Marie de Médicis, que les quatre livres s'avèrent des monuments historiques qui glorifient et commémorent non pas seulement l'époque et la reine, mais également les organisateurs et les hôtes, les auteurs et les graveurs[26]. La création de ce monument est d'autant plus évidente que plusieurs éléments, qui ne jouent pas de rôle dans le déroulement de l'événement même, sont directement introduits dans le livre : préfaces, explications des architectures, portraits, éloges[27]. Dans ces livres, c'est le statut de Marie de Médicis comme souveraine qui est souligné plutôt que sa position d'exilée : une vision particulière de sa relation avec l'ordre politique en France et en Europe est donc diffusée. Comme on le sait, représenter le pouvoir, c'est créer le pouvoir ; la représentation de la reine construit donc son pouvoir. Nous proposons d'analyser la mise en scène du pouvoir

---

[24] W. McAllister Johnson, « Essai de critique interne des livres d'entrées français au XVIe siècle », dans *Les Fêtes de la Renaissance*, Jean Jacquot et Elie Konigson (éds.), Paris, CNRS, 1975, t. III, p 198-199.

[25] M.-F. Wagner et D. Vaillancourt, « Introduction », *op. cit.*, p. 9.

[26] Comme l'indique Barleus dans sa préface aux Bourgmaistres, « [t]ous ceux qui liront cest escrit, recognoistront les monumens de vostre magnificence, courtoisie, et bienveuillance à l'endroit de ceste tres-grande Princesse. Ils diront que ceux-là sont dignes de commander, que lors qu'il importe à l'honneur du public, savent se monstrer magnifiques : la bassesse et chicheté estant mal seante à ceux qui tiennent le gouvernail d'un puissant Estat » (Barleus, « Préface », *op. cit.*, n.p.).

[27] Dans l'*Histoire curieuse*, par exemple, on retrouve des éloges en latin et en français, écrits par Balthasar Moretus (directeur de l'imprimerie plantinienne), éloges que le peuple ne pouvait pas entendre.

de la reine représenté dans le livre, qui, par conséquent, joue un rôle dans la création du pouvoir politique d'une exilée disgraciée.

Graver le pouvoir : l'iconographie de la reine

Il va de soi que, d'une part, ces livres-monuments commémoratifs sont écrits pour la postérité. C'est ce qu'indique La Serre au tout début de son premier texte :

> je ne veux point desrober à la posterité, la precieuse memoire des honneurs qu'on a rendus à une des grandes Reynes du monde, à l'entrée des villes des Pays-Bas. La verité en est trop belle pour demeurer cachée ; & comme mes yeux en ont esté témoins, les escrits en seront les trompettes[28].

D'autre part, ces livres sont commémoratifs pour les contemporains qui les lisent. Dans sa préface aux Bourgmestres, Barleus souligne qu'il écrit pour « les absens » :

> Ceste Reyne, qui est entrée en vostre Ville, les vient maintenant voir, & est aussi regardée & saluée ailleurs, par le moyen de cest escrit, & des tailles douces qui l'embellissent. Icy sont representez à leurs yeux les eschaffauts, les theatres, les flottes, la cavalerie, les compagnies des bourgeois, & les jeux ; & tous ceux qui veulent, ont le contentement de les y regarder, comme s'ils y assistoient eux mesmes. Il ne se peut faire que la lecture de ces choses soit desagreable, dont la veuë a esté si plaisante & recreative. Le discours fait que cela demeure plus longtemps engravé en la memoire qui n'estant point escrit demeureroit bien tost enseveli dans un eternel oubly.

Par le livre, l'entrée de la reine se reproduit perpétuellement. Par un processus d'actualisation, qui s'opère lors de la lecture, la reine est sans cesse re-présentée aux citadins, et simultanément en représentation devant eux : « [elle] les vient maintenant voir ». Enfin, le livre joue un rôle ouvertement didactique pour les spectateurs de l'événement, qui n'ont pas pu tout voir, ou qui n'ont pas tout compris :

> Ioint que plusieurs choses que chacun n'a pas eu la commodité de voir, estans maintenant recueillies en un, se laissent contempler de tous. Les argumens des Spectacles & des Emblemes, que peu de gens ont peu

---

[28] La Serre, *Histoire curieuse, op. cit.*, p. 1.

comprendre à cause des soudains changemens des theatres, sont icy
expliqués au lecteur hors de la foule & du bruit[29].

De ces propos émerge le portrait d'un lecteur qui a besoin d'explications,
besoin auquel le livre répondra. Comme le fait remarquer McAllister
Johnson, « le livre présente les choses comme elles doivent être *comprises
et moins comme elles ont été vues* »[30]. Dans cette construction de *la*
bonne interprétation des événements, de « la version officielle d'une fête
du pouvoir »[31], il s'agit de la création d'une mémoire collective.

Cette création d'une mémoire s'opère à la fois par l'écrit et par
l'image[32]. L'insertion de gravures détaillées et soigneusement élaborées
ajoute au prestige du livre-objet, prestige qui reflète celui du sujet. Étant
donné que le rôle de l'image dans les livres d'entrées s'inscrit directement
dans toute une tradition de livres à figures, il importe de se rappeler la
fonction des images dans ce genre de livre. À part le frontispice – qui
joue un rôle tout à fait particulier, auquel nous reviendrons –, deux des
fonctions principales de ces images sont d'ordre documentaire et
esthétique[33] auxquelles il faut ajouter la fonction de structuration : les
images scandent le texte, ce que Michel Pastoureau appelle « [un] rôle de
rubrication et de capitulation » où les images « [aident] le lecteur à
retrouver tel ou tel passage »[34].

Toutes les gravures dans les livres d'entrées jouent ces différents rôles
d'une façon plus ou moins évidente : esthétique, lorsqu'elles ornent les
textes, documentaire quand elles donnent à voir des architectures, des
défilés, des spectacles et donc des villes[35]. De plus, les images scandent

---

[29] Barleus, « Préface », *op. cit.* (n.p.).

[30] W. McAllister Johnson, *op. cit.*, p. 192.

[31] C. Jouhaud, *op. cit.*, p. 392.

[32] Les avantages respectifs des deux médias dans l'épistémologie suscitent de grands
débats à l'époque. Voir, par exemple, Richard Crescenzo, *Peintures d'instruction*, Genève,
Droz, 1999.

[33] Michel Pastoureau, « L'Illustration du livre : comprendre ou rêver ? », dans *Histoire
de l'édition française*, sous la dir. de Henri-Jean Martin et Roger Chartier, t. I, *Le Livre
conquérant du moyen Âge au milieu du XVII* siècle, Paris, Promodis, 1983, p. 514-516.

[34] *Ibid.*, p. 516.

[35] Hector de Backer décrit précisément les planches (gravées par André Paulus (1600-
1639), d'après les dessins de Nicolas Van der Horst) de l'*Histoire curieuse* : la planche
de Mons « montre le cortège au moment où il arrive à l'entrée du pont sur les fossés
conduisant à la porte ; au fond se déroule le panorama de la ville dominé par la
cathédrale ». À Bruxelles, est représentée « la plaine devant le palais de la cour au

les textes dans la mesure où retrouver la gravure de l'entrée d'une certaine ville permet de retrouver le passage qui traite de l'entrée dans cette ville. Ainsi, les gravures rendent la lecture de l'entrée plus aisée, car elles marquent les séquences de la relation en l'absence de chapitres ou de divisions, donnés en général dans la table des matières. Deux des trois textes de La Serre ne sont même pas paginés. Dans ce cas, les illustrations influencent et guident la lecture d'une autre façon encore : ce sont elles qui octroient de l'importance à une ville ou à une entrée. Souvent dans les relations d'entrées, l'arrivée de la Reine dans une ville n'est pas illustrée ; sans image, la ville et l'entrée risquent ainsi de passer inaperçues dans ces livres qu'on ne lit pas toujours en entier. De même, le nombre de pages consacrées à la description d'une entrée peut mettre en valeur celle-ci, et influencer l'importance que le lecteur lui accorde. Si l'on a tendance à considérer l'entrée à Anvers, celle du 4 septembre 1631, comme la plus somptueuse de celles des Pays-Bas, c'est en partie grâce au fait que sa description s'étend sur plus de la moitié de la relation de l'*Histoire curieuse* (37 pages sur 74). Le livre construit une entrée imaginaire dans la mémoire collective[36].

Au frontispice d'un livre illustré, on peut ajouter d'autres fonctions. Non seulement l'image peut servir à honorer les vivants ou à commémorer les morts[37], mais, comme l'indique Jeanne Duportal, « [les frontispices] peuvent aussi [...] cacher tout un sens symbolique, être une sorte d'interprétation hermétique du texte, tout au moins résumer en un

---

moment où le cortège tourne pour pénétrer dans les bailles » ; la planche d'Anvers montre « le fleuve couvert d'embarcations, avec au fond le panorama de la ville ». (Hector de Backer, « Marie de Médicis dans les Pays-Bas et sa visite à l'imprimerie Plantin-Moretus », dans *Sept études publiées à l'occasion du quatrième centenaire du célèbre imprimeur anversois Christophe Plantin*, Bruxelles, Musée du Livre, [1920], p. 79 et 81). La reliure ornée de l'exemplaire sans doute destiné à la reine est reproduite dans l'article de Backer, ainsi que la gravure de Bruxelles rehaussée de couleurs qui figure dans le même volume.

[36] D'une autre façon, l'entrée (l'événement même) sert de pré-texte pour le livre. Cette idée rejoint le paradoxe que Christian Jouhaud relève : « l'entrée se présente aux spectateurs comme une mise en action du livre, d'un livre qui n'est pas encore paru » (*op. cit.*, p. 392).

[37] Voir M. Corbett et R. Lightbown, *The Comely Frontispiece : The Emblematic Title-page in England, 1550-1660*, London, Henley and Boston, Routledge and Kegan Paul, 1979, p. 8.

raccourci plastique le fond de la pensée de l'écrivain »[38]. C'est la même idée qu'évoque Marc Fumaroli quand il attribue au frontispice la représentation iconographique de « l'esprit de l'ouvrage »[39], alors que Louis Marin est amené à y voir une « préface en image »[40]. Si on fait sienne cette idée, l'analyse des quatre frontispices permet de comprendre l'essentiel du projet du livre[41].

Le frontispice du texte de Barleus [fig. 1] est une gravure exécutée par Salomon Saverij (1594-c.1650) d'après un portrait de la reine, exécuté par Gerrit van Honthorst (1592-1656). Le portrait a été commissionné par la ville avant le départ de la reine en Angleterre. Par la suite, elle l'a offert aux bourgmestres d'Amsterdam[42]. Ici, c'est moins la signification allégorique qui est importante, comme on le verra ailleurs, que l'ostentation avec laquelle tout l'apparat de la souveraineté est mis en valeur : le dais, la fleur de lys, la couronne. Les valeurs de la reine sont représentées par le chapelet pour la piété, par les roses et les lys tenus par les *putti* pour la pureté. La bienveillance se lit dans son regard. Représenter celle-ci sous un dais, élément invariant de la cérémonie d'entrée, souligne sa légitimité monarchique – légitimité ébranlée par son exil, et particulièrement chancelante en 1638, après plusieurs années de discorde avec la France. La théâtralisation de la reine et du cérémonial est évidente : le rideau du dais se lève pour dévoiler la reine assise sur le trône qui se détache de l'arrière-plan représentant la ville d'Amsterdam. Elle-même est mise en scène, son corps royal en parade : Marie de Médicis est représentée en actrice du pouvoir royal.

---

[38] Jeanne Duportal, *Étude sur les livres à figures édités en France de 1600 à 1660*, Genève, Slatkine, 1992 [1914], p. 207.

[39] Marc Fumaroli, *L'École du silence : le sentiment des images au XVIIᵉ siècle*, Paris, Flammarion, 1994, p. 337.

[40] Louis Marin, « Préface-Image : le frontispice des Contes-de-Perrault », *Europe*, 68, 1990, p. 114. (Le même article a paru, avec des différences légères, sous le titre « Les enjeux d'un frontispice », dans *L'Esprit créateur*, 27, 3, 1987, p. 49-57).

[41] Seules trois des cinq images analysées sont des frontispices proprement dits. Néanmoins, l'image qui suit le frontispice de l'*Histoire curieuse* ainsi que le portrait de la reine qui figure au début du texte de Barleus semblent partager certaines caractéristiques avec les autres images, et méritent donc leur présence dans cette analyse.

[42] L'original (299 x 198 cm) est toujours à Amsterdam, dans le Amsterdams Historisch Museum. Voir J. Richard Judson & R.E.O. Ekkart, *Gerrit van Honthorst (1592-1656)*, Doornspijk, Davaco, 1999, p. 302.

Les trois frontispices des ouvrages de La Serre fonctionnent d'une manière allégorique, et, dans les trois images, certains éléments réapparaissent. Dans le premier texte, l'*Histoire curieuse*, on retrouve le frontispice [fig. 2], suivi d'une deuxième image [fig. 3] au début du livre. Le frontispice est gravé par Cornelis Galle (1576-1650), d'après un dessin de Nicholas van der Horst[43]. Au centre de l'image sont représentées les deux veuves, Marie de Médicis et l'infante Isabelle, qui, selon la coutume, est représentée dans son habit franciscain[44]. Ce dessin suggère leur rencontre, datée du 11 août 1631, aux environs de Mons[45]. Leur posture souligne l'affection et la tendresse qu'elles se témoignent l'une à l'autre, ainsi que la réception chaleureuse que l'hôtesse accorde à l'ancienne régente. Plus frappantes sont néanmoins les connotations religieuses. L'image puise dans l'iconographie typique de la Visitation et de l'Annonciation, révélée dans le geste ascendant de l'archange Gabriel[46]. Ce geste vers le haut métaphorise le lien entre la reine et la Vierge Marie. Tout comme le roi est perçu comme l'agent de Dieu sur terre, la reine devient symboliquement l'incarnation de la Vierge sur terre, et donc la représentante terrestre du pouvoir divin. Cette glorification divine est soulignée et amplifiée par l'illumination du visage, créée par un faisceau de lumière projeté des cieux, et par la main droite, qui symbolise la main de Dieu, surgissant des nuages et munie d'une couronne de laurier, symbole à la fois de vertu et de victoire. La reine est représentée comme intermédiaire entre l'être humain et Dieu, tout comme les reines sont souvent les intermédiaires entre le peuple et le roi. L'image de la reine est d'autant plus mise en valeur par le contraste entre la lumière divine qui l'éclaire et l'obscurité du ciel menaçant derrière elle ; ce clair-obscur peut

---

[43] Voir *Anvers. Ville de Plantin et de Rubens*, Catalogue de l'Exposition organisée à la Galerie Mazarine, Paris, BN, 1954, p. 209. Sur la collaboration entre La Serre, Galle et van der Horst, voir Véronique Meyer, « Un auteur du XVIIe siècle et l'illustration de ses livres. Jean Puget de la Serre (1595-1665) », *Bibliothèque de l'École des chartes*, 158, 2000, p. 35.

[44] Depuis la mort de son mari, l'archiduc Albert, Isabelle portait cet habit religieux. Voir son portrait, peint par Van Dyck, aujourd'hui au Musée de Berlin.

[45] Voir Paul Henrard, *Marie de Médicis dans les Pays-Bas*, Bruxelles, Muquardt, 1876, p. 87.

[46] Nous tenons à remercier M. Jacques Dürrenmatt de l'Université de Toulouse pour avoir été le premier à attirer notre attention sur ce détail. Ce geste, très courant au Moyen Age, continue à figurer au dix-septième siècle : on le trouve par exemple dans l'Annonciation de Poussin (1657) et dans celle de Philippe de Champaigne (c.1645).

être lu comme une allusion éventuelle au désordre supposé qui règne dans le royaume de France depuis son départ, c'est-à-dire depuis qu'on l'a démise de son rôle de médiatrice. À l'avant-plan gauche, la représentation associe la reine aux Vertus : *Justitia* avec sa balance, *Prudentia* avec son compas, et *Fortitudo* avec sa lance et son casque. D'ailleurs, cette Vertu semble confondue, ce qui arrivait souvent, avec le personnage de Minerve, et évoque donc à la fois la sagesse et le rôle de mécène de Marie de Médicis. Enfin, les Vertus offrent chacune une couronne à la reine : celle de son fils, Louis, et celles de ses deux gendres, Charles Ier d'Angleterre et Philippe IV d'Espagne. L'image la représente ainsi comme matriarche des trois grandes puissances d'Europe, idée qu'on retrouvera maintes fois dans les quatre textes. Ce curieux mélange d'iconographie sacrée et profane suggère qu'elle est valorisée sur terre et dans l'au-delà.

Il est intéressant de noter également l'aspect théâtral de l'image que rend le drapé suspendu au ciel, évoquant un lever de rideau. À l'avant de la scène, leur tendre enlacement souligne l'affection et la réception chaleureuse que son hôte accorda à l'ancienne régente. Les autres éléments de la composition simulent le mouvement : les plis des robes, le pied avancé de l'archange Gabriel, la musique des trompettes des *putti*, par exemple, soulignent l'activité, la temporalité de la représentation, c'est-à-dire son actualité. Un caractère d'immédiateté engage le regard du lecteur/spectateur sur l'aspect événementiel, grâce au titre qui révèle « tout ce qui c'est [*sic*] passé » lors de l'entrée de la reine[47]. Nous sommes donc directement invités, en lisant, à participer à l'entrée par procuration. Le frontispice, seuil du livre, invite le lecteur à le franchir, et à s'engager dans la lecture. Par ailleurs, ce ne sont pas seulement les deux femmes et leur histoire qui sont mises en scène, mais également *l'écrit* par la place qu'on accorde à l'inscription du titre sur ce frontispice. Cette inscription est empreinte d'une légitimité à la fois terrestre (la mention « historiographe de France » indique une histoire officielle) et divine (le cartouche soutenu par les anges domine dans le ciel). Le rôle annonciateur des deux figures célestes, claironnantes, souligne son importance. Rappelons les premières lignes du texte de La Serre, citées plus haut : ses écrits seront

---

[47] Vers la fin du siècle, Furetière donne comme l'une des définitions du mot *curieux* : « Se dit encore de la chose rare qui a esté ramassée, ou remarquée par l'homme *curieux*. Ce Livre est curieux, c'est-à-dire, est rare, ou contient bien des choses singulieres, que peu d'hommes sçavent ». Il nous semble que c'est dans ce sens-là que La Serre emploie le mot : il veut que son récit soit rare, insolite, différent.

« les trompettes » des honneurs accordés à la reine. La Serre se voit lui-même comme messager de la reine. C'est lui qui propagera son histoire, histoire dont la version écrite, par la position du titre dans l'image, devient sacrée, justifiée, légitime. Il s'agit donc d'une théâtralisation de l'histoire écrite, d'une scénographie de l'historiographie[48].

La deuxième gravure de l'*Histoire curieuse* [fig. 3] figure une médaille de Marie de Médicis au centre d'un arbre de vie[49]. L'arbre généalogique est doté de cinq fleurs désignant ses enfants : ses fils, Louis XIII au centre et Gaston d'Orléans à droite, ses filles, Henriette-Marie, reine d'Angleterre (épouse de Charles Ier), Elizabeth, reine d'Espagne (épouse de Philippe IV) et Christine, duchesse de Savoie (épouse de Victor-Amédée, duc de Savoie). Se trouvent soulignées la posture dynastique de la reine-mère au centre de l'Europe et la fécondité de celle-ci, d'autant plus que ni Louis ni Gaston n'ont encore aucun descendant, en 1631[50]. La nature qui encadre le portrait métaphorise la mère du pouvoir, qui engendra les puissances européennes. Au bas de l'arbre figurent la Renommée et ses deux trompettes, ainsi que la Fortune et sa roue. Toutes deux déversent gracieusement l'eau de leur amphore au pied de l'arbre, comme si elles entretenaient la floraison de Marie de Médicis. La roue de la Fortune est attachée à l'arbre de la reine : dans ce retournement, la Fortune est soumise au destin de la reine et non l'inverse. Comme dans la gravure précédente, la reine est mise en scène dans la mesure où le tableau/médaillon la représentant est mis en scène dans l'image même. De plus, la scénographie de l'écrit est également en jeu à travers la figure de la prosopopée. Attachés au médaillon sont les mots : « Je couvre de mon ombre toute la terre ». L'image fait parler la reine, elle fait d'elle une actrice sur la scène de la politique européenne, une actrice dont les paroles qu'on lui attribue sont quelque peu menaçantes.

La même thématique se manifeste plus tard dans le frontispice du deuxième texte de La Serre, *Histoire de l'entrée [...] dans les Provinces*

---

[48] L'événement devient moins important que l'écrit : la lecture de la version de La Serre prend le pas sur la réalité vécue. Comme l'indique le sonnet de François de Lisola, inclus au début du livre pour glorifier l'auteur : « I'ay veu cette Splendeur que tu nous veux décrire : Mais ton livre, LA SERRE, a de si doux attraits, / Que les originaux cedant à tes portraits, / I'eus bien moins de plaisir à la voir qu'à la lire ».

[49] Cette image, comme les trois autres gravures suivantes, est gravée par André Paulus, d'après des dessins de Van der Horst. Voir *Anvers, op. cit.,* p. 209-210.

[50] Au total, elle mit au monde six enfants. Son deuxième fils, Nicolas, mourut à l'âge de quatre ans, en 1611.

Unies [fig. 4]. L'image anonyme est attribuée à Wenceslas Hollar (1607-1677). Un *putto* tient une palme dans la main gauche, symbole de la Victoire, et, dans la droite, les trois couronnes du fils et des gendres de Marie de Médicis. La Renommée s'envole avec un médaillon représentant la reine dans la main droite et, dans la gauche, une banderole sur laquelle est inscrit le titre du livre. C'est donc par l'écrit que la Renommée, et par extension la reine, vainc la Mort, représentée avec un de ses attributs, la flèche. Le Temps accoudé au sablier renversé est muni de la faux. Ainsi, la mesure du temps est rendue impossible, voire doublement impossible, car la Faucheuse a prêté sa faux au Temps. Cet emprunt suggère que le temps n'est plus celui de l'oubli, de la disparition ; le temps est mort, c'est l'éternité assurée.

Le frontispice du troisième ouvrage de La Serre, *Histoire de l'entrée [...] dans la Grande-Bretaigne*, est également attribué à Wenceslas Hollar [fig. 5]. À l'arrière-plan gauche, la Renommée regarde le lecteur et capte son attention, alors que Minerve, placée à l'arrière-plan à droite, la dévisage d'un regard déterminé. Dans la représentation de Minerve, les éléments belliqueux sont atténués, et l'accent est mis sur son rôle comme incarnation de la Sagesse. Sa féminité est soulignée par ses rondeurs, qui facilitent le rapprochement entre la reine et Minerve. Les deux allégories retiennent au centre le blason qui représente l'union de deux héraldiques : la fleur de lys et l'écusson des Médicis. Comme la fleur de lys est l'emblème à la fois de Florence et de la monarchie française, elle convient d'autant plus à la Florentine. Cette fusion représentée sous la même couronne souligne la thématique d'union, associée aux reines en général, en raison de leur capacité d'unir ou de désunir les royaumes. Le même blason divisé se retrouve sur le frontispice du livre *L'entrée de la reine à Lyon* (1600) de Pierre Matthieu. La réutilisation de ce motif suggère la continuité entre l'ancien statut de reine et le nouveau statut de reine en exil. Le thème de l'union court partout en filigrane dans cette image : dans la représentation des trois couronnes, n'y a-t-il pas l'idée que Marie de Médicis pourrait par sa position dynastique unir les trois royaumes de France, d'Espagne et d'Angleterre ? À droite, la Vérité tient le miroir et la couronne de laurier (la victoire revient toujours à la Vérité). Les quatre figures s'inclinent vers le centre, où le monogramme illuminé de la reine est situé exactement dans la médiane sous le blason. L'accent mis sur l'Union et la Concorde souligne le rôle de Marie de Médicis comme force unificatrice.

La signification des quatre images dans ces ouvrages de La Serre est transparente, renforcée par l'accent mis sur les mêmes personnages et sur la fécondité. La Vérité et la Renommée vont révéler à la longue que Marie de Médicis, incarnation de la Sagesse et mécène, ne voulait que la paix ; elle ne voulait qu'unir l'Europe par sa position dynastique. La victoire sera la sienne. Rappelons également l'importance de la Vérité et de Minerve dans la galerie Médicis de Rubens. Dans le dernier tableau, *Veritas Filia Temporis*, est soulignée la réconciliation entre la reine et le roi son fils, après leur première discorde. Le premier tableau du cycle représente Marie sous les traits de Bellone/Minerve. En évoquant les mêmes personnages allégoriques, ces images rappellent au lecteur ce célèbre cycle glorificateur (s'il le connaît...) et le passé glorieux de la reine[51]. Images frappantes en soi, elles le deviennent encore plus par leur position de frontispices dans les livres. Si « l'esprit » des ouvrages y est incarné, pour reprendre l'idée de Fumaroli, il est évident qu'un défi sera lancé par ces livres d'entrées. On représente la reine, à l'avance, dans un contexte d'autorité et de souveraineté. Avant de lire un mot du texte, le lecteur est frappé par les images qui font valoir la position de la reine et la glorifient. Par la mise en avant de ces images comme frontispices dans des livres de genre essentiellement politique, la reine elle-même est inscrite dans un discours politique.

L'importance de certains éléments de ces images est soulignée par leur réapparition dans les architectures éphémères. Parmi les textes étudiés, seul l'ouvrage de Barleus, toutefois, en fournit un exemple. Ces gravures nous ramènent directement au sein du spectacle, et on regarde comme le peuple a regardé... ou, plutôt, on nous explique comment regarder et comment le peuple aurait dû regarder. À Amsterdam, deux arcs de triomphe sont érigés en l'honneur de la reine. Le mariage de Marie de Médicis et d'Henri IV domine le premier, où la reine figure sous les traits de Minerve, comme nous l'avons déjà vu [fig. 6]. Barleus explique :

---

[51] La Vérité dévoilée figure aussi dans le frontispice, conçu par Rubens, exécuté par Erasme Quellin, et gravé par Galle, de l'ouvrage *Diverses pieces pour la Defense de la Royne Mere du Roy tres-chrestien Louys XIII* (1637), de Matthieu de Morgues, un recueil des plus apologétiques pour la reine. Sur la signification de l'iconographie de cette image pour Marie de Médicis, voir « *Possem, sed nolo.* Maria de' Medici and the fiction of feminine power », *Romance Languages Annual*, 6, 1994, p. 181-187. Voir aussi J. Richard Judson et Carl Van de Velde, *Book Illustrations and Title-pages*, London, Harvey Miller-Heyden & Son, 1978, t. 1, p. 310-313.

> La Reyne avoit pour compagne Pallas, qui est la Deesse de Sapience, qui instruit les Reynes & les induit à bien faire, à discerner l'honneste d'avec le deshonneste, l'utile du dommageable ; & à procurer entant qu'en elle est la paix & l'incolumité [sic] des Royaumes. Ainsi par ceste representation estoit signifié assez ouvertement, que la prudence de Médicis se marioit avec le plus vaillant roy de la terre[52].

Étant donné qu'au XVIIe siècle la prudence n'est pas une qualité souvent attribuée aux femmes de pouvoir et surtout pas à Marie de Médicis, cette association peut surprendre. La façon dont on présente la reine va à l'encontre des idées reçues sur elle.

Sur le deuxième arc, qui retient davantage notre attention, figure une représentation élaborée de Marie comme Cybèle [fig. 7 et fig. 8]. Mère des dieux dominant la nature, on peut l'identifier grâce à sa couronne crénelée et à son chariot tiré par des lions. Elle dompte même les animaux les plus sauvages, les rois de la nature. On reconnaît ses enfants, surtout les trois filles, toutes habillées à la mode de leur pays d'adoption. Allégorisée en femme sur un navire, la ville d'Amsterdam s'incline devant la figure de la reine, et donc l'honore à son tour. Cette image est d'une importance particulière parce que la représentation de Marie comme Cybèle, sa mythologisation pour ainsi dire, est centrale dans la représentation de son pouvoir depuis 1609, année où fut frappée une médaille qui la représente en Cybèle, portant les mêmes mots (*Lœta deum partu*) que porte l'image de Barleus[53]. Cette représentation prend une autre dimension à présent que la reine est en exil et qu'elle cherche à conserver le pouvoir qu'elle eut autrefois. Cette représentation apparaît d'abord dans la relation de l'entrée à Anvers en 1632. Une partie importante du texte est consacrée à une description des fêtes du dimanche 7 septembre, le jour désigné pour l'ouverture de la kermesse traditionnelle (la fête anversoise), toujours marquée par un défilé somptueux. (La date a été repoussée pour que la reine puisse y assister[54]). Faute d'une représentation visuelle, l'auteur propose une peinture littéraire, une *ekphrasis* :

---

[52] Barleus, *op. cit.*, p. 33-34. Sur ce tableau, voir Nativel, *op. cit.*, p. 71-72.

[53] À propos de cette médaille, voir Anna Walecka, « Mère, déesse, reine : Marie de Médicis en Cybèle », *Atlantis. A Women's Studies Journal*, 19, 1, 1993, p. 137, et Ronald Forsyth Millen and Robert Erich Wolf, *Heroic Deeds and Mythic Figures : A New Reading of Rubens' Life of Maria de Medici*, Princeton, Princeton University Press, 1989, p. 83.

[54] Delorme, *op. cit.*, p. 282.

On vit à mesme temps un superbe chariot de triomphe richement paré, où Cybele mere des Dieux assise dans un thrône sous un pavillon argenté, tenoit à sa protection entre ses bras une fille vestüe d'un habit bleu en broderie d'or et d'argent portant la couronne sur sa teste & le sceptre à la main, qui representoit la Reyne. A son costé on voyoit la FECONDITÉ AUGUSTE, representée par une ieune femme dont les mammelles estoient pleine de laict, ayant sur son giron un enfant, à demy nud, qui d'une main la carressoit, et de l'autre tenoit une corne pleine de fruicts.

C'estoit une image de la fecondité de la Reyne, comme Mere des trois plus grands Roys de l'Europe, lesquels y furent representez par trois Nymphes : l'une habillée à la Françoise, l'autre à l'Espagnole, & la troisième à l'Angloise, chacune portant le Sceptre et la Couronne, pour marque des Royaumes qu'elles representoient. Ces couronnes estoient enlacées d'un ruban de soye, qu'Hymenée Dieu des Nopces tenoit en sa main, comme un signe apparent de l'Union qu'il desiroit de ces trois Royaumes. Ce Dieu paressoit vestu de blanc, avec une couronne verte sur la teste, & un flambeau ardent à la main. On y voyoit encore l'Europe vestuë à l'antique, mais richement ; elle estoit assise entre deux cornes d'abondance, remplies de toute sorte de fruicts, pour tesmoigner, que par la Concorde de ces trois Royaumes, elle seroit tousiours florissante[55].

L'association entre Marie de Médicis-Cybèle et la possibilité de l'union des trois pays d'Europe est explicite. En effet, d'après un historien moderne, l'influence politique de la reine était liée à sa position de mère (et non pas à son statut d'ennemie de Richelieu)[56].

L'image de Marie de Médicis-Cybèle réapparaît sur l'architecture éphémère d'Amsterdam en 1638, comme nous l'avons mentionné ci-dessus. Enfin, dans le troisième ouvrage de La Serre, on la retrouve sous une autre forme. Elle a disparu à la fois du spectacle et de l'image, peut-être parce que Louis XIII a eu un fils : le dauphin vient de naître et, par conséquent, Marie de Médicis ne peut pas autant insister sur sa fertilité supérieure à celle de sa propre descendance. Néanmoins, La Serre n'est pas disposé à abandonner le symbole ; dans sa narration, il glisse du réel à l'imaginaire :

Quand je considerois leurs Majestez dans ce somptueux Carrosse, *je m'imaginois* que c'étoit la Deesse Cibelle qui venant visiter son Fils

---

[55] La Serre, *Histoire Curieuse*, op. cit., p. 54.
[56] T. Osborne, *op. cit.*, p. 160.

Neptune, se promenoient tous deux dans son char de triomphe, sur les terres de son Empire.

Lors que je jettois les yeux sur un nombre infiny de belles Dames parees superbement, et suspendues en l'air dans des balcons, je me sentois forcé de croire que toutes les Deesses du Ciel étoient decendues en terre, suivies des Nymphes des Bois, et des Eaux, pour celebrer la feste de cétte entrée en faveur de la Mere des Dieux[57].

La reine n'est plus représentée en Cybèle, mais La Serre continue à la mythologiser ainsi. Mais, pourquoi Cybèle ? D'après Anna Walecka, l'accent mis sur Cybèle peut être lu comme le signe du défi politique de Marie de Médicis en exil, « indiquant que le manque de participation politique de la mère est un état contraire aux lois naturelles (illustrées par la mythologie), et attirant l'attention sur les funestes effets de cet état contre nature »[58]. Les « funestes effets » seraient surtout la stérilité du roi : les fils ingrats sont punis par l'absence de progéniture. Ailleurs, Matthieu de Morgues, prenant la défense de la Reine, fait un parallèle entre l'impuissance sexuelle du roi et celle, militaire, du royaume : l'exil de Marie de Médicis serait responsable du profond malaise qui déchire le royaume. Tout en enfermant Marie de Médicis dans son rôle de mère, la redéfinition de ce rôle par la figure de Cybèle lui permet de se construire une force politique à ne pas négliger[59]. D'ailleurs, le pouvoir du symbole est souligné par cette volonté de le conserver, en fournissant aux spectateurs secondaires (les lecteurs) l'association mythologique absente du spectacle. Walecka ajoute en effet que :

> ce narcissisme du personnage politique prouve que la référence mythologique n'était pas supplémentaire, mais qu'elle constituait au contraire le

---

[57] *Histoire de l'Entrée... dans la Grande Bretaigne*, *op. cit.* (n.p.), (nous soulignons). Avant son exil, La Serre l'avait déjà représentée comme Cybèle dans son texte *Les Amours du Roy et de la Reyne*. Voir V. Meyer, *op. cit.* p. 32. D'ailleurs, comme aux yeux de La Serre, l'association de Marie avec Cybèle semble également opportune à d'autres : sur le choix de sujet pour des tableaux à Amsterdam, Barleus constate : « Je pense qu'on ne pourrait imaginer un sujet plus convenable à la situation présente que celui de Bérécynthienne ». Barleus, *Epistolarum liber*, lettre n° 372, p. 737, 28 août 1638 ; cité dans C. Nativel, *op. cit.*, p. 69.

[58] A. Walecka, « Mère, déesse, reine », *op. cit.*, p. 138.

[59] *Ibid.*, p. 139-141.

vocabulaire primaire du pouvoir. [...] [L]a mythologie fonctionne réellement comme un vocabulaire vivant, et non pas comme une référence érudite[60].

Cette iconographie, prise dans son ensemble, constitue, semble-t-il, une mise en scène du pouvoir, que ce soit un pouvoir au féminin (la reine comme mère), ou le pouvoir plus large d'une souveraine, agent divin. De nombreux symboles sont convoqués – ceux de la sagesse, de la souveraineté, de la maternité, de la prudence, de la vertu, de la divinité – pour déjouer et voiler la disgrâce de la reine. Comme le livre d'entrée qui fait la propagande de la monarchie française, l'iconographie de la reine fonctionne ici comme une contre-propagande de la monarchie française qui essaie de redorer le blason de la reine en exil. Certaines questions peuvent se poser sur la sagesse des pouvoirs français d'exclure cette reine-mère sage, prude, vertueuse, unificatrice du royaume.

Écrire le pouvoir : les récits des entrées

Notre propos n'est pas d'analyser tous les enjeux de ces relations, étude importante qui reste à faire. Nous nous contenterons de commenter certains éléments qui nous semblent contribuer à la construction du pouvoir de la reine. D'abord, il s'agit de souligner son statut de souveraine quand l'occasion se présente. Chez Barleus, tout le discours qui entoure la souveraineté (masculine) est adapté aux reines par un glissement linguistique et sémantique. Dans la préface, l'auteur conceptualise la « grandeur, sublimité et splendeur » des Rois : ceux qui « tiennent le second rang apres Dieu » ; leur « auguste et majestueuse face » indique leur rôle comme « Divinité sur la terre ». Ensuite, il poursuit

> Donnez-moy un Roy, ou si vous aimez mieux, une Reyne ; combien qu'elle commande aux Indiens, ou aux Mores, ou aux Sabeens, ou aux Scythes, soit qu'elle soit courageuse & magnanime comme Semiramis, ou belliqueuse comme Tomyris, ou prudente & entendue à gouverner comme Tanaquil, ou amatrice de paix comme Placidia, nous serons tous excitez et esmeus au regard de ceste Majesté royale.

La dignité de la reine est mise en relief, ainsi que sa capacité de gouverner, par la comparaison avec des héroïnes mythiques qui incarnent

---

[60] *Ibid.*, p. 142.

les vertus « masculines » nécessaires à la souveraineté (telle qu'elle est construite dans les discours politiques à l'époque). En outre, on rappelle aux lecteurs qu'on lui octroie les mêmes privilèges qu'aux rois. La Serre nous explique qu'à Bruxelles en 1631, « la grande cloche de sainct Nicolas, qui ne sonne iamais qu'aux entrées des Princes Souverains du Pays, se fit entendre de loing, plus de deux heures avec autant d'estonnenent que de plaisir ». À Amsterdam, elle obtient la grâce d'un prisonnier, imitant en ceci les souverains, pour qui c'était la coutume, d'après Barleus, de « déployer leur clémence ». À Colchester, en Angleterre, le maire, d'après La Serre, « luy fit present d'une grande coupe d'argent doré, selon la coustume qui se pratique à l'entrée des Roys »[61]. Les commentaires des auteurs octroient à la reine le statut de souveraine. Le récit, par conséquent, la légitime.

Certes, il n'est pas toujours nécessaire de parler explicitement de souveraineté pour représenter (et donc construire) le pouvoir de la reine. La description des réceptions et la réitération des éléments du rituel contribuent à cette glorification et à la mise en scène du pouvoir. On relate en détail l'accueil à l'extérieur des murailles de la ville, les harangues, les salutations de l'armée, la présentation de cadeaux, les spectacles, les visites protocolaires, le fait qu'on lui demande de donner le mot du guet à l'armée[62]. Déjà à Avesnes, à peine la frontière française passée, elle est accueillie par le gouverneur, le baron de Crevecœur, « avec toutes les magnificences que son pouvoir sceut mettre en œuvre ». À Bruxelles, elle est reçue par « dix Compagnies de Bourgeois superbement vestus et plus richement armez, en nombre de quatre à cinq mille hommes ». Cette troupe ne tarde pas à être renforcée par « les cinq Compagnies des Confrairies, vulgairement appellées Guldes, composées chacune de deux cens Bourgeois des plus notables ». En 1638, lors de son passage impromptu aux Provinces-Unies, le Prince d'Orange Frédéric-Henri de Nassau et la Princesse Amalia van Solms, son épouse, la reçoivent conformément au protocole. La Serre décrit « avec quels

---

[61] *Histoire curieuse, op. cit.*, p. 19, Barleus, *op. cit.*, p. 91, *Histoire de l'entrée ... dans la Grande-Bretaigne , op. cit.* (n.p.).

[62] Pour le mot du guet, voir, par exemple, Barleus, *op. cit.*, p. 49. La Serre fait allusion également à cet honneur dans sa description des événements à Bois-le-Duc. Voir *Histoire de l'entrée ... dans les Provinces Unies, op. cit.* (n.p.). Furetière explique : « MOT DU GUET est une parole qui sert de signal pour discerner l'ami de l'ennemi. Il se donne par le Commandant aux Officiers [...]. On change tous les soirs *le mot du guet* ». (*Dictionnaire universel*, Paris, 1690.)

respects Son Altesse [...] aborda la portière du carosse de Sa Majesté pour la saluer, et lui offrir à mesme temps tout ce qui dependoit et de son aucthorité et de sa puissance »[63]. Cette réception ne passe pas inaperçue en France, où on apprend que Richelieu ne cache pas son acrimonie[64].

Si les auteurs révèlent l'observance du rituel, il leur importe de souligner, en outre, la valeur accordée aux harangues prononcées pour la reine, harangues dans lesquelles on répète la joie ressentie à son arrivée, mais aussi la reconnaissance, surtout dans le cas des Provinces-Unies. À La Haye, on la remercie pour ses anciens « respects particulliers » et ses « obligations publiques dont les Estats Generaux luy sont encore infiniment redevables » (*Provinces Unies*). Recopier les harangues permet non seulement aux auteurs de lui offrir le rituel dû aux souverains, mais aussi de rappeler aux lecteurs, par le contenu de ces discours, la raison pour laquelle la reine mérite de tels honneurs. Bref, les harangues glorifient par le fond et par la forme. Néanmoins, les harangues sont parfois éditées et retranscrites en discours indirect dans la narration, ce qui fournit l'occasion aux auteurs à la fois d'inventer certaines parties des harangues à l'avance, et d'élaborer plus aisément la propagande de la reine. D'après La Serre, le harangueur, M. Boreel, Seigneur de Duymbeecke, représentant du magistrat d'Amsterdam, tient à lui apprendre qu'« Elle n'est jamais entrée dans une Ville où Elle ait esté plus souhaitée, ny ou Elle soit plus absolue qu'en celle-cy » (*Provinces Unies*). La signification propagandiste d'un tel propos est criante, voire provocante.

Il est également important, dans la construction de cette propagande pour la reine, de souligner sa réception par le peuple, élément distinctif par rapport à d'autres cérémonies royales. La Serre, en décrivant le peuple de Bois-le-Duc (1638), constate qu'« [u]ne nouvelle rejoüissance publique se fit voir et entendre tout à la fois dans les rues [...] de sorte que toute la Ville n'estoit qu'un Theatre de joye ». Le rôle de l'entrée comme mise en scène du pouvoir est ici souligné par le peuple spectateur, comme le

---

[63] *Histoire curieuse, op. cit.*, p. 1 ; *ibid.*, p. 15 ; *Histoire de l'entrée ... dans les Provinces Unies, op. cit.* (n.p.). Une lettre de l'audiencier Verreyken à l'infante, datée du 12 août 1631, décrit en détail les projets élaborés pour l'accueil de la reine à Bruxelles. Des extraits de cette lettre sont reproduits dans P. Henrard, *op. cit.*, p. 88-90.

[64] Le cardinal écrit à Chavigny, fils de Claude Bouthillier, chargé de la correspondance diplomatique : « Je vous avoue que j'ai de la peine à digérer que le prince d'Orange ait reçu et favorisé le passage de la reine sans en donner avis au roi ni savoir si Sa Majesté l'agréerait ». Cité dans P. Delorme, *op. cit.*, p. 296.

public au théâtre. Plus tard, à Dordrecht, « on voyait un monde de peuple sur le rivage, les uns a genoux, les autres les bras estandus en l'air crians tous ensemble. Vive la Reyne ». Même Barleus, sans doute moins enclin aux outrances que La Serre, constate qu'à Amsterdam, « [les gens] se jettoyent, non sans un manifest peril, sur les roües de son carrosse ». Partout la foule se précipite pour la voir dîner, partout elle est « la plus grande Reine du monde » ; partout on l'accueille avec joie, contentement, allégresse. Cette affection en soi lui octroie un certain pouvoir. La Serre est explicite dans son épître de l'*Histoire curieuse* :

> vos malheurs vous erigent tous les iours des nouveaux thrônes de felicité, puis qu'en courant le monde vous le conquerez : car vous avez des douceurs et des graces qui scavent l'art naturellement de desrober des cœurs : de sorte que dans l'Empire d'autruy vous vous treuvez [*sic*] tousiours Souveraine. Ce qui me fait croire, que tous ces petits divorces se termineront à la fin à cette ialousie que mon Roy aura, de vous voir triompher par amour, de tous les peuples qu'il eust peu vaincre par ses armes.

Grâce aux métaphores militaires, le narrateur construit le rôle de la reine comme actrice politique, plus importante même que le roi. D'après lui, celui-ci *aurait pu* vaincre ; Marie de Médicis remporte réellement la victoire. Enfin, les *ekphrasis* « peignant » les cadeaux reçus, les spectacles, les tournois nautiques et les défilés, les architectures éphémères ou les théâtres flottants[65], contribuent à inscrire Marie de Médicis sur la scène politique européenne par l'adhésion à une rhétorique de glorification et la transcription d'un rituel politique légitimant.

On passe sous silence toutes les négociations politiques qui marquèrent les voyages de Marie de Médicis – les pourparlers avec Louis XIII et ses lettres ouvertes, les complots avec Gaston d'Orléans, l'emploi de Rubens comme porte-parole, la levée avortée d'une armée financée par l'infante. Les allusions à ces événements, « affaires d'importance qui regardoient

---

[65] L'une des scènes à Amsterdam, par exemple, évoque le mariage des parents de la reine, François de Médicis et Jeanne d'Autriche, sous le regard de l'empereur Ferdinand Ier, l'aïeul de Marie, et souligne donc sa généalogie illustre – autre topos glorifiant dans les entrées.

la Reyne », sont rares[66]. Dans cette version officielle du discours, les auteurs soulignent uniquement les aspects positifs et la réception de la reine comme souveraine. En revanche, ils omettent les références aux événements politiques qui renforcent son statut d'exilée. Que les récits incorporent une version officielle des événements, c'est le cas de toutes les entrées. Mais, à la différence des entrées en France qui glorifient le roi et l'État français, ce discours officiel s'oppose à celui du pouvoir français. Glorifier la Reine, d'une certaine façon, c'est critiquer le Roi de ne pas la laisser rentrer en France. Les livres d'entrées mettent en place un discours propagandiste pour le roi de France, mais dans les relations étudiées, c'est une contre-propagande qui est mise en œuvre. Il s'agit des mêmes enjeux que dans les autres entrées royales, mais ces enjeux sont entièrement déplacés – un déplacement qui révèle un contre-courant, un contre-discours. C'est en utilisant la même formule, tout en la subvertissant, que se construit la mise en scène du pouvoir de Marie de Médicis.

Cependant, cette mise en scène se heurte à un obstacle. Le récit ne peut pas entièrement éviter des références à sa disgrâce et à sa position impécunieuse. Quand, à Bruxelles, le 13 août, Claude d'Ongnyes, chef des finances et porte-parole du Conseil des Finances, lui offre ses vœux et ses services, La Serre explique que :

> La Reyne qui est tout a fait sensible aux atteintes des faveurs, dont on peut obliger sa Maiesté, comme la plus genereuse Princesse qui fut iamais, se revencha à mesme temps de ces tesmoignages de bonne volonté, par mille remerciemens, avec ce regret encore de ne pouvoir changer des desirs en effects, pour faire voir une plus digne recognoissance[67].

Les allusions à sa disgrâce ont un double effet. D'un côté, elles peuvent encore cacher des critiques implicites envers le roi, surtout quand la reine est présentée comme une grande reine qui a été lésée. Susciter de la sympathie pourrait la favoriser. Mais, de l'autre côté, de telles allusions ébrèchent la construction de son pouvoir. À maintes reprises, la reine

---

[66] À propos de Fabroni, il écrit : « Quelque temps apres les Estats Generaux ayant a traiter encore avec luy-mesmes [*sic*], touchant des affaires d'importance qui regardoient la Reyne, ils luy envoyerent trois de leurs deputtez qui le furent treuver chez luy de leur part, pour les terminer ensemble au contentement de sa Majesté » (*Provinces Unies, op. cit.,* n.p.).

[67] *Histoire curieuse, op. cit.,* p. 25.

avoue implicitement son incapacité à tenir la relation réciproque entre sujet et souverain ; l'échange fondamental s'effondre. En 1638, elle suggère aux États généraux des Provinces-Unies que « ses gens doresenavant prendroient soing de la despence de sa maison ». Cette proposition, qui est inconcevable dans le rituel d'une visite officielle, bien que refusée, suggère que cette visite officielle n'en est plus une. Le lecteur est toujours conscient qu'il existe un décalage entre la mise en scène de la reine comme souveraine et la réalité de son statut comme exilée. Les récits révèlent des failles dans la représentation de la souveraineté de la reine, ce que les images ne font pas. L'iconographie, qui fait appel à toute une tradition de glorification de la reine, se révèle plus efficace comme médium propagandiste que l'écrit.

La version officielle écrite s'avère n'être plus que de la théâtralisation qui tourne à vide. Dans le livre, la rhétorique met en scène. L'image même est mise en scène dans le livre et, dans les images, on joue sur la mise en scène théâtrale de la reine et de l'écrit. De plus, le rituel de l'entrée met en scène la reine, celle qui défile et qui entre, et l'écrit à son tour reflète cette mise en scène. Par le texte et par l'image, la reine est remise en présence devant le peuple. Il s'agit ici de deux corps, un corps physique qui subit l'usure du temps et un corps royal symbolique qui représente son pouvoir et la souveraineté féminine. La reine est mise en scène comme actrice politique. Mais, lorsque le rituel de l'entrée et la réalité entrent en contact, se heurtent, la mise en scène ne suffit plus. Représentée comme actrice, elle est vainement à la recherche d'un rôle.

Derval Conroy
Trinity College Dublin

1.

Marie de Medicis entrant dans Amsterdam, ou, Histoire de la réception faicte
à la Reyne Mere du Roy tres-Chrestien, Par les Bourgmaistres et Bourgeoisie
de la Ville d'Amsterdam, Traduicte du Latin de Gaspar Barleus
(Amsterdam, Chez Jean et Corneille Blaeu, 1638).
[Trinity College Dublin, OLS X-1-588]

2.

Histoire curieuse de tout ce qui s'est passé a l'Entrée
de la Reyne Mere du Roy tres chrestien dans les Villes des Pays-Bas,
Jean Puget de la Serre (Anvers, B. Moretus, 1632).
[BnF, Res Fol. Lb36. 2742]

3.
*Histoire curieuse de tout ce qui s'est passé a l'Entrée
de la Reyne Mere du Roy tres chrestien dans les Villes des Pays-Bas,*
Jean Puget de la Serre (Anvers, B. Moretus, 1632).
[BnF, Res Fol. Lb36. 2742]

4.

Histoire de l'entrée de la reyne mere du roy tres chrestien dans les Provinces Unies des Pays-Bas, Jean Puget de la Serre (Londres, Par J. Raworth, pour G. Thomason, et O. Pullen, 1639). [BnF, Res Fol. Lb36. 2742 (A)]

5.
Histoire de l'entrée de la reyne mere du roy tres chrestien,
dans la Grande-Bretaigne, Jean Puget de la Serre
(Londres, Par J. Raworth, pour G. Thomason, et O. Pullen, 1639).
[Trinity College Dublin, RR.a.34]

6.

*Marie de Medicis entrant dans Amsterdam, ou, Histoire de la réception
faicte à la Reyne Mere du Roy tres-Chrestien, Par les Bourgmaistres
et Bourgeoisie de la Ville d'Amsterdam*, Traduicte du Latin de Gaspar
Barleus (Amsterdam, Chez Jean et Corneille Blaeu, 1638).
[Trinity College Dublin, OLS X-1-588]

7.
*Marie de Medicis entrant dans Amsterdam, ou, Histoire de la réception
faicte à la Reyne Mere du Roy tres-Chrestien, Par les Bourgmaistres
et Bourgeoisie de la Ville d'Amsterdam*, Traduicte du Latin de Gaspar
Barleus, Amsterdam, Chez Iean et Corneille Blaeu, 1638.
[Trinity College Dublin, OLS X-1-588]

8.

Marie de Medicis entrant dans Amsterdam, ou, Histoire de la réception
faicte à la Reyne Mere du Roy tres-Chrestien, Par les Bourgmaistres
et Bourgeoisie de la Ville d'Amsterdam, Traduicte du Latin de Gaspar
Barleus, Amsterdam, Chez Jean et Corneille Blaeu, 1638.
[Trinity College Dublin, OLS X-1-588]

L'IMITATION DE RONSARD
SOUS LA PLUME DE GABRIEL CHAPPUYS.
L'ENTRÉE LYONNAISE DE HENRI III

Au début de son règne en France, Henri de Valois publie le 10 septembre 1574 un acte royal dans lequel il se prononce sur l'état présent du royaume. Pendant l'« exil » qui l'a retenu trois mois au Wawel, le roi a du composer avec les lois polonaises, c'est-à-dire celles d'une « République » nobiliaire[1]. Dès son retour sur le sol de France, Henri III déclare l'intention de traiter avec clémence « tous ceux qui se sont parcydevant eslevez, et ont prins les armes contre nostredict feu Seigneur et frere le Roy décedé, et contre son autorité et la nostre consequemment. »[2] Quatre jours avant cette annonce, le dernier des rois Valois avait fêté son retour à Lyon, première des grandes villes de France à l'accueillir[3]. Un livret de

---

[1] Au sujet de ce bref règne, voir notamment N. Davies, *God's Playground : a history of Poland*, Oxford, Clarendon Press, 1981, p. 114 sq., et le bel ouvrage, malheureusement pas traduit, de S. Grzybowski, *Henryk Walezy*, Ossolineum, 1985, p. 85-140.

[2] *Declaration du vouloir et intention du treschrestien Roy de France et de Pologne, Henry troisiesme de ce nom, touchant le retour de ses subjects en son obeissance*, Lyon, Michel Jove, 1574, p. 10-11 : « ...ou qu'ils se sont absentez hors de ce Royaume, et retirez és païs estrangers sans congé, lesquels voudront à present poser les armes, quitter toutes pratiques de guerre, se retirer en leurs maisons, nous laisser et remettre en nostre obeissance les villes qu'ils tiennent occupees, et faire ce que doyvent bons et loyaux subjects envers leur Roy et Prince souverain, ils nous trouveront disposez et prests de les admettre et recevoir en nostre bonne grace, avec intention et volonté de les bien traicter, en oubliant et effaçant la memoire de toutes choses passees, et de pourvoir, que ny à present ny à l'avenir aucuns d'eux de quelque qualité, degré et condition qu'ils soyent, et pour chose quelconque que lon puisse pretendre avoir esté par eux faicte et commise durant les troubles, n'en puissent aucunement estre inquietez, molestez, travaillez ny recherchez par nous ou noz officiers, en leurs personnes, biens, ou honneurs : ains puissent vivre en toute asseurance, repos et tranquillité, eux leurs familles et posterité... ».

[3] Pierre de L'Estoile, *Registre-journal du règne de Henri III*, tome I (1574-1575) édité avec une introduction et notes par M. Lazard et G. Schrenck, Genève, Droz, 1992, p. 76 : « Le lundi 6ᵉ Septembre, le Roy, apres avoir passé le mont Cenis, et sejourné un jour à Chamberi en Savoie, accompagné des Ducs de Savoie et d'Arescot, arriva en sa ville de

quatorze pages publié la même année décrit la cérémonie de l'entrée
lyonnaise. Le lecteur de ce petit opuscule trouve, dès les premières lignes,
une louange fervente du nouveau roi, dans laquelle celui-ci est présenté
comme étant désormais *doublement* légitime. Héritier de la couronne de
France, Henri de Valois s'était déjà fait élire, grâce à son mérite comme
le souligne l'auteur, au trône polonais. D'ailleurs, l'éloge publicitaire doit
justifier au passage le brusque départ vers l'Italie qui a tant offusqué ses
sujets en Pologne. Selon l'auteur du livret, ce fut le désarroi de la France
après la mort de Charles IX qui décida Henri de Valois à ce départ
clandestin. Un passage remarquable décrit avec clarté la délibération qui
précéda la fuite :

> Or estant donques averti d'un si piteux desastre, lors que plus sans y penser
> il y resjouissoit, festoiant quelques grans Seigneurs de son Royaume (en
> quoy on peut observer la mobilité de la fortune, où plustost la volonté de
> Dieu) il se delibera ayant communiqué le faict à peu de personnes de ses
> plus familiers, de retourner en France quelque avanture qu'il luy peust
> avenir, se confiant en la bonté de celuy, qui l'appelloit à ceste Couronne,
> aimant mieux commander à son païs naturel qui l'a nourry, sousteneu et
> alaitté, que non pas à l'estranger : combien qu'il l'adorast presque pour sa
> grande et singuliere vertu : joint que là il est Roy par election, icy par
> succession : et de l'un et de l'autre nous le pouvons tenir pour Roy, le plus
> recommandable que nous ayons jamais eu (combien qu'il y en ait eu
> beaucoup) car ce grand Roy n'est pas seulement Roy, pource que la
> Couronne luy appartient veritablement : mais aussi pource qu'il la merite,
> pour avoir esté en l'election d'un si grand Royaume qu'est Pologne preferé,
> seulement pour sa perfection et vertu, à tous les autres Princes competiteurs
> d'un si honnorable Empire. Car voyant nostre Roy Henry, lon peut voir
> l'Idee du plus accomply et parfaict Roy, à qui la France ait onques obey[4].

Les motifs qui surgissent dans l'éloge du nouveau roi, ceux notamment
de son « mérite », de son droit à la succession et de l'amour qu'il porte
à son pays « naturel », apparaissent régulièrement dans les écrits de
circonstance qui fêtent l'avènement du nouveau règne. On sait que dans
les années qui suivent, la dynastie des Valois vit dans l'ombre de la Saint-

---

Lion, où il fut veu et receu à grande joie des habitants de la ville, et de plusieurs
Seingneurs et Gentilshommes, qui s'estoient là accheminés pour le saluer et le bienveigner,
tous bien joyeux de le voir sain et sauf retourné de Polongne en son Roiaume de France. »
[4] *Ibidem*, p. 5.

Barthélemy. Les réflexions sur la validité constitutionnelle de la monarchie se multiplieront avec rapidité.[5] Longtemps différé, le retour en France de Henri de Valois marque enfin le premier pas vers une réaffirmation de la continuité dynastique. Alors que ce roi malheureux devient déjà l'objet de la critique pamphlétaire[6], la publicité royale s'apprête à défendre son nom et à polir son image.

Le livret de l'entrée lyonnaise relève de cette publicité qui, avant même que Henri soit couronné, milite en faveur de la monarchie des Valois. La même année, une deuxième publication chez l'imprimeur lyonnais Benoist Rigaud commémore la réception du nouveau roi à Lyon. Ce texte reproduit le discours poétique que Mandelot, gouverneur de Lyon, lut devant Henri le jour de l'entrée.[7] Il s'agit d'une « prophétie » offerte au prince par Gabriel Chappuys, neveu du poète de la cour Claude Chappuys. Originaire d'Amboise, le jeune auteur de l'*Heureux presage sur la bien venue du Tres-Chrestien Roy de France et de Polongne, Henry de Valois troiziesme, en sa tres Antique et fameuse ville et cité de Lyon*[8], naquit probablement entre 1546 et 1550[9]. Destiné à une belle carrière de traducteur de textes latins, italiens et espagnols, Gabriel Chappuys écrivit aussi des traités en prose et des vers. La Croix du Maine le décrit comme un « homme docte, et des plus diligens Ecrivains de nostre temps », notant le « grand nombre de ses œuvres »[10]. De cette prodigieuse bibliographie, les 211 alexandrins consacrés au retour de Henri de Valois figurent parmi les vestiges les plus primitifs[11]. Claude Chappuys, l'oncle de l'auteur, avait reçu la charge de gardien de la Bibliothèque royale sous

---

[5] R. Kingdon, *Myths about the Saint Bartholomew's Day Massacres, 1572-1576*, Cambridge, Harvard University Press, 1988, p. 139 sq. et *passim*.

[6] K. Cameron, *Henri III. A maligned or malignant King ? (Aspects of the satirical iconography of Henri III)*, University of Exeter, 1978 et du même auteur, « Henri III – the Antichristian King », *Journal of European Studies*, Londres – New York, 1974, vol. 4, II, p. 152-163.

[7] P. Champion, « Henri III et les écrivains de son temps », *Bibliothèque d'Humanisme et Renaissance*, I, 1941, p. 90.

[8] Lyon, Benoît Rigaud, 1574.

[9] Voir la notice biographique qui figure en appendice à l'ouvrage de L. Berthé de Besaucèle, *J.-B. Giraldi, 1504-1573. Etude sur l'Evolution des Théories Littéraires en Italie au XVIe siècle. Suivie d'une notice sur G. Chappuys traducteur français de Giraldi*, Genève, Slatkine, 1969, réimpression de l'édition de Paris, 1920, p. 265-296.

[10] La Croix du Maine et Du Verdier, *Les bibliothèques françoises*, Graz, Akademische Druck und Verlagsanstalt, 1969, p. 247.

[11] L. Berthé de Besaucèle, *J.B. Giraldi...*, *op.* cit., p.268.

François Ier. Tout porte à croire que Claude, qui mourut en 1575, légua ce poste prestigieux à son neveu[12]. En 1574 déjà, Gabriel se trouve à Lyon, vraisemblablement dans l'entourage de la cour royale qui va à la rencontre du prince. C'est là qu'il publie, *cum privilegio regis*[13], la pièce de circonstance qui fête l'entrée de Henri III.

Après un exorde jubilatoire qui annonce l'arrivée de Henri de Valois, le début du poème de Gabriel Chappuys présente une apologie du départ de Pologne (13-61). Ensuite, le poète interpelle directement le « Lyon », symbole et porte-parole de la ville (63-110). Dans cette apostrophe, il lui demande d'adresser au roi un discours de bel accueil. L'orateur est tenu d'exprimer formellement devant le prince, de la part de la ville de Lyon, une promesse de fidélité et un vœu d'harmonie civile. Le « Lyon » décrit ainsi le songe prophétique qui a visité tous les citoyens de la ville la nuit avant l'arrivée de Henri. Ce songe, dans lequel il joue lui-même le rôle principal, constitue selon lui la préfiguration des grandeurs du nouveau règne. Sous le regard du roi qui apparaît sous la forme d'un chasseur, le lion dompte l'« Hydre », monstre effroyable qui, ayant affligé la France depuis le début des guerres civiles, menace toujours la légitime souveraineté de la couronne (v. 111-173). Enfin, dans les derniers vers du poème de Chappuys, la voix du poète converge avec celle de la ville (v. 174-211).

Une telle convergence favorise habilement l'impression d'une autorité propre aux poètes, liée, selon la doctrine de la « fureur » qui justifie le privilège quasi-sacerdotal dont certains se réclament, au caractère sacré de leurs paroles inspirées. Chappuys prie Henri, futur patron de l'Académie du Palais[14], de ne pas méconnaître l'importance du travail de ces « prestres fatidiques » artisans de « la memoire eternelle ». Il s'agit en effet d'un échange de grâces : la générosité royale inspire directement le don poétique. Or, la complexité des circonstances dans lesquelles Henri III advient à la couronne semble tempérer les excès, sinon la liberté, de

---

[12] L. P. Roche, *Claude Chappuys (? – 1572), poète de la cour de François Ier*, Genève, Slatkine, 1970, réimpression de l'édition de Poitiers, 1929, p. 8, n. 3 ; L. Berthé de Besaucèle, *J.B. Giraldi..., op. cit.*, p. 265.

[13] La maison d'édition de Benoît Rigaud à Lyon fut, avec celle de Fédéric Morel à Paris, l'une des presses les plus souvent utilisées pour les publications de caractère « officiel », sanctionnées par le gouvernement royal. Voir sur sa pratique la *Bibliographie lyonnaise*, vol. III, Lyon et Paris, 1897, p. 177 sq.

[14] F. A. Yates, *The French Academies of the Sixteenth Century*, Londres, Warburg Institute, 1947, p. 33 sq.

l'éloge. Dans les vers qui célèbrent l'entrée lyonnaise, Gabriel Chappuys cherche à rendre compte d'un rapport éthique qui le lie, non seulement à la personne royale, mais également au critère de vérité que les circonstances ne manquent pas d'imposer à son discours. C'est donc chose impossible, à l'époque du conflit religieux qui déchire la France, de ne pas faire figurer ce trouble social dans une représentation symbolique de la royauté. Dans ce texte encomiastique, Chappuys s'exerce à évoquer avec justesse les épreuves qui confrontent actuellement la dynastie des Valois. Il suit en cela Ronsard qui, au moment de l'interrègne, prend toute la mesure des périls qui se dressent à l'horizon[15].

Le présent travail examinera trois aspects de l'éloge que Gabriel Chappuys rédigea à l'intention de Henri III lors de son retour de Pologne. Suivant de près la disposition du texte, l'analyse traitera successivement de l'apologie du départ clandestin, du récit du songe et de l'interprétation de celui-ci par le poète. L'hypothèse fondamentale est celle d'une allégeance à l'esthétique de la Pléiade et notamment de Ronsard, que l'auteur associe explicitement, sur le plan politique, à la survie même de la dynastie royale. Or, il convient de montrer que chez Chappuys, l'emprunt de la symbolique ronsardienne devient l'occasion d'un travail d'accommodation qui altère nécessairement la portée des figures originelles. C'est dire qu'au moment où Ronsard lui-même s'adresse à des « rois critiquables »[16] tout en dressant le « monument » que sera l'édition des Œuvres quatre ans plus tard[17], son jeune admirateur dessine avec beaucoup d'intuition, « à une époque de fer », l'accomplissement de l'esthétique fine et dorée qui fit la renommée du chef de la Pléiade[18].

---

[15] M. Simonin, « Ronsard entre deux rois (été 1574) : Une source inconnue du *Discours au Roy apres son retour de Pologne* », *Mélanges Enea Balmas*, Paris, Klincksieck, 1993, p. 569-576.

[16] R. Lebègue, « Ronsard, ou comment se comporter avec des souverains critiquables », *Culture et pouvoir au temps de l'Humanisme et de la Renaissance*, Paris, Champion-Slatkine, 1978, p. 317 : « Ce qui est certain, c'est qu'il a donné à maintes reprises de judicieux conseils, dont les souverains n'ont pas tenu compte, qu'il a vivement censuré les abus, et que, sous forme manuscrite, il a répandu des critiques audacieuses et violentes. »

[17] F. Rouget, « Ronsard et la poétique du monument dans les *Œuvres* de 1578 », dans *Ronsard figure de la variété. En mémoire d'Isidore Silver*, textes réunis et présentés par C.H. Winn, Genève, Droz, 2002, p. 295-307.

[18] C'est ainsi qu'Etienne Jodelle caractérise l'écriture de Ronsard, dans l'épître qu'il publia en préface aux *Hymnes* de 1556 sous le titre suivant : « A tresillustre Princesse Marguerite de France, Estienne Jodelle parisien », dans *Le Second livre des hymnes de*

L'apologie

Dans la pièce de circonstance que Gabriel Chappuys composa lors de l'entrée lyonnaise, les premiers vers annoncent le thème de la célébration et déclarent la joie du peuple. Ils proclament la fête urbaine tout en reflétant un esprit collectif quelque peu tendu. Les longueurs excessives du voyage de retour[19] n'inquiètent pas uniquement la reine mère et la Cour. Elles troublent aussi le peuple du royaume, qui, désireux de voir le successeur de Charles IX, attend avec impatience l'arrivée déjà bien tardive de Henri III :

> Pourquoy retardes tu le publicque plaisir
> Lequel (dormants desja) nous est venu saisir ?
> Songeant nostre Cesar, Cesar dont la venue
> Du peuple Lyonnois ardemment attendue
> Moderera le dueil qu'il meine de la mort
> De son frere qui fut humain, puissant et fort,
> De Charles de Valois, qui revit en son frere...

Ces vers ne soulignent pas seulement le retard inopiné de Henri. Ils insistent aussi sur le caractère naturel de la succession dynastique. Le reproche de la lenteur, que Chappuys formule habilement sur le mode du badinage familier et affectueux, apparaît souvent dans les pièces qui

---

P. de Ronsard Vandosmois, à tresillustre Princesse Madame Marguerite de France, Seur unicque du Roy, et Duchesse de Berry, Paris, A. Wechel. P. Laumonier reproduit cette épître dans son édition des *Œuvres complètes* de Ronsard. Jodelle compare « l'or » de son rival illustre à « l'argille » que représentent ses propres travaux, t. VIII, p. 242-243 : « Je ne suis moins joyeux que la prestresse antique / Du devin Apollon, quand au temple Delphique / Le grand Roy Lydien prodigant son thresor, / Vint enrichir ce lieu de mille presens d'or, / Eschangeant les vaisseaux d'argille bien tournee, / Aux vaisseaux massifs d'or, où la troupe estonnee / Des devots pelerins abordez en ce lieu, / Beuvoyent de longue suite aux festes de ce Dieu. / Car les riches presens qui or' chez toy se treuvent / Presentez par RONSARD, tout ainsi nous abbreuvent : / Invitans tout un monde à louer ton honneur, / Invitans tout un monde à louer ton donneur, / Qui recule en l'autel de ma grand' MARGUERITE, / Pour faire place à l'or, mon argille petite, / Où devant je faisois l'offrande à ta grandeur / Non pas d'un pareil pris, mais bien d'un pareil cœur. »

[19] Sur ce voyage, voir P. de Nolhac et A. Solerti, *Il viaggio in Italia di Enrico III, re di Francia e le feste a Venezia*, Ferrara, Mantova e Torino, Turin, L. Roux, 1890 et F. Mugnier, « Le passage d'Henri III en Piémont et en Savoie, roi de France et de Pologne (août-septembre 1574) », *Mémoires. Société savoisienne*, t. XXXVIII, 1899, p. 45-104.

célèbrent le retour de ce prince à travers les Alpes[20]. On peut citer à cet effet le poète néo-latin Jean Bonnefons, qui publie une longue pièce en hexamètres dans laquelle il cherche à justifier le départ clandestin et la longueur du voyage. Afin de souligner la grandeur de l'événement qu'il décrit, Bonnefons adopte la perspective omnisciente du poète épique. L'*imitatio virgiliana* lui permet d'évoquer avec solennité les événements turbulents qui précédèrent le départ de Henri de Valois, en direction de Venise, le 18 juin 1574 au soir. Un tel soin consacré à l'élaboration contextuelle indique bien l'intention apologétique qui anime le travail des poètes lorsqu'ils entreprennent de célébrer l'arrivée du prince sur le sol français.

Selon ces poètes, seules des circonstances bien graves pouvaient conduire Henri à quitter les rives de la Vistule en faveur de celles de la Seine. Chez Bonnefons, la même voix divine qui oblige le roi de Pologne à revenir en France, lui commande aussi de ne pas trop tarder dans les célébrations à Venise[21]. Ce rappel discret traduit sans doute l'incertitude qui marqua la période de l'interrègne. Peut-être laisse-t-il transparaître aussi quelque souci diplomatique touchant l'apologie du départ. La voix collective exprime surtout l'urgence de l'arrivée. Ainsi, le juriste et poète Germain Forget décrit la longue attente des Français pendant les semaines qui suivirent la mort de Charles IX :

Tout le temps par lequel en chemin sejournas
Nous estoit plus fascheux que le mesme trespas.

---

[20] La tonalité de la remontrance familière et affectueuse est déjà traditionnelle. Ronsard, à l'imitation d'Horace, la pratiquait en 1549, dans une pièce consacrée à l'entrée parisienne – longtemps retardée – de Henri II. Voir ainsi l'« Avantentree du roi treschrestien à Paris », *Œuvres complètes*, édition de P. Laumonier, vol. I, p. 23, v. 117-122 : « Et toi Henri triumphe à la bonne heure, / Haste tes pas, trop longue est ta demeure : / Vien voir Paris la grand' cité roiale, / Et de ta Gent la foi serve et loialle. / Vien voir ses jeus, et tou ce qu'elle apreste / Pour celebrer de ta grandeur la feste. »

[21] Joannis Bonefonii Arverni Claromontani, *Ad Erricum Galliæ, et Poloniæ Regem, in eius fœlicem reditum, inaugurationem, et nuptias, panegyricus*, Paris, Thomas Brumen, 1575, p. 9. Dans cette prosopopée rétrospective, la voix divine encourage Henri à traverser en quittant la Pologne des terres voisines actuellement fidèles à l'Empire, pour arriver à Venise, « seconde » ville d'Italie après Rome : « *Hinc igitur primum contende Viennam, / Lætus ubi hospitio meritis haud dispare Cæsar / Accipiet : deinde Adriaci lege littoris oram, / Hic stantem fluctas inter miraberis urbem / Altæ certantem Romæ, lucemque secundam / Ausoniæ, hic Italum Heroas spectare licebit, / Quoque nihil toto est augustius orbe, Senatum. / Sed ne teneant Venetæ miracula pompæ...* ».

Noz doigts contoient les jours, les sepmaines passees
Excedoient en longueur le long cours des annees :
La minutte qui rampant sur le quadran
Avoit pervertissant son marcher ancien,
Vestu (ce nous sembloit) la pesanteur d'une heure[22].

En effet, la longueur du voyage paraissait d'autant plus surprenante que
le départ clandestin fut brusque. Poètes et diplomates[23] s'empressèrent de
faire l'apologie du départ précipité. Sans déployer comme Bonnefons
l'artifice épique de la commande divine, Gabriel Chappuys cherche à
justifier auprès des Polonais lésés le comportement indélicat du prince[24].
Bonnefons représente le départ de la Pologne comme la suite nécessaire
d'un commandement céleste, à la faveur de la puissante armature narrative
qui sous-tend la description. Son explication inventive tire toute justification du contexte mythologique dans lequel il raconte l'événement. Le
récit latin développe une analogie entre la situation d'Henri et celle
d'Enée à la fin du chant IV de l'*Enéïde*[25].

Sans invoquer le même support mythologique, Chappuys suggère que
ce fut l'amour des Français, « son peuple naturel », qui détermina le
retour d'Henri. Le poète s'efforce d'expliquer aux Polonais le départ con-
troversé de leur roi élu : ce fut « l'amour et pieté qu'il doit à son pays »
(v. 27) qui « l'a contraint vous laisser pour revenir en France » (v.29).
Obéir à l'ordonnance divine, c'est donc faire preuve de sagesse. Selon le
poète, la décision de quitter la Pologne augure bien du nouveau règne, car

---

[22] *Panegiric ou chant d'allegresse sur la venue du Tres Chrestien Henry troisième par
la grace de Dieu Roy de France et de Poloigne. A la majesté dudict Seigneur.* Par
Germain Forget, Advocat à Eureux. Paris, Jean Poupy, 1574, p. 6.

[23] Notamment Guy du Faur de Pibrac, qui repartit pour la Pologne le 19 avril 1575,
après le couronnement d'Henri III. Voir à ce sujet R. J. Sealy, *The Palace Academy of
Henri III*, Genève, Droz, 1981, p. 31 ; A. Cabos, *Guy du Faur du Pibrac*, Paris, 1922,
p. 248-249.

[24] Aux vers 25-61 du poème, pages non numérotées. Sur la disposition des Polonais
envers leur souverain fugitif après le départ d'Henri de Valois, et sur l'immense
production pamphlétaire qui en débattit, voir l'étude de J. Tazbir, « Henri de Valois aux
yeux de ses sujets », dans *Henri III et son temps*, Actes du colloque international du
Centre de la Renaissance de Tours, octobre 1989, Paris, Vrin, 1992, p. 69-86.

[25] J. Bonnefons, *ibid.*, p. 8 : « ...Ac gelidis iam nox obscura tenebris / Omnia
condiderat, pacemque invexerat orbi, / Fessaque carpebant dulces animantia somnos, /
Cum Iovis interpres Gracchi delapsus in urbem / Erricum haud humiles versantem pectore
curas / Repperit : attonitum quem mox sic increpat ore. »

elle fut l'œuvre d'un « roy preux et debonnaire » (v. 18) et « prudent »
(v. 19). Toutefois, l'argument de la prudence ne semble pas satisfaire
entièrement le poète apologiste qui, pour faire appel à la sympathie et à la
compréhension des Polonais, évoque le désarroi de la France après le
décès de Charles IX. Il décrit la souffrance de Henri au moment où celui-
ci apprit le décès de son frère :

> Si vous eussiez ouy ses regrets et douleurs
> Et les gemissements de son subject fidelle,
> Vous eussiez, Polognois, pris compassion d'elle,
> Vous eussiez redonné, esmeuz de grand pitié,
> Au besoing vostre Roy, ou bien si l'amitié
> Saincte que luy portez, l'honneur et reverence
> Vous eust trop commandé, au moins la conscience
> Lors vous eust attesté, que l'honneur et devoir
> D'un Roy bien advisé estoit de tost pourvoir
> A l'estat esbranlé d'une belle Couronne
> Que par droit successif le Roy des Rois luy donne. (v. 44-54)

Les multiples témoignages de l'historiographie[26] permettent de souligner
le caractère rhétorique de cette référence à « l'amitié » qui aurait lié Henri
et Charles. Une telle déclaration relève bien évidemment du procédé,
constamment mis en pratique par les poètes de la Cour, de la louange
personnelle qui inclut aussi la piété familiale[27]. Ce fut dans ce même
esprit que Ronsard chantait en 1555 l'éloge de l'affection filiale dont
Henri II avait fait preuve à l'égard de François Ier.[28] Deux décennies plus
tard, Chappuys, admirateur de Ronsard, s'efforce d'employer la même
technique lorsqu'il décrit le successeur de Charles IX.

Ce serait une erreur d'affirmer que Chappuys, qui trace le portrait
moral d'un roi profondément vertueux et prudent, sacrifie exclusivement
aux modalités de la louange, brossant aux seules fins de l'illusion

---

[26] Voir à titre d'exemple l'article d'A.-M. Cocula, « Brantôme ou la mauvaise réputation
du duc d'Anjou, futur Henri III », dans *Henri III et son temps, op. cit.*, p. 42.

[27] A. Gordon, *Ronsard et la rhétorique*, Genève, Droz, 1970, p. 51.

[28] « Hymne du Treschrestien Roy de France Henry II de ce nom », *Œuvres complètes*,
éd. Laumonier, vol. VIII, p. 21, v. 315-321. Voir le commentaire de M. Simonin sur ce
passage, « Sur le personnel du premier livre des *Hymnes* : A l'ombre de Dieu », *Autour
des « Hymnes » de Ronsard*, études rassemblées par M. Lazard, Paris, Champion, 1984,
p. 152.

publicitaire un tableau faux et trompeur. En réalité, il construit la louange
sur la matière d'une réflexion actuelle touchant la légitimité de la
succession dynastique. Au désir de secourir la France endeuillée s'ajoute,
explique-t-il, un devoir sacré qui prime les considérations de la diplomatie
ordinaire. Les deux pays, la France et la Pologne, doivent reconnaître, à
la fois par « honneur et reverence » et par l'« amitié saincte », la situation
moralement contraignante dans laquelle se trouve Henri de Valois, le
successeur naturel au trône de France[29]. En effet, il faut que ce prince
accepte, par « honneur et devoir », la « Couronne » qui lui revient. Ce
que Charles IX lui lègue, son héritage familial, n'est rien de moins qu'un
don céleste. Héritier de son frère, Henri reçoit également la légitimité
absolue que seul le « le Roy des Rois » peut conférer.

A l'époque du conflit qui, nourri de manigances nobiliaires à l'intérieur
de la France, touche aussi la politique européenne, l'obligation sacrée ici
alléguée par Chappuys ne constitue pas uniquement une exigence
traditionnelle. Elle revêt aussi le caractère d'un véritable défi moral lancé
à tous les partis. Le jeune admirateur de Ronsard n'est pas le seul à traiter
ce thème important. C'est encore Jean Bonnefons qui, dans son traitement
mythologique du départ de Pologne, accorde un grand poids au commandement divin : il souligne la nécessité de suivre une loi supérieure à celle
qui règle les rapports entre les hommes[30]. Sa position est sensiblement
différente de celle de Chappuys, selon qui la volonté divine ne se
manifeste pas dans la forme d'un commandement dogmatique. Pour
Chappuys, les exigences du ciel relèvent plutôt de la générosité et du don.
Elles revêtent l'aspect d'un cadeau qui oblige la Pologne autant que la
France. Afin de souligner l'importance de cette obligation morale, le poète
interpelle constamment les « Polonais » eux-mêmes, les invitant à bien
connaître la perspective française sur la question. Ici, la stratégie
rhétorique favorise l'initiative apologétique. Elle semble même refléter un

---

[29] L. Berthé de Besaucèle, *Jean-Baptiste Giraldi (1504-1573)*, *op. cit.*, p. 268, tout en
affirmant l'importance de la thématique du droit divin, lit dans le vers 54 une référence
à la couronne *polonaise* : « Le droit divin est nettement affirmé à propos de la succession
au trône de Pologne. » Mais il est évident, d'après le contexte apologétique de tout ce
passage adressé aux Polonais, dans lequel l'auteur évoque l'argument pathétique de la
mort de Charles IX, que Chappuys se réfère à la couronne de France.
[30] Chez Bonnefons à l'instar de Virgile, Jupiter envoie Mercure communiquer les
intentions du Ciel au chef de son peuple élu. *Ibid.*, p. 6 : « Hunc igitur propere terras
invisere mandat / Sauromatum Pater omnipotens, Regemque morere / Imperat, ut cursum
patrias convertat in oras, / Orbaque rege suo natalia regna capessat. »

discours officiel soigneusement élaboré. Huit jours après l'entrée lyonnaise, une épigramme latine du poète royal Jean Dorat fut affichée à l'extérieur de l'Hôtel de Ville de Paris. Ce petit texte claironne avec solennité, quoique brièvement, le thème de la solidarité fraternelle qui selon Chappuys unit les pays de l'Europe chrétienne. Français et Polonais sont appelés à se montrer unis, par obéissance à la volonté du Ciel :

> Vistula quem rapuit, dimisit Sequana plorans :
> Sequana quem recipit, Vistula mœste genis.
> Sunt ipsis quoque fluminibus sua fata vicesque,
> Alter ut alternis ingemat, alter ovet.
> At si non sibi, sed domino servire ministros
> Jura jubent, Regi plaudat uterque suo[31].

Les vers de Dorat soulignent la complicité des deux pays, liés soudain dans leur impuissance devant les mouvements imprévisibles, non de Dieu, mais de Fortune. Aussi ce lien moral doit-il déterminer la configuration des allégeances dans l'Europe entière : Henri retiendra la couronne polonaise et règnera sur deux pays. Or, loin de reproduire la teneur apologétique et argumentative des textes comme ceux de Bonnefons, Chappuys et Forget, l'autorité lapidaire de l'inscription parisienne transmet une position officielle qui donne peu de prise sur la réalité politique du moment. En revanche, le travail des poètes mineurs, plus soutenu et réflexif, laisse transparaître l'inquiétude qui hante la royauté. À cette époque où la dynastie des Valois porte difficilement la responsabilité de la paix civile[32], le recours aux préceptes d'une moralité absolue témoigne de l'extrême vulnérabilité de la couronne[33].

Lorsque Chappuys fait allusion au principe du droit divin qui semble appuyer la coutume de la succession dynastique[34], le choix de ce motif

---

[31] Ces vers apparaissent dans l'opuscule que Dorat publia à Paris la même année, *In Henrici III. Regis Galliæ, / et Poloniæ, Fœlicem / Reditum, Versus, in fronte Domus / publicæ Lutetiæ urbis ascripti, quo / die Supplicationes et Ignes / solennes publico conven- / tu celebrati sunt...*, F. Morel, f. Aiiᵛ.

[32] Comme en témoigne la publication d'ouvrages comme, en 1573, le célèbre *Franco-Gallia* de François Hotman, en 1574, le *Du droit des magistrats* de Théodore de Bèze.

[33] P. Chevallier, *Henri III. Roi shakespearien*, Paris, Fayard, 1985, p. 257-260.

[34] Pour situer le principe juridique, voir R. Giesey, *The Juristic Basis of Dynastic Right to the French Throne*, Philadelphie, American Philosophical Society Transactions, nouvelle série, 51, 5, 1961.

ne tient pas uniquement aux aléas inventifs de l'éloquence cérémonielle. L'intérêt véritable est celui d'une apologie complexe, que les distiques de Dorat ne communiquent pas. Il s'agit d'abord de justifier le départ clandestin en direction de Venise, fuite dramatique et controversée que Guy du Faur de Pibrac, rhéteur chevronné, essaiera d'expliquer à Cracovie l'année suivante. Mais la diplomatie constitue aussi une manière de renforcer la politique intérieure, car il s'agit ensuite, et à titre égal, de la légitimité absolue du nouveau règne. Les vers de Chappuys annoncent ainsi l'initiative diplomatique nécessaire en Pologne. Le poète cherche surtout, en déployant son éloquence, à soutenir l'effort pour conjurer la tension des intérêts conflictuels qui, ayant divisé la cour pendant tout le règne de Charles IX, menacent plus que jamais la stabilité du royaume.

Le récit

Dans son éloge d'Henri III, Chappuys emprunte le motif imaginaire de la prophétie. Ce recours aux conventions les plus anciennes de l'inspiration poétique souligne encore la primauté du thème de l'élection divine que le poète a pu évoquer dès le mouvement initial de la pièce. Tout seul, le principe de l'élection ne suffit pas à justifier en théorie la succession dynastique. En vérité, ce principe ne devient légitime que lorsqu'il est réalisé dans l'histoire. Le privilège de celle-ci semble unique dans la littérature de l'éloge royal, car c'est la mémoire collective du passé qui porte la preuve continuelle de la volonté divine. Toujours susceptible de péripéties, l'histoire constitue néanmoins une puissante ressource juridique à laquelle la poésie encomiastique a constamment recours. Le fondement symbolique de l'entrée lyonnaise d'Henri III réside, pour sa version écrite, dans cette harmonie de la prophétie avec les preuves que le passé peut offrir. Remarquons encore que les poètes et les réalisateurs de fêtes, lorsqu'ils font appel à ces témoignages, ne peuvent le faire sur le mode trop laborieux de la reprise historiographique. Ils choisissent plutôt le moyen des symboles qui, immédiatement reconnus, détiennent la charge narrative des textes et de la tradition qu'ils incarnent.

Souvent les poètes choisissent des images qui proviennent de lieux communs, c'est-à-dire d'une tradition littéraire plus large et dans laquelle la mémoire collective se joint au mythe. Cette tendance est particulièrement caractéristique de la publicité et des fêtes royales, à l'époque des rois Valois et surtout à partir d'Henri II[35]. Mais la valeur accordée au détail des références peut varier selon l'auteur et n'a rien de programmatique : l'esthétique de l'éloge royal appartient ainsi aux mouvements littéraires de l'époque. Dans ce sens, on peut affirmer que chez Gabriel Chappuys, la tendance la plus remarquable est celle de la référence continuelle à l'œuvre poétique de Ronsard. L'œuvre du Vendomois constitue pour Chappuys un véritable guide, le modèle qui lui permet d'orienter son propre travail. Le thème de la prophétie, il est vrai, ouvre aux poètes une panoplie de possibilités diverses. Alors que Jean Bonnefons exploite ce thème central à travers une mise en scène virgilienne soigneusement élaborée, Chappuys se contente de renvoyer avec discrétion au topique de la transmission céleste traditionnellement accomplie par Mercure. Le poète demande au « lyon », personnage symbolique représentatif de la ville, de présenter au nouveau roi un discours de bel accueil. Mais il note aussi que la circonstance de l'entrée exige une rhétorique tout à fait particulière. C'est à l'endroit de son éloquence de commande que l'on peut examiner l'aspect littéraire, « métatextuel », grâce auquel Chappuys s'allie explicitement à une tradition symbolique.

A l'intérieur de cette tradition devenue significative sur le plan de la politique actuelle en France, la contribution de Ronsard constitue un moment définitif. Chappuys choisit d'employer une image mythologique ancienne qui apparaît dans le discours que le « lyon » adresse au roi, image à laquelle Ronsard a pu imposer une connotation propre à l'époque des Guerres de Religion. Orateur officiel dans le poème de Chappuys, le « lyon » saura peser le sens des mots afin d'accommoder son discours aux désirs et aux susceptibilités du prince :

> Comte de point en point d'un humble affection
> De chascun citoyen l'heureuse vision,
> Apparue en dormant l'une à l'autre conforme,
> Ta langue à bien parler se façonne et se forme :
> Regarde à bien poiser ce que tu luy diras.

Cette éloquence politique confirmera la fidélité de la ville de Lyon à la lignée de Henri II. En même temps, prétend le poète, elle se conjuguera aisément avec l'inspiration des muses. Tel sera en effet, explique-t-il, le

---

[35] J. Chartrou, *Les entrées solennelles et triomphales à la Renaissance*, Paris, Presses Universitaires de France, 1928.

plaisir du nouveau roi de France, vrai « Mercure » qui, savant déjà,
connaît parfaitement la voie du Parnasse[36]. Voici une double exigence,
d'ordre à la fois rhétorique et poétique, dont l'expression laisse transparaître chez Gabriel Chappuys, au début de sa carrière, une grande affinité
avec l'esthétique littéraire de la Pléiade[37]. Elle anticipe surtout la
conclusion de la pièce, où l'auteur revendique à la manière de Ronsard la
dignité sacrée des poètes. Chappuys impose toutefois à l'orateur fictif une
condition qui, en l'éloignant de l'ancien discours sur la fureur poétique,
apporte à son travail d'imitation littéraire une nuance révélatrice.
Traduisant le songe, non d'un seul poète divinement inspiré, mais de
« chascun citoyen », les paroles du lion constituent selon cette fiction
l'œuvre d'une voix collective. Dès lors, la « prophétie » lyonnaise se
prévaut d'une autorité double. Elle prétend joindre à l'inspiration divine
la caution essentielle de la volonté publique. La complexité de cette
opération tient précisément aux antécédents littéraires dont Chappuys se
réclame. Pour le moment il suffit de remarquer que déjà le poète, lorsqu'il
conseille le lion quant à la meilleure manière de s'adresser au roi,
cherche-t-il à tresser ensemble deux topiques inventifs : celui de
l'inspiration lyrique, souvent associé au néoplatonisme de Ficin ainsi qu'à
la « fureur » poétique de la jeune Pléiade ; celui aussi de la « médiocrité » horatienne, qui, réprimant les excès dans l'expression poétique et
discursive, tempère les fureurs de l'inspiration en leur donnant comme

---

[36] G. Chappuys, *Op. cit.*, v. 94-104 : « Car quand devant ce Roy tu te presenteras, /
Propose toy d'avoir affaire à un Mercure / Eloquent et facond, qui des Muses a cure, /
Favorisant ceux la qui les vont pour suivans, / Et lesquelz à bon droit sont dits hommes
scavans, / Qui scavent de long temps et cognoissent la trace, / Qui meine le Poëte au
couppeau de Parnasse, / Ayants beu à longs traicts au ruisseau miellé / Yssu du vite pied
du grand cheval æslé, / Non un numbre infiny qui dans ceste eau barbouille / Croaçant
comme fait dans l'estang la Grenouille. »

[37] La référence au « couppeau de Parnasse » évoque le motif que Ronsard emploie
parfois lorsqu'il retrace, en termes mythiques, sa propre formation de poète. Voir
notamment la prosopopée des muses dans la « Complainte contre Fortune », adressée en
1559 au cardinal de Chatillon. Lm. X, p. 24, v. 163-169 : « Nous avions par long temps
entre nos bras chery, / Et comme nostre enfant trescherement nourry / Un Ronsard
Vandomois, luy permettans l'entrée / (Qu'à bien peu nous faisons) de nostre onde sacrée,
/ Luy permettans de boire en nos divins ruisseaux, / De toucher nostre luth, de monter aux
coupeaux / De nostre sainct Parnaze... ». Ces vers font l'écho à une variante de 1555 de
l'ode « A Phébus, lui vouant ses cheveux ». Lm. II, p. 8, v. 15-18 : « Car c'est toi qui
n'as dedaigné / De m'avoir seul acompaigné, / Quand premier je m'ivrai de l'eau / Qui
court sur le double coupeau... ».

objet les *realia* d'une expérience concrète, noyau référentiel du *sensus communis*[38].

Ces vers témoignent ainsi, chez Gabriel Chappuys, d'un effort renouvelé pour joindre les fonctions de la poésie de circonstance et de la rhétorique civile. Remarquons qu'à la différence de certains œuvres capitaux qui, comme les *Odes* de Ronsard, ont marqué l'avènement d'une nouvelle esthétique pendant les premières années du règne d'Henri II[39], la portée de cette opération va explicitement dans le sens d'une limite éthique imposée aux fureurs de la poésie inspirée. A l'époque tumultueuse des conflits religieux, deux ans après la Saint-Barthélemy, le principe éthique de la production oratoire semble briguer avec urgence une place primordiale dans la construction des discours officiels. Le conseil que le poète offre au lion souligne l'importance revêtue par ce même principe éthique, dans les exigences complexes inhérentes à la célébration des fêtes royales. D'une part, la lueur divine associée à la personne du roi se prête facilement à l'idée de la prophétie légitime, au prestige mystique de la poésie d'oracle. Animée par la fureur céleste, la voix poétique peut alors proclamer la justice absolue des pouvoirs propres à celui qui porte la couronne. Elle traduit de cette manière la volonté divine, cherchant à l'accommoder à la compréhension des hommes.

Or, ce travail de l'*accommodatio* ne procède pas sans révéler, d'autre part, un souci d'ordre éthique désormais primordial dans la représentation littéraire de la fête royale. L'importance accordée au jugement – « bien poiser » – qui doit précéder et informer l'éloquence selon les instructions du poète, donne à cette même éloquence une mesure de complexité essentielle au travail qu'elle entreprend. En d'autres termes, la sensibilité rhétorique, c'est-à-dire le jugement réflexif dont l'importance s'affirme progressivement à cette époque[40], doit tempérer la fureur de la prophétie.

---

[38] Voir à ce sujet P. Galand-Hallyn, « Les "fureurs plus basses" de la Pléiade », dans *Prophètes et prophéties au XVIᵉ siècle*, Paris, Presses de l'Ecole Normale Supérieure, 1998, p. 157-188.

[39] Selon V.-L. Saulnier, les tensions et les querelles que cette nouvelle esthétique produisit dans les rangs des poètes de la Cour royale transparaissent dans la constitution même de l'entrée parisienne de Henri II. Voir son article, « L'entrée de Henri II à Paris et la révolution poétique de 1550 », *Les fêtes de la Renaissance*, I, Paris, C. N. R. S., 1956, p. 31-59.

[40] Voir à cet effet les récents travaux de P. Galand-Hallyn et de L. Petris consacrés à Michel de l'Hôpital. L. Petris, *La plume et la tribune : Michel de L'Hospital et ses discours (1559-1562) ; suivi de l'édition du De initiatione Sermo (1559) et des Discours*

On peut même conclure avec raison qu'à travers ce processus réflexif, la
« fureur » se trouve appelée à s'infléchir fortement dans le sens d'une
pensée délibérative. Les élans mouvementés de l'inspiration occasionnelle
se laissent détourner par le souci politique fondamental qui les organise
dans une rhétorique de la Prudence. Ici, la fureur semble traduire un esprit
étranger à l'exclusivité traditionnelle de la communion sacrée du poète et
de la présence divine. Lorsque le poète souligne la portée collective du
songe qu'il décrira, il laisse présupposer le caractère profondément
symbolique, représentatif à titre unanime, de « l'heureuse vision »
nocturne dont il racontera les détails.

C'est à un tel prestige accordé aux symboles, à l'unanimité qu'ils
présupposent et qu'ils figurent, que tient le privilège exclusif de l'inspiration poétique. Mais selon la fiction de Chappuys, l'apparition symbolique,
le songe prophétique qui figure à l'avance le règne triomphal de Henri III,
constitue déjà l'objet d'une médiation complexe. Avant de parvenir à
l'oreille du roi, la matière du songe passe devant les yeux de la collectivité lyonnaise. De cette façon, le poète prétend communiquer à son
destinataire royal le sens d'une vision à la fois divinement ordonnée et
collectivement reçue. Le narrateur auquel le poète assigne la tâche de bien
« peser » ses mots, prend une première fois la mesure de cette réception
qui, désormais, informe elle aussi l'ardeur poétique animatrice de la
prophétie. C'est bien dans la mise en place de cette fiction du songe, et
de l'éloquence réfléchie qui l'assemble, que l'antique « fureur » de la
poésie occasionnelle trouve son accomplissement narratif. Le présupposé
fondamental de ce travail de la narration est celui d'un ordre rhétorique
qui inscrit l'inspiration lyrique ou prophétique dans les mouvements réglés
de l'éloquence civile. L'inspiration qui, procédant de l'autorité divine, se
révèle ensuite au regard collectif, peut ainsi légitimement rendre « l'une
à l'autre conforme » chacune des apparitions oniriques perçues par les
citoyens de Lyon la nuit avant l'arrivée de Henri.

La tâche du lion est donc celle de l'oracle auquel le poète demande une
narration précise du songe. De cette narration dont le contenu est de
caractère symbolique, le poète lui-même proposera l'interprétation. C'est
bien ici, dans ce complexe inventif qui joint la clairvoyance prophétique
à la clarté narrative, que l'on perçoit aisément la puissante complicité de

---

de Michel de L'Hospital (1560-1562), Genève, Droz, 2002, p. 142-150 ; P. Galand-Hallyn,
« Michel de L'Hospital à l'école de Salmon Macrin dans les *Carmina* », *Bibliothèque
d'Humanisme et Renaissance*, LXVI, 2003, p.7-50.

l'inspiration prophétique et de la pensée délibérative qui, en informant la construction de « récit » modeste, fonde sa valeur symbolique. Dûment averti, le lion reconnaît l'importance de la tâche qui lui incombe, celle de parler à la fois en prophète et en symbole de la ville. C'est dire que sa « prophétie » sera informée, sinon dirigée, par une conscience historique qui fait de lui le médiateur privilégié entre le passé et l'avenir. Le « lyon » est donc symbole dans la mesure où il est médiateur, le *locus* même d'une tradition collective. Dans son discours, il esquissera des figures symboliques aptes à justifier ce rôle.

Le poète mélange d'une manière curieuse la simplicité narrative, la recherche de la clarté et l'ornementation figurative. Le narrateur inspiré se montre d'abord prudent face aux exigences de son travail, cherchant surtout à raconter avec clarté les événements. On apprend ainsi que, dès l'aube, il souhaitait déjà ardemment l'arrivée du cortège princier :

> Pour voir de ces miens yeux ce qu'un paravant
> Par les yeux de l'esprit j'avois veu en songeant.

Henri de Valois, « second Phebus », arrivera à Lyon comme le soleil par-dessus les Alpes[41]. Sa venue marquera le début d'un règne glorieux, dont l'allégorie du songe permettra de connaître, à l'avance, exactement la nature. Au seuil du récit, le lion revendique la légitimité profonde de la symbolique narrative qu'il élaborera. Loin de croire qu'elle puisse tenir de l'illusion, il soutient qu'une telle vision nocturne offre, à qui sache correctement l'interpréter, la vérité même des événements futurs. Don céleste, elle exige avant tout une croyance :

> O songe bien heureux, ô veritable songe
> Tu n'es (comme l'on dit) un fantosme ou mensonge,
> Qui te pensera tel, sache que son penser
> Est faux, et qu'il ne doit ton sainct nom offenser :
> Je crois que tu es Dieu, non une fausse image
> Portant du bien et mal un asseuré presage.

---

41 Comme l'explique le « lyon » : « Le Soleil n'avoit pas de sa tresse dorée / Des hauts Alpes le front encor ensaffrané / Et ne l'avoit encor l'Aurore ramené, / Que je souhaittois voir d'une instante priere / De vous second Phebus, la celeste lumiere... »

Dans le songe, le lion joue un rôle héroïque. Son récit sera celui, non d'un observateur détaché qui énumère les images et les événements, mais bien d'un participant qui raconte à partir de sa propre perception. Au début du songe, le lion se trouve « dans le creux / d'une espaisse forest en val tenebreux », lieu d'errance dont il tient à souligner l'aspect sauvage et obscur. Ombragé par l'épaisseur des arbres, le val du songe lui paraît un « noircissant fourneau ». Une petite lueur de clarté permet toutefois de discerner, joint à ce « val ombreux » un autre val, « tout moussu par dedans » et entièrement dépourvu de lumière. De ce lieu noir, sinistre et infernal, le lion voit émerger un monstre effroyable que tout lecteur de Ronsard, en 1574, reconnaît sans peine. Il s'agit bien de l'Hydre qui, depuis nombre d'années n'a eu de cesse de terroriser la France. Chappuys la présente au moment où sa silhouette terrible sort de l'obscurité. Les yeux brûlants de ce rejeton des enfers annoncent sa présence :

> De son gosier beant sortit un Animal
> Ayant les yeux de feu qui esclairoyent ce val :
> Ceste beste sembloit un Hydre espouventable
> Portant dessus le col mainte teste effroyable
> De la forme qu'estoit cest Hydre Lerneen
> Que pres d'Arges occit Hercul' Tyrynthien

En 1569, à la suite de la bataille de Moncontour, Ronsard compare la victoire de l'armée catholique à celle d'Hercule qui, au terme de ses douze travaux, dompta l'Hydre de Lerne[42]. Dans le long poème qu'il consacre à la célébration de cette victoire, Ronsard déclare que la prouesse de Henri d'Anjou, nommé chef de l'armée royale avant la bataille, a pu dépasser celle même du héros mythologique[43]. Cinq ans plus tard, lorsque Henri d'Anjou devient Henri III, Gabriel Chappuys emprunte cette comparaison ronsardienne. Sans insister sur la supériorité du prince français, Chappuys fait valoir l'origine antique du monstre. A la différence de Ronsard, il ne prétend pas entrer en concurrence avec ses modèles, modestie qui lui permet de restituer à l'Hydre une part de son caractère primitif. En effet, le poème de Ronsard avait défini la signification courante de cette figure à l'époque des guerres civiles ; mais le puissant esprit d'émulation qui amène Ronsard vers l'appropriation des figures

---

[42] P. de Ronsard, *Œuvres complètes*, édition de Paul Laumonier, t. XV, p. 377-387.
[43] *Ibid.*, p. 382, v. 89 sq.

antiques fait qu'il leur accorde aussi une signification française concrète, spécifique et identifiable. Or, la tâche rhétorique de Chappuys est d'un caractère sensiblement différent. Ainsi bénéficiaire de l'inventivité ronsardienne, il se trouve libre d'exploiter la suggestivité polyvalente d'une référence qui n'affiche pas les marques immédiates de sa source. Sans évacuer la connotation politique de l'Hydre – la « beste énorme » qui menace la France –, Chappuys évoque une nouvelle fois la force originelle de la figure mythique.

Véritable emblème des exploits guerriers du duc d'Anjou, l'Hydre figure aussi la disharmonie politique et religieuse qui, depuis le décès de Henri II, agite le royaume et trouble la stabilité même de la couronne. C'est contre cet animal légendaire que le lion, héros du songe, engage tout seul la lutte. Mais au moment de sa victoire, il s'aperçoit d'une nouvelle présence. Au milieu même de l'obscurité, un chasseur vigoureux apparaît, « plein de grandeur et de gloire ». Immédiatement, le lion consacre sa victoire à l'honneur de ce nouveau personnage qui illumine toute la scène. La description de son geste d'hommage clôt la narration du songe :

> Une double couronne apres luy lon portoit,
> A son sceptre une sphere excellente pendoit,
> Il tenoit un espieu qui esclaircissoit l'ombre
> S'estendant sur le val de ceste foret sombre.
> En sa face il portoit la majesté d'un Dieu :
> Je me couche à ses pieds sans craindre son espieu,
> Il me feit la faveur me toucher de son sceptre
> Et de me caresser de sa puissante dextre...

L'image conventionnelle de la chasse confirme le rapport d'harmonie qui subsiste entre le roi et la ville de Lyon. Evidente est l'attitude de soumission et d'obéissance que le lion marque envers le roi. Mais son rôle actif et même héroïque montre aussi la complexité de ce rapport. Lorsque le lion place les dépouilles de l'Hydre devant les pieds du chasseur, son geste semble exiger une certaine réciprocité de ce nouveau venu dont il reconnaît, toutefois, explicitement l'autorité. Le don de la prouesse héroïque pétitionne ainsi celui de la faveur royale. De cette faveur, l'affirmation est de caractère résolument symbolique : le contact, d'abord du sceptre, ensuite de la main qui caresse, scelle le pacte moral qui, ici figuré par l'échange de « dons », lie le seigneur et son peuple. Par la grâce de son toucher[44], le roi s'affirme reconnaissant d'une fidélité mutuelle qui l'attache à la bonne ville de Lyon.

Après le travail apologétique du premier mouvement de la pièce, où le poète s'efforce d'expliquer le départ brusque de Henri vers Venise ainsi que son retour en France, le deuxième mouvement présente le récit qui réside au cœur de l'éloge du nouveau roi. Le récit du « lyon » est symbolique non seulement grâce à l'identité du narrateur, mais aussi en raison de sa fonction médiatrice entre le passé qu'il évoque sous la forme du mythe de l'hydre et l'avenir qu'il figure sur le mode de la prophétie. Ici, l'échange des dons, des dépouilles de l'hydre contre la caresse royale, marque le point culminant de ce récit symbolique.

L'interprétation

À la suite de sa description du songe, le lion propose une interprétation du récit qu'il vient d'élaborer. Dans cette dernière partie du texte, le poète accorde une identité supplémentaire – et révélatrice – au Lyon, héros de la chasse et porte-parole des citoyens. Quatre vers dévoilent le sens littéral de la chasse. A Henri III, le Lyon promet une nouvelle conquête de l'hydre :

> Du songe nous voyons, ô Roy, l'experience :
> Vous estes le chasseur plain de gloire et puissance,
> Et je suis le Lyon qui d'un cœur vertueux
> Ay l'Hydre combatu, à scavoir vos haineux.

Ainsi, le triomphe du Lyon symbolise non seulement la fidèle obéissance de la ville, mais aussi le concours de l'éloquence et de l'invention poétique à la cause royale. Le poète propose de consacrer ses talents au service du nouveau souverain. En cela, Chappuys s'inscrit dans une tradition symbolique déjà bien établie. Pendant le règne de Charles IX, les

---

[44] Sans que le roi touche aux écrouelles, le caractère solennel de son geste n'est pas sans rappeler cette tradition qui repose sur la légitimité sacrée de la personne royale. M. Bloch, dans *Les rois thaumaturges*, Paris, Armand Colin, 1961, p. 138, remarque à cet effet : « (qu')au sortir des crises graves qui ébranlèrent à plusieurs reprises les dynasties françaises et anglaises, lorsqu'il s'agissait de réparer les accrocs faits à la popularité de la maison royale, c'est presque toujours le cycle de la royauté sacrée, et spécialement le pouvoir thaumaturgique, qui fournirent à la propagande loyaliste ses thèmes de prédilection. »

écrits, parénétiques, allégoriques et fictifs, qui déploient le motif de la
chasse furent fort en vogue, succès renforcé encore par la publication en
1561 du célèbre traité de Jacques Du Fouilloux[45]. Cette tendance relève
bien évidemment d'une tradition médiévale[46] que la maison de Valois
adopta sans peine[47]. En 1539, trente-cinq ans avant l'entrée lyonnaise
d'Henri III, le poète Hugues Salel invitait François Ier et Charles Quint à
faire de conserve une partie de chasse lors d'une détente temporaire dans
les hostilités entre la France et l'Empire. Selon la fiction de Salel, les
deux rois tuent à l'occasion de cette chasse festive le redouté « sanglier
Discorde » qui sévissait alors dans toute l'Europe[48]. Or, il va de soi que
la scène politique en France s'assombrit avec la succession des règnes.
L'Adversaire mythique du héros de Jarnac et de Moncontour n'est plus
la proie de chasse cérémonielle qui, dans l'harmonie éphémère suivant la
paix de Nice, devint l'œuvre modeste d'une diplomatie rhétorique bien
allègre. Dans le texte que Gabriel Chappuys publia en 1574, dès l'aube
du règne d'Henri III, c'est donc l'identité de la bête chassée qui paraît
significative.

Trois ans après Moncontour, les événements d'août 1572 viennent
marquer une époque dans la représentation symbolique de la vie en
France. En effet, l'arrière-plan historique, celui de la nuit de la Saint-
Barthélémy, semble justifier le symbolisme noir, à la tonalité tragique, qui
transparaît dans le poème de Chappuys. De 1539 à 1574, la bête
menaçante de la chasse royale se transforme en véritable monstre. Dans
l'imagination poétique à l'œuvre depuis l'époque du « prédécesseur de la
Pléiade » que fut Hugues Salel, la tension perpétuelle entre la France et

---

[45] J. Du Fouilloux, *La Vénerie*, Poitiers, Marnefz et Bouchetz frères, 1561. Edition
moderne de G. Tilander, *La Vénerie ; et l'Adolescence*, éditées avec introduction, glossaire
et 100 gravures sur bois d'après l'édition princeps de 1561, Karlshamn, Johansson, 1967.

[46] C. de Saulnier et A. Strubel, *La poétique de la chasse au moyen âge : les livres de
chasse du XIVe siècle*, Paris, Presses universitaires de France, 1994.

[47] Comme l'œuvre de Ronsard en témoigne par le recours fréquent à cette thématique.
Voir D. Boccassini, « Petrarchismo et arte venatoria nelle *Amours de Cassandre* : "franc
de raison, esclave de fureur" », *Ronsard e l'Italia, Ronsard in Italia*, Fasano, Schena
Editore, 1988, p. 113-125.

[48] Sur la célébration poétique de cette rencontre de François Ier et de Charles Quint, voir
V.-L. Saulnier, « Charles Quint traversant la France : ce qu'en dirent les poètes français »,
dans *Les fêtes de la Renaissance* t. II, Paris, 1956, p. 207-233 et mon article, « Poétique
de la diplomatie : Hugues Salel et l'entrée de Charles Quint en France (1539-1540) »,
Réforme, Humanisme, Renaissance, 55, décembre 2002, p. 51-67.

l'Empire cède la place graduellement au souci de l'harmonie intérieure et aux dangers du conflit civil. Disparu le sanglier, c'est désormais l'hydre qui menace la paix du royaume. En 1569, au lendemain de la victoire de l'armée catholique à Moncontour, Pierre de Ronsard annonce triomphalement la mort de cet ennemi monstrueux. Quant à l'identité réelle de l'« Hydre », Ronsard ne laisse subsister aucun doute : c'est le mouvement protestant, le parti de la « nouvelle opinion » qui se répand avec succès dans les villes de province. Ce texte apparaît au sein du recueil collectif qui, édité à Paris par Jean Charron, comporte les signatures d'un bel éventail de poètes. Le lecteur y trouve notamment Jean Dorat « *pœta regius* », Ronsard, Jean-Antoine de Baïf, Nicolas Vergèce, Rémy Belleau, Amadis Jamyn[49]. Dans « l'hydre deffaict, ou la Louange de Monseigneur le duc d'Anjou, frere du Roy », Ronsard compare les prouesses du jeune duc d'Anjou aux exploits rhénans de son père. Autrefois, en effet, Henri II avait remporté une grande victoire :

> Mais ces subjects pour lors estoient uniz,
> Qui sans discord, chacun en son office,
> A ce bon Roy faisoient humble service :
> Où ce grand duc a trouvé les François
> Tous divisez de vouloir et de loix,
> Qui forcenez sacageoient la province,
> Faisant sonner le fer contre leur Prince,
> Tant peult le peuple aux armes ehonté,
> Quand sa vertu la malice a domté,
> Et par l'effort d'une jeune prudence,
> Des partiaux a froissé l'impudence,
> Le fer au poing, leur emplissant le cœur
> D'obeissance et de honte et de peur[50].

Sensible à la teneur différenciée des circonstances, Ronsard laisse croire que ce jugement comparatif, prononcé en faveur du jeune duc d'Anjou ne relève pas de la pure flatterie. Le poète se donne comme tâche de bien accommoder son discours à la circonstance qu'il entreprend de célébrer. Il cherche également à mettre en relief la vertu de la personne dont il

---

[49] *Pœanes sive Hymni in triplicem victoriam, felicitate Caroli IX. Galliarum Regis invictissimi, et Henrici fratris, Ducis Andegavensis virtute partam. Joanne Aurato poëta regio et aliis doctis poëtis auctoribus*, Paris, Jean Charron, 1569, p. A^{iiii}.
[50] Lm. XV, p. 379, v. 30-42.

chante l'éloge. L'effort de l'*accommodatio* comporte ainsi un véritable travail d'interprétation, qui transparaît non seulement dans la fine compréhension des réalités de l'occasion, mais aussi dans la texture imaginaire de la louange. Lorsqu'il essaie d'identifier la menace symbolisée par l'hydre, Ronsard se réfère au « peuple aux armes éhonté », qui, trop orgueilleux, ne se range plus à la loi catholique. Or, dans son œuvre, ce *topos* n'est pas réservé à la seule allégorie politique. Ronsard a souvent exprimé, à l'instar d'Horace, sa méfiance de la diversité des goûts et opinions « populaires ». Un exemple célèbre suffit à montrer qu'en 1569, l'emploi de ce topique ne constitue pas une nouveauté d'expression propre à l'occasion de la victoire de Moncontour. Dans les premiers quatrains de la *Continuation des Amours* publiée en 1555, une question rhétorique, calquée d'Horace[51], posée à Pontus de Tyard, souligne la diversité parfois conflictuelle de la réception littéraire. Cette question vient résumer l'attitude du poète à l'égard de la réaction que ses premiers recueils ont suscitée. Les *Odes* et les *Amours* de Cassandre, remarque-t-il, ont appelé une variété de commentaires :

> Di moi, si tu le sçais, comme doi-je complaire
> A ce monstre testu, divers en jugement ?[52]

C'est un monstre très similaire qui, quatorze ans plus tard, se transforme en « hydre ». Pour décrire le fléau qui tourmente le règne de Charles IX, Ronsard accommode à la circonstance de la guerre un *topos* caractéristique de son œuvre antérieur[53]. Au début du règne de Henri II, lorsque la jeune Pléiade partait en guerre contre l'« ignorance »[54], la diversité

---

[51] *Epîtres* I, i, 76.

[52] Lm. VII, p. 116, v. 7-8.

[53] En effet, le travail de cette *accommodatio* constitue l'un des principaux défis de l'œuvre ronsardienne. Voir F. Higman, « Ronsard's political and polemical poetry », dans *Lire et découvrir. La circulation des idées au temps de la Réforme*, Genève, Droz, 1998, p. 466 : « What is to become of the poet-*vates*, servant of none but the Muses, when he is called on to serve the government, and to transmit a message formulated by others ? How is Ronsard, the poet who constantly professes to despise the *vulgaire*, to address the army as a whole, or the nation at large ? »

[54] Voir à titre d'exemple, l'ode IV, ii, « A Bouju Angevin », v. 5-12 : « Mais moi je veil que ma Muse / Répande ton nom par l'air, / Et que toute s'i amuse / Si peu qu'elle sçait parler : / Pour estre de nostre France / L'un de ceus qui ont défait / Le villain monstre Ignorance / Et le siecle d'or refait. »

inique constituait l'une des principales figurations du peuple « vulgaire ». Trait saillant de l' « opinion » populaire dépourvue de cohérence et de fondement, cette diversité suggère un mouvement néfaste et chaotique. Aussi évoque-t-elle, à l'époque des guerres civiles, la défaillance morale qui fonde la divergence religieuse.

Cinq ans après Moncontour, deux ans après la Saint-Barthélémy, Gabriel Chappuys reprend à son compte le motif de l'hydre, naguère associé à la gloire martiale du jeune duc d'Anjou. A des fins publicitaires, il entend l'inscrire dans la représentation symbolique du pouvoir royal renouvelé par l'avènement du héros catholique. Son travail immédiat, lors de l'entrée de Lyon, consiste à montrer la pertinence continuelle du motif ronsardien. Il s'agit donc, tâche ardue, de consacrer l'image héroïque d'Henri III en la rattachant à une figuration poétique héritée du règne de Charles IX. A la fin du poème de 1569, Ronsard promet comme maint autre de toujours chanter la louange d'Henri[55]. Il donne à la victoire de Moncontour une dimension mythique, comparant la prouesse d'Henri d'Anjou à celle d'Apollon vainqueur du serpent pythique. Chaque année, « devant le temple à la feste ordonnée », les Deliens célèbrent la victoire apollinienne :

> Et je diray comme nostre Appollin,
> Ce jeune duc, ce guerrier Herculin,
> Esleu de tous Cappitaine publique
> Coupa les chefs au serpent Hugnotique,

---

[55] A cette époque, la louange triomphale d'Henri d'Anjou accompagne celle de son frère royal, comme les derniers vers de « L'Hydre deffaict... » le montrent : « Devant le Temple, à vous, freres, sacré, / Soit à la pleine, ou au milieu d'un pré, / Me souvenant de voz belles conquestes, / Feray des jeux et chomeray voz festes. / Nœud dessus nœud un chapeau je pliray / Dessus mon front, ma teste j'empliray / De vin d'Anjou jusqu'aux levres moillée, / Et de la nuict d'estoilles habillée / Jusques au jour je diray vos honneurs, / Freres divins, noz Hercules sauveurs, / Vous invoquant tous deux dés votre enfance, / Comme les dieux qui ont sauvé la France. » (Lm. XV, p. 379, v. 30-42). P. Laumonier note que « toute cette fin est une imitation originale de la fin de deux odes d'Horace à Auguste » (ibidem, n. 1). Ronsard, à travers l'imitation de son modèle antique prétend sceller un pacte avec le duc d'Anjou et Charles IX. La faveur seigneuriale sera généreusement récompensée par le poète, selon la même loi de « l'économie des cadeaux » qui réglait les rapports entre Horace et l'empereur. Sous la plume de Ronsard, la défaite de l'hydre devient ainsi l'occasion d'une promesse de fidélité. Le service qu'il promet de rendre au duc prendra la forme de cadeaux poétiques, d'offrandes placées devant le temple des deux frères.

> Lequel avoit ce Royaume embrazé,
> Fouillé les morts, sacrilege brizé
> Les Temples saincts, honny nos bons Images,
> Et d'un beau nom couvert ses brigandages[56].

La comparaison avec ce texte de 1569, dans lequel Ronsard développe le motif de l'hydre comme figuration de la religion réformée, permet de mesurer l'importance symbolique du rôle assumé par le « lyon » dans les vers qui commémorent l'entrée lyonnaise du 6 septembre 1574. Chez Gabriel Chappuys, c'est bien le « lyon » qui tue l'hydre sous le regard de Henri. Elle-même séparée de la violence, la personne royale se contente d'accepter d'un geste serein et approbateur les dépouilles de la bête conquise. Au lieu de présenter le chasseur – Henri – comme ce héros dont la vertu guerrière tranchera la tête à l'hérésie, c'est au « lyon » que le poète donne le beau rôle du vainqueur. Lorsqu'il émerge discrètement de l'obscurité, Henri maintient une réserve cérémonielle. Cette attitude de réserve assure le contraste entre les deux versions de la chasse.

Un changement aussi significatif dans l'attitude du héros de Moncontour suggère que, d'une part, Chappuys reconstruit le *topos* héroïque selon le caractère précis de l'événement publique. L'action du récit figure ainsi le rapport de fidélité qui subsiste entre la ville et le prince. Cette condition propre au symbolisme narratif ici mis en œuvre détermine un changement dans la configuration même de l'allégorie : le rôle héroïque est désormais celui de la ville et non du prince. D'autre part, cet agencement dans le récit relève d'un travail d'accommodation qui doit rendre compte d'une condition extérieure au texte. Il témoigne en effet d'une altération complexe dans le rayonnement symbolique de la figure princière : Henri de Valois. « Condition pécheresse illustrée comme dans les tragédies par un roi, l'histoire d'Henri III tourne en symbolique », affirme M.-M. Fragonard à propos de la représentation, rétrospective, de Henri III dans les œuvres d'Agrippa d'Aubigné[57]. Or, il paraît que, dès son avènement à la couronne, la représentation publique du dernier des rois Valois ne reflète pas seulement la lutte propagandiste et publicitaire au lendemain de la Saint-Barthélémy. Elle porte également l'empreinte d'une

---

[56] Lm. XV, p. 386, v. 185-192.
[57] « Stratégie de la diffamation et poétique du monstrueux : d'Aubigné et Henri III », *Henri III et son temps, op. cit.*, p. 53.

réflexion actuelle, en voie d'évolution rapide[58], sur la valeur même des
signes qui peuvent, tantôt projeter l'image royale, tantôt figurer sa
présence[59]. Au début du règne, Gabriel Chappuys s'efforce d'inscrire la
figure du roi dans une esthétique littéraire déjà fortement codifiée, celle
de la Pléiade et notamment de Ronsard. Associée à la tradition des Valois
depuis l'avènement de Henri II, cette poétique évoquait dès ses débuts, sur
le ton de la nostalgie, la sagesse et la générosité de François Ier, père des
lettres en France[60].

Tel serait donc, sur le plan de la symbolique royale, la tradition dont
hérite Henri III. En affichant son allégeance à l'école de Ronsard,
Chappuys espère plaider en faveur de la continuité dynastique à laquelle
Henri, en ce qui concerne le domaine culturel, ne manquera pas de donner
suite[61]. La transformation, non seulement du rôle du prince dans l'épisode
de l'hydre, mais aussi de la signification même attachée à ce monstre
merveilleux, permet d'en rendre compte. Sous la plume de Chappuys,
l'identité de l'hydre ne se limite plus aux tenants de la Réforme. Elle
inclut désormais tous ceux qui portent préjudice contre Henri : « à sçavoir
vos haineux ». De prime abord, par défaut d'un référent véritable, cette
formule paraît relever de l'abstraction paresseuse. Lorsqu'on considère

---

[58] M. McGowan a tracé quelques péripéties de cette « évolution » durant le règne
d'Henri III. Voir son article, « Les images du pouvoir royal au temps de Henri III », dans
Théorie et pratique politiques à la Renaissance, XVIIe colloque international de Tours,
Paris, Vrin, 1977, p. 301-320. L'auteur cite le livre VII de l'*Histoire universelle* de
Jacques-Auguste de Thou, art. cit., p. 312 : « Du vivant de Carle IX personne ne paraissait
plus digne du trône que Henri, et tout le monde souhaitait l'avoir pour maître ; à peine
fut-il arrivé, qu'on s'en dégoûta jusqu'à augurer fort mal de son règne. »

[59] L'analyse de M.-M. Fragonard montre que dans les écrits de d'Aubigné, cet enjeu
deviendra tout à fait explicite, fondera même la critique idéologique du personnage, art.
cit., p. 54 : « La personnalité d'Henri III, effectivement anxieux du salut et d'une dévotion
plus démonstrative que la moyenne, est, pour d'Aubigné, l'antichrétien exemplaire, car il
se trompe de voie, et prend les signes de la religion pour la religion même, car il est dans
l'erreur par évidente recherche du bien. »

[60] F. Higman, « Ronsard's political and polemical pœtry », art. cit., p. 462 : « Just as
Homer "created" the Greece we know, and Virgil "created" Augustan Rome, so also
Ronsard is conscious of creating the France of the Valois. »

[61] M. McGowan, art. cit., p. 304 : « Sans exception, poètes et savants félicitaient Henri
III de l'intérêt qu'il portait aux lettres et son éloquence propre. On le donnait pour
l'incarnation « de cet Hercule gaulois tant renommé en éloquence ». Sa docte éloquence
(comme disait Ronsard) fut, pourtant, un don ambigu. Qu'avait-il à s'occuper des discours
de morale et de philosophie dans son Académie du Palais, quand les affaires de son peuple
allaient de mal en pis ? »

toutefois la fréquence avec laquelle les auteurs réaffirmaient, sans doute par nécessité dans ces années 1573-1574, le lieu commun qui remonte au siècle précédent : que les Français portent à leur souverain un amour « naturel »[62], il semble raisonnable de croire que la formule porte la preuve discrète, mais tout aussi sûre que celle fournie par des textes majeurs comme celui de Hotman, d'une intensification de la critique qui accabla les fils de Catherine de Médicis. Un recueil de circonstance, celui du poète François d'Amboise rédigé lors de l'élection d'Henri au trône de la Pologne, montre clairement cette tendance en identifiant un ennemi bien différent de celui de 1569. D'Amboise emprunte les personnages mythiques qui apparaissent dans le célèbre hymne ronsardien « A Calaïs et Zéthés ». Mais le rôle allégorique ici attribué à ces personnages fait qu'ils ressemblent au « monstre testu » qui, chez le jeune Ronsard déjà, figurait l'erreur mensongère de l'opinion publique. Dans le poème de François d'Amboise, Megere, Alecton et les « Harpies puantes » accusent faussement le duc d'Anjou et son frère Charles IX :

> Font que chacun se fasche et contre elles murmure,
> Hardies à mentir publient que le Roy
> Et son frere manquans de leur promise foy

---

[62] Il convient de citer deux exemples, significatifs, de cette pratique généralisée. Dans l'épître *Ornatissimi Cuiusdam Viri, De Rebus Gallicis, ad Stanislaum Elvidium*, publiée à Paris en 1573 par Frédéric Morel, Guy du Faur de Pibrac évoque ce lieu commun dans son explication des événements de la Saint-Barthélémy, p. 6 : « Adde vero nunc etiam, si placet, propriam et singularem Gallicæ gentis laudem, ni fallor, et gloriam : Nulla unquam natio Regium nomen et imperium sanctius coluit, nulla maiore animi propensione atque impetu, nulla certiore fide, pro Principibus suis stetit. Ab illis cognosci et nominari, magnum et fortunatum ducimus : eorumque aspectu (quanquam omnibus pateat) non secus ac novo sydere, quotidie delectamur. Quod apud cæteros omnes fere gentes, pauci homines, eruditi præceptis sapientiæ, consequuntur, ut in Regibus divinum numen agnoscant, et in ipsorum securitate, fortunam et salutem publicam intueantur, *id nos Galli a natura hausisse videmur* : simulatque enim editi ac suscepti in lucem sumus, sine doctore, sine magistro, in eam unam rem certatim incumbimus, ut de Regibus nostris bene mereamur si possumus, aut saltem, nunquam nisi divine cogitemus. » L'année suivante, lors du retour d'Henri, Antoine Fumée reproduit le *topos. Panégyrique pour la bienvenue et retour du Tres-Chrestien HENRY, Roy de France et de Pologne... op. cit.*, f. 6ᵛ : « Mais ces droicts de la vraye coronne de France sont imprimez aux cueur des Roys et subjects, et ne s'en peuvent departir. Dont l'un des fleurons de ceste coronne est, que les Françoys ont de tout temps aymé leurs Princes, et de telle affection qu'ils n'ont espargné ne bien ne vie pour conservation d'iceux. Et en recompense les Roys sont si aymables, *que ce seroit contre nature*, de ne les aymer point ou peu. »

Ont trempé dans le sang et és gorges couppees
Des subjectz conjurez le fil de leurs espees[63].

L'ennemi à combattre n'est plus précisément celui de l'hérésie. Il s'agit
désormais d'un monstre bien plus insidieux et destructeur : c'est la
diffamation stridente et calculée, principal moyen de la guerre des
pamphlets. Aussi l'œuvre de Ronsard devait-il paraître exemplaire dans
ce contexte polémique. Défenseur de la foi orthodoxe au début du règne
de Charles IX[64], le Vendomois, pris à parti par de nombreux adversaires,
avait engagé une bataille de la plume contre ces détracteurs partisans et
notamment contre Théodore de Bèze[65]. Vers la fin du poème qui célèbre
le retour en France de Henri de Valois, Gabriel Chappuys déclare
ouvertement son affinité à la poétique de Ronsard. Dans cette déclaration,
il reproduit un *topos* souvent pratiqué de la Pléiade. Chappuys convie le
cénacle des poètes[66], en particulier ceux qui méritent de connaître la
générosité du nouveau roi. Sa liste comporte les noms d'anciens membres
de la Brigade qui s'étaient mobilisés contre l' « ignorance » au début des
années cinquante, mais elle nomme également des poètes plus récents.
Loin de se contenter d'une évocation sur le mode nostalgique des
grandeurs passées, l'auteur intègre habilement l'une à l'autre deux
générations de poètes de la cour. Il apprend à Henri ce qu'il pourra

---

[63] François d'Amboise, « De l'imposture des calumniateurs de Monseigneur le Duc
d'Anjou à présent Roy de Pologne. Fait à Varsovie, et attaché en Latin aux portes de la
grand'Eglise. » La pièce apparaît dans le recueil publié en France la même année : *La
Pologne, Au tres-victorieux roy Henry, sur les occurrences de l'election, et observations
des choses plus dignes de memoire veües par l'autheur en son voyage. En diverses
langues*, Paris, 1573. Le mélange de pièces (et parfois de versions) latines et françaises
dans ce recueil suggère que l'auteur vise un objectif publicitaire complexe, cherchant à
faire l'apologie d'Henri en France à partir du travail de soutien dont il s'acquitta en
Pologne. La version originale, nettement plus brève que la française, comporte les vers
suivants qui correspondent à la citation : « Et populos sermone replent, pravique tenaces
/ Sollicitant, regem Carlem, Henricumque suorum / Profudisse animas, mentiri turpiter
audent. »

[64] D. Ménager, *Ronsard. Le Roi, le Poète et les Hommes*, Genève, Droz, 1979,
p. 195 sq.

[65] M. Smith, *Ronsard et Du Bellay versus Bèze : allusiveness in Renaissance literary
texts*, Genève, Droz, 1995.

[66] Voir ainsi L.-G. Tin, « Les *Amours* de Cassandre : un concours poétique »,
Bibliothèque d'Humanisme et Renaissance, LXII, 2000, 2, p. 249, n. 1.

recevoir des hommes de lettres qui l'entourent[67]. Le plus grand des dons viendra toujours de Ronsard :

> Cherissez donc tousjours un Ronsard Tymbreen,
> Et d'autres animez d'Apollon Cinthien,
> Un Baif, un Belleau, un Filleul, un d'Amboyse,
> Mais cherissez sur tout la Muse Vandomoyse,
> Qui de vous (triomphant du Dieu Bistonien
> Que vous pouvez tenir serré sous le lien)
> Fera, Roy valeureux, la memoire eternelle
> Par une Henriade et autre œuvre nouvelle.

Cette promesse d'une épopée de Ronsard en l'honneur du nouveau roi n'a pas échappé à la critique. M. Simonin a souligné la volonté du panégyriste d'introduire avec solennité une nouvelle époque de gloire littéraire, celle de Henri III[68]. Plus récemment, D. Bjaï, dans une étude consacrée à *La Franciade*, corrige l'hypothèse de P. Champion selon laquelle Ronsard aurait « formé le projet d'une *Henriade* »[69], ce dont les vers de Chappuys – pourtant de caractère fort imprécis – seraient l'indice[70]. De toute évidence, Chappuys n'envisage rien d'aussi concret. Mais il appelle de ses vœux une floraison littéraire qui, en marquant la gloire particulière du règne de Henri III, donnera continuité à la tradition poétique associée à la maison de Valois.

L'éloge du nouveau roi se conjugue ainsi, vers la fin du poème, avec celui de Ronsard. A cette époque, les autres membres du groupe invoqué par Chappuys avaient déjà mis leur plume au service de Henri. Membres de la Pléiade, Jean-Antoine de Baïf et Rémy Belleau contribuèrent des

---

[67] V. 190-193 : « Vostre honneur sera dit en mille et mille modes / Loué d'un grave vers chanté dedans les odes / Par le poète espris de divine fureur / Appuyé maintenant dessous vostre faveur... ».

[68] M. Simonin, *Pierre de Ronsard*, Paris, Fayard, 1990, p. 338 : « On ne peut plus clairement dire que *La Franciade*, œuvre peu nouvelle, souffrait en outre d'avoir été en quelque sorte annexée par Charles IX jusque dans sa forme. A roi neuf, nouvelle inspiration. Henri III ne sera pas déçu. »

[69] D. Bjaï, *La Franciade sur le métier. Ronsard et la pratique du poème héroïque*, Genève, Droz, 2001, p. 395.

[70] *Ibidem* : « Deux pièces successivement adressées, à quelques mois d'intervalle, au jeune souverain sont plus éclairantes sur les véritables dispositions du poète : le « Discours au Roy, apres son retour de Pologne » (Lm. XVII, 17-32) et les « Estreines au Roy Henry III, envoyees à Sa Majesté au mois de decembre » (*ibid.*, 85-93).

textes à la publication collective de 1569, en l'honneur des victoires de
Jarnac et de Moncontour, dans laquelle Ronsard célébrait la défaite de
l'Hydre. François d'Amboise, ayant lui-même déjà chanté la prouesse
militaire du duc d'Anjou, composa encore le recueil intitulé *La Pologne*,
rédigé en 1573 lors de l'élection polonaise. Cette même année, Nicolas
Filleul, l'ancien panégyriste de la reine mère[71], qui côtoie d'Amboise
dans un alexandrin de Chappuys, avait offert au roi-élu une pièce de
circonstance importante pour commémorer son avènement à la couronne[72]. Comme l'a remarqué D. Bjaï, cette pièce adapte librement le
motif « historique » de la *Franciade*[73]. Une absence notable à la liste est
celle de Philippe Desportes qui accompagna Henri III en Pologne[74].
L'omission tient peut-être à la rivalité sourde, déjà implicite, qui opposait
à Ronsard le jeune et brillant poète de la Cour[75]. Elle permet d'affirmer
que Gabriel Chappuys affiche surtout des allégeances qui favorisent son
portrait du cénacle des poètes, toujours fortement redevable selon lui à
l'esthétique de la Pléiade[76]. Il revendique ainsi par son appel la vigueur

---

[71] Comme en témoigne une pièce occasionnelle qui semble dater de la décennie
précédente, le *Vœu à la Royne*, s.l., p. 7 : « Cent Nymphes nous avons, qui toutes ont esté
/ Conceues en cent ans d'Honneur, et de Beauté, / Race digne du ciel, dont trois pour
recompense / De cherir ce troupeau, mettrons en ta puissance. / Victoire la plus belle à
ton Charles sera, / Et Henry en apres Sagesse choisira. / Ton Hercule François élira la
Prouësse. / Et tousjours tu seras sus ces Nymphes maistresse. »

[72] *La Couronne à Henry le victorieux, Roy de Pologne*, Paris, Gabriel Buon, 1573.

[73] *La Franciade sur le métier...*, *op. cit.*, p. 379.

[74] Sur la présence de Philippe Desportes dans l'entourage Henri de Valois en Pologne,
voir P. Champion, « La maison et l'entourage d'Henri III en Pologne », *Humanisme et
Renaissance*, 1940, p. 288 ; J. Lavaud, *Un poète de cour au temps des derniers Valois :
Philippe Desportes (1546-1606)*, Paris, E. Droz, 1936, p. 220 sq.

[75] Sur les rapports complexes qui lièrent ces deux poètes, voir C. Faisant, « Les relations
de Ronsard et de Desportes », *Bibliothèque d'Humanisme et Renaissance*, XXVIII, 1966,
p. 323-353 ; M. Morrisson, « Ronsard and Desportes », *ibid.*, p. 294-322 ; U. Langer,
« L'*Elégie à Philippe Des-Portes Chartrain* et le problème de la succession », *Ronsard
en son IVe centenaire*, I, Genève, Droz, 1988, p. 72-80.

[76] M. Simonin relève une citation dans l'œuvre ultérieure de Chappuys qui confirme la
durabilité de cette allégeance. Voir *Pierre de Ronsard*, *op. cit.*, p. 366 : « Un Tourangeau,
Gabriel Chappuys, qui avait déjà marqué son admiration à Ronsard, au moment de
l'avènement de Henri III, récidive dans la dédicace à Desportes de sa traduction de Mario
Equicola ; il ne tient nullement l'abbé de Tyron pour le premier de son époque, mais pour
« l'un des premiers et plus excellens Poètes de nostre France, florissans en icelle : et à
celle cause, entre un bon nombre, comme ce grand Ronsard, ce docte Baïf, et autres de
vostre noble Académie. »

d'une esthétique déjà traditionnelle. En rassemblant les dons des poètes loyalistes pour les déposer aux pieds du nouveau roi, Chappuys chante la gloire d'une dynastie royale à l'heure de son crépuscule.

John NASSICHUK
University of Western Ontario

UN POUVOIR DE PAPIER ?
LES LEÇONS DE TROIS ENTRÉES LYONNAISES, 1622, 1625, 1627

Après l'échec politique de la Ligue, on assiste à Lyon à une puissante recomposition de la légitimité consulaire autour d'un principe de familiarité avec le prince, arc-bouté sur un idéal de proximité qui entend réparer les égarements dramatiques d'une municipalité ligueuse, perdue par la rupture consommée entre elle et son souverain au début de l'année 1589. Une symbolique consulaire de l'intimité royale et de la concorde s'impose ainsi sous le règne du premier Bourbon, alimentée par des gestes essentiels qui en consacrent la pertinence. L'irruption du portrait royal sur la façade de la Maison commune dès le lendemain de l'insurrection populaire qui chassa la faction ligueuse du pouvoir en février 1594, la grande entrée princière de septembre 1595 et le choix, ce même mois, du fils naturel d'Henri IV comme gouverneur de la cité, le séjour de la cour souveraine des Grands Jours à la fin de l'année 1596, la réception de la reine et la consommation de son mariage en décembre 1600, la signature, à Lyon encore, du traité de paix avec la Savoie en janvier 1601 figurent parmi les éléments les plus importants d'une dynamique de la réconciliation et d'une volonté d'union d'où les prévôts des marchands et les échevins lyonnais tiennent leur légitimité retrouvée.

Parmi les événements évoqués plus haut, les entrées portent à leur acmé ce jeu symbolique en donnant à voir le spectacle magistral d'une société unanime et à admirer le portrait exemplaire d'une cité fidèle[1]. Elles façonnent dans les imaginaires la figure d'une ville transfigurée par la présence de son prince, exprimant dans cet événement exceptionnel et grandiose la vérité absolue de son être, ordinairement travestie par le

---

[1] Marie-France Wagner, « Le spectacle de l'ordre exemplaire ou la cérémonie de l'entrée dans la ville », dans *Les arts du spectacle dans la ville (1404-1721)*, Marie-France Wagner et Claire Le Brun-Gouanvic (éds), Paris, H. Champion, 2001, p. 113-135 ; également *Le roi dans la ville. Anthologie des entrées royales dans les villes françaises de province (1615-1660)*, Marie-France Wagner et Daniel Vaillancourt (éds), Paris, H. Champion, 2001, 334 p.

quotidien et avilie par la corruption du temps[2]. Moment solennel d'une révélation identitaire, elles proclament la vérité du pouvoir dont sont dotés les maîtres de la cité. Dans le cadre chronologique défini par la décennie 1620, deux cérémonies témoignent directement de cette vocation performatrice ordinaire : celle de Louis XIII, le 11 décembre 1622, et celle du légat pontifical, le cardinal François Barberini, le 28 avril 1625. Une troisième la confirme par son approche paradoxale et parodique : celle de Bacchus et de son épouse, « Dimanche grasse », le 14 février 1627. Le choix de cette chronologie s'est imposé à nous comme le moment d'une rupture fondamentale dans l'ordre des discours de la légitimité politique du consulat lyonnais au cours du premier XVIIe siècle[3]. Il témoigne, en effet, de la maturité d'un usage politique comme il en illustre l'épuisement et l'altération, l'assurance d'un langage à produire du sens politique et de la légitimité comme son fonctionnement à vide et l'inanité grandissante de son incantation.

Aussi sera-t-il moins question ici d'aborder ces entrées comme des événements singuliers que de dépasser leur particularité pour mettre au jour le fonctionnement d'une légitimité politique – et sa précarité. À défaut, notre étude s'exposerait à deux écueils aussi redoutables l'un que l'autre. Le premier serait de perdre notre analyse dans l'amphigourique des images et des discours successivement déployés ; le second serait de succomber à l'ambition déclarée de ces cérémonies et de se laisser persuader du caractère unique de chacune d'entre elles quand notre intention, à rebours, est d'en dévoiler le caractère systémique et d'en révéler la complémentarité[4].

Ces entrées solennelles, dont plusieurs ouvrages prolongent les résonances fastueuses et s'emploient à préciser les sens subtils, déploient un double discours de gloire propre à satisfaire l'hôte comme à grandir la ville qui le reçoit. Organisées par le consulat lyonnais, elles témoignent d'une culture politique urbaine qui s'imagine encore dans l'intimité princière, qu'elle soit mondaine en 1622 ou ecclésiastique en 1625. Les constructions éphémères élevées alors portent les marques d'un discours

---

[2] Sur cette dualité de la ville ainsi saisie par la cérémonie royale, voir Daniel Vaillancourt, « La ville des entrées royales : entre transfiguration et défiguration », *XVIIᵉ siècle*, 2001, n° 212, p. 491-508.

[3] Yann Lignereux, *Lyon et le Roi. De la « bonne ville » à l'absolutisme municipal, 1594-1654*, Seyssel, Champ Vallon, 2003, 864 p.

[4] Nous nous permettons de renvoyer sur ce choix méthodologique à un précédent travail, « Les *trois corps du roi*. Les entrées d'Henri IV à Lyon, 1594-1596 », *XVIIᵉ siècle*, 2001, n° 212, p. 407-417.

politique consulaire qui affirme sa propre légitimité dans l'ombre des grands qu'il honore. Outre le regard croisé que l'on peut porter sur chacun de ces deux grands événements – et les comparaisons qu'ils autorisent –, c'est à partir d'un troisième point de vue que j'aborderai ces manifestations politiques et artistiques. En effet, ces deux festivités nourrissent l'inspiration parodique d'un ouvrage burlesque, publié en 1627, qui s'emploie à travestir la solennité de ces cérémonies en grivoiseries légères et en vers de mirliton. Accusé même par l'un des plus célèbres polygraphes lyonnais, le père jésuite Claude-François Ménestrier, d'avoir provoqué la colère divine, éprouvée dans l'effroyable épidémie de peste qui s'abattit sur la ville l'année suivante, ce petit texte permet d'être sensible, de manière originale, aux enjeux politiques qui entourent ces festivités.

Sans faire cependant l'économie d'une rapide étude des thèmes propres à chacune de ces entrées solennelles, cette mise en regard du modèle littéraire et de sa parodie contribue avec force à signaler, en cette décennie 1620, l'épuisement progressif d'une légitimité consulaire ancienne et la faillite annoncée de son système de référence. Loin de constituer un simple jeu littéraire, une innocente recréation et un aimable pastiche, l'ouvrage de 1627 s'inscrit dans une dynamique plus large d'étiolement de l'autorité consulaire qu'il porte sur la place publique : sans instruire, à lui seul, bien entendu, le procès politique d'un pouvoir défaillant, il met en lumière ses faiblesses grandissantes et médiatise l'inanité de plus en plus évidente de son fondement. Il va s'agir de mettre en relief le fonctionnement de l'entrée solennelle et sa place dans l'économie politique de la légitimité consulaire[5]. Ainsi établis comme composante essentielle de l'affirmation des pouvoirs prévôtaux et échevinaux face à leurs compétiteurs, il faudra prendre la mesure de l'essoufflement de cette idéologie politique tel que le relève le texte iconoclaste de 1627, de la rigueur de sa condamnation qui rend particulièrement compte de la gravité, comme de la pertinence, de sa critique irrévérencieuse.

Une cérémonie nécessaire

Dans l'idéologie consulaire restaurée après la Ligue, la proximité royale était tenue pour essentielle, liant la légitimité du corps prévôtal et

---

[5] Pour une étude générique de la cérémonie de l'entrée royale, voir Marie-France Wagner, Daniel Vaillancourt et Éric Méchoulan, « L'entrée dans Toulouse ou la ville théâtralisée », *XVIIᵉ siècle*, 1998, n° 201, p. 613-638.

échevinal à la personne du roi. De manière fondamentale, l'autorité de ce corps se tenait dans l'ombre de sa familiarité avec le prince. Les événements évoqués sommairement dans l'introduction rendaient compte de ce lien, régulièrement affirmé. Dans l'économie politique consulaire, il leur était ainsi dévolu le rôle de témoigner et de fonder tout à la fois cette intimité royale en s'appuyant sur les capacités performatrices des langages alors déployés, leur gestuelle comme leur rhétorique. Le système de la « bonne ville » renouvelé après les temps ligueurs à Lyon se voulait ainsi l'affirmation de la présence pérenne du souverain à demeure, ancrée dans la relation particulière de ce dernier avec le consulat. La cérémonie de l'entrée solennelle, parce qu'elle donne à voir précisément cette intimité, est en charge d'enjeux essentiels quant à la manutention d'un pouvoir consulaire assiégé continuellement par les prétentions des autres grands corps de la cité et exposé aux ambitions hégémoniques et aux sautes d'humeur des principaux représentants du roi dans la province.

Le règne d'Henri IV avait été ainsi propice à la démonstration renouvelée de ce lien, que ce soit dès les premières heures de l'insurrection qui avait imposé, en février 1594, le souverain légitime à la faction rebelle, par la médiation d'un portrait « au naturel » du roi exposé sur la façade de la Maison commune ou lors de l'exaltation des vertus personnelles du prince lors de sa glorieuse entrée de septembre 1595. Celle, en décembre 1600, de son épouse, qu'il vient accueillir à Lyon, la consommation de son mariage et la conception du futur Dauphin à l'intérieur des murs de la cité comme le choix, cinq années plus tôt, de nommer son fils naturel, César de Vendôme, alors âgé d'à peine un an, gouverneur de la cité et de la province, témoignaient exemplairement, aux yeux des autorités consulaires, de cette volonté d'union du monarque avec sa ville par l'établissement de liens intimes, personnels, dépassant la froideur d'une simple relation institutionnelle. Les échevins étant tenus traditionnellement à leur devoir de sujets, c'est également en termes de familiarité et d'amour particulier qu'ils vivaient leur relation avec leur prince. Or, précisément, c'est cette qualité d'intimité et cette dimension affective du lien qui viennent à manquer avec l'avènement de son héritier et, dès les premières années du règne, cet idéal de proximité devient de plus en plus ténu, étouffé par la marche propre d'une monarchie administrative et « exécutive »[6].

---

[6] Joël Cornette (dir.), *La monarchie entre Renaissance et Révolution, 1515-1792*, Paris, Éditions du Seuil, 2000, 503 p.

La remontée de Louis XIII vers Paris, après sa campagne contre les protestants méridionaux, conclue, le 18 octobre 1622, par la « Paix de Montpellier », emprunte la vallée du Rhône, scandée par de triomphales entrées à Arles, le 30 octobre, à Aix et à Avignon, les 10 et 16 novembre suivants[7]. Le 6 décembre, le souverain arrive à Lyon. Avertis depuis le mois de mars précédent de cette étape, confirmée à la fin du mois d'octobre, le prévôt des marchands et les échevins tiennent là l'occasion de lutter contre cette entropie du lien précédemment établi et c'est sous le signe ancien de l'incorporation des corps royal et urbain qu'ils placent d'abord le programme de l'entrée solennelle[8].

La qualité « lyonnaise » du jeune souverain, ancrée dans les imaginaires locaux du fait de sa conception à Lyon, en détermine initialement le contenu comme le soulignent les esquisses des arcs triomphaux alors conçus dans une *Imitatio Achillis* relativement inédite rapportée à la personne du monarque. Trois arcs devaient ainsi être élevés pour célébrer la conception, la naissance et l'éducation parfaite du héros grec, reflet allégorique de celles du jeune prince d'où procédaient ses illustres qualités. Plusieurs crayonnés, accompagnés de notes manuscrites, témoignent de ce premier programme mythologique auquel, finalement, le consulat substitua une composition autour du thème astrologique du « Soleil au signe du Lyon »[9]. L'un de ces dessins initiaux indiquait, au niveau du tympan de son fronton, qu'« ici faudra depeindre en emblesme les nopces de Thetis avec Peleus pour la conception de sa Majesté faicte a Lyon ». L'emblème devait être accompagné d'un vers latin, lui-même suivi d'un quatrain en français, rendant compte de l'allégorie. Le second arc initialement prévu était consacré à la naissance d'Achille. Un troisième arc, enfin, avait pour sujet l'éducation du fils de Pélée par le centaure Chiron qui nourrissait son élève de miel et d'entrailles (ou de cervelles) de lions pour entretenir son ardeur et fortifier son courage. Il s'agissait là encore d'évoquer les premiers jours du roi ainsi nourri du génie lyonnais à travers cette référence érudite à la Fable. Si ce programme relativement singulier n'a pas été suivi, le témoignage du lien particulier entre la ville et la famille royale a été cependant conservé par les organisateurs de

---

[7] Marie-Claude Canova-Green, « Révolte et imaginaire : le voyage de Louis XIII en Provence (1622) », *XVIIe siècle*, 2001, n° 212, p. 429-439.

[8] Séances consulaires du 25 octobre, 15 et 31 mars 1622, Archives municipales de Lyon (AML), BB 160, ff.92vo-93vo, ff.101vo-102vo et fol.264.

[9] AML, AA 114, pièces n°23, 25 et 26.

l'entrée qui érigèrent la capitale rhodanienne, le 11 décembre 1622, en un lieu propice à la monarchie française, en une sorte de terre de prédilection vouée par la Providence à donner des Dauphins à la royauté et à jouer un rôle essentiel dans la perpétuation de la couronne[10]. Le quatrième portique, place Saint-Nizier, destiné à porter « les présages du Soleil et de la belle Aurore », était saturé de représentations diverses de dauphins, de lions et autres « lions marins ». La relation officielle de l'entrée précisait le sens de cette station et de ces emblèmes :

> Icy la Ville de Lyon fondoit un presage sur l'honneur que le Ciel luy a fait de la conception de sa Majesté, qui luy donne le tiltre glorieux de sa vraye patrie pour avoir humé l'air Lyonnois environ les deux [sic] premiers moys de sa vie, luy donnant le courage de dire, qu'il n'appartient qu'à Lyon de porter des Dauphins[11].

Ce thème d'une intimité royale trouvait un écho supplémentaire dans la machine dressée au milieu du pont de Saône où avait été élevé le « Temple d'Apollon », consacré à la fervente et exemplaire Piété du roi[12]. Placé au centre géographique et symbolique de la ville, il s'agissait de témoigner que le roi avait son palais au cœur de la cité, de signifier qu'il en était l'âme, le principe vital à partir duquel l'union et la concorde de la ville - divisée en deux parties, Saint-Nizier et Fourvière - prenaient leurs origines et leurs forces. Sans développer davantage l'analyse de cette entrée, il faut souligner encore combien le nom adopté par la ville à cette

---

[10] La mort précoce du héros ne favorisait cependant pas l'établissement d'un parallèle parfait avec le roi que ses thuriféraires préfèrent représenter en empereur victorieux, en Persée, en Jason, en Hercule, en Mars, en Apollon Pythien, en Jupiter ou en divinité planétaire (Françoise Bardon, *Le portrait mythologique à la cour de France sous Henri IV et Louis XIII. Mythologie et politique*, Paris, Éditions A. et J. Picard, 1974, 326 p. + LII pl. et Marie-France Wagner, « Du héros au roi : le théâtre du Persée français », dans *Andromède ou le héros à l'épreuve de la beauté*, Françoise Siguret et Alain Laframboise (éds), Paris, Klincksieck, 1996, p. 427-453).

[11] *L'Entree du Roy et de la Royne dans la ville de Lyon : ou Le Soleil au signe du Lyon. D'où sont tirees quelques parallèles avec le tres-Chrestien, tres-Juste, et tres-Victorieux Monarque Louys XIII. Roy de France et de Navarre. Ensemble un sommaire récit de tout ce qui s'est passé de remarquable en ladite Entree de Sa Majesté, et de la plus illustre Princesse de la Terre, Anne d'Austriche, Royne de France et de Navarre, dans la ville de Lyon le 11 Decembre 1622*, à Lyon, chez Jean Jullieron, M.DCXXIV, in-fol., p. 123 (BNF, Lb36 2120 – Microfilm 11669).

[12] *Ibid.*, p. 81.

occasion – *Heliopolis* – rendait compte de son abandon à la toute-puissance de son roi, écho lointain de sa dévotion initiale à son prédécesseur dont témoignait alors le nom adopté le 4 septembre 1595 d'*Henricopolis*[13]. L'entrée de décembre 1622 représentait donc pour le consulat lyonnais l'occasion de démontrer – de révéler – à tous la qualité préservée de ses rapports avec le souverain, opérant comme une réaffirmation de sa légitimité malgré les avanies qui en fissuraient déjà le masque[14]. Le modèle de la « bonne ville » restauré par Henri IV liait l'autorité consulaire à sa familiarité avec le pouvoir royal : la cérémonie de l'entrée constituait le théâtre de son actualité, la répétition de la scène primitive qui lui assurait sa puissance. C'est également dans cette perspective d'un renouvellement nécessaire du mythe fondateur que s'inscrit l'accueil du légat pontifical en 1625.

Le soulèvement des Valtelins catholiques, soutenus par les forces espagnoles du Milanais, contre leurs suzerains, les Grisons protestants, dans l'été 1620, offrit au roi d'Espagne l'assurance du passage des Alpes pour ses armées en route depuis Gênes vers ses possessions septentrio-

---

[13] *Ibid.*, p. 14 et Pierre Matthieu, *L'Entree de tres-grand, tres-chrestien, tres-magnanime, et victorieux prince. Henry IIII. Roy de France et de Navarre, en sa bonne ville de Lyon, le IIII. Septembre l'an M.D.XVC. de son regne le VII. de son age le XLII. Contenant l'ordre et la description des magnificences dressees pour ceste occasion. Par l'ordonnance de Messieurs les Consuls et Eschevins de ladicte ville*, à Lyon, de l'Imprimerie de Pierre Michel, avec privilège, s.a. [Pierre Matthieu], s.d. [1595], in-4°, p. 41 (BNF, Lb35 642, Microfiche m.14716). Pour une étude plus détaillée de cette entrée, voir notamment Sébastien Charléty, « Le Voyage de Louis XIII à Lyon, en 1622. Étude sur les relations de Lyon et du pouvoir central au début du XVIIᵉ siècle (1595-1622) », *Revue d'Histoire Moderne et Contemporaine*, 1900-1901, T.II, p. 345-367 et p. 485-501 et Hélène Visentin, « L'entrée du roi à Lyon (1622) », dans *Cahier du groupe de recherche sur les entrées royales (1615-1660)*, Marie-France Wagner (éd.), Montréal, Université Concordia, 1999, p. 121-148.
[14] Sur cette dimension dynamique et théâtrale de l'entrée, voir Joël Blanchard, « Le spectacle du rite : les entrées royales », *Revue historique*, 2003, n° 627, p. 475-519. Les ambiguïtés et les réserves de la réponse royale à cette démonstration d'amour et de loyauté mettent en relief les limites et les échecs de cette politique « intimiste » consulaire, prémices supplémentaires de la faillite de ce rêve de concorde et d'union esquissée par ailleurs. L'entrée de 1622 pouvait ainsi inquiéter le consulat quant à la pérennité de son système légitimant, se voyant récompenser, pour ses déclarations d'amour et d'intimité, de demi-mesures fiscales et de témoignages d'affection royale laconiques et comptés.

nales, la Franche-Comté et les Pays-Bas du Sud[15]. La haute vallée de
l'Adda, reliant ainsi la Lombardie espagnole au Tyrol impérial, constituait
un enjeu géostratégique majeur pour le roi très-catholique depuis que la
voie maritime était fermée à ses troupes après le désastre de l'Invincible
Armada en 1588 et que le traité de Lyon de 1601 avait réduit les
possibilités de passage par la Savoie[16]. Les Français ne pouvaient tolérer
cette violence faite à leurs alliés protestants ni accepter l'impunité du
passage espagnol[17]. Après diverses menées tant diplomatiques que
militaires, le traité de Madrid, signé le 25 avril 1621, enregistra la
promesse faite par les Espagnols de restituer la Valteline aux Grisons,
mais les conditions entourant cette résolution ne pouvaient qu'en
retarder – sinon définitivement empêcher – l'exécution ou contraindre
Louis XIII à entrer en guerre contre le souverain espagnol. Aussi la garde
des forts valtelins fut-elle livrée par ce dernier aux forces du souverain
pontife auquel fut confiée également la responsabilité d'arbitrer cette
querelle grandissante. Pour chasser les troupes pontificales de la province,
une ligue, rassemblant la France, Venise et la Savoie, fut mise sur pied en
février 1623. Conscient de l'insatisfaction française et craignant les effets
d'une opération militaire conduite par François-Annibal d'Estrées, marquis
de Cœuvres, pour remettre les Ligues des Grisons dans leur souveraineté,
le pape Urbain VIII décida d'envoyer auprès de Louis XIII son neveu, le
cardinal Francesco Barberini, comme légat *a latere*, « lumière de l'Italie »
et « ornement du clergé », afin de mettre un terme à ce différend au

---

[15] Berthold Zeller, *Le connétable de Luynes, Montauban et la Valteline*, Paris, Didier
et Cie, 1879, p. 143-235 ; Rémy Pithon, « Les débuts difficiles du ministère de Richelieu
et la crise de Valteline (1621-1627) », *Revue d'histoire diplomatique*, n° 74, 1960, p. 297-
322 ; « La Suisse, théâtre de la guerre froide entre la France et l'Espagne pendant la crise
de Valteline (1621-1626) », *Revue suisse d'histoire*, n° 13, 1963, p. 33-53 ; et Sven
Externbrink, « *Le cœur du monde* et la *liberté de l'Italie* : aspects de la politique italienne
de Richelieu, 1624-1642 », *Revue d'histoire diplomatique*, n° 3, 2000, p. 181-208.
[16] Geoffrey Parker, « Le traité de Lyon et le *chemin des Espagnols* », *Cahiers
d'histoire*, n° 2, 2001, p. 287-305.
[17] *Discours sur l'estat lamentable de la Valtoline adressé au Roy. Representant la
pauvreté où ils sont reduits pour le present*, s.n. [attribué au Père Joseph], s.l., 1623, in-8°,
29 p., (Bibliothèque municipale de Lyon (BML), Rés. 315575) et *La trompette de la
Valtoline, sonnée par le Grison blanchy soubs la tyrannie de l'Espagnol. Au Roy*, s.n., s.l.,
1623, in-8°, 13 p. (BML, Rés. 315574) ; sur les pamphlets suscités par cette occupation,
voir l'érudit article de Gilles Banderier, « Quelques vers inédits d'Agrippa d'Aubigné »,
Bibliothèque d'Humanisme et Renaissance, vol. 65, fasc. 1, 2003, p. 149-154.

moment même où les troupes royales sommaient les soldats pontificaux de se retirer des garnisons qu'ils tenaient[18].

La légation de François Barberini devait affronter la fermeté du roi et de son principal ministre, le cardinal Richelieu, qui avait ainsi décidé, en novembre 1624, l'occupation de la Valteline. Il ne s'agit pas de suivre ici les particularités de cette mission diplomatique ni de s'attarder sur le détail de son séjour, mais de voir comment, à l'occasion du passage du légat par la capitale rhodanienne, son consulat mit en œuvre une nouvelle fois le spectacle de sa propre légitimité[19]. En qualité de légat *a latere*, François Barberini représente la personne même du pape : aussi se trouve-t-il doté de tous ses pouvoirs et prérogatives[20]. C'est bien en ce sens qu'il enjoint aux prélats français « de ne porter point de camail ny le

---

[18] *Recit veritable de ce qui s'est passé à la Valtoline depuis le 3 mars 1625 jusques au mois de may dernier de la presente année. L'Armee du Roy conduite par Monsieur le Marquis de Cœuvre et celle des Veniciens par Monsieur le Duc de Candale. Avec la prise de plusieurs Forts, et la mort de quelques Seigneurs et Capitaine de marque*, s.n. [A.D.S.B.], à Lyon, chez Claude Armand dit Alphonse demeurant à la grand ruë de l'hospital, 1626, in-8°, 14 p. (BML, Rés. 316025) et *Relation de tout ce qui s'est passé sur le fait et expédition de la Valteline, traduicte du latin du sieur de S. M. [Sainte-Marthe] par L. G. A.*, à Paris, J. de Villery et A. de Sommaville, 1626, in-8°, p. 49 (BNF, NUMM 94718) ; sur cette campagne militaire, voir Jacques Humbert, « En Valteline avec le marquis de Cœuvres », *Revue historique de l'armée*, n° 14/4, 1958, p. 47-67 ; sur la légation de Barberini, voir Augusto Bazzoni, « Il cardinale Francesco Barberini legato in Francia ed in Ispagna nel 1625-1626 », *Archivio storico italiano*, 1893, p. 335-360.

[19] Louis XIII, en septembre 1625, réaffirma la grande fermeté de l'engagement français. Le traité de Monzon, signé le 5 mars suivant, conclut le différend en laissant implicite-ment la Valteline aux Grisons et en rapprochant provisoirement la France de l'Espagne avant le réveil des antagonismes au début des années 1630 à l'occasion de la succession des duchés de Mantoue et de Montferrat (Edouard Rott, « Rohan et Richelieu », *Revue d'histoire diplomatique*, n° 27, 1913, p. 161-204 et Yves-Marie Bercé, « Rohan et la Valteline », *L'Europe des traités de Westphalie. Esprit de la diplomatie et diplomatie de l'esprit*, Lucien Bély (sd.), Paris, PUF, 2000, p. 321-335).

[20] Pierre Blet (S.J.), « Légat (époque moderne et contemporaine) », dans *Dictionnaire historique de la papauté*, Philippe Levillain (sd.), Paris, Fayard, 1994, p. 1013-1014 et *Histoire de la représentation diplomatique du Saint siège, des origines jusqu'à l'aube du XIXᵉ siècle*, Cité du Vatican, 1982, p. 337-343 ; Bernard Barbiche et Ségolène de Dainville-Barbiche, « Les légats *a latere* en France et leurs facultés aux XVIᵉ et XVIIᵉ siècles », *Archivum historiæ pontificæ*, n° 23, 1985, p. 93-165. Lors du second consistoire qui prenait acte de sa légation, le promu, après avoir reçu la croix, échangeait l'accolade avec le pape puis était accompagné par les cardinaux, en grande pompe, jusqu'à l'une des portes de la ville. À son retour de légation, il remettait devant le consistoire sa croix et échangeait de nouveau l'accolade avec le pape.

rochet decouvert devant luy », insignes de leur juridiction, car il prétend qu'en sa personne toute juridiction ecclésiastique doit céder devant celle du pape qu'il représente[21].

C'est donc en tant qu'*alter ego* et plénipotentiaire du pape, chargé d'une mission pacifique capitale et portant l'ambition du Saint-Siège à arbitrer la chrétienté et à imposer sa médiation entre les souverains, qu'il est reçu à Lyon, première ville du royaume à l'accueillir selon les volontés royales. En ce sens, sa mission s'inscrit, à quelques nuances près, dans la continuité des légations des cardinaux Alexandre de Médicis et Pierre Aldobrandini, le premier chargé de la négociation du traité de Vervins, signé le 2 mai 1598, entre la France et l'Espagne, le second du traité de Lyon, signé le 17 janvier 1601, entre la France et la Savoie[22]. C'est à Lyon, en effet, qu'est député par le roi le marquis de Saint-Chamond auprès du légat pour lui faire part de sa bienvenue dans son royaume et l'escorter jusqu'à Orléans[23]. Aussi l'étape lyonnaise n'est-elle

---

[21] « Relation du voiage en France de l'illustrissime François, cardinal Barberin, légat a latere de nostre Sainct Père le pape Urbain huitiesme, fait par Messire Melchior Mitte de Chevrières, marquis de Saint-Chamond, chevallier des ordres du Roy, conseiller en ses conseils, capitaine de cent hommes d'armes de ses ordonnances et mareschal des camps et armées de Sa Majesté, en 1625 », Institut de France, 64, 140 ff., fol.5 (Moriau. – Anc. Fonds, in-fol., 77). Nous remercions Clément Pieyre, qui a soutenu en 2005 sa thèse à l'École des Chartes consacrée à la légation du cardinal Barberini, pour nous avoir indiqué cette source. Anne-Cécile Tizon-Germe, « Juridiction spirituelle et action pastorale des légats et nonces en France pendant la Ligue (1589-1594) », *Archivium historiæ pontificæ*, n° 30, 1992, p. 159-230, Bernard Barbiche et Ségolène de Dainville-Barbiche, « Les légats a latere à l'époque moderne et le personnel des légations », *L'invention de la diplomatie. Moyen-Age – Temps modernes*, Lucien Bély (sd.), Paris, PUF, 1998, p. 283-293.

[22] Le premier était, en outre, chargé d'une mission pastorale importante ; Bernard Barbiche et Ségolène de Dainville-Barbiche, « Un évêque italien de la Réforme catholique, légat en France sous Henri IV : le cardinal de Florence (1596-1598) », *Revue d'histoire de l'Eglise de France*, n° 75, 1989, p. 45-59, « La diplomatie pontificale de la paix de Vervins aux traités de Westphalie (1598-1648) », dans *L'Europe des traités de Westphalie. Esprit de la diplomatie et diplomatie de l'esprit, op. cit.*, p. 555-566 et Pierre Richard, « La légation Aldobrandini et le traité de Lyon (septembre 1600-mars 1601). La diplomatie pontificale, ses agents au temps de Clément VIII », *Revue d'Histoire et de Littérature religieuse*, n° 7, 1902, p. 481-509 et n° 8, 1903, p. 25-48.

[23] « Relation du voiage en France de l'illustrissime François, cardinal Barberin... », *op. cit.*, fol. 5 vo. À la fin de la relation de l'entrée conservée dans le registre des délibérations consulaires, on peut trouver un passage très intéressant relatif aux conditions de la prise en charge du cardinal Barberini par les envoyés du roi et une évocation de la délicate question de la responsabilité – du roi ou de la ville – du financement d'une partie des

pas seulement l'occasion d'un séjour ordinaire du légat dans son voyage vers la cour ; elle représente en quelque sorte l'entrée officielle de l'envoyé pontifical dans le royaume et en ce sens, l'accueil qui lui est fait revêt pour le pouvoir royal une importance égale à celui qui lui sera témoigné lors de son entrée dans la capitale.

Averti, le 15 avril 1625, par le marquis de Villeroy, gouverneur de la province, de la volonté du roi d'accueillir le légat « avec pareils honneurs et reception que l'on fit auxd. cardinaux de Medicis et Aldobrandin, cy devant legats », le consulat se prépare à recevoir au mieux son hôte[24]. La confection du dais de la ville est sa première préoccupation : « Premierement led. sieur Picquet a esté commis pour faire faire le poisle que l'on portera a l'entrée dud. sieur legat d'etoffe de soye de la livrée de la ville ou seront les armoiries du Roy et de lad. ville en broderie et en sorte que led. poille paroisse ainsy qu'il est a propos pour l'honneur de la ville et de la dignité du subject »[25]. Les jours suivants, le consulat se charge de régler les divers préparatifs d'une telle entrée, veillant entre autres choses au bon ordre des pennonages de part et d'autre des rues empruntées par le cortège, à la qualité des tissus et des vêtements des officiers qui l'escorteront, aux problèmes de préséances entre les différents corps et compagnies de la ville. Il s'assure de la liberté des rues en interdisant toute circulation et stationnement sur le parcours et établit la liste des notables qui auront l'honneur de l'accompagner[26]. S'il décide de prendre en charge le sablage des ponts du Rhône et de la Saône, il impose toutefois aux riverains des rues du cortège de le financer eux-mêmes et leur ordonne, en outre, de les décorer, à leurs dépens, de tapisseries, précisant bien qu'il ne saurait être question de leur substituer « aucun linge » qui maculerait ignoblement la ville ainsi pavoisée.

La relation de l'entrée du cardinal légat, dans le registre des délibérations consulaires, ne constitue ensuite qu'un ample panégyrique dressé à l'honneur du prévôt des marchands et des échevins : tout ne fut, en cette journée du 28 avril 1625, qu'ordre et beauté, luxe, calme et décence. La discipline des corps, la hiérarchie des compagnies, la propreté des rues, le décor des façades portent ainsi l'empreinte universelle de l'autorité

---

dépenses du légat et de sa suite (AML, BB 167, fol. 80).

[24] Alexandre de Médicis fit son entrée à Lyon le 25 juin 1596, Pierre Aldobrandini le 16 décembre 1600.

[25] AML, BB 167, fol. 65 vo.

[26] *Ibid.*, ff.66-74.

consulaire qui trouve en cette occasion la vaste scène de sa démonstration et de son efficacité[27]. Du faubourg de la Guillotière, où le cardinal, accueilli au logis de Saint-Georges, put prendre quelque collation de confitures avant de voir défiler devant lui une partie des corps de la ville, jusqu'à la Porte-froc (seuil du quartier de la cathédrale), en passant par les rues de Bourgchanin, de l'Hôpital, de la Grenette, la place Saint-Nizier, le pont de Saône, la place du Change et la rue Saint-Jean, tout fut conforme aux volontés consulaires. À la première porte du pont du Rhône, décorée de ses armes, de celles du pape et du roi, et enrichie d'un tableau représentant la ville de Rome accompagné d'un texte latin jouant sur l'anagramme *Roma / Amor*, le légat, après qu'eurent « retenti quantité de bouette qui ont joué et coups de canon tirez », est salué par le corps de ville, en grande tenue, accompagné de mandeurs et de valets en livrée de la ville, « le tout à neuf pour icelle honnorer en cette sollenmité ». La harangue du prévôt des marchands, outre le traditionnel compliment adressé au légat, témoigne de toute la satisfaction d'un corps consulaire qui peut s'honorer de recevoir en ses murs, moins de trois ans après son souverain temporel, le plus haut représentant de la « monarchie spirituelle ». La reconstitution du cortège, qui s'engage ensuite dans la ville, inscrit dans l'espace le renforcement de la légitimité consulaire et met en scène une autorité renouvelée et raffermie. Entré seul par la porte du pont du Rhône, précédé alors par son aumônier qui portait la croix pontificale et par le gouverneur, c'est encadré par les quatre échevins, portant le dais consulaire sous lequel il s'est placé, que François Barberini parcourt les rues de la cité jusqu'au seuil de la cathédrale où les chanoines comtes de Saint-Jean viennent lui présenter un autre dais de damas rouge.

Outre un *Chant de triomphe* [...] saluant avec emphase « l'arbitre sainct de cest Empire », les presses lyonnaises de Claude Amand ont également imprimé le récit de cette entrée solennelle[28]. Essentiel à l'affirmation

---

[27] *Ibid.*, ff.74vo-79vo.

[28] *Chant de triomphe sur l'heureuse entrée dans la ville de Lyon de Monseigneur le cardinal François Barberiny, nepveu et legat de sa Saincteté au Royaume de France, le 28 d'Avril 1625*, à Lyon, chez Claude Armand, à la grand ruë de l'Hospital, à l'enseigne des trois Roys, 1625, avec Permission, in-8°, 7 p. (BNF, Ye 17961), p. 3 ; *La Magnifique entree dans la genereuse ville de Lyon, de Monseigneur l'illustrissime & Reverendissime Cardinal, François Barberin Prince-Legat. Envoyé par Sa Saincteté Urbain VIII. Au Tres-Chrestien Roy Louys XIII. Roy de France et de Navarre. Avec l'ordre et ceremonies faictes par Messieurs du Clergé, de la Justice, Prevost des Marchands & Eschevins de la ville de Lyon*, à Lyon, chez Claude Armand dit Alphonse, à la grand ruë de l'Hospital pres

d'une légitimité assaillie, le récit recourt à l'hyperbole littéraire qui instruit un idéal politique dont l'ambition est de garantir le consulat des accusations de médiocrité et d'impuissance. Il promeut ainsi l'image d'un consulat glorieux et inaccessible, exempt de toute macule. Aussi essentiel que l'événement même dont il porte la mémoire et le retentissement public, le récit participe d'une économie de la justification et d'une dramaturgie politique dont il faut plus précisément rendre compte.

Une publicité sous contrôle

Si, lors des préparatifs, le consulat veille avec un soin extrême à ce que nul désordre ne vienne perturber la belle ordonnance projetée, lequel brouillerait la leçon politique attendue, il est tout aussi attentif, en effet, à ce que les textes qui rendent compte de l'événement soit conformes aux objectifs de cette dernière et reflètent clairement l'orthodoxie voulue. La démonstration de la légitimité et de la puissance ne doit laisser place à aucune ambiguïté ; le sens de la cérémonie doit être strictement circonscrit à l'ambition consulaire[29]. Le récit de l'entrée du légat n'est ainsi qu'un décalque hyperbolique de la relation de la cérémonie conservée dans le registre des délibérations consulaires, réduisant finalement l'entrée elle-même à l'inventaire sommaire des membres du cortège pour laisser toute sa place dans l'opuscule à un chant poétique triomphal. Un préambule et

---

l'Estoille, 1625, avec Permission, in-8°, 16 p. (BNF LB36 2309). Il existe un exemplaire à la BNF, relié aux armes des Barberini, de l'édition italienne de ce texte, *La Magnifica entrata nella nobile città di Lione, dell'Illustriss. e Reverendiss. signore cardinale Barberino legato di nostro signore papa Urbano VIII. appresso la Mæstà Christianissima di Luigi XIII. rè di Francia, e di Navarra. Con l'ordine tenuto, e le cerimonie fatte in essa dal signor marchese di Villeroy governatore della provincia, dal clero, & altri ordini della città. Tradotta di francese in italiano conforme la copia stampata in Lione appresso Claudio Armando, nella strada grande dell'Hospedale vicino à la Stella 1625*, in Roma, nella stampteria di Lodovico Grignani, 1625, in-4 (BNF, LB36 2310, exemplaire manquant dans les rayons).

[29] Sur les livrets d'entrée, voir J.W. McAllister, « Essai de critique interne des livres d'entrées français au XVIᵉ siècle », dans *Les fêtes de la Renaissance*, Jean Jacquot et Elie Konigson (éds), Paris, CNRS, T.III, 1975, p. 187-200 et Florence Alazard, « Les livrets d'entrées royales : une source pour l'histoire urbaine », dans *Images et imaginaires de la ville à l'époque moderne*, Claude Petitfrere (sd.), Tours, Maison des Sciences de la ville-Université François Rabelais, 1998, p. 35-47. Joël Blanchard rappelle que « l'impact de l'entrée repose en effet sur un système de compréhension différée », que « de commentaire chronical le récit se fait traité moral et politique » (*op. cit.*, p. 478 et 497).

un artifice littéraire amplifient la relation et le chœur des Muses se trouve alors convoqué pour chanter les louanges d'une entrée magnifique et magnifiée[30]. Les premières lignes du texte donnent ainsi le ton :

> Celuy qui desireroit representer la generalle allegresse du tres-genereux peuple de Lyon, pour l'heureuse arrivee de ce grand Prince de l'Eglise Chretienne et Catholique Monseigneur l'Illustrissime & Reverendissime Cardinal François Barberin tres-digne Legat de Sa Saincteté Urbain VIII au Tres-chrestien, Tres-magnanime, & tousjours victorieux Louys Le Juste, Monarque du florissant Empire François, devroit par humbles vœux inviter le favorable secours des trois Graces Euphrosyne, Aglaye & Thalie, afin qu'à l'honneur, louange, & allegresse d'icelle : il peut (comme un Stasicrate à son Alexandre) luy former un mont Athos en Colosse Immortel. Mais vouloir donner bornes & mesure à ceste tant grande joye, ce seroit folement imiter ce pauvre rustique du passé, qui pensoit parcourir la monstrueuse haulteur de ce Colosse avec un petit pelotton de ficelle, duquel il fut plustost à bout, qu'il n'eut achevé d'en mesurer le pied[31].

Aux différents éléments convoqués par l'auteur pour exprimer la joie universelle d'une telle entrée, s'ajoutent les Nymphes, les Tritons, les Néréides, les Faunes, les Sylvains, les Dryades, les Hamadryades, les Orcades, les « Hymnides », Amalthée, Aurore, Orphée, Mercure, Apollon et les Muses pour accueillir le légat, « ange de paix et d'heureuses nouvelles »[32]. À rebours, le récit de l'entrée parisienne du légat, le 21 mai suivant, publié chez le même imprimeur lyonnais, se signale par une élaboration rhétorique très différente puisqu'il ne s'agit plus de dresser la cité lutécienne en nouveau Parnasse ni d'évoquer un concert de créatures fabuleuses, mais de procéder davantage à une relation plus précise et plus prosaïque de l'événement comme s'en explique l'auteur anonyme au début de son opuscule :

> L'ordre observé à son arrivee a esté grandement pompeuse et magnifique, et comme telle, afin de faire participants d'une telle joye, ceux qui n'ont

---

[30] Le coût considérable de l'entrée du légat et de son séjour imposait, il est vrai, d'essayer d'en retirer le bénéfice symbolique et honorifique le plus grand. Cette réception, en effet, est réputée avoir coûté à la ville plus de 10 000 L. comme l'indique un article du mémoire des dépenses de la ville, daté du 30 septembre 1627 (AML, BB 171, fol.320vo).

[31] *La Magnifique entree dans la genereuse ville de Lyon...*, *op. cit.*, p. 3-4.

[32] *Ibid.*, p. 7-8.

peu estre assistans, j'ay mis la main fidellement à la plume, pour en descrire le sujet : donc le Lecteur sera adverty que le susdit jour 21 du mois de May de la presente annee ledict sieur Cardinal arriva en l'Eglise de S. Magloire entre unze et douze heures du matin [...][33].

Dans ce traitement très différent de la précédente mise en scène dramatique d'une entrée travaillée par un imaginaire mythologique et submergée par l'hyperbole littéraire, on peut mesurer le rôle de l'emphase lyonnaise qui constitue la cérémonie du 28 avril 1625 en solennité inégalée. Dans la relation de l'entrée triomphale de Louis XIII, se donne à voir également la dimension essentielle de cette cérémonie pour le consulat, entendue alors moins comme un événement spectaculaire que considérée comme un monument politique dans son sens étymologique précis.

Face aux multiples publications suscitées par un tel événement, il importait, en effet, au consulat de faire entendre avec force sa voix. Aussi s'empressa-t-il de faire imprimer, en 1623, une relation officielle de cette entrée, intitulée *Le Soleil au signe du Lyon [...]* propre à satisfaire ses ambitions symboliques[34]. Toutefois, l'importance de ses lacunes et la

---

[33] *L'ordre veritable tenu et observe à l'arrivee de Monseigneur le Legat, depuis l'Eglise sainct Magloire jusques à nostre Dame de Paris. Tant par le Corps des Ecclesiastiques, que celuy de la Justice, et des Marchands, le Mercredy vingt et uniesme jour du present mois de May 1625*, à Lyon, chez Claude Armand dit Alphonse, à la grand rüe de l'Hospital pres l'Estoille, 1625, avec permission, in-8°, 15 p. (BML, Rés. 315 630), p. 4-5.

[34] *Le Soleil au signe du Lyon. D'ou quelques paralleles sont tirez, avec le tres-Chrestien, tres-Juste, et tres-Victorieux Monarque Louys XIII. Roy de France et de Navarre, en son Entre triomphante dans sa Ville de Lyon. Ensemble un Sommaire recit de tout ce qui s'est passé de remarquable en ladite Entree de sa Majesté, et de la plus illustre Princesse de la Terre, Anne d'Austriche, Royne de France et de Navarre, dans ladite Ville de Lyon le 11 Decembre 1622*, à Lyon, chez Jean Jullieron, 1623, in-4°, 180 p. (Bibliothèque de l'Arsenal Ra4 227[1]) ; parmi les autres relations de cet événement, citons *L'arrivee du Roy en sa ville de Lyon. Ensemble la magnificence des preparatifs, faicts pour l'entree de Sa Majesté en icelle*, à Paris, pour la vefve Abraham Saugrain, en l'Isle du Palais, au coing de la rüe de Harlay, 1622, in-8°, 8 p. (BML, 355 897) ; *La veritable representation de toutes les triomphes Magnificences, et feux d'artifices faits à Lyon, sur la Riviere de Saone en la presence du Roy. Comme aussi du Prince de Savoye, et de Madame la Princesse sa femme, fille de France, du Prince Thomas et autres grands Seigneurs de leur suitte. Avec tous les arcs, triomphaux, Fontaines, Obelisques, devises, et portaux, dressez en ladite ville pour ce subject, qui dura depuis le 11 jusques au 18*, à Paris, chez Jean Martin, rüe de la vieille Bouclerie, au gros Tournois, 1622, avec permission, in-8°, 16 p. (BML, 355 898) ; la *Reception de tres-chrestien, tres-juste et tres-victorieux monarque Louis XIII, Roy de France et de Navarre, premier comte et chanoine*

gravité de ses imperfections nécessitèrent une réimpression corrigée l'année suivante. Des protestations contre les maladresses de l'ouvrage furent ainsi prises en compte lors de la séance consulaire du 6 février 1624. Il y fut décidé d'apporter les corrections demandées et de réimprimer la relation de l'entrée. Une nouvelle version, satisfaisante cette fois, fut présentée au consulat le dernier jour de ce mois[35].

Pour s'assurer de la « bonne » lecture du spectacle reproduit, le consulat tint également à ce que le sens général de celui-ci soit donné bien précisément pour fournir « une cognoissance grossiere » au lecteur que le détail des stations et des commentaires affinera par la suite[36]. Le soin pris par le consulat pour donner de cette entrée une relation fidèle à son projet « idéologique » atteste de l'importance de sa vocation au sein d'un travail plus général de mise en scène de l'intimité royale. Outre la définition précise du programme joué et le contrôle de son sens, le consulat affirme ainsi sa volonté de

---

de l'Eglise de Lyon et de tres-chrestienne, tres-auguste, et tres-vertueuse Royne Anne d'Autriche par Messieurs les Doyen, Chanoines et Comtes de Lyon, en leur cloître et église, le 11 décembre 1622, à Lyon, par Jacques Roussin, 1622, in-fol., 67 p. (BML, 116 171) ; *La Resjouissance publique du genereux peuple de Lyon, sur l'heureuse arrivée de son Roy debonnaire Louis le Juste*, par I. P. Varin , à Lyon, par Guichard Pailly, 1622, in-8°, 16 p. (BML, Rés. 316 466).

[35] AML, BB 164, ff.35vo-36vo et fol.50. À ce sujet, on peut rappeler que le 21 décembre 1548, le consulat demanda de faire brûler les éditions « imprimées contre vérité et sans auctorité de justice » des livrets de l'entrée du roi à Lyon (cité par Joël Blanchard, *op. cit.*, p. 504).

[36] « Sçache donc que tous nos Portiques, Pyramides, Colomne, Temple, Fontaine, et autres ornemens, qui ont esté veus dans l'enceinte des murailles de la Ville, n'ont eu autre objet dans l'intention de ceux qui ont conduit cette pompe Royale, que de representer par le Soleil au Signe de son Lyon celeste, nostre Roy, lequel parcourant les villes de son royaume, comme le Roy des Planettes, les Signes du Zodiaque, est enfin arrivé dans celle, laquelle tant pour les autres rapports, que pour la semblance du mesme nom, merite justement d'estre appellee en terre le Signe du Lyon » (« Idée générale de l'entrée de sa majesté dans sa ville de Lyon. Au lecteur », *L'Entree du Roy et de la Royne dans la ville de Lyon : ou Le Soleil au signe du Lyon. D'où sont tirees quelques parallèles avec le tres-Chrestien, tres-Juste, et tres-Victorieux Monarque Louys XIII. Roy de France et de Navarre. Ensemble un sommaire récit de tout ce qui s'est passé de remarquable en ladite Entree de Sa Majesté, et de la plus illustre Princesse de la Terre, Anne d'Austriche, Royne de France et de Navarre, dans la ville de Lyon le 11 Decembre 1622*, à Lyon, chez Jean Jullieron, 1624, in-fol., 185 p. (BNF, Lb36 2120)).

> representer veritablement les choses : car voyans l'honneur de cette action deschiré miserablement par des petits livrets et papiers volans, dans lesquels certaines personnes, mal informees de la vérité, avoient couché leurs conceptions fantastiques, plustost que chose seulement approchante de ce qui s'estoit faict, et que l'autheur mesme du huictiesme Tome du Mercure, abusé par le bruict commun, donnoit l'entiere invention et disposition des pieces et ornemens de lad. entree aux R. P. Jesuites, l'un desquels veritablement y avoit beaucoup contribué de ses bonnes et riches inventions, comme avoient fait heureusement plusieurs Officiers dans la d. Ville [...].
> Lesd. Sieurs Presvost des Marchands et Eschevins seroient en faute et manquement de courage et d'affection pour leur patrie s'ils demeuroient muets en une si importante occasion, et si par un veritable recit ils ne destruisoient toutes les chimeres que Marnioles Imprimeur de Grenoble, et autres ont voulu faire passer pour veritez tres-asseurees[37].

Une relation erronée dénonce en effet la faillibilité consulaire : elle en signale la débilité et souligne l'inefficacité du corps de ville. Elle menace surtout le sens politique du dialogue tissé à cette occasion entre lui et le souverain en donnant des machines dressées une compréhension lacunaire ou fautive qui ampute la « manutention » du pouvoir consulaire d'une rhétorique précieuse[38]. Comme telle, elle constitue alors un coin enfoncé dans la démonstration de sa légitimité et, au lieu de célébrer le triomphe de l'ordre, elle insinue le doute et la remise en cause.

Des discours de l'ordre aux réalités du désordre ?

Une ville métamorphosée donnant à voir la quintessence du pouvoir consulaire, telle est bien l'ambition des milieux échevinaux qui dressent en cette occasion le spectacle exemplaire de leur autorité. La relation de l'entrée du légat est ainsi traversée par une entêtante insistance sur le silence et la discipline des pennonages qui encadraient le défilé du cortège dans la cité[39]. Cette milice bourgeoise, constituée par les troupes des 36

---

[37] *Ibid.*, « Avis aux lecteurs ».

[38] Christian Jouhaud, « Production symbolique et *manutention* du pouvoir : le cas de Richelieu (1631-1642) », dans *Les productions symboliques du pouvoir, XVIe-XXe siècles*, Laure Turgeon (sd.), Sillery (Québec), Septentrion, 1990, p. 27-44. Sur ces enjeux, voir les contributions rassemblées par Christian Jouhaud, *De la publication. Entrée, Renaissance et Lumières*, Paris, Fayard, 2002, 365 p.

[39] Olivier Zeller, *Les recensements lyonnais de 1597 et 1636. Démographie historique et géographie sociale*, Lyon, PUL, 1983, 474 p.

quartiers de la ville, rappelle à tous sa prétention à assurer elle-même la garde de ses murs. Régulièrement, le consulat députe auprès du roi l'un de ses membres pour renouveler entre les mains du chancelier son serment de fidélité et d'hommage au nom duquel il assume la garde de la ville. Il importe donc que cette troupe, sur laquelle repose la responsabilité de cette tâche insigne, soit irréprochable et témoigne d'un sens de la discipline qui illustre ses qualités martiales et fasse transparaître ses vertus. La bonne tenue des armes et des équipements, le soin dans l'alignement des hommes et le respect du silence dans les rangs – alors que le reste du peuple est convié à crier sa joie et à manifester bruyamment son allégresse – signalent la valeur et la dignité du corps. Le rédacteur souligne ainsi comment les consignes données par le consulat aux officiers pennons ont bien été observées : nul n'a tiré de coup de feu au passage du cortège ; les armes à feu étaient toutes rangées sur l'épaule des arquebusiers ; les hommes armés de piques tenaient fermement leurs armes droites ; tous s'étaient révérencieusement découverts devant le légat, leur chapeau mis sur la garde de leur épée, les pennonages formant une haie d'honneur silencieuse, décente et respectueuse de la qualité de leur hôte. Aussi les prélats accompagnant le cardinal et la noblesse du gouvernement, souligne le rédacteur, purent-ils « bien admiré le bon ordre auquel se sont tenus tous les pennonages pendant le passaige dud. Seigneur legat », se contenant en tout le devoir que l'on pouvait désirer en cette occasion[40]. Tel est le discours officiel : celui d'une ville parfaite, fidèle reflet de la perfection de ses dirigeants, tableau unanime de la vertu et de la légitimité. Ce portrait n'est-il toutefois pas trop beau, par trop parfait ? Derrière l'allégresse populaire, n'est-ce pas le désordre de la foule ? Le bel ordre des pennonages n'est-il pas lui-même d'abord le désir d'un consulat qui entend moins donner à voir la réalité d'une contingence historique qu'à enseigner la révélation ontologique du corps qu'il gouverne et à dramatiser les principes dont il se réclame ?

Humaniste, chevalier de l'ordre de Saint-Étienne, membre éminent de la *famiglia* du légat dont il était le *primo mæstro di camera*, Cassiano dal Pozzo a laissé un témoignage très intéressant sur l'entrée lyonnaise qui vient apporter quelques réponses à ces questions[41]. Ignorant les contrain-

---

[40] AML, BB 167, fol.75vo et fol.79.
[41] Bibliothèque vaticane (BV), Fonds Barb. Lat. 5688, ff. 65vo-68vo (extrait aimablement communiqué par Clément Pieyre) ; *Nicolas-Claude Fabri de Peiresc. Lettres à Cassiano dal Pozzo (1626-1637)*, Jean-François Lhote et Danielle Joyal (éds), Clermont-

tes rhétoriques de la finalité politique et autoréférentielle du récit de l'événement, il décrit les réalités d'une entrée d'où ne sont pas occultés l'imperfection, le maladroit et l'inadéquat. Le bel ordre de l'entrée et la grande décence du peuple sont-ils compatibles ainsi avec le tumultueux désordre lié au dépouillement traditionnel de la propre mule du légat et avec la vigoureuse agitation des membres de son escorte se disputant son dais ? Pratiques coutumières lors des entrées des légats, ces « détails » ne sont pas évoqués par la chronique consulaire, se coulant mal dans le moule d'un récit où l'ordre règne en maître. En effet, le vol du dais et le dépouillement de la mule, richement harnachée, participent d'une coutume « qui se garde ordinairement a une entree de legat, pour demonstrer la liberalite de laquelle il use coustumierement, rendant ses biens communs a tout le monde »[42]. Ignorée par le récit consulaire, son absence témoigne, si l'on en doutait encore, de l'écart entre l'événement et sa narration, d'une écriture militante et de son usage politique. La relation de ce témoin privilégié est ainsi particulièrement instructive. L'inquiétude de la suite du prélat avant même la cérémonie quant à ses désordres possibles est grande, comme en témoigne le souhait de l'un de ses officiers, Magalotti, de faire mettre pied à terre à certains gentilshommes pour qu'ils suivent au plus près le légat et « faire office de défense et d'opposition, au moment où l'on ferait descendre le cardinal de cheval, afin qu'il ne s'en suive pas quelques dommages ou désordres par rapport à la grande fureur du peuple qui était accouru de toutes parts »[43]. Le récit que le relationniste fait ensuite du parcours entre les pennonages armés de mousquets et d'arquebuses contraste vivement avec l'hiératisme

---

Ferrand, Éditions Adosa, 1989, 280 p.

[42] Extrait de la relation de l'entrée du légat Cætani à Paris, le 21 janvier 1590, cité par Anne-Cécile Tizon-Germe, « La représentation pontificale en France au début du règne d'Henri IV (1589-1594). Cadre politique, moyens humains et financiers », *Bibliothèque de l'Ecole des Chartes*, n° 151, 1993, p. 42. « Ces violences ont une légitimité coutumière : ce qu'on prend au légat, c'est pour manifester la libéralité de celui-ci. C'est une sorte de pourboire, accordé en premier lieu à l'escorte. La violence ne s'exerce nullement contre le légat, du moins en intention, mais entre les concurrents : c'est à qui arrachera le plus grand lambeau des riches ornements de la mule, et à qui enlèvera la bête, pour la rendre contre rançon », Marc H. Smith, « Ordre et désordres dans quelques entrées de légats, à la fin du XVIe siècle », dans *Les Entrées. Gloire et déclin d'un cérémonial*, Christian Desplat et Paul Mironneau (éds), Biarritz, Société Henri IV-J&D Editions, 1997, p. 75.

[43] BV, Fonds Barb. Lat. 5688, fol.66 (nous remercions vivement Laure Mattéi pour sa traduction).

de ce corps peint avantageusement par le consulat. Deux membres de la
suite du légat, un familier de Monseigneur Panfilio et un serviteur du
chapelain Don Santi, furent même blessés peu avant que le cortège arrivât
à la cathédrale « par leur tir continu, par inadvertance ou pas ». Si
l'enlèvement du dais, à l'aide de crochets, se fit « avec courtoisie » par
certaines personnes placées aux fenêtres, évitant de la sorte la traditionnelle lutte pour celui-ci, le légat pouvait craindre pour sa sûreté personnelle lorsqu'il mettrait pied à terre, sa mule étant alors l'objet des
convoitises d'une foule passionnée. Aussi, « imaginant le grand tumulte
qui pouvait naître s'il descendait là où tous l'attendaient, entre les soldats
et les autres habitants, se disant qu'ils en seraient facilement venus aux
mains », le légat décida-t-il de descendre rapidement de sa mule devant
la porte principale de la cathédrale et d'y entrer par une petite porte, la
laissant donc aux convoitises populaires[44]. Les inquiétudes et les
souffrances du prélat n'étaient cependant pas complètement terminées car
le lendemain, bien que « fatigué par la journée passée », il eut encore à
souffrir lors du repas public de la grande presse de la foule, de la chaleur
et du tintamarre des trompettes jouant à l'extérieur de la pièce à tel point
qu'il mangea peu ni prit plaisir à être là et qu'il « envoya quelqu'un leur
dire de cesser de jouer », leur faisant donner un pourboire pour leur
silence[45]. Entre les réalités prosaïques de la cérémonie et son récit
officiel, l'écart porte bien la marque d'une idéologie au travail.

La grande cérémonie de l'entrée solennelle et sa projection littéraire
fonctionnent donc comme un principe légitimant capital propre à
témoigner des vertus du gouvernement consulaire comme à révéler la
nature de son autorité, puisée à la source même du pouvoir souverain. À
l'occasion de ces deux entrées, elles dressent la cité en palais astrologique,
la faisant participer de la majesté royale ; elles manifestent et dramatisent
l'amour de Rome pour la France et pour la Paix, lui assurant un capital
spirituel considérable ; elles projettent la cité en un nouveau Parnasse,
l'érigeant en modèle d'ordre, d'éloquence et de vertu. Elles mettent ainsi
en scène l'efficacité échevinale et actualisent l'idée d'une proximité
princière, mondaine ou spirituelle. Elles témoignent de l'aptitude du
gouvernement de la cité à assurer la discipline des corps rangés sous son

---

[44] *Ibid.*, fol.67. Il faut noter également qu'avertis de ces pratiques, les légats ne
montaient pas leur mule personnelle lors des entrées, mais qu'ils en empruntaient une
autre pour cet exercice périlleux.

[45] *Ibid.*, ff.68vo-69.

autorité comme à ordonner la ville. Enfin, elles constituent la scène d'une reconnaissance de l'autorité politique dans l'éblouissement absolu d'une perfection qui transfigure la ville et ses habitants. Elles participent surtout d'une recréation artistique et politique du réel qui en fait des œuvres de fiction au service d'un idéal contesté : aussi peuvent-elles être des objets littéraires exposés éventuellement à des usages inattendus, voire polémiques et hétérodoxes.

Un texte iconoclaste

En 1627, une troisième entrée lyonnaise est l'occasion d'une publication importante. Sous l'apparence d'une œuvre plaisante, elle annonce pourtant le deuil de l'idéal politique consulaire brossé précédemment : du moins en signale-t-elle les limites et les insuffisances par l'usage travesti qu'elle fait du récit canonique de l'entrée solennelle. Inscrite dans une tradition burlesque liée aux compagnies joyeuses et autres confréries de la jeunesse, l'*Entrée magnifique de Bacchus avec madame Dimanche grasse, sa femme [...]* est un texte subversif non pas tant par son contenu que par son écriture même[46]. Le lecteur, en effet, n'y trouvera aucune critique explicite, aucune attaque directe à l'encontre des autorités consulaires, mais l'économie narrative même de l'ouvrage constitue une dénonciation de leurs ambitions et le dévoilement des illusions qu'ils entretiennent sur leur légitimité.

Si les autres textes auxquels il peut être comparé témoignent, dans le titre ou dans le paratexte, de leur appartenance au genre burlesque et fantaisiste, celui-ci s'emploie au contraire à produire un effet de mimé-

---

[46] *Entrée Magnifique de Bacchus avec Madame Dimanche grasse, sa femme, faicte en la Ville de Lyon, le 14 Febvrier 1627*, s.n., s.l., s.d., in-4°, 31 p. (BNF, Rés. YF 2043). Il en existe une édition moderne, *Entrée magnifique de Bacchus avec madame Dimanche grasse, sa femme, faicte en la ville de Lyon, le 14 febvrier 1627. Nouvelle édition enrichie de notes et de vignettes*, Lyon, L. Boitel, 1838, 47 p. (BNF, Rés. YE 996). Sur les confréries joyeuses et leurs manifestations, voir Nathalie Z. Davis, *Les cultures du peuple. Rituels, savoirs et résistances au 16ᵉ siècle*, Paris, Aubier-Montaigne, 1979, p. 159-209, Robert Muchembled, *Culture populaire et culture des élites dans la France moderne (XVᵉ-XVIIIᵉ siècle)*, Paris, Flammarion, 1991, p. 158-188 et Henri Weber, « Chevauchées de l'âne et plaisants devis des suppots de la coquille », dans *Conteurs et romanciers de la Renaissance. Mélanges offerts à Gabriel-André Pérouse*, James Dauphiné et Béatrice Périgot (éds), Paris, H. Champion, 1997, p. 409-421.

tisme avec le grand genre qui l'inspire[47]. L'action s'y déroulant à
l'époque du Carnaval, il peut être l'écho, vingt-quatre ans après, d'un
autre texte lyonnais, *L'exil de Mardi Gras*[48]. Mais à la différence de ce
dernier, hormis la qualité fabuleuse des hôtes célébrés dans son titre, rien
encore ne précise le caractère facétieux de cet opuscule. Il se présente
sous la forme d'un coq-à-l'âne versifié contrefaisant l'entrée d'un prince
dans la cité à travers la description de sa suite. Traditionnellement attribué
au polygraphe lyonnais Louis Garon, auteur de certaines pièces burlesques
évoquées plus haut, il fait défiler différents personnages, au nombre de
quatre-vingts, déclamant quelques vers – dépassant rarement le sizain,
certains écrits en lyonnais – légers et grivois, mais jamais vulgaires ou

---

[47] *Recueil faict au vray, de la chevauchée de l'asne, faicte en la ville de Lyon et
commencée le premier jour du moys de septembre, mil cinq cens soixante six, avec tout
l'ordre tenu en icelle*, à Lyon, par Guillaume Testefort, 1566, in-8°, 39 p. (BML, Rés.
356055) ; *Discours du temps passé et du présent, publié en la ville de Lyon, par les trois
suppostz de l'imprimerie : accompagnez du Seigneur de la Coquille, et de plusieurs
compagnons Imprimeurs en bon esquipage, avec tabourins, fiffres, timbales, et autres
instrumens, le jour des Brandons 1568 suyvant leur ancienne coustume*, à Lyon, par Pierre
Brotot, 1568, in-8°, 8 p. (BML, Rés. B 493544) ; *Recueil de la chevauchee, faicte en la
ville de Lyon, le dixseptiesme de novembre 1578 avec tout l'ordre tenu en icelle*, à Lyon,
par les trois Suppost, 1578, in-8°, 10 p. ; *Les plaisans deuis, recitez par les suppostz du
seigneur de la Coquille, le dimanche 6 Mars, 1594*, à Lyon, par le Seigneur de la
Coquille, 1594, in-8°, 21 p. (BML, Rés. 355944) ; *Plaisant devis recitez par les suppostz
du seigneur de la Coquille, le premier jour de May, 1601*, à Lyon, 1601, in-8°, 24 p.
(BML, Rés. 355942) ; *Colloque des trois suppostz du seigneur de la Coquille où le Char
trionfant de Monseigneur le Daufin est représenté par plusieurs personnages, figures,
emblèmes et énigmes. A Monseigneur d'Halincourt*, à Lyon, par les Suppostz de
l'Imprimerie, 1610, in-8°, 43 p. (BML, Rés. 316454) ; il existe également un recueil
factice intitulé *Les plaisants Devis des suppostz du seigneur de la Coquille, recités
publiquement le deuxiesme may, l'an mil cinq cens huictante un. Les plaisants Devis en
forme de coq à l'asne, recitez par les suppostz du seigneur de la Coquille, en l'an 1589.
Les plaisants Devis des suppostz du seigneur de la Coquille, extraits la plus part des oct.
de A. Z. recités publiquement le dixneufiesme de febvrier*, imprimé à Lyon, par le seigneur
de la Coquille, in-8°, 8 + 16 + 8 + 27 p. (BML, Ms Coste 1065).

[48] *Exil de Mardigras ou Arrest donné en la cour de Riflasorets establie en la royalle
ville de Saladois par lequel, nonobstant la garantie des epicurois et atheismates,
opposition des esleuz de la frelanderie, malades, pauvres, artisans, amoureux, dames
gueux et le fermier de la boucherie de Caresme, Mardygras avec tous ses suppostz est
banny du ressort et empire de ladite cour, pour le temps et espace de quarante et un jour*,
à Lyon, par les suppostz de Caresme, 1603, in-8°, 32 p. (BNF, Rés. Y2 2659).

véritablement obscènes[49]. On y chante le vin et les mets, on y célèbre les femmes et l'amour. À l'image de leur prince, sa divinité Bacchus, qui déclare :

> J'ay quitté Frontignac pour venir au Mont-d'Or,
> Et viens en ce pays celebrer mon entree.
> Je veux dans Millery conserver mon thresor,
> Et bastir mon palais dedans cette contree.
> Je changeray par tout les eaux en hypocras,
> Les arbres en jambons et les bleds en sausisses :
> Et pour l'amour de moy dessus ce pays gras,
> Le ciel fera pleuvoir du sucre et des espices[50].

l'ensemble de leurs propos est constitué de plaisantes variations sur les plaisirs des sens. Après le pays de Cocagne chanté par son époux, « Madame Dimanche Grasse » se présente comme « la Reine des grenouilles : / Deesse des Toupinamboux, / Et fâme du roi des Andoüilles », son train d'écuyers et de bacchantes s'achevant par un « Mont de Parnasse, representé par neuf lavandieres au lieu des neuf muses »[51]. Finalement, rien de bien compromettant pour l'honneur des Lyonnais et de leur consulat dans cet opuscule. Alors, comment expliquer sa condamnation absolue par un autre grand polygraphe lyonnais, le jésuite Claude-François Ménestrier, grand ordonnateur des cérémonies publiques consulaires ou princières à partir de 1655 ? En effet, pour ce dernier, la grande épidémie de peste qui frappa la ville l'année suivante et qui en décima la population est tenue pour la sanction divine de cette manifestation irrévérencieuse. La considérant comme « scandaleuse », il affirme « qu'on attribua avec raison aux impiétés de cette mascarade la peste cruelle dont cette ville fut affligée l'année suivante »[52].

---

[49] Voir notamment Denis Muzerelle, « Carnaval et défilés burlesques », *Entrées royales et fêtes populaires à Lyon (XVe-XVIIIe siècles)*, Lyon, BML, 1970, p. 53.

[50] *Entrée Magnifique de Bacchus...*, *op. cit.*, p. 29.

[51] *Ibid.*, p. 31 et 39.

[52] Note inédite du Père Ménestrier, citée p. VII de l'édition moderne de *L'entrée magnifique de Bacchus...., op. cit.* Dans les vers adressés aux dames par les « courriers de Bacchus », il est beaucoup question, il est vrai, de forge, de sceptre à tenir dans les mains, de lances aux pointes si douces « qu'on ne meurt jamais de leurs coups », de la queue du paon.

Si l'on peut comprendre que le religieux ait pu être légitimement choqué par quelques allusions sexuelles et autres suggestions paillardes présentes dans le texte, c'est peut-être moins cependant en raison de sa qualité ecclésiastique que s'explique son indignation que considérée davantage en rapport avec ses activités publiques d'ordonnateur des grandes fêtes consulaires lyonnaises et des cérémonies princières savoyardes. Praticien érudit des cérémonies de l'échevinage lyonnais, grenoblois ou parisien et des festivités de la cour de Chambéry, auteur de pièces théâtrales et de programmes iconographiques, professeur de rhétorique au collège de la Trinité de Lyon, auteur d'ouvrages historiques et de traités sur les feux d'artifices, les ballets, les tournois et les décorations funèbres, spécialiste de la science du blason et de l'art des emblèmes, il est un théoricien sensible à la spécificité des usages et à la valeur des langages[53]. Représentant tardif d'une tradition analogique dans un monde marqué par la dynamique cartésienne et candidat malheureux à la Petite Académie royale en raison de son attachement au langage de l'allégorie, il stigmatise moins dans cette mascarade la grivoiserie sous-jacente que la perversion même d'un genre littéraire qui, par contamination, annihile l'efficacité, politique et symbolique, de l'écriture ainsi parodiée[54]. Ayant lui-même fait le récit de l'entrée solennelle à Lyon d'un autre légat en 1664, il se trouve également personnellement concerné par ce texte qui sape les finalités propres du genre et qui dessert l'efficacité de sa rhétorique[55]. Mimant l'entrée d'un grand personnage et

---

[53] Paul Allut, *Recherches sur la vie et les œuvres du Père Claude-François Ménestrier de la Compagnie de Jésus*, Lyon, N. Scheuring, 1856 ; Stéphane Van Damme, « Les livres du Père Claude François Ménestrier et leur cheminement », *Revue d'histoire moderne et contemporaine*, n° 42/1, 1995, p. 5-46. Il est l'auteur en particulier d'une *Philosophie des images, composée d'un ample recueil de devises, et du jugement de tous les ouvrages qui ont été faits sur cette matiere*, Paris, R.-J.-B. de La Caille, 1682-1683, in-fol., deux volumes, 126 et 336 p. (BML, 304345/304348). Le tricentenaire de la mort de cet auteur a donné lieu à un colloque international organisé par Gérard Sabatier et Guliano Furetti à Lyon et à Grenoble, les 20-22 octobre 2005.

[54] Sur cette rupture de l'*épistémè* de la culture occidentale vers le milieu du XVIIe siècle, voir Michel Foucault, *Les mots et les choses. Une archéologie des sciences humaines*, Paris, Gallimard, 1990, 400 p.

[55] Il s'agit de l'entrée solennelle du légat Flavio Chigi, le 31 mai 1664 (Claude-François Ménestrier, *La Relation de l'Entrée de Monseigneur l'Eminentissime cardinal Flavio Chigi, neveu de Sa Sainteté, et son Legat Apostolique dans la Ville de Lyon*, à Lyon, chez Antoine Jullieron, Imprimeur Ordinaire de la Ville, ruë Raisin aux deux Viperes, proche la place de Confort, 1664, in-fol., 38 p. (BML, Rés. 119068)).

de sa suite, le texte de 1627 porte en effet le rire et la disqualification burlesque en amont comme en aval de son auditoire : pour un lecteur contemporain, il peut suggérer la fatuité de la grandiloquence des mises en scène consulaires de 1622 et de 1625, invalidées par la médiocrité même de leurs résultats ; pour un lecteur futur, il peut servir de dénonciation prémonitoire de la vanité d'un pouvoir manipulant les imaginaires et la fiction pour mieux assurer son autorité. La condamnation de ce texte par le Père Ménestrier n'est donc pas moins une critique de son impiété religieuse que de son infidélité politique puisqu'il détourne la forme du récit de son but primitif qui, nous l'avons exposé plus haut, participe fermement de la manutention des pouvoirs consulaires, le texte équivalant à un quasi-sacrifice politique dans la sanctuarisation d'un pouvoir profane. Le jeu littéraire fonctionne ici comme une révélation de l'inanité d'un pouvoir fondé sur la manipulation des mots et des situations ; en disperser l'ordre classique revient à saper l'autorité qui s'en nourrit. Le désordre introduit dans le genre n'épargne donc pas l'ordre du politique qui lui est intimement lié.

En s'appropriant, à des fins ludiques, le récit de l'entrée, le texte de 1627 exploite en fait une faille inhérente à ce modèle : celle de n'être qu'une fiction qui, si elle peut servir des objectifs politiques, peut être asservie à d'autres ambitions. Détourner le grand genre du récit de l'entrée pour en faire un jeu littéraire autonome revient à affaiblir la légitimité consulaire : tout comme est sécularisée la sacralité d'un genre démonstratif, c'est l'autorité consulaire qui est dévoilée et mise à nue comme ne relevant que d'une habile mise en scène et de plumes stipendiées[56]. Ce texte signale, *in fine*, une fissure supplémentaire du modèle henricien de la ville royale appelée à ne se définir que dans et par la relation aux souverains, médiateurs de moins en moins fidèles d'une légitimité précaire auxquels renvoie l'infidélité d'un genre susceptible des travestissements les plus profanes et des usages les plus vulgaires.

En décembre 1622, Lyon accueille son souverain et, dans le spectacle triomphal de son entrée solennelle, le consulat veut voir également le triomphe d'un modèle politique sauvegardé lui assurant ses prérogatives et sa légitimité. Fondé sur l'idée essentielle d'une communication intime

---

[56] Dans une perspective proche de notre travail, Guy Poirier, « La description de la superbe et imaginaire entrée faicte à la Reyne Gijllette passant à Venise », dans *Les arts du spectacle dans la ville (1404-1721)*, *op. cit.*, p. 159-181.

du corps de ville à la majesté souveraine, il trouve l'occasion, en avril 1625, d'une nouvelle réaffirmation lors de l'entrée du légat pontifical. Partageant aux yeux de tous, peuple et compagnies urbaines, certes dans la fugacité de quelques heures, l'intimité de la majesté temporelle ou spirituelle, le consulat fait de l'entrée et de son récit le spectacle de ses vertus et la démonstration de son autorité face aux prétentions de ses concurrents et à l'indiscipline de la foule. Dans la mise en scène de son pouvoir, il veut en lire la vérité ; dans le spectacle de sa grandeur, il veut croire en sa réalité.

L'illusion de cette rhétorique spectaculaire, déjà menacée depuis la mort d'Henri IV – son initiateur et son inspirateur –, est irrémédiablement dissipée par l'opuscule burlesque de février 1627 qui, par la parodie du grand genre du récit de l'entrée, révèle la fragilité de ce songe. Détournée de ses fins militantes et édificatrices, la relation de l'entrée n'est plus, en effet, qu'une forme vide exposée au travestissement vulgaire. Par ricochet, elle emporte dans les rires et la grivoiserie la majesté d'un consulat qui prétendait à l'inviolabilité et son ironie blesse à mort l'idée d'une autorité faisant corps avec la source du Pouvoir. Ne tenant alors sa légitimité que d'un habile usage des mots et par la sacralisation canonique d'une forme littéraire, le consulat voit ainsi sa puissance menacée et sapée par l'appropriation profane de cette dernière. L'autorité consulaire, bercée par la fiction du pouvoir, s'exposait en définitive au pouvoir de la fiction[57] : dévoilant la robe des quatre saisons dont se pare le consulat, Bacchus et sa femme montrent en 1627 que le roi est nu.

Yann LIGNEREUX
Université de Nantes

---

[57] On peut évoquer ici les « cordes d'imagination » obligeant au respect dont parle Pascal dans ses *Pensées*, Léon Brunschvicg (dir.), Paris, Hachette, 1904, V, 304, et renvoyer au travail de Jürgen Habermas, *L'Espace public. Archéologie de la publicité comme dimension constitutive de la société bourgeoise*, Paris, Payot, 1993, 324 p.

Deuxième partie

DES DIVERTISSEMENTS

SECTION 1

L'ÉCHANGE DRAMATIQUE :
VIOLENCE, VENGEANCE ET PASSIONS

ÉCHANGE ET « CONTRE-ÉCHANGE »
LE MAÎTRE ET L'AFFRANCHI SUR LE THÉÂTRE DE L'ÉCHAFAUD.
L'ACTION CRUELLE ET LA DRAMATURGIE DES CONTRADICTIONS
DANS *LE MORE CRUEL* (CIRCA 1608)

Le moment théâtral des toutes premières années ou décennies du XVIIe siècle figure l'avènement d'un art neuf, avec un public nouveau. Il marque un phénomène social et une mise en place de nouveaux lieux de sociabilité. La fin du règne d'Henri IV, la régence de Marie de Médicis et le début du règne de Louis XIII sont en effet témoins de la renaissance de formes de représentation qui se constituent peu à peu en genres et qui, grâce à leur plasticité, savent emprunter à d'autres arts de la parole, dont celui de la chaire et celui du barreau, à d'autres arts représentatifs, dont ceux des ballets, des entrées et des divertissements royaux, à des fictions narratives françaises ou étrangères (les histoires tragiques françaises, les nouvelles de Bandello), enfin à des réalités plus sombres, comme celle de l'échafaud mortel.

Ainsi, sur l'échafaud des théâtres[1], on peut voir des cas représentés, infiniment visibles, spectaculaires, surprenants, et propres à faire jouir le spectateur du nouveau spectacle citadin qu'est le théâtre. Les actions, en cela, ouvrent les portes d'un théâtre projectif qui accumule les faits extraordinaires, les viols, les meurtres, les batailles et les suicides, qui propose des actions éblouissantes ou terrifiantes afin de fasciner le public et de le faire réfléchir sur les problèmes figurés. Les faits sont ainsi reliés le long d'une chaîne de causes et d'effets qui s'ordonnent en fonction de l'impact émotionnel qu'on souhaite procurer au spectateur et qui entraînera le public, parce qu'il sera saisi de manière urgente et parfois angoissante, à exercer son jugement.

---

[1] Voir Christian Biet, « Naissance sur l'échafaud, ou la tragédie du début du XVIIe siècle », dans *Intermédialités, histoire et théorie des arts, des lettres et des techniques*, n° 1 « Naissance », Montréal, printemps 2003.

Toutefois, cette disposition n'est pas aléatoire, elle répond à la vraisemblance du temps, ou à sa vérité, comme on voudra : il ne s'agit pas d'empiler des crimes pour le simple plaisir de la représentation de l'excès, mais d'imaginer une linéarité discontinue, ponctuée de moments forts qui, nécessairement, ouvriront sur un débat que les derniers actes mettront en scène. *Via* l'exercice épique du désordre du monde figuré par des cas et des conduites qui l'hyperbolisent et qui, littéralement, saisissent le spectateur – comme on est saisi par un spectacle et comme on saisit un juge d'instruction –, on sera nécessairement entraîné à commenter les catastrophes et à évaluer ce que le monde propose pour les pallier.

Or, pour que tout cela soit visible, il faut que tout cela soit vu sur un lieu d'exception. Et pour que ce lieu privilégié, et que l'on doit bien voir, soit exceptionnel, il faut aussi qu'il existe en référence à d'autres lieux remarquables. Ainsi, dans ces lieux recyclés, dans ces jeux de paume, ces salles de festin, ces lieux de divertissements, ces salles de sport ou ces salles polyvalentes aménagées, mais aussi dans des salles de théâtre – comme celle de l'Hôtel de Bourgogne –, le public doit se trouver face à l'exercice nouveau d'un art qu'il perçoit en fonction des références qu'il possède. En ce sens aussi, le théâtre est un art neuf, autrement dit un art en constitution, voire en construction, c'est une nouvelle manière de représenter le monde sur un lieu particulier durant un temps social particulier (le temps de la représentation, ou plutôt de la séance – pratique théâtrale qui excède le temps étroit de la représentation de la fiction, puisqu'il s'agit aussi d'un temps de sociabilité –) fixé dans un espace déterminé à l'intérieur de la cité (plus encore que de la cour).

Le public est donc face à un praticable installé en hauteur, face à un *échafaud*, autrement dit à un espace scénographique déjà vu et conçu comme en référence à l'échafaud des places publiques. Car on aurait tort de minimiser cette proximité lexicologique, scénographique et esthétique. Il est inutile ici, je pense, de donner à lire tous les textes et définitions qui déterminent l'échafaud, à l'époque, comme à la fois l'estrade sur laquelle on *exécute* les condamnés, les personnages de théâtre, les pièces et les cérémonies religieuses. L'échafaud est en effet avant tout un dispositif scénographique surélevé destiné à permettre au public de mieux voir ce qu'on lui donne à voir, qui indique d'abord le lieu du supplice, puis la scène, mais aussi l'autel. Sur le premier, le bourreau et sa victime jouent leur rôle et comme le dira Furetière, il est « le petit théâtre que l'on dresse en une place publique, sur lequel on roue les criminels, on couppe la tête à un gentilhomme[2] », et en cela, il est l'espace sur lequel se joue une « tragédie » (mot que l'on retrouve souvent en de tels cas puisque le tragique, en ce temps, est avant tout ce qui est sanglant) bien réelle. Le dernier est le lieu sur lequel se joue une cérémonie sacrée, une liturgie mystique qui figure le mystère de la transsubstantiation : le passage sacré d'une hostie à la chair, au *corpus* du Christ, autrement dit la transformation qualitative du pain en chair. Entre les deux se situe la scène qui assure à la fois la représentation d'un sacrifice et le passage d'un corps de comédien à l'entité d'un personnage. De là, on nommera « échafaud » la scène sur laquelle jouent les comédiens. Ainsi, l'échafaud ne perdra jamais son sens premier, qui est celui du lieu surélevé, aisément observable, estrade ou tréteau, et qui, de fait, se distingue de ceux qui regardent et différencie le lieu de la vision et le lieu de l'exécution ou du sacrifice.

Si bien que la mort, représentée par une actualisation sanglante en place publique à l'intérieur d'une cérémonie à la fois sacrée (le passage à la vie éternelle du pécheur contrit, ou la damnation de celui qui ne se repend pas), sociale (la punition du coupable) et esthétique (le plaisir de la vue du sang ou celui de voir *bien* mourir), sera l'enjeu de la représentation théâtrale tragique et déterminera les mêmes effets médiatisés par la fiction et le corps des comédiens. Et ce lieu généralement non spécifique, référencié à l'échafaud judiciaire, et dans lequel le public est majoritairement debout (dans le parterre), bruyant (au moins jusqu'au début du XVIIIe siècle) et même mouvant, contenu dans une salle rectangulaire, face à une petite scène étroite et profonde que le parterre voit en contre-plongée, est donc aussi un espace de rencontre social en même temps qu'un spectacle dans lequel n'importe qui pourrait intervenir. À ceci près que cette intervention, toujours possible compte tenu des mœurs et des coutumes théâtrales du temps, doit être donnée comme différent, séparé. La fiction, développée sur l'échafaud, se donne alors comme visible, envisageable, jugeable, mais séparée du monde du spectateur, ce qui met le public dans un état de frustration et de stupeur.

C'est à la manifestation de cet ensemble que participent alors les comédiens, le parterre, les gradins et les loges. Il s'agit donc d'une transaction, d'un échange assumés (et représentés) : les comédiens sont là pour jouer, donc pour paraître comme des personnages *et aussi* pour rencontrer des spectateurs dans l'enclos du théâtre ; les spectateurs viennent pour les entendre, voir le spectacle, et simultanément pour rencontrer d'autres spectateurs ; le public voit une fiction à laquelle il ne

---

[2] Antoine Furetière, définition du mot « échafaud », dans *Dictionnaire universel*, 1690.

peut rien, mais qui l'anime, l'émeut et le met en état de juger. D'un côté la pièce se donne comme un objet théâtral, éphémère, autonome, séparé de la réalité des spectateurs avec ses codes de représentation (une déclamation, une gestuelle, un temps de fiction, des costumes plus ou moins particuliers), de l'autre elle s'inscrit comme un moment de contact entre la fiction et le réel, et un lieu de contact entre des comédiens et des publics, contact d'autant plus net qu'il sera explicité, dès 1637, par l'insertion des spectateurs dans l'espace de la scène.

Et, au début du XVIIᵉ siècle, cet art neuf, destiné à parler sur le monde et sur l'homme dans le monde, doit frapper, attirer le plus grand nombre, engager des effets violents, surprendre, représenter des actions aussi intéressantes que celles des échafauds judiciaires, et donner à juger, à leur manière. Alors il faut soulever les questions les plus fortes disposées au cours de cas problématiques, incertains et symboliques, et donc parler des passions, des contenus nobles et grands, en prenant pour cela des exemples fameux.

L'impuissance productive du spectateur fasciné

Dans cet espace intermédiaire et poreux qu'est le théâtre du début du siècle, on a donc très tôt – puisqu'il s'agit de figurer une vision, en situation, de spectateurs analogiquement identifiés à un public d'exécution capitale, parce qu'on se situe au centre de la cité et qu'on s'exprime sur les questions qui lui sont propres – représenté la manière dont on peut à la fois *voir* une mort, un crime, un forfait, une « affaire », un jugement, une condamnation, et dont on peut assister, impuissant, à leur effectuation. Dès lors, le spectateur, torturé et fasciné par la vision qu'il a de la violence sanglante, plongé, par la représentation des crimes, dans une horreur à laquelle il ne peut rien, est directement confronté à ce qui le constitue : un regard impuissant sur l'ignominie du monde.

J'ai montré[3] combien, dans *Scédase ou l'hospitalité violée*, Hardy intéressait son public en le rendant le seul témoin muet des crimes de la pièce. Après en effet avoir *vu* les viols, les meurtres et l'enquête du père, les spectateurs devaient assister sans pouvoir rien dire au procès qui

---

[3] « Le spectacle du sang, l'incapacité des rois et l'impuissance du public. Représentation de la souveraineté et spectacle violent dans les tragédies du tout premier XVIIᵉ siècle : la tragédie de *Scédase* d'Alexandre Hardy », dans *L'invraisemblance du pouvoir. Mise en scène de la souveraineté au XVIIᵉ siècle,* colloque de Swarthmore, 2002, éds Jean-Vincent Blanchard et Hélène Visentin, Paris, Schena Editore, Presses de l'Université de Paris-Sorbonne, 2005, p. 31-51.

demandait des preuves dont ils étaient les seuls détenteurs. C'est là l'un des permiers ressorts et même l'un des ressorts essentiels du théâtre tragique : faire sentir au spectateur sa position de témoin passif, juste capable de parler sur la fiction sans pouvoir y entrer. Et généralement, cette position de spectateur est représentée, sur la scène même, par un ou plusieurs personnages qui relaient, dramatiquement et tragiquement, cette caractéristique d'impuissance. En l'espèce, dans *Scédase*, le spectateur était relayé par le père qui cherchait à faire éclore une vérité qu'il n'avait pas vue (à la différence des spectateurs), et par le roi qui, sachant bien qu'il y avait eu forfait, ne pouvait, selon la loi, déterminer et qualifier le crime et devait débouter le plaignant. Et un très grand nombre de pièces (pour ne pas dire toutes), et cela dès la fin du XVIe siècle, fonctionnent sur le même principe dramaturgique.

Je prendrai ici l'exemple frappant d'une pièce normande et cruelle – encore une – des années 1615[4], la *Tragédie Françoise d'un more cruel envers son seigneur nommé Riviery, Gentilhomme Espagnol, sa demoiselle et ses enfants*, à Rouen, Abraham Couturier, sans date, anonyme. C'est une des très nombreuses tragédies de la vengeance, typique du théâtre européen de l'époque : il s'agit de faire en sorte que le spectateur soit pris par la stupeur et par la frustration de ne pouvoir intervenir sur les événements violents qu'il voit représentés. Et c'est bien l'action qui va guider la mise en place du discours, une action que l'édition représente par des frontispices et que la mise en scène doit figurer sous forme d'accès et d'excès de fureur vengeresse et de souffrances physiques et psychiques. On assistera donc aussi à la mise en œuvre d'une réflexion sur le rapport entre le discours et l'action : si le discours, dans la tragédie humaniste, s'impose au point qu'il met à l'écart la représentation des actions et, de fait, relègue l'événement théâtral au second plan par rapport à la lecture du texte, l'action scénique, dans *Le More cruel*, semble prendre une terrible revanche au point de faire taire les personnages. Et l'on verra qu'en contestant au discours sa prééminence, l'action vient directement capter les regards du spectateur et le convoquer au supplice sanglant. Esclavage, violence et affranchissement ; clémence, intérêt et

---

[4] H. C. Lancaster (*A History of French Dramatic Literature in the Seventeenth Century*, Part I, « The Pre-Classical Period », 1610-1634), date cette pièce des années 1612-1614, suivant en cela Beauchamps, *Recherches sur les théâtres de France*, Prault, 1735. Je pencherai personnellement (mais sans pouvoir le prouver pour l'instant) pour une datation légèrement antérieure à 1610.

vengeance : voilà donc les questions fondamentales que l'action de cette pièce pose au spectateur dans le cadre d'une représentation excessive des forfaits. Dès lors, les monologues et les dialogues n'auront pour fonction que de s'effacer au profit des effets scéniques.

Nouvelles tragiques et tragédie sanglante

Partant d'une nouvelle de Bandello traduite par Belleforest, l'auteur de la tragédie, et son éditeur, grâce à cinq planches parlantes (une par acte), représentent l'histoire d'un « More », autrement dit d'un Noir, à peine affranchi par son seigneur, mais qui a, durant son esclavage, enduré mille coups. Le maître, noble, riche, suffisamment sûr de lui pour croire qu'il n'a rien à craindre, apparemment repentant d'avoir eu à son service son esclave et/ou de l'avoir battu, n'écoutant que son cœur malgré la méfiance de sa femme, affranchit donc « son » More, espérant en cela se racheter de ses violences et, surtout, ne plus avoir à craindre la probable réaction de vengeance de l'ancien esclave. C'est une sorte d'échange que le maître propose : affranchissement contre pardon, ou coups suspendus contre paix. Mais le More, s'il profite de l'offre (l'affranchissement), et s'il feint d'accepter l'échange, décide de ne pas l'honorer et de substituer à cet échange proposé par le Blanc, un système rétributif et vengeur. Comme si l'affranchissement ne le remboursait pas assez des coups et de l'affront reçus, comme si l'allégeance, moins aliénante et pacifique, qui devait suivre sa mise en liberté n'était pas équivalente aux préjudices, au dol qu'il a injustement (selon lui et c'est là une des questions posées) enduré. C'est pourquoi à l'échange unilatéralement proposé par le maître correspond un autre échange unilatéralement décidé (en secret) par le More : coups, contre-coups, vengeance. Et la pièce met en action ce processus qui consiste à faire état du déséquilibre, de la non-réciprocité et de l'inanité du contrat passé. Au contrat décrété et toujours supposé valide par un maître trop sûr de ses propres règles espagnoles et chrétiennes, le More substitue une loi archaïque, celle de Mahon, le prophète des infidèles, celle du talion, voire du talion augmenté d'intérêts.

Il est d'emblée nécessaire de comparer le texte dramatique à la nouvelle de Bandello qui en est la source et à sa traduction-adaptation française par Belleforest[5]. On notera, au passage, que l'ouvrage de Belleforest est lui aussi publié à Rouen et qu'il apparaît, à l'instar des histoires tragiques de Rosset et de Jean-Pierre Camus, pour ne citer que les auteurs célèbres, comme un véritable réservoir d'exemples, de cas et de fables, de scénarios, disponibles pour des réécritures en tous genres. On ne dira jamais assez combien ces récits tragiques (sanglants) ont du succès et combien ils figurent exactement par le système narratif ce que les textes dramatiques entendent représenter. Récits de l'échafaud et théâtre de l'échafaud sont ainsi en constant dialogue.

Ce que font Bandello et Belleforest, c'est une narration linéaire qui a pour but essentiel de montrer la vengeance illégitime d'un esclave noir affranchi par son maître (Rinieri chez Bandello, Riviery chez Belleforest, donc dans la tragédie) et qui n'aurait jamais dû l'être. En cela, ils témoignent de la peur constante de la violence et de la violence des esclaves – plus particulièrement noirs –, qu'on trouve alors dans les textes européens. En fait, ce Maure n'aurait pas dû non plus être esclave, tant les Noirs sont les plus dangereux des esclaves. Le lecteur n'hésite à aucun moment sur cette leçon, et tout le texte est un *exemplum* à même d'être repris, le cas échéant, dans une démonstration concourant à démontrer qu'il faut combattre l'esclavage au motif que les Noirs sont des bêtes, que les maîtres, qui peuvent parfois être faibles, ou aveuglés par une morale qui ne convient pas, doivent s'en méfier, et qu'enfin, la violence des passions peut assurément se saisir de tous les hommes, et qu'en tout premier lieu elle se saisit de ceux qui ne reconnaissent pas, par nature (ils n'ont pas d'âme) et par religion (ils sont musulmans), l'autorité de la morale chrétienne.

Ce que démontrent alors Bandello et Belleforest, c'est d'abord qu'une fois qu'on a battu son esclave ou son valet, il faut le congédier, de peur qu'il ne se venge, c'est ensuite, de manière surprenante pour un lecteur du XXIe siècle, qu'il faut renoncer à l'esclavage, non pour des raisons relatives à une nature humaine ou à une idée morale et droit-de-l'hommis-te, mais parce que les Maures, les barbares musulmans, les Noirs, sont infiniment dangereux et qu'en faire des esclaves menace directement les maîtres au service desquels ils sont :

---

[5] François de Belleforest, *Histoires tragiques extraites des œuvres italiennes du Bandel*, Rouen, P. l'Oyselet, P. Calles, 1603-1604, 7 vol. C'est la nouvelle XXI du livre III de Bandello et la nouvelle XXXI de Belleforest.

Les serviteurs, eux, ne doivent être battus qu'une fois : sur-le-champ, leur payant leur gage, il faut les envoyer à la grâce de Dieu et ne jamais plus les reprendre. Avec les Maures surtout [...] il convient de ne pas agir autrement car ils sont mauvais de nature. [...] On voit donc aisément combien il est dangereux de s'embarrasser de pareille engeance. [...] C'est pourquoi je serai d'avis qu'on ne se servît point de cette sorte d'esclaves car il en est rarement de fidèles [...] tout cela n'est rien comparé à la cruauté bestiale qui les anime[6].

On peut d'ailleurs, souligne Bandello dans sa préface à la nouvelle, rappeler que l'*Histoire du More cruel* n'est pas isolée, et que certain abbé de Saint-Simpliciano à Milan a été assassiné au milieu de la nuit par un esclave Maure qu'il tenait à son service depuis trente ans, pour un soufflet qu'il lui avait donné dans la journée – on verra que la tragédie tire parti de cette information. Non seulement les Maures sont cruels, mais ils sont aussi injustement rancuniers (la faute commise n'est pas en proportion avec le soufflet mérité), et traîtres. Enfin, comme le veut le jugement général sur les Noirs[7], ils sont aussi lubriques parce qu'ils viennent de régions chaudes et qu'ils y fréquentent des animaux monstrueux : si l'Afrique est « monstrueuse en animaux », elle est encore « plus farouche en la façon de la vie des hommes », comme l'affirme Belleforest qui traduit Bœmus[8]. La nature le prouve, l'histoire l'atteste, les observations naturelles et historiques le montrent, les Mores sont des animaux terribles, mais plus terribles encore lorsqu'ils sont musulmans, ce sont de terribles ennemis pour la foi catholique. Ainsi, il ne sera pas surprenant qu'ils se vengent terriblement, qu'ils violent avec entrain, qu'ils tuent les petits enfants, qu'ils se recommandent du prophète Mahon (Mahomet) dès les premiers mots qu'ils prononcent (dans le prologue de la pièce, par exemple) et qu'ils interrompent la confession et la prière de celles qu'ils vont tuer (acte V de la tragédie). Toutes ces marques structurent l'image du More en ce siècle : ce sont celles, comme le dira, dans la tragédie, le

---

[6] Bandello, *Nouvelles*, trad. Imprimerie Nationale, Livre III, nouvelle XXI, p. 489 et 493.

[7] Voir le dernier colloque du CMR 17 à Tunis, *L'Afrique au XVIIe siècle*, PFSCL, Biblio 17, Günther-Narr, 2003, et en particulier Ch. Biet et S. Requemora, « L'Afrique à l'envers ou l'endroit des Cafres, Tragédie et récit de voyage au XVIIe siècle ».

[8] Belleforest, dans *L'histoire universelle* traduite de J. Bœmus, Paris, G. Mallot, 1570, Préface, cité par Turbet-Delof, *L'Afrique barbaresque dans la littérature française aux XVIe et XVIIe siècles*, p. 72.

chasseur du IIIᵉ acte, du « barbare Turc » plein de fureur, au cœur « félon et plain de cruauté ».

Tout concourt donc, dans la nouvelle en italien et en français, à utiliser cette image terrible pour discréditer l'idée qu'il faudrait entretenir un lien, même au titre de l'esclavage, avec les Maures, qu'il faut se préserver de croire qu'ils sont hommes comme nous, de peur qu'ils retournent cette apparemment bonne pensée, et qu'ils ne la retournent contre nous. Reste que le plaisir de lire une histoire de vengeance et de sang, de saisir l'opportunité de jouir de l'expression du désordre, et celui d'observer le sacrifice et la souffrance du père et du mari et le martyre de la mère et des enfants, résistent au régime de probation.

Mais, lorsqu'il s'agit de faire, de cette *Histoire du More cruel*, une tragédie, la linéarité, la narrativité et la mise en place d'un régime probatoire à sens unique, pour autant qu'il existe totalement comme on vient de le dire, ne sont plus réellement possibles. Et, au lieu de prendre en charge, de bout en bout du récit, la démonstration de l'histoire tragique, il faut à la fois ancrer la fiction dans l'échange théâtral, sur lequel nous reviendrons, et équilibrer les responsabilités, les actions, les discours et les motivations afin de représenter un cas qui détermine, *via* la mise en scène de contradictions, une hésitation sur le jugement à formuler et sur la leçon à tirer de cette histoire tragique.

La forme-sens de la tragédie de la vengeance (forme canonique européenne à l'époque) s'oppose ainsi à l'exercice monosémique : il faut savoir intéresser le spectateur et le lecteur, le surprendre, lui adresser des énigmes, mettre en place un système de contradictions et, en quelque sorte, équilibrer les responsabilités de chaque camp, de chaque type ou de chaque instance, afin d'insister à la fois sur la frustration du spectateur, sur la terreur et la pitié qu'il peut concevoir en voyant une tragédie de la vengeance, mais aussi sur le plaisir sombre et curieux à assister à la vengeance, aux viols, aux meurtres, et à l'échange de sang entre le More, la femme, les enfants, et le Seigneur Riviery. La dynamique s'ordonnera sur le fait que celui qui a été battu devient bourreau et qu'inversement, celui qui a battu est supplicié : la proie, devient le prédateur, et Riviery, de prédateur, devient, avec toute sa famille, proie. On notera, au passage que, de manière à individualiser le maître pour en faire un « cas », les auteurs le nomment, tandis qu'ils laissent dans l'indifférenciation du type les autres personnages : à côté de Riviery on aura une « Damoiselle », trois « enfants », des chasseurs, un messager, et contre lui on aura le More. Si bien que dans la grande opposition dramaturgique entre Riviery et le More, on verra que les autres rôles apparaissent comme des outils, ou des objets dont on s'empare et qui figurent dans l'échange, ou des liens pour l'établissement de la fable permettant en cela une mise en place narrative. Le More, lui, oscillera entre le type et le caractère puisqu'il est emblématique de sa « race », mais qu'il est capable de se distinguer individuellement par son action et son discours : il est l'autre face du « cas ».

Le More a ses raisons...

Ainsi, parce que, au théâtre, un début de tragédie doit simultanément faire l'état des lieux, rappeler ce qui forme la situation présente, déterminer une crise, produire une prolepse annonçant ce qui risque de se passer ou qui va se passer, pour précisément intéresser et saisir le spectateur *a priori* inattentif, on donnera au More le tout premier rôle (dans les deux sens du terme) et on approfondira les raisons qui produisent la vengeance qu'il va mettre en œuvre. Le monologue-prologue initial du More occupera en outre la place dramaturgique du mauvais génie de la tragédie, hérité des mystères, et encore bien vivant dans les tragédies du temps : Mégère annonce la fin de la monarchie des Valois dans *Cléophon*, Satan ouvre le bal de *La Mort d'Henry IV*, le (mauvais) Génie du Cap de Bonne-Espérance annonce sa vengeance dans *Les Portugais infortunés*[9] et, de manière topique, le More lui-même se présente dramaturgiquement en démon au début de cette pièce.

À ceci près que, pour des raisons d'abord toutes dramaturgiques, il ne faut pas que le More soit entièrement noir. C'est pourquoi, au lieu d'avoir été battu une seule fois (ce qui est le cas aussi bien dans Bandello que dans Belleforest), il dit qu'il a enduré – indûment selon lui, cette fois sans raison et sans précision temporelle ni limitation à une seule fois – mille coups durant son esclavage. C'est pourquoi, si l'on suit bien ce qu'il déclare, sa cruauté future (sa vengeance annoncée) est une réponse à un excès de cruauté du maître qui ne peut être effacée par l'affranchissement. En hyperbolisant les coups, l'auteur se doit donc d'hyperboliser la vengeance afin de justifier, ou de rendre vraisemblable, la modification de

---

[9] *Cléophon, Tragédie conforme et semblable à celles que la France a vues durant les Guerres Civiles*, par I. D. F. [J. de Fonteny], Paris, Jacquin, 1600 ; Claude Billard, *La Mort d'Henry IV*, Paris, 1610 ; Nicolas Chrétien des Croix, *Les Portugais infortunés*, Rouen, 1608, éd. A. Maynor Hardee, T.L.F., Droz, 1991.

l'échange. Et simultanément, l'effectuation de cette réponse se réclame religieusement, moralement et presque juridiquement, de l'autorité de Mahon, ce qui la discrédite aux yeux des spectateurs chrétiens.

> *Le More commence*
> O Prophète Mahon qui a sous ta conduite
> Tout le peuple qui tient ta loi qui est écrite,
> Regarde par pitié et par compassion
> Celui qui est tenu en telle extorsion
> Aie pitié de moi, Saint Prophète et regarde :
> Cil qui est magasin de mille bastonnades
> Aide, aide à me venger de ce cruel tyran,
> Qui sur mon pauvre corps ainsi bourrellement
> A versé son courroux, et qui de fureur aigre
> M'a ainsi tourmenté pour choses si très maigres
> Tu sais que j'ai été ton humble serviteur :
> Et à ta sainte Loi, nullement Infracteur
> Me faut-il donc hélas ! endurer telle chose
> Sans faire de son corps une Métamorphose,
> Non, je m'en vengerai, car à la vérité
> Je ne l'ai offensé pour avoir mérité
> Que cet homme cruel jette son feu inique
> Contre moi, son esclave et pauvre domestique [...].
> (Acte I, sc. 1, premiers vers de la tragédie).

Ainsi, en approfondissant les raisons du More, l'auteur leur donne un sens, voire, à la limite, une sorte de légitimité : s'il se venge, c'est qu'il a des raisons, et ces raisons sont logiquement bonnes, à ceci près qu'elles sont garanties par Mahon, donc essentiellement mauvaises. Mais, s'il convoque le passé pour justifier sa vengeance future, c'est pour dire à quel point la conduite du maître a été dure, fondée sur des « choses si très maigres », impitoyable, avant l'affranchissement. Et, pour encore mieux montrer la chose au lecteur, l'édition place, en frontispice, l'image du noir battu au moyen d'un gros gourdin, comme une sorte de preuve manifeste, de document à charge, une preuve par l'image qu'on ne peut qu'observer à chaque fois qu'on ouvre le livre.

Dès les premières pages iconographiées et imprimées de la tragédie, nous affrontons donc nécessairement le principe de contradiction qui détermine la forme-sens de la tragédie : d'une part, le More intervient dans ce prologue en lieu et place dramaturgiques et traditionnels de Satan, de Mégère, ou de tout être maléfique, et, parce qu'il occupe ce lieu et cette place négatifs, il est nécessairement considéré comme mauvais, d'autant qu'il profite de son monologue pour exprimer sa foi en Mahon et révéler au public toute sa cruauté naturelle ; d'autre part, l'image du frontispice, les raisons exprimées, l'histoire des « mille bastonnades » et l'évocation (par deux fois) de la « cruauté » du maître, équilibrent le système et permettent qu'on hésite à condamner d'emblée le More. Comme si, pour des raisons principalement dramaturgiques – intéresser le spectateur par la mise en place d'une crise contradictoire qui donne une responsabilité partagée par le maître et le More au forfait à venir –, il était nécessaire au théâtre – contrairement au récit – de mettre le spectateur en état de peser un *pro* et un *contra* avant de juger et de se déclarer sur la responsabilité ou la culpabilité de l'un ou de l'autre.

Ce Noir, dont le corps a été battu par un « homme cruel », un « maître si méchant » qui a jeté sur son « esclave et pauvre domestique » un « feu inique », veut alors se venger, d'abord (acte I) pour rendre coup pour coup, puis (acte II) malgré le geste libératoire de son maître, et la tragédie sera la représentation de la rétribution, puis de la transaction non acceptée, donc de la vengeance radicale. En outre, c'est non seulement pour lui, mais au nom des siens que le More agit, ce qui le place en exemple ou en modèle digne de figurer dans toutes les mémoires : il représentera donc les autres Mores, pour le meilleur, de leur point de vue, ou pour le pire, du point de vue du Blanc.

> Je ne souffrirai point qu'il me soit reproché
> De par mes compagnons d'avoir été touché
> D'un maître si méchant sans avoir pris revanche
> Et lui avoir rendu bien vivement son change,
> Un maître ne doit point élancer ces fureurs
> Si rudement sur ceux qui sont ses serviteurs :
> Ha ! Je montrerai bien à cet Espagnol brave
> Que ce n'est pas ainsi que l'on traîte un esclave,
> Au sort j'aime bien mieux mourir en me vengeant
> Que porter à mon cœur un si cruel tourment,
> Afin qu'à tout jamais je laisse une mémoire
> À la postérité digne de telle gloire.
> (Acte I, v. 19-30).

Il s'agira donc d'abord, ne serait-ce que pour être une référence, un modèle (positif pour les siens, négatif pour les autres) et pour faire jurisprudence, de contrefaire le reconnaissant, puis de réaliser la vengeance, enfin de faire souffrir, en sa chair, le maître fautif, et Espagnol. Et le fait d'insister sur l'identité espagnole du maître est importante : blanc et européen, certes, il est proche des spectateurs, mais Espagnol, il est frappé d'altérité et à même d'endosser une partie de la faute. Non seulement les Espagnols ont été, et sont encore, des ennemis du Royaume, non seulement ils ont une position différente vis-à-vis de la question de l'esclavage (on l'a vu à propos des *Portugais infortunés*), mais ils ont encore une confiance dans la Providence et dans la contrition qui peut paraître excessive (le maître peut ainsi supposer qu'en se repentant de ses péchés et en faisant acte de bonté, il efface sa faute). Dès lors, on pourra dire que le simple repentir, même agrémenté d'une bonne action qui le confirme, peut ne pas suffire à l'égard de la faute, et qu'il est nécessaire, pour qu'il y ait rédemption et Salut, qu'un véritable sacrifice ait lieu. Un sacrifice dont le bras armé est celui du satanique More cruel.

Aux coups et à la faute de l'Espagnol (d'avoir battu son esclave ou de l'avoir affranchi et de ne pas s'en être débarrassé après l'avoir battu ?), correspondra donc en retour, logiquement, la violence vengeresse du More, et à la violence du More, le repentir du Maître de n'avoir pas été prudent, donc d'avoir affranchi son esclave. Le spectateur, impuissant, assiste alors à l'enchaînement et à la complexification des causes et des effets, et à la mise en œuvre de la vengeance (viol de la femme, meurtre des trois enfants et de la femme jetés par-dessus les murailles du château dans lequel le More s'est enfermé en relevant le pont-levis, puis suicide du More qui se jette lui-même à la mer en laissant le Seigneur et père, qui a vu toute la scène du bas des murailles, effondré et éploré). En cela, le spectateur est représenté et « assisté » par le maître qui, accompagné des chasseurs, se trouve de l'autre côté des murailles, lui aussi impuissant.

Placés devant un double échafaud, les spectateurs font ainsi face à la fois à l'exécution de la femme et des enfants, à la punition du maître – puisqu'il s'agit de le faire souffrir par le spectacle des crimes –, à l'exécution de la vengeance, et enfin, parce qu'il faut que la pièce se termine « bien », à l'exécution du More par lui-même (il se jette par-dessus les murailles, une fois sa vengeance terminée). Mettre le Seigneur espagnol en position de spectateur impuissant, à l'acte V, devient alors un excellent moyen, d'une part de montrer sa souffrance et sa punition, de le laisser penser et débattre de ses actes préalables (violence et affranchissement du More), mais aussi d'en faire un relais du spectateur, au sens où, comme lui, le spectateur est convoqué dans le débat, et est comme lui, incapable d'agir. Comme lui enfin, le spectateur est confronté à cette incapacité à agir sur les crimes qui sont, devant lui, perpétrés, mais à la différence de lui, il est en mesure, tout en endurant la représentation de l'action, de juger du cas en relevant les éléments *pro* et les éléments *contra*, grâce à la distance dans laquelle il est. Car, si Riviery s'en prend à la cruauté des Maures, qui sont aussi félons que les tigres et les lionnes, s'il se répand en invectives et regrette son imprudence, si le More ne cesse de justifier son acte par les coups qu'il a endurés, si la femme souffre, si les enfants crient, les spectateurs, eux, peuvent à la fois être émus, croiser les points de vue et s'interroger sur les questions posées par cet enchaînement horrible. À ceci près qu'ils ne peuvent *que* s'interroger et qu'ils sont clairement et expressément désignés comme extérieurs, comme des observateurs émus et incapables, mais qui n'en pensent pas moins.

Ainsi, tout en marquant avec netteté la position du spectateur, le théâtre de ce premier XVIIe siècle joue avec évidence de cette position pour assigner les spectateurs à une frustration coupable, au sens où elle renvoie ceux qui voient la violence à leur incapacité (ou à l'absence de volonté) à agir. Et en étant ému par cet accès et cet excès de violence, le public, sans pouvoir agir, doit endosser une part de culpabilité : celle de ne pas pouvoir intervenir lorsqu'il voit des crimes. Une position et une culpabilité qui le renvoient, évidemment, à sa situation non seulement de spectateur, mais de sujet, ou de citoyen passé et présent, tant l'époque a été marquée, et est encore marquée, par le sang répandu. Si bien que le spectateur assiste aux forfaits sans pouvoir agir sur eux et doit juger un cas complexe tout en supportant une émotion maximale. De plus, lorsqu'il est, spatialement, derrière Riviery qui *voit* la mort de sa femme et de ses enfants sans rien pouvoir faire, le public est doublement ému, doublement frustré, doublement juge, mais aussi doublement coupable au point qu'il endure un véritable martyre : là est l'idée essentielle de ce théâtre moderne. Toutefois, on peut aussi considérer, même si ce n'est pas là la leçon et la dynamique premières de la pièce, que le public peut aussi jouir de la cruauté représentée en refusant une identification à Riviery, comme on le fait durant les scènes d'exécution : ce serait là une autre fonction de ce théâtre, celle de représenter le sang versé pour le spectacle lui-même, de marquer que l'échange se fonde, entre le public et les praticiens, sur l'idée qu'on paie pour voir un grand spectacle tragique dont les spectateurs sont à même de jouir. Il semble bien que cette fonction soit aussi à sérieusement considérer, on y reviendra. Entre la frustration et le jugement, entre l'émotion excessive et le plaisir du sang, entre l'identification au maître blanc et la nécessité de considérer les arguments du More, le spectateur fluctue, hésite, pris par ce régime de contradiction, par cette forme-sens contradictoire qui est produite pour le rendre attentif, le surprendre, le saisir, et pour l'intéresser au spectacle comme pour l'entraîner à formuler son propre jugement sur la fable mais aussi sur le monde.

La question de l'affranchissement

À la suite du prologue déclamé par un More encore esclave et qui jure de se venger des coups reçus, vient donc un débat entre Riviery et « la Damoiselle, sa Femme » sur la culpabilité du maître d'avoir battu indûment son esclave et sur les moyens qu'il a de se racheter de ce qu'il estime être une faute. Car, dans la fable de cette tragédie, le maître convient bien de sa faute, de sa cruauté inhumaine (v. 44) et de la nécessité d'un « repentir », même si, contrairement au More, il déclare qu'il n'a qu'une seule fois battu son esclave « [...] l'autre jour, par ma lourde ignorance / D'une ire transporté et armé de courroux / Je donnai à mon More un grand nombre de coups, / Dont je me repends désormais [...] » (I, 2, v. 46-49). Ce que dit alors le maître, c'est que la punition n'était pas à la mesure de la faute du More (par ailleurs non définie) et que, s'il est trop tard pour réparer le fait, il peut néanmoins penser à n'être plus « tant inhumain ». Et parallèlement, il informe le spectateur que le More, par son attitude apparente, l'entraîne à se racheter de sa faute intiale par un geste de reconnaissance. Le More en effet est « grâcieux et bénin », ce qui engage le maître à lui en être reconnaissant et à proposer de l'affranchir : « Las ! le pauvre captif depuis son infortune / M'a tant été bénin, que de parole aucune / Ne m'a pu émouvoir à courroux nullement / Et s'est toujours porté en fidèle servant / Or, je veux qu'il soit libre et que, hors de chaîne / Il soit présentement pour être exempt de peine » (v. 57-63). Et les spectateurs, eux, savent que le More feint...

Et là commence la frustration du spectateur qui sait ce que prévoit le More, qui a donc toutes les raisons de penser que l'affranchissement ne sera pas estimé à la hauteur de l'affront et des coups reçus, et qui, sachant tout cela, ne peut parler ni agir. Mais cette frustration est accompagnée d'un soupçon : l'affranchissement et la clémence ne seraient-ils pas une excellente parade pour éviter la vengeance, garder le More à son service non plus au titre d'esclave mais de valet reconnaissant (d'Oncle Tom avant la lettre) ? Plus lié encore que l'esclave-outil, le valet débiteur aura ainsi à cœur, dans cette optique, de retourner au maître, dans une sorte de contre-don plus conséquent que le don, une reconnaissance de dette, avec intérêt. Dès lors, l'intérêt du maître sera d'affranchir l'esclave, puisqu'il effacera ainsi sa faute, gardera son serviteur, et en fera un valet moralement *obligé*. À la frustration et au soupçon du spectateur, s'ajoute encore l'appréhension : puisque le spectateur a appris que, du point de vue du More, la faute initiale (les coups) est imprescriptible, il ne lui est pas difficile de penser qu'une décision d'affranchissement, au lieu de déterminer une reconnaissance et un effacement du dol, rendra la punition (privée) encore plus nécessaire et potentialisera la violence de la vengeance. On ne hait rien tant que celui qui vous rend libre, *a fortiori* si l'on peut soupçonner qu'il le fait dans son intérêt.

Ainsi, ayant pris connaissance de l'ensemble contradictoire des positions et des motivations, le public, sans pouvoir agir, ne peut que redouter la suite des événements. C'est pourquoi la femme de Riviery, alliée aux craintes du spectateur, reprend alors l'histoire de l'abbé de Saint-Simpliciano, énoncée dans la préface de Bandello, pour engager son mari à réfléchir aux conséquences dangereuses de sa bienveillance (intéressée ?) et à faire preuve de prudence, comme si, en jouant sur l'intertextualité, l'auteur du *More cruel* faisait du personnage de la Damoiselle une instance capable de relayer le spectateur et d'amener le débat sur un plan plus général en le dégageant du cas précis pour en faire un exemple sur la conduite à tenir face aux esclaves maures : évaluation de l'effet de l'acte de rachat, pitié humaniste contre terreur de l'autre radical, repentir contre prudence, don contre peur qu'il ne soit pas suivi d'un contre-don, et, finalement, reconnaissance ou non du More comme partie de l'humanité. Toutefois, puisque la femme suit en tout point son mari et se conforme à son opinion, la Damoiselle, après avoir fait état de ses craintes, parfaitement fondées par un exemple attesté, vis-à-vis de la « gent Barbaresque », se range à l'opinion de son seigneur et maître. Le passage de l'acte I à l'acte II sera donc marqué par l'affranchissement du More et ancrera dans l'esprit du spectateur cette crainte si nécessaire à la mise en place de la tragédie.

La première question posée au spectateur est donc de savoir si affranchir ceux que l'on a tant fait souffrir permet de s'exempter d'une terrible violence qu'on a préalablement infligée. L'esclavage des Noirs doit-il être évité ou proscrit parce que les Maures sont dangereux pour leurs maîtres, par nature ? L'esclavage violent peut-il être excusable, ou rachetable ? Le repentir, en l'espèce, peut-il éviter une rétribution du crime par le crime ?

– La réponse politique, voire machiavélique, qui en dépend sera de dire que celui qui a fait souffrir son esclave doit plutôt, par prudence, ou le congédier (ou l'envoyer dans les mines de sel comme le suggère Bandello) dès la première fois qu'il le bat, ou bien éviter de l'affranchir (et le tenir à l'œil) afin de ne pas risquer une (juste ?) vengeance.

– La réponse morale ou philosophique – et qui existe à l'époque sous l'égide d'un Montaigne par exemple – sera de montrer que les hommes, noirs ou blancs, devraient savoir pardonner plutôt que de rétribuer et de se venger, et que, si l'Espagnol est fautif, le More l'est aussi, lui qui ne veut pas reconnaître que le maître, par son cœur, cherche à interrompre l'échange violent.

– La réponse politico-religieuse sera de dire que les Espagnols sont de ceux qui croient un peu trop vite, et un peu trop facilement, confortablement, à l'efficacité de la contrition – ils ne savent d'ailleurs pas entendre les peurs de leurs femmes qui les préviennent du danger possible –, et qu'ils risquent fort, à ce petit jeu, de trouver des partenaires qui ne croient pas qu'une bonne contrition les exempte de toutes leurs fautes (le More croit en Mahon ou Mahomet, et non pas en Christ). Ainsi, on s'interrogera sur le fait qu'il est impossible de racheter une faute ignoble, et que, dès lors qu'il est dans la Chute, rien ne peut advenir, ni aucune contrition, pour en sauver l'homme fautif. La dernière question, enfin, sera de savoir s'il faut, outre la contrition, une véritable punition, terrible et cruelle, pour avoir une chance de rendre effective la contrition afin d'accéder, dans les larmes, au Salut. Comment sortir du cercle vicieux de la faute, dès lors que le processus est entamé ? Voilà un problème contemporain au début du XVIIᵉ siècle, mais parfaitement constant, et la tragédie, ne donnant pas de solution, mais représentant la vengeance à la fois logique (voire juste ou, au moins, compréhensible) et criminelle, montrera simultanément que le maître est puni (de sa faute préalable ou de son imprudence ?), que le More est par essence cruel (mais qu'il a des raisons de se venger), enfin que l'arrêt du processus est impossible (le cycle de la violence ne peut être anihilé par une décision sensible et humaniste dès lors qu'une intense violence a bien été pratiquée par ceux qui décident d'interrompre le cycle). Reste donc la fascination du spectateur face au déroulement annoncé et irrésistible, reste son horreur, reste la possibilité qu'il a d'actualiser le récit proposé dans sa situation présente, et restent ses questions : morales, politiques et religieuses.

– La réponse dramatique et tragique (de la tragédie sanglante) sera donc de représenter l'ensemble de ces contradictions par des actions et des discours afin que la dramaturgie épique s'accomplisse : que les contradictions, portées par des personnages représentatifs, s'affrontent en actes et en paroles, saisissent le spectateur et le mettent en état de juger.

Dès lors, on voit bien qu'il est question ici d'une évaluation théâtralisée de l'échange théâtral sanglant : échange de violences, échange de mots et de théories, échange de passions et d'actes, figuration de l'échange par la représentation de la vengeance privée (coup pour coup, œil pour œil, viol et meurtre pour coup, donc plutôt pour un œil, les deux yeux...), pour qu'il y ait, à un autre niveau, échange entre la fiction, les personnages, les comédiens et les spectateurs, sur l'échafaud tragique.

La liberté et la mort

Un second monologue, au début de l'acte II, confirmera la dynamique dramaturgique : le More est libre, mais il n'a aucune reconnaissance, pire, l'affranchissement a contribué à potentialiser sa décision de vengeance ; le Maître croit qu'il a pu effacer les coups (et sa faute), mais le More déclare au public que seule une vengeance appropriée les effacera ; l'échange, facteur de paix, est décrété par le Maître, mais cet échange n'est pas admis par le personnage fourbe : « Or il faut finement pourvoir à la revanche / Lui faisant recevoir bientôt un *contre-échange* / Je ne suis dépourvu de sens ni de raison / Pour faire mon dessein j'ai le *contre-poison* » (v. 151-154). À la tentative de rachat humaniste (ou de don intéressé) du Maître, unilatéralement décrétée, correspond donc le refus masqué de l'échange, et le « contre-échange » excessif de l'affranchi.

Il ne manque donc plus qu'une occasion à l'effectuation de cette vengeance, que la tragédie fournit : c'est la séquence, topique au théâtre, de l'absence (du maître, du roi, du père) grâce à laquelle la crise a lieu. Riviery, enfin libéré de sa culpabilité grâce à sa décision, a recouvré le bonheur et, en bon aristocrate, souhaite poursuivre cet état insouciant en allant à la chasse et en laissant sa femme et ses enfants sous la garde du More dont il n'a plus aucune raison de se méfier. Et une nouvelle fois, la Damoiselle verbalise les craintes du spectateur en faisant part à son mari d'un songe proleptique. Comme la femme de César, comme la femme de Cléophon, comme Marie de Médicis, et comme toutes les femmes de ces héros arrogants et sacrifiés pour avoir trop cru en la paix qu'ils avaient décrétée, elle raconte un rêve que le spectateur déchiffre aisément et que le héros, qui refuse la superstition, ne peut admettre. Riviery, si l'on peut dire, ne sait pas qu'il est le personnage d'une tragédie de la vengeance et croit qu'il a fait son salut en édictant la paix. Une paix que le monde sanglant et violent, dont il participe pourtant, ne conçoit pas, un ordre juridique et pacifique qui s'oppose à l'ordre du talion sanglant (pour un œil les deux yeux). Si bien que Riviery, sous couleur de négliger et de condamner les prodiges et les songes « frivoles et mensonges », parce qu'il croit en un Dieu « seul protecteur / De nous et de nos cœurs », un Dieu d'amour et de tolérance qui soutiendrait une volonté d'apaisement, la mise en place d'un règlement harmonieux entre les anciens ennemis et la naissance d'une société pacifique, ne peut admettre ni l'état du monde ni le genre tragique dans lesquels il évolue.

Ainsi, aux craintes topiques de la femme qui lit les songes et confirme la prolepse énoncée par le méchant, Riviery oppose sa confiance en Dieu et l'idée que sa vie est soumise au destin et à la volonté divine, qu'on soit chez soi, à la chasse ou ailleurs. Ce nouveau débat, qu'on peut lire alors dans les récits historiques comme dans les tragédies politiques à propos de la mort programmée des souverains (Henri III dans *Cléophon*, Henri IV dans *La Mort d'Henry IV*), ne renvoie pas seulement à un motif religieux (sur la Providence), mais aussi politique. En effet, la chasse, « passe-temps » aristocratique et monarchique (et principalement Bourbon), signale le bonheur insouciant du héros viril qui pense avoir effacé sa faute par un geste magnanime, et souligne le statut social de Riviery. La chasse est une apparence de guerre maîtrisée par la paix, une action physique, le plaisir du souverain, mais aussi un divertissement. C'est ainsi une image majestueuse et un risque possible, puisque le héros, diverti par elle, oublie les dangers et mésestime les affaires majeures, en particulier celle de protéger ceux dont il a la charge. Sans immédiatement voir dans Riviery l'image du souverain, on dira donc seulement qu'il en a, dans son *imago*, quelques traits... Dès lors, de même que le souverain menacé par la violence de ses opposants masqués peut négliger (dans l'Histoire, dans les tragédies politiques) les avis de sa femme et de ses bons conseillers, le personnage de Riviery renvoie le songe de sa Damoiselle à la superstition, pense se pourvoir en lui donnant un refuge (une tour au bord de la mer), et donne toute sa confiance au More. Un More que sa femme soupçonne de vengeance et dont nous savons qu'il feint. Le maître peut quitter la scène, et laisser, par son absence, la crise tragique, sanglante, s'effectuer. À nouveau, l'entracte (entre II et III) accroît les craintes du spectateur en le laissant en supens et inapte à intervenir.

Et, parallèlement dans l'édition, comme pour renforcer le texte, en spatialiser la lecture, informer l'imagination du lecteur et/ou donner des indications aux comédiens, les deux frontispices de l'acte II et de l'acte III, eux, tendent l'esprit du lecteur-spectateur du volume imprimé. On voit donc d'abord le More (en position de soumission, mais aussi de feinte – il pleure en « crocodile abuseur » comme le dira le chasseur du quatrième acte –, fort noir et presque nain) à genoux devant le Maître et sa femme alors que les trois enfants sont au deuxième plan et que la Damoiselle, en montrant le More de son index, esquisse un geste de défiance de sa main gauche. Puis, dans le second frontispice, on peut observer le More qui regarde la femme et les enfants en entrant dans le château et en franchissant le pont-levis. Il porte, dans une hotte, des victuailles, et il est armé d'un grand sabre. La femme et les enfants saluent, de loin, tristes et craintifs, le maître qui sort à jardin et qui n'est pas cadré par l'image. C'est donc par la figuration du début de l'acte III et de l'entracte (le départ de Riviery) que le suspense se met en place, que la solitude de la famille abandonnée est soulignée et que le lecteur et le spectateur s'attendent au pire : à la vengeance crainte (par la femme), négligée (par Riviery), programmée (par le More) et dont seuls les spectateurs et les lecteurs sont témoins.

Les deux premiers actes ont par conséquent fait la part belle aux discours afin que l'ensemble du cas soit disposé, sous toutes ses faces. On a assisté à une sorte de préparation de l'action par le développement du discours : monologues de vengeance, dialogue déterminant l'affranchissement, adieux, tout est prêt pour qu'enfin l'action ait lieu. Comme s'il fallait mettre le spectateur dans un état d'impatience en considérant que le discours, dans le même temps qu'il prépare l'action, retarde son effectuation. Et l'on verra qu'après le premier effet d'importance, le viol à la fin du IIIe acte, le dispositif dramaturgique de retardement par le discours sera remis en place à la faveur d'un déplacement spatial et d'un jeu sur le temps. Alors que la Damoiselle est enfermée dans le château, on cherche le maître au loin et on lui annonce la vengeance du More, tandis que le temps s'écoule et que l'urgence est de plus en plus pressante. Ainsi le spectateur, littéralement empêché de voir une action funeste dont il sait qu'elle a lieu derrière les remparts, ne peut que haïr ce discours qui s'étend, et souhaiter qu'on en revienne au lieu du forfait. Si bien que le cinquième acte, véritable « clou » du spectacle, arrive enfin comme un achèvement, comme une sorte de soulagement, après tant d'attente, que quelque chose ait lieu sur la scène ; soulagement évidemment doublé de culpabilité.

À partir du vide laissé par le maître, l'action cruelle et sanglante peut commencer. Elle débutera, comme à chacun des trois premiers actes, par un monologue proleptique du More qui justifie ce qu'il va accomplir sur le mode, encore une fois, de l'échange (« L'heure assez tôt viendra qu'il payera *l'usure*, / Des maux que j'ai soufferts »). Pourtant, devant l'ampleur du crime à venir, devant le projet qu'il a de massacrer les innocents, et parce qu'il est nécessaire de mettre en place ici un monologue délibératif capable de rendre compte d'une décision consciente (ne serait-ce que pour guider le spectateur vers l'idée d'une intention absolument coupable), le More hésite, est un instant pris de pitié, puis décide qu'il lui faut faire un exemple et « châtier les humains ». Et comme il faut à cela une dynamique et une référence en termes de passions et de comportement, l'auteur opte naturellement pour la fureur que le More convoque, avec ses adjuvants emblématiques mythologiques (Mégère, Tisiphone, Allecton, les Fantômes, les Démons, les Esprits) qui l'escorteront dans la forteresse. Comme s'il fallait, pour lancer la crise, que le More convoque la passion furieuse topique pour qu'elle nourrisse son personnage, enclenche son action et déclenche l'enchaînement des forfaits – quitte à ce qu'ensuite la fureur sénéquienne[10] soit pondérée par la raison et le calcul : une fois que la fureur aura donné la dynamique de l'action du More et après que le More aura violé la Damoiselle, la fureur s'emparera du maître, tandis que le More, devenu aussi calculateur que froid et ironique, instruira sa vengeance par d'autres passions.

Enfin, le départ du maître permet qu'à l'espoir de douceur et de plaisir formulé par la Damoiselle – douceur d'être dans une belle et neuve forteresse au bord de la mer, plaisir d'observer les navires et les oiseaux –, le More oppose son projet violent qu'il déploie sous la bannière de Mahon-Mahommet. Très vite (le More a d'ailleurs donné les raisons dramaturgiques de cette urgence : il est seul, doit agir avant qu'on l'empêche de commettre ses forfaits, et a prévu de retarder les secours en

---

[10] Elliott Forsyth, dans *La Tragédie française de Jodelle à Corneille (1553-1640), le thème de la vengeance* (Paris, Champion, 1962, rééd. 1994), relève qu'on ne trouve que fort peu, dans cette tragédie, les marques de l'influence sénéquienne, mais admet que le traitement de la fureur, joint à celui des stichomythies du Ve acte, peuvent être liés à cette influence.

remontant le pont-levis), la scène du viol se met en place. Le More en veut donc de manière fort crue à la chasteté de la femme, le fils aîné demande du secours et prévient, du haut des murailles, un chasseur-messager qui passe sur le devant de la scène. Et très vite, l'acte s'arrête tandis que le fils crie, que le chasseur constate son impuissance à agir puis court à la recherche du maître, alors que le More assouvit son désir. C'est un effet de climax et de supens encore une fois, doublé de la frustration qui consiste à voir l'accomplissement d'un forfait programmé, sans avoir pu le prévenir, et sans pouvoir, dans l'instant, l'empêcher.

La question qui se pose alors est de savoir ce qui est, alors, représenté. Les images du frontispice montrent le More et la famille aux créneaux, et les chasseurs qui arrivent au début du IVe acte, en bas, sur le devant. Le viol, lui, peut être effectué pendant les cris du fils et/ou pendant l'entracte, car il est clair que le théâtre de cette époque ne refuse pas ce genre de scènes tant il est marqué par la figuration de la violence. L'essentiel est ici de représenter une action rapide, cruelle, forte, saisissante, de marquer l'effet de suspens et l'effet de frustration, on l'a dit, si bien qu'il est tout à fait pensable de représenter le viol sur une scène en surplomb (la scène du haut, sur un praticable masqué par le décor de la forteresse) qui peut avoir une certaine profondeur. Un viol lui-même vu, au même niveau spatial, par les enfants et constaté de loin, d'en bas, par le chasseur-messager et les spectateurs. Un viol sur lequel l'acte se termine non point pour des raisons de bienséances qui consisteraient à en masquer l'effectua-tion, mais pour au contraire finir l'acte par une action forte qui, à proprement parler, saisit ceux qui le voient ou le devinent.

L'effet de retardement : le discours frustrant

Et à cette rapidité d'exécution, dans tous les sens du terme, succède une terrible précision qui ouvre le quatrième acte : « deux heures sont passées » depuis que le soleil s'est levé, autrement dit depuis que le maître est parti, autrement dit encore, depuis que le More a entamé sa vengeance. Par récurrence, l'entracte est alors terriblement cruel puisqu'il suppose que la torture de la femme a duré, dans le temps de fiction, bien plus que le temps de l'entracte. Et cet effet de retardement marqué par le temps de fiction est alors soutenu par la première scène de l'acte IV qui, elle aussi, retarde l'action de secours tandis que le More instruit sa vengeance dans la forteresse : le spectateur assiste à un débat de 56 vers, agrémenté de stichomythies, entre les deux chasseurs. Et ce débat porte sur le point de savoir si leur maître a eu raison de faire confiance au More. Le spectateur, lui, s'impatiente des remarques lyriques sur la chasse, sait bien que l'un des deux a tort de défendre le choix de Riviery, peut répondre aux arguments du défenseur, peut donner raison aux craintes du premier chasseur, voudrait que tout cela s'accélère parce qu'il sent assurément que le temps presse. Or, le temps s'écoule au gré des arguments pendant que l'on sait que, derrière les murailles, sur la scène du haut, le More accomplit encore et toujours son forfait. C'est là encore un jeu tragique avec la dynamique et le temps de représentation qui agit sur la réception en montrant un débat qui a deux fonctions : celle, dramaturgique, de représenter au spectateur ce qu'il n'a pas envie de voir, celle, philosophique, de l'obliger à réfléchir sur le choix du Maître, mais dont il se passerait bien.

Le frontispice de l'acte IV, d'ailleurs, qui représente une scène de l'acte V, le moment où Riviery se coupe le nez, montre bien qu'il n'y a, dans cet acte IV intermédiaire, pas grand-chose à représenter, sinon l'écoulement du temps, l'attente et la frustration, au point que l'artiste-illustrateur est obligé de renvoyer le lecteur-spectateur au début de l'acte V. Si la tragédie jouait et jouera principalement sur le dispositif spatial, elle explore maintenant le dispositif temporel et discursif. Car cet acte ne figure que du temps et non des actes, joue avec l'impatience du spectateur et non point sur son saisissement comme à l'acte précédent ou à l'acte suivant. Cet acte IV prolonge, masque ou prépare l'action par un discours qui, à proprement parler, fait perdre du temps. Il est ainsi naturel que l'artiste chargé de la figuration des actes, anticipe et exécute une image proleptique. On le voit, ce théâtre explore les limites de la figuration et les ressorts du discours pour en arriver aussi bien à l'effet cruel qu'à l'élaboration d'une réflexion sur la violence, sur l'échange, mais aussi sur les instances du spectacle et du texte.

Rapidité de la violence, lenteur de la représentation, et, à nouveau, urgence : le messager (cette fois appelé Godart[11]) prévient les deux

---

[11] Nom qui vient sans raison apparente. Le chasseur-messager du IIIe acte devient « Godart Messager » au IVe acte : est-ce une erreur d'édition, ou un clin d'œil à un public averti (un public de lecteurs puisque le nom n'est pas prononcé) ? Sybille Chevallier, dans un travail fait à Paris X sur cette pièce en 2003, voit trois possibilités : 1. Le nom fait référence au patronyme d'un pasteur envoyé en Normandie par Calvin (piste qui semble ne mener à rien). 2. C'est un nom qui correspond à la locution proverbiale : « Servez Godard, sa femme est en couches », qui signifie qu'on peut refuser un service à un impertinent qui insiste pour qu'on le serve indûment comme un maître (ce Godard-là serait

chasseurs, confirme cette urgence (« Hâtez-vous mes amis, hélas ! ») et cherche le Maître. Un simple son de trompe, entre deux scènes comme la didascalie l'indique, aura pour effet de déplacer l'espace, et dans cette ellipse, de faire que l'on revienne à la scène des crimes, devant les murailles de la forteresse. Dès lors, le spectateur ne voit plus la scène qui lui aurait permis d'assister au récit du messager et à la douleur du Maître, et revient à la violence, mais après l'achèvement du premier forfait (le viol) dont il n'a vu que le début (à moins que la mise en scène ait décidé d'en représenter l'effectuation sur la scène du haut pendant que la fiction se poursuivait dans la forêt, alors que le texte, lui, n'indique pas la représentation de cette simultanéité). Pris dans les rets de la représentation, le spectateur est sans cesse ballotté entre deux lieux, entre son désir de voir et l'obligation de ne pas voir, entre le temps qui passe et l'urgence à agir, jusqu'à ce que tout se fixe, au cinquième acte. L'acte IV se termine ainsi sur les plaintes de la femme, sur sa harangue et les insultes qu'elle adresse à son bourreau, sur la volonté qu'elle a de préserver ses enfants, enfin sur la déclaration blasphématoire du More qui, en constatant l'impuissance des prières que la Damoiselle fait à « [s]on christ », annonce que l'heure est maintenant venue. Place donc à l'absolue cruauté, et à l'accumulation des forfaits, à la mort brutale, place à l'acte V, tout entier consacré à la passion du maître.

Martyre et Passion de Riviery

Curieusement, les premiers mots de Riviery résonnent comme une confession et une terrible souffrance coupable : « Ha, meschant que je suis, ha cruel qu'ai-je fait / Hélas ! qu'ay-je commis, ô estrange forfait ». C'est lui le cruel joué par la ruse d'un plus cruel encore, c'est lui qui n'a pas entendu les recommandations de sa femme et a livré au « loup cruel la brebis innocente ». Pire, comme le remarquent les chasseurs, le maître est pris par sa fureur, ne songe qu'à se venger et ne considère pas suffisamment la bonne stratégie qui consisterait à sauver sa famille. « Parlez luy doucement, n'usez point de menace / Il convient quelque fois

---

une sorte de personnage qui veut se mêler de l'affaire, mais il semble que, là encore, cette piste soit assez vaine). 3. C'est la leçon choisie : Godart (ou Godard) est le nom d'un personnage comique récurrent du théâtre normand, une sorte de *gracioso* qui représente le bon sens (c'est pourquoi il fait des remarques topiques sur ce qu'est un Maure pour un Normand).

avec un doux baiser / Embrasser le poignet que dedans le brasier / On voudroit voir brusler » conseille le premier chasseur tandis que le maître s'approche de la forteresse, menace, et ordonne au More d'ouvrir la porte et de lever le pont-levis. Si bien qu'à la fureur vengeresse, mais impuissante de l'un, une fureur incapable de calcul parce que terrible et douloureuse, s'opposent l'ironie et le sang-froid vengeur de l'autre. Le More, assouvi, est maintenant fort calme et veille à bien performer son projet.

Vengeance incapable, donc, contre vengeance puissante : « Car je vous feray voir avecques un maintient / Quel pouvoir j'ay sur vous, puisque ceux-cy je tiens, / En ma possession, car vostre tiranie / Sera en ce jourd'huy de par moi punie », déclare le More. Sans « frénésie », sans folie, du haut des créneaux, le More se justifie de son acte, et exprime sa manière de penser l'échange en affirmant que le cocuage du maître n'est qu'un début du remboursement qu'il entend tirer de Riviery, un « bien petit aquest ». C'est donc entre le premier chasseur et le More que la négociation commence, puisque la stupeur, la douleur et la passion furieuse du maître sont trop intenses : le chasseur, en bon politique, demande que la vengeance soit éteinte puisque le viol est égal au dol reçu ; le More, lui, veut ignorer toute pitié (que le maître n'a pas eue à son égard et qui fausserait l'échange), rappelle qu'il est en position de force pour donner les règles de l'échange, et estime que le viol n'est qu'un acompte pour la totale rétribution du dol.

Ainsi, protégé par les murailles, en surplomb par rapport au maître, au chasseur et au public, en position de pouvoir, le More prend les rênes de la tragédie : plus de pitié, plus de mots, plus de morale, mais de la terreur, de l'action, et la rétribution des forfaits sous forme de crimes. Derrière les vers de la fable, l'auteur glisse ici, semble-t-il, une réflexion méta-théâtrale, une réflexion esthétique rompant avec la tragédie du discours. Ce qui compte maintenant, ce ne sont plus les « mots emmiellez », les « sotte[s] prière[s] », les discours, dont on a vu qu'ils faisaient perdre son temps au spectateur, mais ce sont les gestes, les actions violentes, l'échange du sang. Sang pour sang : là est la belle tragédie.

> Le More. – Voici pour commencer la belle Tragédie
> Voilà l'acte première.
> Riviery. – Hé More je te prie
> Te vouloir contenter, n'exerce d'avantage
> Dessus ces innocens de meurtre et de carnage.
> Le More. – Taisez vous je vous prie car ce qui est encré

Au creux de mon cerveau ne sera désencré
Qu'avec un bon tesmoin et un sufisant gage,
Par quoy Riviery le sort prédestiné
Te fera voir en bref sauter ton premier né,
Du haut de ce Chasteau aye dont la veuë ferme
Et garde en c'est assaut de faire fausse allarme.

Et l'on peut à bon droit supposer que dans le silence et le geste qui suivent la réplique, le More jette l'enfant du haut des créneaux. L'acte premier de la belle tragédie est donc l'action, l'effet violent (le *striking effect* élisabéthain) *vu*, accompli devant un témoin impliqué et devant des témoins du témoin (les chasseurs) qui font le lien avec les témoins-spectateurs.

Le théâtre de l'échafaud, ici, se définit donc par un texte qui fait l'apologie de l'action. Et c'est finalement au nom de cette esthétique que le personnage du More et celui de Riviery sont ostensiblement conçus. Le More, si noir, est *écrit* ainsi par l'auteur : il est, littéralement, « encré », noir sur blanc, et ne peut être « désencré » que s'il va jusqu'au bout de son action. Cette image de l'encre (ou de l'ancrage) qui constitue le personnage, tout à fait « baroque » (pour employer un mot commode), et incroyablement moderne (voire Pongien) à nos yeux, *représente* littéralement ce que fait l'auteur : il encre sa plume afin d'encrer le More (dans le personnage duquel il a ancré et encré la vengeance) et affirme que la tragédie ne se terminera que lorsque la plume sera désencrée (ou lorsque la vengeance sera désancrée du cerveau de son personnage), autrement dit lorsque l'action du More sera éteinte et qu'il ne sera plus utile d'encrer la page... Alors, et alors seulement, le More qui se sera vidé de toute son encre et se sera désencré devant témoins pourra se jeter à la mer (son corps s'y ancrera). Et si l'on connaît un peu la poésie du temps, on ne s'étonnera point de ces jeux de mots et de ces équivoques révélateurs, parfaitement liés à une poétique tout à fait contemporaine.

Ainsi, dans le même temps que la fable – qui met en scène l'histoire tragique ou la nouvelle sanglante – se poursuit, l'auteur, par l'action et les mots qui la commentent, actualise les choix esthétiques qu'il a faits, avec ostentation. D'abord en montrant que son personnage noir est insensible à la pitié, on l'a vu, mais aussi insensible à la miséricorde et au chantage de la mère qui lui demande de le tuer pour mettre fin à son « martyre » : il est le type – un bourreau défini par une action, la vengeance –, il n'a pas d'états d'âme, par définition, et il décide en conséquence. C'est lui qui fixe les règles, qui choisit. Il n'est pas, pour lui, question de martyre :

c'est le vengeur qui fait la victime et non l'inverse. « La mort n'est en ton choix, tu ne la peux éslire / car quand il me plaira j'ay tout seul les moyens / De te faire passer les champs elisiens ». Ensuite, en représentant le type comme un bourreau dénué de morale chrétienne, mais capable de raison, sachant évaluer son dol à la hauteur de ce que le maître peut lui offrir, et qui connaît toutes les ruses de l'échange. Lorsque le maître lui promet son or et son argent, sa mansuétude même, s'il relâche ce qui lui reste de famille, le More n'entre pas dans la négociation truquée (voici pour la fable) et le personnage du More revient sur l'esthétique dramatique déjà développée : parce que les paroles sont pipeuses et qu'il ne faut se fier, dans ce genre sanglant, qu'aux actions, parce que le personnage, lorsqu'il était esclave, a appris à subir les actes violents sans pouvoir parler (c'était avant que la tragédie commence), on ne montrera maintenant que ce que le maître et les spectateurs doivent *voir* : « Pense tu mon ami que si j'eusse eu envie / De vivre en ta maison le reste de ma vie, / Que j'eusse entreprins un si riche labeur / A ta honte pourtant et à moy un bonheur / Pour dernière raison, il faut que je te die / Que tu verras la fin de ceste tragédie ».

Le discours mis à mort par l'action

Pire, on se servira des actions sanglantes pour discréditer le discours. « Or puis qu'il est ainsi doncques que vous voulez / Que je preste l'oreille aux mots emmiellez / Et que je dorme au son de vostre mélodie / Et que je face tout à vostre fantaisie / Il faut que m'accordiez premier une requeste », dit le More. Cette requête est un échange, à nouveau, dont on verra qu'il est pipé : contre l'oreille du More, contre la vie des deux derniers enfants et de la Damoiselle, le nez du maître. Ce sont les termes du nouvel échange. Et aux mots mielleux du chasseur et du maître, correspondent maintenant ceux du More ; mais si l'affranchi a su ne pas tomber dans le piège des mots – car son personnage est défini par ses actes et son action de vengeance –, le maître, lui, ne peut faire autrement que d'accepter l'échange proposé par les paroles trompeuses. Il n'a pas le choix, puisque la vérité des mots passe après la position réelle des parties, et n'est relative qu'au rapport de pouvoir. Si bien que, dans cet échange pipé régi par la croyance en un discours mielleux, le More peut aller très loin et blasphémer en jurant, par des mots qu'il ne croit pas au nom d'un Dieu auquel il ne croit pas, qu'il fera ce qu'il a promis, et convaincre un maître qui, lui, va croire tous ces mots-là à la fois parce qu'il considère que jurer devant Dieu est un engagement sacré, et parce qu'il n'a finalement pas d'autre choix que de croire.

En outre, la curieuse demande d'échange formulée par le More, l'oreille contre le nez, ou l'effacement de la vengeance et la rétribution du dol par le nez coupé, renvoient à plusieurs choses. D'abord, bien sûr, au fait que se couper le nez, comme le dira le *Dictionnaire de l'Académie* à la fin du XVIIᵉ siècle, correspond à un proverbe : « *Se couper, s'arracher le nez pour faire dépit à son visage*, pour dire, Faire par dépit contre quelqu'un, une chose dont on est le premier à ressentir le dommage. » L'interprétation serait alors que le geste du maître, s'il correspond au marché proposé, cache une vengeance future puisqu'en se coupant le nez, c'est-à-dire en ressentant le dommage, il se donne les moyens, une fois le marché accompli, d'agir contre son affranchi. Mais là n'est pas l'essentiel.

> Chez les Mores les *nez* camus sont les plus beaux *nez* ; on leur applatit, on leur escache le *Nez*. En Tartarie les plus grandes beautez sont celles qui ont le moins de *nez*. Rubruquis a escrit que la femme du Cingis Cham n'avoit que deux tous au lieu de *nez*. On dit figurément, qu'une chose n'a point de *nez*, pour dire, qu'elle n'a point de grace, d'agréement. On couppe le *nez* aux passevalans, ils ont besoin d'un *nez* postiche. On dit qu'une femme a toûjours un masque sur le *nez*, quand elle va souvent masquée. On appelloit autrefois un *tours de Nez*, ou *cache-nez*, une espece de masque que portoient les Dames de condition, qui ne leur couvroit que le *nez*, & qu'elles portoient dans les ceremonies. (*Dictionnaire universel* de Furetière, entrée « Nez »).

Cette défiguration définit donc : 1. la vengeance de combattants largement commentée par les épopées médiévales (on coupe le nez des vaincus), 2. une punition réelle et archaïque (on coupait, jusqu'au XIIIᵉ siècle au moins, les oreilles et le nez à certains criminels, particulièrement en Normandie), 3. enfin une punition dont on menace les prostituées qui sont à l'abord des casernes (mais elle semble ne pas être appliquée) et, surtout, une peine en vigueur jusqu'en 1668 qu'on inflige aux « passevolans ». Or, un passe-volant, c'est, selon le *Dictionnaire de l'Académie*, « un homme, qui sans être enrôlé, se présente dans une revue pour faire paroître une Compagnie plus nombreuse, & pour tirer la paye au profit du Capitaine. *Il y a des peines établies contre les passe-volans.* » Le *Dictionnaire Universel* de Furetière, lui, ajoutera que le passe-volant est un « Faux soldat & non enrollé, qu'un Capitaine fait passer aux reveuës pour montrer que sa Compagnie est complette, ou pour en tirer la paye à son profit. Les *passevolans* sont condamnez à estre marquez d'une fleur de lis à la joüe par un reglement de l'an 1668. » Enfin, ajoute encore l'Académie, « On appelle fig. & fam. *Passe-volant*, Un homme qui s'introduit dans une partie de plaisir, sans payer sa part de la dépense, comme les autres. *Nous ne voulons point de passe-volans parmi nous.* On appelle aussi *Passe-volans*, Ceux qui entrent aux spectacles sans payer, quoiqu'ils n'en aient ni le droit, ni la permission. *Les Comédiens ont demandé des gardes pour empêcher les passe-volans d'entrer.* »

On le voit, la punition que doit endurer le maître est celle du tricheur, de l'imposteur et correspond parfaitement au rôle que lui attribue le More : celui qui a voulu, ici par des promesses verbales emmiellées, le tromper. Dès lors, le trompeur est non seulement puni, mais il trouve un trompeur plus fort que lui : le More prête l'oreille mais demande le nez. De plus, la punition correspond, sur le plan théâtral (si l'expression est déjà employée en 1608, ce que son archaïsme laisse supposer), au spectateur-resquilleur qui, s'il n'encourt pas la sanction d'être enasé, est néanmoins poursuivi et exclu de la séance. Ainsi, doublement tricheur, ce passe-volant de Riviery est doublement puni : cherchant à convaincre son adversaire par des paroles mielleuses, il est trompé, au moyen des mêmes paroles, par un plus tricheur que lui qui n'en perdra pas une seule oreille ; cherchant à être de la revue, du spectacle, voire à être spectateur sans en payer les droits, il est puni et doit réparer, par une action, son imposture. Partant du fait, déjà énoncé, que les mots ne sont que tromperie et que seules les actions font la tragédie, l'auteur peut alors directement représenter la violence par l'épisode du nez coupé qui dévoile la cruauté du More tout en montrant que le maître est lui aussi coupable (d'avoir battu son esclave, de n'avoir pas été prudent, de trop croire en la Providence, d'avoir abandonné sa famille, de croire des mots dont il sait qu'ils sont pipés, de croire que les Mores croient en Dieu, d'imaginer que les Mores ne sont pas cruels, de n'avoir pas lu le titre de la tragédie, d'être un spectateur impuissant et resquilleur, de vouloir jouer le premier rôle, de vouloir être un héros sans parvenir à être héroïque, etc.).

« Ha, à ce que je voy, tu n'as doresnavant / Que faire de mouchoir, puis que si bravement / Tu as ainsi dolé ton reluisant visage », peut alors s'écrier le More (qui semble connaître le mouchoir de la nouvelle de Bandello dont Shakespeare, parallèlement, s'empare pour écrire *Othello*) et rendre, à ses yeux (aux yeux du spectateur ?) le « plaisant sacrifice » de Riviery absolument ridicule. Au nom de la raison et de Mahomet, le

More se moque du martyr, et transforme la passion tragique en passion risible – Satan, dans les mystères, rit de ses blasphèmes et de ses forfaits –, d'autant plus tragique qu'elle est immédiatement suivie de la mort du second enfant (dont le More dit qu'il était « prédestiné » à cette chute, nouveau blasphème ignoble...), puis du troisième. Le More, infiniment clairvoyant, sait qu'il n'a plus le choix et, terriblement satanique, boit alors le calice qu'il a décidé de boire, jusqu'à la lie : « Il me faut achever jusques au dernier bout / Aussi bien je suis mort s'il advient qu'il m'attrape ».

Peut-être est-il temps, pour l'auteur tragique, de terminer la pièce par le moment convenu de la déploration, propre à la tragédie du XVIᵉ siècle et encore bien courant dans la tragédie du temps ? Peut-être est-il temps, donc, de représenter la Damoiselle-qui-se-lamente, ce qu'elle entreprend de faire, en commençant sa réplique par un « Hélas ! » tout à fait conventionnel. Mais, à peine 14 vers plus tard, ce qui est bien peu pour une lamentation topique, le More l'interrompt : « Que servent tes regrets, que servent tes complaintes / Que te peut profiter ces soupirs et ces plaintes / N'as-tu encor assez blasonné en ce lieu ». À quoi servent en effet les déplorations tragiques, aussi bien dans le monde que dans cette tragédie, dès lors que c'est l'action qui tranche et que le public est présent pour la *voir* ? Il faut donc que la plainte devienne prière ultime pour que le More la tolère, mais il demande que la Damoiselle fasse vite : « Or sus donc dépesche / Que te sert de ton Dieu l'impuissante recherche. » Après donc une prière écourtée, une contrition courte, et un adieu rapide à son mari, la Damoiselle peut périr sous la lame du More.

Car tout va très vite dans cette fin, comme s'il fallait contredire les fins longues et déplorantes, les complaintes des tragédies du discours. Durant les dernières répliques, en 34 vers, on verra donc la mort de la femme de Riviery, le suicide du More et le désespoir du maître. À peine traversé du sabre barbare, le corps de la Damoiselle est jeté par-dessus les murailles : « Elle est morte c'est fait, il ne faut oublier / De l'envoyer la bas en ce fangeux bourbier / Avecque ces Enfans ». Après deux vers et demi montrant le maître pris par le désespoir, le More, en 13 vers, reprend les rênes du texte, affirme qu'il a enfin assouvi sa vengeance (« Il faut partir d'icy puis que je suis content / D'avoir exécuté ce que desirois tant », se recommande à Mahon et se jette dans la mer : « Adieu en général »). Et, en 12 vers et demi, Riviery tire sa leçon de la journée : il aurait dû croire aux songes de sa femme et ne pas prendre à son service un More cruel. Mais, là encore, la déploration est interrompue, cette fois par le premier chasseur qui remet le discours tragique dans l'action concrète : les plaintes sont inutiles, dans la vie comme au théâtre, et il vaut mieux songer à la situation telle qu'elle est figurée, ici et maintenant : « Cela ne sert de rien il nous faut essayer / De retirer Madame hors de ce vil bourbier ». C'est ainsi sur le mot d'« honnête sépulture » que ce spectacle se clôt, sur un tombeau programmé qui figure à la fois la tragédie elle-même, consacrée à la représentation spectaculaire de la mort, et le seul futur possible de l'intrigue. Cette fois encore, on échappe, sciemment, au discours funèbre et, puisqu'il n'y a plus rien à montrer, la pièce s'arrête.

Esthétique et impact de la tragédie de l'échafaud

La tragédie ne se veut donc pas un lieu de parole, mais un lieu où la parole est saisie par l'action violente, une scène sur laquelle les discours sont échangés à la faveur d'une vengeance en acte. Il a fallu, pour cela, mettre en œuvre un type, le More cruel, défini par son action et qui s'éteint quand l'action est complète, face à une série d'innocents, qu'il élimine. Mais, simultanément, l'auteur a dû présenter une série de débats qui complexifient le propos, puisque le type a ses raisons, et que le caractère du maître n'est pas tout à fait celui de l'innocent : comme tous les hommes il est peu ou prou coupable, dans la Chute, pris par la fureur et puni de ses excès. Aucune solution de salut n'apparaît alors, sauf peut-être pour l'innocente martyre qui, elle, a eu un peu de temps pour se recommander à Dieu. Il ne reste plus, pour les hommes, qu'à enterrer les morts.

Après Raymond Lebègue, Jean Rousset cite cette pièce dans une partie intitulée « Le jardin des supplices », la met en rapport avec d'autres tragédies de vengeance, françaises et anglaises, et commente ce cas en disant qu'il figure « la plus féroce et la plus spectaculaire de ces vengeances »[12]. Selon Rousset, « le spectateur ici, en même temps que le gentilhomme au nez coupé, impuissant, misérable, assiste au drame, au crescendo de ces morts successives ; il subit la vengeance »[13]. Le supplice, ajoute-t-il plus tard, devient spectacle, comme dans de nombreuses pièces anglaises, espagnoles, allemandes, européennes du temps. Mais, saisi par une habitude universitaire et critique qui consiste à établir des

---

[12] Jean Rousset, dans *La Littérature de l'âge baroque en France, Circé et le paon* (José Corti, 1954), p. 86.
[13] *Ibid.*

oppositions, Rousset ajoute qu'au contraire, dans la *Tragédie mahometiste*, le spectateur prend part à la vengeance « avec l'héroïne, avec elle il s'enivre de sang et se délecte sauvagement à tuer, à prolonger le meurtre en tuant plusieurs fois le même mort »[14]. J'ai déjà discuté cette affirmation qui ferait du spectateur du *More cruel* un pur être de souffrance qui, en aucun cas, ne prendrait plaisir à voir le crime – la souffrance peut être un plaisir, et la vue du crime une jouissance, d'autant plus satisfaisante qu'elle est donnée comme interdite –, et je ne retiendrai pour l'instant que les faits, autrement dit la figuration des crimes, commune à toutes ces pièces.

Cette obsession de la mort, et particulièrement de la mort violente, sanglante, cruelle, et des forfaits les plus vifs, est peut-être une survivance des mystères, qui n'ont pas dit leur dernier mot – ils existent encore tels ou légèrement changés sur bien des échafauds de France –, mais c'est aussi une sorte d'avancée esthétique, complexe, faite d'essais, d'explorations, d'expérimentations adressées à un public étroitement lié aux crimes les plus terribles. En France, les guerres de Religion sont à peine terminées, et la paix intérieure n'est souvent qu'un rêve, ou une volonté du pouvoir. Rien n'est sûr dans les villes ni hors des villes, malgré Henri IV, malgré Sully, et l'on craint que de nouveaux spectacles sanglants et flamboyants n'adviennent. Alors on représente le crime, on se souvient du sang, on le célèbre même devant tous. Pour le repousser sur le tréteau ? Pour le rendre exceptionnel ? Pour l'exorciser ? Pour se purger de la violence ? Ou pour, simplement, le *voir*, quitte à s'émouvoir, quitte à parfois en jouir, car le crime au théâtre n'est pas seulement un repoussoir.

Sur ce théâtre de l'échafaud, où l'action est tout, où le discours est, au mieux, un prétexte au spectacle, il s'agit donc, avant tout, de prendre le public à la gorge, de le rendre (enfin) muet de stupeur, de le conquérir par l'émotion excessive afin qu'il soit attentif. De là le recours aux types, aux actions massives, choquantes, inoubliables et directement liées aux *realia* qu'on voudrait oublier et qui sont toujours là, au coin de la rue, derrière le théâtre. De là le recours à une forme-sens qui impose, par la stupeur et la surprise, le choc des corps sous le sabre, la vue des têtes qui tombent et la représentation du corps hurlant des femme violées. En figurant sur les tréteaux tous ces crimes, le théâtre rend compte du monde comme il a été, et comme il va. Le théâtre figure le lien entre la fiction qu'il

---

[14] *Ibid.*

représente et l'état (à peine passé, ou présent) des spectateurs : dès lors, puisqu'il n'y a pas de quatrième mur, les spectateurs apparaissent comme des rescapés, ou de futures victimes, ou pire, comme d'anciens ou de futurs bourreaux : le monde et le théâtre sont liés par le crime. C'est d'abord un fait, puisqu'il y a, avant tout, figuration d'une action. Si bien qu'au creux de la ville, dans le bâtiment où l'on vient se montrer, voir les autres, et voir la fiction qui vous happe, personne n'échappe au dehors.

Reste que, dans le même temps que le théâtre figure le monde avec toute la cruauté requise, il hyperbolise cette cruauté et ainsi la met en distance. Car, si sous les traits du More, on peut reconnaître l'esclave d'un prélat romain mais aussi tous les vengeurs, et si sous ceux du maître on peut se référer à tous les hommes martyrisés par plus forts qu'eux, on doit aussi convenir que le cas représenté est spécifiquement excessif, donc marqué par la fiction exemplaire. C'est le premier point, qui est celui de la stratégie de l'excès. Ainsi, l'excès donne à voir un exemple terrible, dont il faut tenir compte pour sa vie propre, c'est la leçon morale et individuelle, mais qu'on peut aussi aimer parce que son spectacle séduit, c'est la leçon moins morale, mais bien réelle. Reste aussi, comme on l'a vu dans cette analyse, que sous les traits de l'excès, plusieurs réflexions se cachent, prêtes à être interprétées. Le More a tort, bien sûr, mais le maître aussi, d'autant qu'il est Espagnol, donc violent, fier, trop prompt à croire que Dieu, le moment venu, peut lui pardonner de tout. Le More a ses raisons, dans son ordre, et le maître est coupable : l'un et l'autre ont leur faute et tous deux sont damnés. L'un, pour de bon, d'ailleurs il se suicide en se recommandant à Mahon, autant dire à Satan. L'autre a, d'une certaine manière, la chance de vivre une passion, un sacrifice, qui, peut-être, le sauveront, mais rien n'est certain. L'un, si noir, est encré, l'autre, coupable puis sacrifié sur l'autel de ses fautes, peut être sauvé. Le More se venge, certes, mais s'il le fait avec excès, sa rancune ne paraît pas totalement illégitime. Le maître affranchit son esclave après l'avoir battu et estime, en place et lieu de Dieu, qu'il a effacé une faute qu'il ne considère finalement que comme une erreur. De plus, il le fait en partie par intérêt. Enfin, il le fait sans prudence.

Tout tourne donc autour des règles de l'échange, ou plutôt de l'impossible échange. Car si l'échange est lié à une position de pouvoir, le contrat ne peut se faire et seul le rapport de force tranche. Un rapport de force déterminé par la force physique, mais aussi par celle des mots, par la ruse et le secret, va donc embraser la relation et la renvoyer à un mode archaïque, brutal, primitif, de loi : le talion avec intérêt. Et chacune des deux instances, en l'espèce, est responsable de l'effacement de la loi pacifique par la loi guerrière et barbare. Dès lors, le spectateur, interdit, assiste à un échange de sang pour lequel il a payé sa place et dont il tire un profit. Profit moral ? Ou plutôt profit spectaculaire, celui de voir des hommes se battre, souffrir, endurer. Profit du spectacle, ambigu, équivoque, qui a bien des choses à voir avec le duel, la paume, la guerre, et qui finit par le suicide de l'un et le sacrifice de l'autre : celui qui perd perd, mais celui qui reste, épuisé, plaintif, gagne-t-il ?

Si bien qu'en prenant en compte l'ensemble de ces contradictions, le spectateur n'est plus en état de trancher sans état d'âme, de juger sans ambiguïté, car tout se brouille, lors même que tout semblait si clair. Et il n'est plus question que de sortir les cadavres du bourbier dans lequel la tragédie les a mis. Comme si, malgré l'aspect caricatural, spectaculaire, excessif du spectacle, et peut-être aussi à cause de cet aspect, comme si malgré la stupeur, la surprise, l'émotion, et certainement aussi à cause d'elles, il était nécessaire de sortir du bourbier, de mettre la tête hors de l'eau, d'échapper un moment à l'emprise du crime pour réfléchir sur ces actions et pour en voir les conséquences sur soi-même et sur la cité.

Le supplice-spectacle, la tragédie d'action qui s'éloigne de la tragédie-discours, le théâtre de l'échafaud ont donc une série de fonctions qui dépassent de loin l'idée qu'il faut rejeter les crimes, condamner les Noirs et se détourner du Mal. Car, par la représentation d'une action finalement proche (dans le temps et l'espace) du réel, mais éloignée du spectateur par la typification (des rôles, des décors, des paroles, des gestes) et par l'excès qu'elle suppose, la tragédie inclut le public dans son aire de jeu, au point que ce public, qui sait pourtant qu'il assiste au spectacle, est véritablement et pratiquement convoqué dans son impuissance. Une impuissance coupable, muette, terrible, qui laisse s'effectuer les crimes. Partout.

Christian BIET
Université Paris X-Nanterre

LE SPECTACLE DES PASSIONS SUR LA SCÈNE HUMANISTE :
FONCTION ET STATUT DE LA LAMENTATION DANS
LES TRAGÉDIES PROFANES DE ROBERT GARNIER

Les scènes de lamentation constituent l'un des fondements topiques de la tragédie française du XVIᵉ siècle. Les auteurs des quelques traités théoriques renaissants décrivant ce genre insistent en effet sur son caractère pathétique et déploratif : la tragédie est l'occasion de proférer des lamentations déchirantes qui s'expriment dans les cris et les larmes. Pour Jean de La Taille, l'un des meilleurs théoriciens de ce siècle en France, le genre tragique ne traite en effet « que larmes et miseres extremes[1] ». Les lamentations, manifestations matérielles de la douleur psychologique, occupent en effet une place déterminante, fondamentale même, dans l'économie du spectacle tragique[2], bien avant que Racine ne les exploite dans ses effusions élégiaques[3], car elles permettent de toucher le spectateur par l'expression d'émotions fortes et pathétiques, « veu que la vraye et seule intention d'une tragedie est d'esmouvoir et de poindre merveilleusement les affections d'un chascun[4] ». À tel point que la critique moderne y voit là sa principale caractéristique : la tragédie renaissante est en effet souvent définie comme une longue déploration de

---

[1] Jean de La Taille, « De l'Art de la Tragedie », dans *Saül le furieux. La Famine, ou Les Gabéonites*, Elliott Forsyth (éd.), Paris, Didier, 1968 [1ʳᵉ éd. : 1572], p. 4.

[2] Et pas uniquement dans le genre tragique : I. D. McFarlane fait remarquer que « dans la deuxième moitié du XVIᵉ siècle, [...] le thème des larmes évolue avec une intensité croissante ». D'abord rattaché à la tradition pétrarquiste, le thème de la larme se développera à une époque où « les temps sont devenus plus sombres, les sensibilités s'exacerbent et s'engagent davantage dans les voies de la sentimentalité, du mysticisme et de la violence ». (« Notes sur la poésie des larmes à l'époque baroque », dans *La Littérature de la Renaissance. Mélanges d'histoire et de critique littéraires offerts à Henri Weber*, Marguerite Soulié et Robert Aulotte (éds), Genève, Slatkine, 1984, p. 387.)

[3] Gilles Declercq, « "Alchimie de la douleur" : l'élégiaque dans *Bérénice*, ou la tragédie éthique », *Littératures classiques*, 26, 1996, p. 139-165, et Christian Biet, « La passion des larmes », *Littératures classiques*, 26, 1996, p. 167-183.

[4] Jean de La Taille, *op. cit.*, p. 4.

malheurs, comme une pièce dont l'« histoire », au sens qu'Aristote lui donne d'« agencement des actes accomplis[5] », repose essentiellement sur une suite statique de plaintes[6]. Charles Mazouer y voit, quant à lui, « le spectacle d'une victime qui craint son infortune ou qui la plaint une fois arrivée[7] ». Si l'on souscrit à cette appréhension de la tragédie humaniste, force est de constater, toutefois, que l'on s'est fort peu penché sur la valeur proprement dramaturgique et scénique de cette lamentation qui se donne « en spectacle[8] ». L'expression scénique des passions qui fondent le discours déploratif (essentiellement la crainte et le chagrin, qui forment, avec la fureur, l'architecture passionnelle de la tragédie de la Renaissance) « encadre » la catastrophe tragique, et lui fait écho, dans l'anticipation d'un malheur encore à venir, ou dans son évocation déchirante. Ce faisant, et c'est ce que nous tenterons en premier lieu de démontrer, la lamentation expose au regard du spectateur, bien que de manière oblique, indirecte, ce que les bienséances – ou les limites techniques des représentations dramatiques de l'époque, il est difficile de trancher sur ce point – ne permettent pas de montrer, en substituant à la catastrophe le spectacle de la souffrance qu'elle engendrera ou qu'elle a déjà engendrée. La lamentation nous apparaît ainsi comme le lieu privilégié de l'expression scénique de la violence tragique (meurtres, mutilations, calamités collectives), par ailleurs abondamment présente dans la rhétorique des discours des personnages, et tout particulièrement dans l'œuvre de Robert Garnier.

Toutefois, si l'on ne peut que remarquer l'exceptionnelle abondance des lamentations dans les tragédies humanistes (même par rapport aux tragédies grecques et latines qui en constituent les modèles), ce déploiement des passions semble honni dans le discours moral et philosophique,

---

[5] Aristote, *Poétique*, Michel Magnien (éd.), Librairie Générale Française, coll. « Le Livre de poche classique », 1990, p. 111 [1450 a].

[6] « Les tragédies humanistes présentent une situation relativement statique, et mettent en scène plutôt que des héros agissant, les porte-parole d'attitudes opposées, et principalement des victimes qui déplorent leurs malheurs ». (Jean Rohou, *La Tragédie classique*, Paris, Sedes, 1996, p. 57.)

[7] Charles Mazouer, *Le Théâtre français de la Renaissance*, Paris, Honoré Champion, 2002, p. 206.

[8] Voir, toutefois, l'article d'Olivier Millet, « La représentation du corps souffrant dans la tragédie humaniste et baroque (1550-1630) », dans *Par ta colère nous sommes consumés. Jean de La Taille, auteur tragique*, textes réunis par Marie-Madeleine Fragonard, Orléans, Paradigme, 1998, p. 87-100, qui propose des pistes de réflexion.

d'inspiration stoïcienne, qu'elles véhiculent. Bien que la lamentation soit un registre tragique obligé, son statut au sein même des pièces pose problème, en raison des préceptes stoïciens qui en font une véritable « maladie de l'âme », préceptes qui occupent également une place fondamentale dans cette tragédie « didascalique » et « enseignante »[9]. Nous démontrerons donc, en second lieu, que le spectacle de la lamentation se situe au cœur d'une aporie propre à la conception du genre tragique à l'époque renaissante. La tragédie humaniste s'avère ainsi le lieu d'une tension entre spectacularité des passions et didactisme du discours. La valorisation de l'ataraxie stoïcienne est vouée d'avance à l'échec, car elle implique la condamnation de ce qui constitue le fondement même du genre tragique : l'expression du dérèglement des passions.

Le présent article examinera ainsi comment, dans les tragédies profanes de Robert Garnier[10], se manifestent les modalités de cet antagonisme, d'abord par l'analyse des scènes où s'exprime la crainte des personnages, puis celles où se déploie un chagrin spectaculaire, et, finalement, par l'étude des discours sentencieux et didactiques condamnant ce dévoiement passionnel.

Fonction de la lamentation : crainte incarnée, violence représentée

Chez les Grecs, déjà, les affinités entre la tragédie et la lamentation « sont nombreuses, évidentes et étroites[11] ». Le discours déploratif s'y avère, entre autres, l'un des lieux privilégiés de l'expressivité du corps de l'acteur, par l'exploitation du potentiel scénique de la douleur. La lamentation tragique repose en effet sur une relation nécessaire et intime entre troubles de l'âme et dérèglements du corps. Les scènes de lamenta-

---

[9] Pierre de Ronsard, « *La Franciade*. Au lecteur apprentif », dans *Œuvres complètes*, tome II, Paris, Gallimard, « La Pléiade », 1950, p. 1017 : « si les sentences sont trop frequentes en ton œuvre Heroïque, tu le rendras monstrueux, comme si tout ton corps n'estoit composé d'yeux et non d'autres membres, qui servent beaucoup au commerce de nostre vie ; si ce n'estoit en la Tragedie et Comedie, lesquelles sont du tout didascaliques et enseignantes, et qu'il faut qu'en peu de paroles elles enseignent beaucoup, comme miroüers de la vie humaine ». .

[10] Robert Garnier est l'auteur de sept tragédies profanes (*Porcie* (1568), *Hippolyte* (1573), *Cornélie* (1574), *Marc Antoine* (1578), *La Troade* (1579), *Antigone* (1580)) et d'une tragédie religieuse (*Les Juives* (1583)).

[11] Nicole Loraux, *La Voix endeuillée. Essai sur la tragédie grecque*, Paris, Gallimard, 1999, p. 85.

tion causées par la crainte d'un malheur appréhendé ou par la déploration d'une catastrophe déjà accomplie sont omniprésentes, dans lesquelles les personnages prononcent des discours remplis de pathétisme et d'émotion, accompagnés d'une gestuelle codifiée qui souligne fortement le caractère théâtral, mais également rhétorique de ce genre. La lamentation, nous l'avons dit, « encadre » la catastrophe tragique. Lorsque la déploration a lieu avant le malheur appréhendé, elle permet l'expression de la crainte, passion fondamentale de ce théâtre, au potentiel scénique indéniable. Parce que l'esthétique de la Renaissance repose sur le principe de l'imitation des Anciens, Garnier s'inspirera des quelques fortes « scènes » déploratives des tragédies grecques et latines : par exemple, dans la pièce éponyme d'Euripide, la réaction pathétique d'Hécube à un songe prémonitoire lui annonçant la mort prochaine de ses enfants, de même que le discours terrifié d'Andromaque dans Les Troyennes de Sénèque[12], après qu'un songe funeste lui a révélé l'avenir. Ces scènes reposent essentiellement sur l'expression corporelle de la peur, avec son cortège de symptômes topiques, donc reconnaissables par le public (frissons, faiblesse, cheveux hérissés) :

[...] une froide crainte
S'est depuis quelque temps en ma poitrine empreinte,
Qui me gele les os, et peureuse me fait
Soupçonner maugré moy que Brute soit desfait[13].

[...] un horrible songe espouvante mon cœur. [...]
Las ! le poil me herisse et j'ai le cœur tout froid [...][14].

---

[12] « Rayon de Zeus, nuit ténébreuse, pourquoi ces terrifiantes visions nocturnes font-elles ainsi divaguer mon esprit ? [...] Il va se passer quelque chose d'affreux ; au concert de nos plaintes une voix plaintive se joindra ; car jamais ainsi éperdu ne frissonne et tremble mon cœur ». (Euripide, Hécube, dans Théâtre complet, tome II, Henri Berguin et Georges Duclos (éds), Paris, Garnier-Flammarion, 1966, p. 136.) « Alors un frisson glacial qui me fait trembler m'arrache le sommeil ; [...]. Une sueur froide coule sur tout mon corps, et, malheureuse que je suis, je frissonne du présage donné par ce funèbre lieu ». (Sénèque, Les Troyennes, dans Tragédies, tome I, Léon Hermann (éd.), Paris, « Les Belles Lettres », 1971, p. 76-77.)

[13] Garnier, Porcie, Raymond Lebègue (éd.), Paris, Les Belles Lettres, 1973, v. 607-610.

[14] Garnier, La Troade, Raymond Lebègue (éd.), Paris, Les Belles Lettres, 1952, v. 643 et 699.

Des symptômes semblables se manifestent chez Eurydice dans *Antigone* (« [...] la poitrine me bat, le sang au cœur me glace, / Une froide sueur me destrempe la face, / La force me defaut, mon bras n'a plus de poux, / Et sous mon foible corps tremblotent mes genous[15] »), de même que chez Andromaque dans *La Troade*, qui cherche à tromper Ulysse en tentant de le convaincre qu'Astyanax est déjà mort, mais qui ne peut toutefois contrôler son sentiment de terreur devant le danger qui menace son fils : « elle [...] / Se tourne çà et là, la face luy blesmit », « le cœur [lui] faut, [elle] frissonne, [elle] tremble, / Une soudaine glace en [s]es veines s'assemble[16] ». C'est d'ailleurs le langage de son corps – tremblements et pâleur[17] – qui la trahira, nous révèle Ulysse : « la fremissante crainte / De ceste pauvre mere a descouvert sa feinte[18] ».

Nous pourrions multiplier les exemples dans le théâtre de Garnier, où le corps souffrant des terrifiés, marqué par la crainte, annonce et prédit les douleurs à venir, il apparaît en quelque sorte comme un corps « infernalisé[19] ». La crainte produit ainsi un effet d'altération, lisible sur le corps par des signes qui, tels des stigmates, permettent d'anticiper l'avenir. Le corps en proie à la crainte parle ainsi un langage qui lui est propre, porteur d'un sens lisible à qui sait en déchiffrer les signes, véhicule d'un

---

[15] Garnier, *Antigone*, Raymond Lebègue (éd.), Paris, Les Belles Lettres, 1952, v. 2476-2479.

[16] Garnier, *La Troade*, *op. cit.*, v. 899-900 et 913-914. Voir Sénèque, *Les Troyennes* : « Mais elle porte çà et là des pas inquiets et écoute mes paroles anxieusement. Elle est plus craintive qu'elle n'est désolée » ; « Ah ! la vie abandonne mes membres ; ils tremblent ; ils chancellent et mon sang se fige, glacé par un froid mortel ». (*Op. cit.*, p. 83.)

[17] Peut-être peut-on y voir, outre celle des auteurs tragiques, une certaine influence des traités de médecine de l'époque, inspirés des théories de Galien et d'Hippocrate, où sont détaillés les symptômes physiques des personnes affectées par des « accidens ou perturbations de l'âme » : « [...] la crainte revoque & attire [...] le sang & esprits au cœur, & partant on voit que le visage pallist, & les extremitez demeurent froides, avec tremblement universel, [...] & la voix est interrompuë avec grand battement de cœur, parce qu'estouffé de la multitude du sang & des esprits, qui se retirent subitement vers luy, il ne se peut mouvoir librement & desire à se refrigerer & descharger de si grand faix : [...] C'est pourquoy aussi les hommes qui ont peur, dressent souvent les cheveux ». (Ambroise Paré, *Les Œuvres d'Ambroise Paré*, Paris, Barthelemy Mace, 1607, p. 36.)

[18] Garnier, *La Troade*, *op. cit.*, v. 917-918.

[19] Denis Crouzet, « Imaginaire du corps et violence aux temps des troubles de religion », dans *Le Corps à la Renaissance*, Actes du XXe colloque de Tours 1987, sous la direction de Jean Céard, Marie-Madeleine Fontaine et Jean-Claude Margolin, Paris, Aux Amateurs de livres, 1990, p. 124.

spectaculaire que Garnier de même que d'autres dramaturges humanistes vont s'attacher à développer[20]. Si certains symptômes nous semblent difficilement « jouables » sur une scène (pensons aux cheveux hérissés !), leur évocation dans la bouche des comédiens mêmes n'en demeure pas moins fondamentale, car elle oblige à une adéquation minimale entre ce qui est dit sur scène, et ce qui est vu par les spectateurs. Ces exemples de personnages envahis par la crainte mettent en lumière le caractère « physique » de la tragédie de Garnier, et la mise à contribution de la passion au service de l'expressivité corporelle. La crainte apparaît ainsi comme un formidable ressort du pathétisme, car elle offre des possibilités de mise en scène spectaculaire du corps de l'acteur, ainsi que l'exploitation de ses ressources gestuelles et vocales. Le dramaturge Garnier a bien saisi l'opportunité théâtrale et scénique qu'offrent les scènes de lamentation, ainsi que « l'efficacité spectaculaire des passions[21] ».

La mise en scène de la crainte permet de même la mise en place d'un réseau de métaphores dans la rhétorique des discours où est concentré tout le potentiel de violence de la pièce. La crainte « ronge », comme en témoigne ce passage de *La Troade*, qui met en scène Hécube inquiétée par un songe prémonitoire :

> Et quand je suis seulette en ma tente couchee
> Je meurs, de mille soings mortellement touchee
> Et sur tout d'un noir songe : ô songe desastreux,
> Songe plein de terreur, songe malencontreux !

---

[20] Rappelons qu'une des polémiques qui fit rage, durant le XXᵉ siècle, autour des tragédies humanistes (et des tragédies de Sénèque, d'ailleurs) concernait la question de leur représentation : certains historiens, parmi lesquels Eugène Rigal, ont soutenu que ces pièces de théâtre n'étaient destinées qu'à la lecture, ou au mieux, à la simple récitation, et qu'elles n'étaient pas conçues pour la scène. Gustave Lanson et Raymond Lebègue se sont élevés contre ces assertions en évoquant, preuves à l'appui, de nombreuses représentations dès le XVIᵉ siècle (Madeleine Lazard, *Le Théâtre en France au XVIᵉ siècle*, Paris, Presses Universitaires de France, 1980, p. 150). Plus récemment, c'est dans les tragédies elles-mêmes que les commentateurs se sont employés à relever des éléments indubitables de spectacularité : voir les commentaires de Jean-Dominique Beaudin dans son édition de l'*Antigone* de Robert Garnier (*Antigone ou La piété*, Paris, Champion, 1997) et l'article de François Lecercle sur *Saül le furieux* de Jean de La Taille (« Saül et les effets de spectacle », dans *Les Tragédies de Jean de La Taille*, Cahiers Textuel, nᵒ 18, 1998, p. 25-39).
[21] Florence Dupont, *Les Monstres de Sénèque. Pour une dramaturgie de la tragédie romaine*, Paris, Belin, 1995, p. 93.

> Plus je suis en repos, plus ce moleste songe
> Ancré dedans mon cœur me devore et me ronge :
> Ainsi que le Vautour du larron Promethé
> Se paist continuellement de son cœur becqueté[22].

Aux frissons et tremblements du cœur s'ajoute la peur qui pénètre les os, qui prend littéralement possession du corps du personnage. La crainte y laisse sa trace, brutalise ce corps comme un bourreau. Le champ lexical de la violence est renforcé par la référence au châtiment de Prométhée aux Enfers : le caractère « dévorant » de la crainte, qui constitue une véritable torture morale pour Hécube, fait de ce monde un lieu de tourmentes, à l'image de celui des enfers[23]. La terreur apparaît comme l'antichambre de la mort, Hécube étant déjà morte, (« Je meurs »), comme si l'âme en proie à une passion était déjà en dehors du monde, dans les régions troublées et torturées de l'au-delà. La terreur mène aux portes de l'ombre, au seuil de la mort, cet « Autre absolu[24] », dont l'étrangeté se reflète sur les visages ravagés et les corps torturés des personnages tragiques. La crainte permet ainsi l'exploration des frontières de la condition humaine, vers un ailleurs infernalisé.

Du spectacle du chagrin à la mise en scène de la mort

Les scènes de lamentation causées par un chagrin, habituellement la mort d'un proche, exploitent encore davantage le potentiel scénique de l'expression de la douleur. Les scènes de déploration funèbre, en particulier, renvoient aux gestes codifiés du cérémonial païen, « intensité sensuelle qui ne s'exprime que sur fond de perte[25] ». Chez Euripide, la plainte que pousse Électre, à la suite de la mort d'Agamemnon, fournit un modèle de ce rituel :

> Je veux pour mon père, à l'aurore, crier encore mes plaintes de la nuit, le
> cri de l'Hadès, le chant de l'Hadès. Père, je t'adresse sous terre les plaintes

---

[22] Garnier, *La Troade, op. cit.*, v. 1247-1254.

[23] Voir Olivier Millet, « L'ombre dans la tragédie française de la Renaissance (1550-1640), ou l'enfer sur la terre », dans *Tourments, doutes et ruptures dans l'Europe des XVIᵉ et XVIIᵉ siècles*, Paris, Champion, 1995, p. 163-177.

[24] Jean-Pierre Vernant, *La Mort dans les yeux. Figures de l'Autre en Grèce ancienne*, Paris, Hachette Littératures, 1998, p. 28.

[25] Nicole Loraux, *Les Mères en deuil*, Paris, Seuil, 1990, p. 60.

auxquelles sans cesse, chaque jour, je m'abandonne, pendant que de mes ongles je déchire ma tendre gorge et que de ma main je frappe ma tête rasée, pour pleurer ton trépas. Ah ! ah ! meurtris ta tête ! Comme un cygne harmonieux, sur les ondes d'un fleuve, appelle son père très cher qui a péri dans les mailles des rets perfides, ainsi, pour toi, mon malheureux père, je fonds en larmes[26].

La « théâtralité » de la lamentation se manifeste entre autres par l'expression d'une agression dirigée contre soi : dans un cérémonial qui se veut une offrande au défunt, Électre violente son propre corps avec force coups et lacérations.

Cette violence détermine de même le théâtre de Sénèque, source principale de Garnier. Le deuil des Troyennes y apparaît comme une cérémonie mortifiante, scandée par les coups dont elles s'accablent et par la mise à nu de leurs corps blessés :

Ô captives, ô ma troupe <de compagnes>, frappez de vos paumes vos poitrines, faites-les résonner sous vos coups et rendez à Troie les derniers devoirs. [...] Ô fidèles compagnes de notre infortune, dénouez votre chevelure ; que vos cheveux flottent tristement sur votre cou, souillés de la cendre encore tiède de Troie ; que votre troupe tienne ses bras levés et prêts ; défaites vos vêtements et retenez-les par un nœud en laissant votre corps nu jusqu'au ventre. [...] que votre main furieuse soit libre pour les coups redoublés dont vous vous meurtrirez[27].

Le deuil romain est ainsi caractérisé par la transgression des lois civiques, dans « une ascèse de la souffrance qui est le devoir des pleureuses[28] ». Par la souffrance, il rassemble « dans un espace commun, celui des morts-vivants, les vivants et les morts[29] ».

Garnier reproduit, dans ses tragédies, la représentation antique du deuil qui se nourrit du déploiement d'un pathos ostentatoire, au potentiel de subversion maîtrisée par une codification rigide. Dans *Marc Antoine* de

---

[26] Euripide, *Électre*, dans *Théâtre complet*, tome I, Henri Berguin et Georges Duclos (éds), Paris, Garnier-Flammarion, 1965, p. 110. Voir aussi Hécube après la mort d'Astyanax, dans *Les Troyennes* : « Je t'offre ces coups dont je meurtris ma tête et ma poitrine ». (Euripide, *Les Troyennes*, dans *Théâtre complet*, tome II, Henri Berguin et Georges Duclos (éds), Paris, Garnier, 1966, p. 111.)

[27] Sénèque, *Les Troyennes*, *op. cit.*, p. 61-62.

[28] Florence Dupont, *op. cit.*, p. 205.

[29] *Ibid.*, p. 205.

Garnier, Cléopâtre ravagée par la mort de son amant est décrite en ces termes :

> [...] le malheur la poind.
> Se plonge en la tristesse, et toute son estude
> Est de plorer, gemir, chercher la solitude :
> Il ne luy chaut de rien : ses cheveux sont espars,
> Les rayons enchanteurs de ses meurtriers regars
> Sont changez en ruisseaux, que la douleur amasse,
> Et tombant vont laver le marbre de sa face.
> Son beau sein decouvert luy sanglotte à tous coups,
> Qu'inhumaine à soy mesme elle offense de coups[30].

Le désordre de la tenue ainsi que la violence infligée au corps caractérisent de même la plainte de Cornélie[31]. Les exemples sont en effet nombreux dans le théâtre de Garnier, lequel met en scène, essentiellement, des endeuillées (Antigone, Porcie, Cornélie, Cléopâtre, les Juives, les Troyennes, Phèdre). Évoquons le chœur des filles de Thèbes dans *Antigone* : « Que nos faces soyent teintes / De sanglantes atteintes. / Que nostre sein ouvert / Soit d'ulceres couvert, / Que le sang en degoutte, / Et tombe goutte à goutte[32] ». Ou encore les lamentations des Troyennes, sur lesquelles repose presque tout entière *La Troade*, et qui sont également fondées sur le rituel du deuil antique. C'est dire qu'on y fait fi de la pudeur chrétienne : les pleureuses s'y arrachent les cheveux, se couvrent de cendre, se « labourent » le visage, de même que la poitrine, dénudée[33]. Les Troyennes offrent en spectacle une souffrance caractérisée par

---

[30] Garnier, *Marc Antoine*, Raymond Lebègue (éd.), Paris, Les Belles Lettres, 1974, v. 726-735. Dans ce passage, Garnier suit assez fidèlement le texte des *Vies parallèles* d'Amyot, traduit de Plutarque, quoiqu'il atténue quelque peu la violence infligée au visage et à la chevelure : « Estant merveilleusement desfiguree, tant pour ses cheveux qu'elle avoit arrachez que pour sa face qu'elle avoit deschiree avec les ongles, et si avoit la voix foible et tremblante, les yeux batus et fondus à force de larmoyer continuellement : et si pouvoit-on voir la plus grande partie de son estomac deschiré et meurtri ». (Cité par Raymond Lebègue, *ibid.*, p. 226.)

[31] Garnier, *Cornélie*, Raymond Lebègue (éd.), Paris, Les Belles Lettres, 1973, v. 419-428.

[32] Garnier, *Antigone, op. cit.*, v. 2236-2241.

[33] Garnier, *La Troade, op. cit.*, v. 125-256.

l'excès, par la « fureur[34] », par un débordement assurément irrecevable à l'époque classique.

À une époque où les textes dramatiques ne contiennent pas de didascalies, les descriptions physiques servent de prescriptions scéniques pour les comédiens. À nouveau, s'il est permis de douter que ceux-ci exécutent sur scène tous les gestes prescrits par le texte, ils se doivent de mimer, un tant soit peu, cette gestuelle codifiée, ne serait-ce que pour assurer un minimum d'adéquation entre *elocutio* et *actio*. Empruntées au répertoire tragique de l'Antiquité ainsi qu'à une tradition rhétorique et philosophique qui constitue le fondement de l'éducation humaniste, les descriptions des gestes des personnages renvoient à un langage universel connu de tous. Elles forment ainsi une véritable topique de la physionomie, une « grammaire somatique des passions[35] », inscrite dans le texte même.

Par cette violence orchestrée sur scène, l'endeuillée se dépouille de sa substance vitale qu'elle offre en don sacré. À la mort de Marc Antoine, Cléopâtre et ses suivantes évoquent les « pleurs et la dernière peine[36] » qu'elles doivent à sa tombe : « Antoine, pren nos pleurs, c'est le dernier office / Que tu auras de nous, ains que la mort ravisse / L'ame de nostre corps. Que ce devoir sacré / Tu reçoives, Antoine, et qu'il te vienne à gré[37] ». Les larmes sont une offrande au mort[38], elles incarnent, par métonymie, l'énergie vitale de l'endeuillée et, par là même, se transforment en sang, telles celles de Cléopâtre déplorant la mort de son aimé :

> Et toutefois mes yeux ont espuisé leurs veines
> De force de pleurer mes desastreuses peines.
> Il faut donc que taris ils hument de mon flanc
> Toute l'humeur vitale, et puis coulent le sang.
> Que le sang sorte donc de ma lampe jumelle,

---

[34] Sur ce sujet, voir Louise Frappier, « La topique de la fureur dans la tragédie française du XVIe siècle », *Études françaises*, vol. 36, n° 1, 2000, p. 29-47.

[35] Florence Dupont, *op. cit.*, p. 96.

[36] Garnier, *Marc Antoine, op. cit.*, v. 1909.

[37] *Ibid.*, v. 1924-1927.

[38] Voir aussi dans *Porcie* : « Las ! Brute, mon cher Brute, aumoins reçoy ces pleurs, / Reçoy ces durs regrets tesmoings de mes douleurs, / Reçoy ces moites pleurs que je te viens espandre, / Pour arrouser tes os et ta future cendre. [...] / Or Brute, je te suy, mais reçoy cependant / Ces larmes que je viens sur ton corps respandant : / Reçoy mon cher mary devant que je descende, / Ces funebres baisers, dont je te fais offrande ». (*Op. cit.*, v. 1721-1764.)

> Et tombant tout fumeux avec le tien se mesle,
> Le detrempe et rechaufe, et t'en arrouse tout,
> Roulant incessamment jusqu'au dernier esgout[39].

La souffrance funèbre provoque l'écoulement des liqueurs vitales du corps, jusqu'à épuisement. Au corps flagellé des dolentes, qui ruisselle du sang coulant des blessures qu'elles se sont infligées, font écho les larmes sanglantes qu'elles appellent de leurs vœux afin de mettre un terme à leur vie : « Faites couler le sang de mes tortices veines / Par vos tuyaux cavez, deux larmeuses fontaines : / Et si bien espuisez mon corps de sa liqueur / Que l'ame contumace abandonne mon cœur[40] ». Les modalités du deuil présentent des similitudes troublantes avec les circonstances de la disparition des morts pleurés. Dans *La Troade* de Garnier, Hécube se remémore la mort de Priam : « Son froid sang consommé par les saisons de l'âge, / Jaillissant foiblement m'arrosa le visage. / Mourant je l'embrassay, j'embrassay mon espoux, / M'arrachant les cheveux, me martellant de coups[41] ». Au sang de Priam inondant le visage d'Hécube répondent les larmes de celle-ci, offertes en libations au mort. Les lamentations des Troyennes sont caractérisées par une violence dirigée contre elles-mêmes qui fait écho à celle qu'a subie Priam : « Faites à vos corps outrage », leur demande Hécube ; « pour toy de nostre corps / Coule le sang humide[42] », répondent-elles en s'adressant au défunt. Tout se passe comme si le sang versé était au cœur d'un échange entre les vivants et les morts : les larmes de sang des Troyennes restituent, par le rituel du deuil, le sang coulant des plaies des morts, à l'heure du trépas,

---

[39] Garnier, *Marc Antoine*, op. cit., v. 1916-1923. L'image rappelle Œdipe pleurant le sang : « Soudain mes yeux se chargent d'un flot de larmes qui coulent et baignent mes joues. Est-ce assez de pleurer ? Cette légère rosée sera-t-elle la seule que verseront mes yeux ? Ah ! qu'arrachés de leurs orbites, ils suivent mes larmes ; oui, crevons sur-le-champ ces yeux incestueux ». (Sénèque, *Œdipe*, dans *Tragédies*, tome II, Léon Hermann (éd.), Paris, « Les Belles Lettres », 1982, p. 40.)

[40] Garnier, *Cornélie*, op. cit., v. 227-230. Sur l'idée d'épuisement du corps, voir Hécube dans *Les Troyennes* d'Euripide : « Conduisez mes pas, autrefois si majestueux dans Troie, et qui sont maintenant ceux d'une esclave, vers un lit de paille répandue sur le sol, à une pierre où poser ma tête ; je m'y laisserai tomber pour mourir épuisée par les larmes ». (*Op. cit.*, p. 101.)

[41] Garnier, *La Troade*, op. cit., v. 89-92. Dans cette scène, inspirée des *Troyennes* de Sénèque, le sang de Priam éclaboussant le visage d'Hécube et les baisers que lui donne celle-ci sont une invention de Garnier.

[42] *Ibid.*, v. 196 et 217-218.

lors de la chute de Troie : « Et nous nos espoux embrassant, / Qui vont
à nos yeux trespassant, / Avec eux au sang nous souillons / Qui sort de
leurs corps par boüillons[43] ». Cet échange brouille les frontières entre le
monde des vivants et celui des morts : « tandis que je vy, Brute n'est pas
tout mort : / Il vit encore en moy, ma vie est demy-sienne, / Tout ainsi
que sa mort est aussi demy-mienne[44] ». Le rituel s'apparente même à un
sacrifice, comme en témoignent les ressemblances entre la posture des
Troyennes en deuil, décrite par Hécube (« Vos espaules albastrines / Des-
pouillez, et vos bras blancs, / Et vos honnestes poitrines / Découvrez
jusques aux flancs : / Vos robes soyent avalees[45] »), et celle de Polyxène
offerte en sacrifice au tombeau d'Achille (« Elle fendit sa robe avec sa
blanche main, / Et jusques au nombril se decouvrit le sein : / Sa poitrine
fut veue avec ses mammelettes, / S'enflant egalement comme rondes
pommettes [...][46] »).

Si la mort de Polyxène ne fait l'objet que d'un récit fortement théâtrali-
sé, les plaintes funèbres sont, par contre, véritablement données à *voir* au
public, elles sont l'objet d'une représentation. La substitution qui s'opère
entre pleureuses et pleurés est donc aussi scénique, elle permet l'exhibition d'un tableau « vivant » de la mort en action, offert au regard des
spectateurs. C'est le spectacle de la souffrance, mais aussi de l'appel de
la mort qui est recherché par le dramaturge. Car la lamentation funèbre
apparaît comme l'antichambre de la mort réelle de l'endeuillée, que cette
mort survienne immédiatement après le spectacle, comme celle de
Cléopâtre, qu'elle ait lieu en coulisse, comme celle de Porcie à la fin du
quatrième acte, ou encore qu'elle soit montrée directement sur l'échafaud,
comme le suicide de la nourrice de Porcie qui clôt la tragédie du même
nom, ou celui de Phèdre, qui s'enferre sur le cadavre d'Hippolyte[47].

---

[43] *Ibid.*, v. 533-536.

[44] Garnier, *Porcie, op. cit.*, v. 1738-1740.

[45] *Ibid.*, v. 165-169. Garnier imite ici Sénèque, *Les Troyennes* : « défaites vos vêtements
et retenez-les par un nœud en laissant votre corps nu jusqu'au ventre ». *(Op. cit.*, p. 62.)

[46] *Ibid.*, v. 2141-2144. Passage imité d'*Hécube* d'Euripide : « Lorsqu'elle eut entendu
la décision souveraine, elle prit sa tunique au sommet de l'épaule et la déchira jusqu'au
milieu du flanc, près du nombril, et ses seins apparurent, et sa poitrine de marbre, très
belle ». *(Op. cit.*, p. 150.)

[47] « Or recevez mes pleurs, et n'allez reboutant / La chaste affection de mon cœur
repentant : / Recevez mes soupirs, et souffrez que je touche / De ce dernier baiser à vostre
tendre bouche. [...] / Ne me refusez point, Hippolyte, je veux / Amortir de mon sang mes
impudiques feux. [...] / Plonge toy, trempe-toy jusques à la pommelle / Dans mon sang,
le repas de mon ame bourrelle. [...] / Il est temps de mourir, sus, que mon sang ondoye

Jocaste, dans *Antigone*, se donne également la mort sur scène, en « sacrifiant » son âme « pour hostie[48] » : « Vien, poignard doucereux, vien en moy te plonger, / Et me fay promptement de ce corps des loger / [...] / Entre, glaive, en mon cœur, traverse ma poitrine, / Et dedans mes rognons jusque aux gardes chemine[49] ». Le suicide est l'aboutissement ultime de la plainte. Toute la violence contenue dans la pièce est concentrée dans ce bref moment. Ainsi, si Jean de La Taille proscrit la représentation des meurtres sur la scène, moins par souci de bienséance que par commodité et vraisemblance[50], Garnier s'autorise à le faire, non pas de manière systématique, mais en condensant, dans une lamentation finale qui mène souvent à un suicide, le potentiel de violence des morts racontées dans les récits. Le théâtre de Garnier apparaît ainsi comme une étape, dans le siècle, vers une exhibition de plus en plus importante de la violence sur la scène.

Cette mort que les pleureuses réclament et annoncent à grands cris est constamment évoquée par le biais d'une rhétorique qui recourt, de manière encore plus explicite que dans les scènes de lamentation causées par la crainte, au répertoire des grands suppliciés de l'Antiquité (Tantale, Prométhée), dont les tourments nous sont dépeints dans un langage cru rappelant celui des tragédies de Sénèque. Porcie en pleurs sur les cendres de son mari compare sa souffrance aux tortures des Enfers, qui lui semblent plus douces :

> Triez mon cœur ravi de ses mortes entrailles,
> Et le repinçotez de flambantes tenailles :
> Qu'il rotisse aux brasiers, où les plus tourmentez
> Reçoivent le guerdon de leurs mechancetez.
> Enflambez, decoupez, brisez, faites resoudre
> Mon cœur, mes nerfs, mes os et mes poumons en poudre :
> Vos tourmens ne scauroyent, m'estans continuels,
> Vaincre les cruautez des celestes cruels[51].

/ Sur ce corps trespassé, courant d'une grand'playe ». (Garnier, *Hippolyte*, Raymond Lebègue (éd.), Paris, Les Belles Lettres, 1974, v. 2209-2260.)

[48] Garnier, *Antigone*, *op. cit.*, v. 1241.

[49] *Ibid.*, v. 1310-1311 et 1320-1321.

[50] « aussi se garder de ne faire chose sur la scene qui ne s'y puisse commodément et honnestement faire, comme de n'y faire executer des meurtres, et autres morts, et non par fainte ou autrement, car chascun verra bien tousjours que c'est, et que ce n'est tousjours que faintise ». (La Taille, *op. cit.*, p. 5-6.)

[51] Garnier, *Porcie*, *op. cit.*, v. 1645-1652.

Ce langage corporel se fait par ailleurs l'écho de la violence évoquée dans les discours. Aux ressources de l'*actio* s'ajoutent ainsi celles de l'*elocutio*, qui construisent tout un réseau de correspondances entre les différentes instances élocutoires. Aux prescriptions scéniques inscrites dans le texte, qui offrent aux comédiens des clés d'interprétation de leur personnage, s'ajoute en effet la rhétorique des discours déploratifs, qui permet de tisser des liens étroits entre le spectacle qu'offre le personnage plaintif et ce qui constitue le sujet même de ces tragédies, l'épanchement du sang. Nous ne saurions assez souligner à quel point les tragédies de Garnier recèlent une grande violence : les discours des personnages abondent en récits d'horreur où sont évoqués corps mutilés et démembrés, flancs percés, chair dévorée, plaines ensanglantées, cités jonchées de cadavres. À titre d'exemple, voici un passage fort évocateur tiré de *Cornélie* :

> Le sang decoule à terre, et ja par gros bouillons
> Court enflé par la plaine entre les bataillons.
> La terre se poitrist, et toute la campagne,
> Qui volloit en poussiere, au sang Romain se bagne :
> Devient grasse et visqueuse, et fond dessous les pieds,
> Comme un limon fangeux qui les retient liez. [...]
> Bellone, ardant de rage, au plus fort de la presse
> Couroit qui çà qui là, d'une prompte allegresse :
> Detranchoit, terrassoit, faisoit sourdre un estang
> Où passoit son espee ointe de nostre sang. [...]
> On ne voyoit qu'horreur, que soldars encombrez
> Nageans dans leur sang propre, et des piles dressees
> D'hommes qui gemissoyent, sous les armes pressees,
> Coulant comme un esponge, ou l'amas raisineux
> Qu'un pesant fust escache en un pressouer vineux.
> Aux uns vous eussiez veu la teste my-partie
> Et la cervelle aupres qui tramblottoit sortie :
> Les uns percez à jour, les autres soustenoyent
> De leurs mourantes mains leurs boyaux qui trainoynt :
> Aux uns la cuisse estoit, ou l'espaule abbattue,
> Où se tiroyent du corps une fleche pointue :
> Aucuns navrez à mort, renversez sur les reins,
> Crioyent misericorde, estandans les deux mains
> Au barbare ennemy, qui l'oreille estoupee
> Fremissant de fureur mettoit tout à l'espee[52].

---

[52] Garnier, *Cornélie, op. cit.*, v. 1687-1770.

L'usage de la même topique du sang versé et du corps torturé permet d'incarner dans les scènes de lamentation la charge de violence inscrite dans les discours. Cette lamentation mortifère apparaît ainsi comme une actualisation sur l'échafaud des nombreuses morts évoquées par hypotypose et par prosopopée dans les récits émaillant les tragédies. Si l'hypotypose, abondamment utilisée par Garnier, permet de rendre visible dans l'esprit du spectateur ce que les bienséances ou la vraisemblance ne permettent pas de montrer[53], si la prosopopée, l'une des formes du théâtre dans le théâtre, autorise jusqu'à un certain point la monstration de la mort en action par un procédé qui fait du messager un acteur dans la pièce même, la lamentation funèbre pousse encore plus loin le mimétisme de la violence, car elle offre le spectacle d'une agonie non feinte, par exhaustion des corps vivants qui mène, indubitablement, à la mort des dolents.

La lamentation apparaît donc comme l'espace d'une exhibition passionnée des corps et du déploiement d'un pathétisme exacerbé. Les tragédies de Garnier s'avèrent à cet égard bien peu aristotéliciennes, car n'oublions pas qu'Aristote accorde fort peu d'importance au « spectacle » dans sa conception de la tragédie parfaite, « comme s'il souhaitait arracher la tragédie à l'emprise des sens, l'ouïe, la vue, pour n'y voir qu'une construction intellectuelle où domine l'histoire comme source de connaissance et d'émotion[54] ». Bien qu'Aristote divise l'histoire en trois parties (la péripétie, la reconnaissance et le pathos, c'est-à-dire l'événement pathétique), il privilégie toutefois les deux premières, car elles lui semblent les mieux susceptibles de procurer les émotions propres à la tragédie, de susciter, donc, la catharsis : « La crainte et la pitié peuvent bien sûr naître du spectacle, mais elles peuvent naître aussi de l'agencement même des faits accomplis, ce qui est préférable et d'un meilleur poète[55] ». Le pathos, qu'Aristote définit comme « une action qui provoque destruction ou douleur, comme les agonies présentées sur la scène, les douleurs très vives, les blessures et toutes les choses du même

---

[53] Par exemple, la mort de Marc Antoine racontée par le messager : « À grand'peine avoit-il ce propos achevé, / Et le poignard sanglant de terre relevé, / Qu'il s'en perce le ventre, et lors une fontaine / De rouge sans jaillit, dont la chambre fut pleine. / Il chancela du coup, la face luy blesmit, / Et dessur une couche affoiblissant se mit. / Il se pasma d'angoisse, et froidit tout à l'heure, / Comme si sa belle ame eust laissé sa demeure ». (*Marc Antoine, op. cit.*, v. 1606-1613.)

[54] Michel Magnien, « Introduction », dans Aristote, *Poétique, op. cit.*, p. 39-40.

[55] Aristote, *op. cit.*, p. 124 [1453 b].

genre[56] », est associé par le fait même à la représentation sur scène, au
« spectacle » auquel il n'accorde qu'une importance secondaire, et qu'il
présente d'ailleurs comme étant étranger à la poétique du genre tragique[57]. Comme le souligne Michel Magnien, Aristote identifie la
meilleure situation dramatique comme étant « celle où un personnage
décide, à la suite d'une reconnaissance, de ne plus accomplir son geste
meurtrier [...] ; la violence même de l'acte est ainsi évacuée ; et ce
schéma dramatique a le grand privilège aux yeux d'Aristote de provoquer
l'émotion tragique, née de l'enchaînement des faits et de la surprise, sans
nécessiter d'effets de scène trop grossiers dans leur facilité[58] ». Le
Stagirite écrit en effet : « Il faut agencer l'histoire de telle sorte que,
même sans les voir, celui qui entend raconter les actes qui s'accomplissent, frissonne et soit pris de pitié devant les événements qui survien-
nent[59] ». La tragédie de Garnier se situe aux antipodes de cette conception, car l'émotion tragique y repose tout entière sur l'événement
pathétique. Peu de péripéties et de reconnaissances : c'est le spectacle du
pathos qui importe.

Statut de la lamentation : spectacle et stoïcisme

La lamentation apparaît ainsi comme une manière d'offrir en spectacle,
par procuration, la cruauté de la mort et le déploiement d'un pathétisme
qu'un certain discours moral et « sentencieux » s'attachera à dénoncer. Au
caractère spectaculaire de la tragédie qui met à l'avant-plan la corporéité
des passions, à ces situations dramatiques qui donnent à voir la déshuma-
nisation des corps par la souffrance, s'oppose en effet, dans les discours
sentencieux des personnages, la topique stoïcienne de la domination de ces
mêmes passions, qui jette l'anathème sur l'étalage d'une émotivité
excessive considérée comme maladive.
    Les passions stoïciennes sont en effet des maladies qui tourmentent
l'âme : « De même que la corruption du sang et l'excès d'humeur ou de
bile font naître dans le corps les maladies et les malaises ; de même le

---

[56] *Ibid.*, p. 121 [1452 b].

[57] « Quant au spectacle, s'il exerce une séduction, il est totalement étranger à l'art et
n'a rien de commun avec la poétique, car la tragédie réalise son effet même sans concours
et sans acteurs ». (*Ibid.*, p. 113 [1450 b].)

[58] Michel Magnien, *op. cit.*, p. 40.

[59] Aristote, *op. cit.*, p. 124 [1453 b].

trouble qui accompagne les opinions incorrectes et la contradiction de ces opinions entre elles dépouillent l'âme de sa santé et la troublent par des maladies[60] ». Les stoïciens classent les passions en quatre catégories génériques, parmi lesquelles la crainte et le chagrin :

> Selon Zénon, la passion est un mouvement de l'âme déraisonnable et contraire à la nature, ou bien une inclination exagérée.[...] Les passions principales [...] forment quatre genres : la peine, la crainte, le désir et le plaisir. [...] la peine est une contraction déraisonnable ; ses espèces sont la pitié, l'envie, la jalousie, la haine, le souci, l'ennui, le chagrin, la douleur, la confusion ; [...] La crainte est l'attente d'un mal ; à la crainte se ramènent la frayeur, la perplexité, la honte, la stupeur, le trouble, l'angoisse ; [...][61].

Si Cicéron, dans ses *Tusculanes*, reprend les quatre catégories génériques de Zénon (le chagrin, la crainte, le désir et le plaisir)[62], c'est au chagrin, toutefois, qu'il attribue l'effet le plus dévastateur sur l'homme :

> [...] la crainte est l'opinion qu'un mal est imminent ; le chagrin est l'opinion qu'un grand mal est présent, je dis une opinion nouvelle sur un mal tel qu'il nous paraît justifié de nous en tourmenter, c'est-à-dire tel que celui qui en souffre juge qu'il faut en souffrir. [...] Toute passion est un malheur, mais le chagrin est un malheur qui vous ronge ; le désir vous brûle, la joie exultante vous rend léger ; la crainte vous abaisse ; mais le chagrin a des effets plus forts ; il vous consume, vous tourmente, vous abat, vous enlaidit ; il déchire et ronge l'âme, il l'accable complètement[63].

Le vocabulaire employé par Cicéron évoque le supplice et la violence. Le chagrin produit ainsi une altération de l'homme, il attaque son intégrité et le transforme. Le deuil, en particulier, est vilipendé par Cicéron :

> [...] quand, à cette opinion d'un grand mal, s'ajoute encore l'opinion qu'il est nécessaire, qu'il est juste et qu'il est de notre devoir de supporter avec peine le mal qui survient, le résultat en est finalement ce trouble grave du chagrin. De cette opinion viennent les manifestations de deuil si diverses et

---

[60] Cicéron, *Tusculanes*, dans *Les Stoïciens*, tome I, Paris, Gallimard, 1962, p. 336.
[61] Diogène Laërce, *Vies et opinions des philosophes*, livre VII, « Zénon », dans *Les Stoïciens*, tome I, Paris, Gallimard, 1962, p. 51-52.
[62] Cicéron, *op. cit.*, p. 303.
[63] *Ibid.*, p. 303-305.

si funestes : une tenue malpropre, les femmes se lacèrent les joues, on se tape la poitrine, les cuisses et la tête. [...] Personne n'admettrait chose pareille si nous n'avions, fixée dans nos âmes, l'idée que les honnêtes gens doivent s'affliger profondément de la perte des leurs[64].

Pour Cicéron, « contre ces passions que l'irréflexion fait entrer dans la vie des hommes et éveille comme des furies, il faut lutter de toutes nos forces et avec toutes nos ressources[65] ».

Dans les tragédies de Garnier, la passion est de même perçue comme une « fascheuse maladie d'esprit[66] » qui trouble la raison des êtres qui en sont affectés : « Ô que l'aspre douleur vient ma raison abatre ![67] », s'exclame en effet Cléopâtre. Antigone le qualifie également de « poison » au moment d'apaiser Œdipe, au début de la tragédie : « Combien qu'il appartienne à l'homme de grand cœur / D'estre de la fortune en ses assauts vainqueur, / Et de ne succomber à la douleur maistresse : / Ains de fouler aux pieds la rongeante tristesse, / Qui rampe dans nostre ame, incurable poison, / Si l'on ne la destrempe avecques la raison[68] ».

Face à une souffrance aussi dévastatrice sera donc prônée la domination des passions : « la douleur est à rejeter. Pourquoi ? Parce que c'est une chose rude, contre-nature, difficile à supporter, triste et dure[69] ». Le sage est en effet celui qui, face au danger, sait étouffer ses craintes, et qui, devant la perte d'un être cher, conserve une constance toute stoïcienne. Un cœur constant ne doit pas craindre la mort, surtout si celle-ci apparaît comme inévitable. Et si, de plus, elle permet d'échapper aux souffrances de ce bas monde, nous dit le chœur dans *Marc Antoine* de Garnier, il faut l'accueillir avec soulagement, comme la délivrance d'un lourd fardeau, d'une douleur inhérente à la condition humaine, celle que procure la peur de disparaître[70]. La mort permet d'éliminer toute souffrance et d'offrir aux dolents la paix recherchée. Point n'est donc besoin de la craindre, même si, paradoxalement, c'est cette même crainte que le trépas permet d'apaiser. L'absence de crainte face à la mort permet également d'éliminer

---

[64] *Ibid.*, p. 318-319.
[65] *Ibid.*, p. 303-304.
[66] Guillaume Du Vair, *De l'éloquence francoise*, René Charles Radouant (éd.), Genève, Slatkine Reprints, 1970, p. 63.
[67] Garnier, *Marc Antoine*, *op. cit.*, v. 1961.
[68] Garnier, *Antigone*, *op. cit.*, v. 199-204.
[69] Cicéron, *op. cit.*, p. 295.
[70] Garnier, *Marc Antoine*, *op. cit.*, v. 1248-1277.

toute mauvaise passion, toute émotion douloureuse, car un courage stoïque ne se laisse émouvoir par rien ni personne[71]. L'influence de Sénèque est manifeste[72], chez qui l'intensité de la douleur est à la fois inévitable et blâmable. Ainsi, au moment où la mère d'Hercule s'apprête à se lamenter, il la rappelle sévèrement à l'ordre :

> Tu ôtes au trépas d'Hercule toute sa dignité, ma mère : retiens tes larmes, dit-il, et que cette douleur féminine soit renfermée en toi-même ; [...] Contiens ton faible cœur, ma mère ; il est impie de déchirer ainsi tes mamelles et ce ventre qui m'a enfanté.
> [...] cesse de te meurtrir ainsi de coups comme pourrait le faire la mère d'un fils sans gloire ; laisse le deuil être le honteux privilège des lâches[73].

Parce qu'il se fait l'expression du désespoir, le chagrin est également condamnable : « Un magnanime cœur des malheurs ne se plaint », dit Cicéron à Cornélie. Le chœur renchérit : « Soyez plus magnanime, et que le dueil, madame, / Comme d'un peuple abject vostre raison n'entame[74] ». L'attrait qu'offre la mort à l'heure du chagrin apparaît comme une faiblesse dans l'adversité, faiblesse devant laquelle, conformément au

---

[71] *Ibid.*, v. 1296-1319.

[72] Les tragédies grecques ne condamnent pas les manifestations pathétiques de la douleur : le deuil sied aux femmes, car « la femme est un être faible et portée aux larmes, naturellement ». (Euripide, *Médée*, dans *Théâtre complet*, tome IV, Henri Berguin et Georges Duclos (éds), Paris, Garnier-Flammarion, 1966, p. 144.) Le statut des larmes masculines est plus flou : si elles sont, en principe, interdites à un homme d'illustre naissance, elles apparaissent toutefois comme le signe d'une affliction sincère. Voir Agamemnon dans *Iphigénie à Aulis* d'Euripide : « Je rougis de verser des larmes, et je ne rougis pas moins, malheureux, de n'en pas verser, à l'heure où je touche le fond de l'infortune ». (*Théâtre complet*, tome I, Henri Berguin et Georges Duclos (éds), Paris, Garnier-Flammarion, 1965, p. 55.) Les larmes sont même encouragées lorsqu'elles permettent d'alléger les souffrances : « Quelle douceur pour les malheureux que les larmes, que les lamentations des thrènes, que la muse qui préside aux chagrins ! » (*Ibid.*, p. 105.) L'argument le plus souvent évoqué pour calmer les effusions demeure l'inefficacité des larmes pour ramener les morts à la vie. Voir les paroles du chœur à Alkestis : « Résigne-toi ; tes pleurs jamais ne feront revenir sur la terre ceux qui gisent en bas sans vie ». (Euripide, *Alkestis*, dans *Tragédies complètes*, tome III, Henri Berguin et Georges Duclos (éds), Paris, Garnier-Flammarion, 1966, p. 142.)

[73] Sénèque, *Hercule sur l'Œta*, dans *Tragédies*, tome II, Léon Hermann (éd.), Paris, « Les Belles Lettres », 1982, p. 199 et 210.

[74] Garnier, *Cornélie*, *op. cit.*, v. 1556-1557.

modèle sénéquien, le conseiller ou la nourrice prônera la modération et la juste mesure stoïciennes, à l'exemple d'Éras, suivante de Cléopâtre :

> Pourquoy vos maux cruels
> Allez-vous aigrissant de cris continuels ?
> Pourquoy vous gesnez-vous de meurdrissantes plaintes ?
> Pourquoy vous donnez-vous tant de dures estraintes ?
> Pourquoy ce bel albastre arrousez-vous de pleurs ?
> Pourquoy tant de beautez navrez-vous de douleurs ?
> Race de tant de Rois, n'avez-vous le courage
> Assez brave, assez fort, pour domter cet orage ?[75]

Les conseillers se font les porte-parole d'une morale qui ne peut que condamner les égarements d'une souffrance excessive, ennemie de la constance et de la paix de l'esprit. Pour les stoïciens, la tristesse témoigne d'un manque de courage[76]. Ennemies de la vertu, les larmes sont l'indice d'une faiblesse contre laquelle les consolateurs s'efforceront de lutter en insistant sur l'inutilité du chagrin[77]. Ceux-ci visent ainsi à raisonner l'affligé et à lui faire reconnaître l'excès de son affliction[78], bien en vain, toutefois. Car n'oublions pas que « tous les auteurs tragiques ont pour préoccupation essentielle d'émouvoir[79] ». Mettre en scène un héros impassible que rien ne vient troubler ne peut que nuire au spectacle qui se doit d'être pathétique. Or le stoïcisme exige la retenue des larmes et l'intériorité du chagrin, il incarne par conséquent une représentation anti-spectaculaire, anti-théâtrale de la souffrance morale. La tragédie humaniste

---

[75] Garnier, *Marc Antoine, op. cit.*, v. 417-424.

[76] « Je [...] ne l'ayme ny l'estime, quoy que le monde ayt prins, comme à prix faict, de l'honorer de faveur particulière. [...] Car c'est une qualité tousjours nuisible, tousjours folle, et, comme tousjours couarde et basse, les Stoïciens en defendent le sentiment à leurs sages ». (Montaigne, « De la tristesse », *Essais*, livre I, Paris, Garnier-Flammarion, 1969, p. 43.)

[77] Ce que rappelle Cicéron même à Cornélie : « Que vous servent vos pleurs ? que vous sert la tristesse / Contre l'impiteux dard de la mort larronnesse ? » (Garnier, *Cornélie, op. cit.*, v. 451-456.) Voir Cicéron, *op. cit.*, p. 320 : « Qu'y a-t-il qui vaille mieux pour éloigner la douleur que de comprendre qu'elle ne sert à rien et qu'il est vain de l'accueillir ? »

[78] « Tel est donc l'office des consolateurs : supprimer complètement le chagrin, ou bien l'adoucir, ou bien en retrancher le plus possible, ou bien l'arrêter et ne pas permettre qu'il s'étende davantage, ou bien le faire passer sur d'autres objets ». (Cicéron, *op. cit.*, p. 324.)

[79] Christian Biet, *op. cit.*, p. 172.

se fait ainsi le miroir de l'ambiguïté qu'entretient tout le siècle avec le vaste territoire des passions, condamnées par les uns, valorisées par les autres. C'est que si le moraliste se méfie d'elles, le rhéteur en reconnaît l'immense utilité persuasive. Cicéron en traite différemment, selon qu'il discourt de philosophie morale ou de rhétorique :

> Le rhétoricien qui s'exprime dans le *De Oratore*, l'*Orator*, ou *Brutus*, n'est pas le philosophe moraliste qui compose les *Tusculanes* : le philosophe moral a d'excellentes raisons de se défier des *perturbationes animi*, lorsqu'il se montre soucieux de définir cet équilibre seul capable d'assurer le bonheur ; l'orateur, lui, s'exalte à l'idée d'exciter ces mouvements du cœur qui lui assureront la victoire[80].

À l'image des tragédies romaines, qui privilégient les ressources de l'*actio* rhétorique, les tragédies humanistes montrent l'éloquence du corps en action : « La *Poétique* d'Aristote faisait du spectacle – *hopsis* – au théâtre un accessoire vulgaire. À Rome, au contraire, de même que le corps visible de l'orateur romain est au centre de l'éloquence, le corps spectaculaire de l'acteur est au centre de la tragédie romaine[81] ». La rhétorique latine place en effet l'action oratoire au centre de l'éloquence, car c'est elle qui met en lumière les passions de l'âme. Et ces passions,

> il faut les faire sortir de l'ombre et s'attacher aux traits saillants qui les mettent en relief. En effet, à tout mouvement de l'âme correspond en quelque sorte naturellement son expression de physionomie, son accent et son geste propres, et tout le corps de l'homme, toute sa physionomie, tous ses accents vibrent, comme les cordes d'une lyre, selon le mouvement de l'âme qui les met en branle[82].

Cette conception de la rhétorique se retrouve dans les traités renaissants. En se réclamant de Cicéron, Antoine Fouquelin souligne le caractère persuasif et universel du geste oratoire :

---

[80] Gisèle Mathieu-Castellani, *La Rhétorique des passions*, Paris, Presses Universitaires de France, 2000, p. 3.

[81] Florence Dupont, *op. cit.*, p. 94.

[82] Cicéron, *De l'orateur*, livre III, Paris, « Les Belles Lettres », 1961, p. 90 [LVII, 215-216].

[...] l'action et geste du corps, lequel donne quelque indice et signification du mouvement de l'esprit, émeut un chacun, même les idiots et barbares, par lesquels il aura été aperçu : car combien que les esprits des hommes soient fort différents de parole, toutefois ils sont émus par mêmes mouvements de corps. [...] Parquoi Cicéron appelle l'action et geste, quasi parole et éloquence : comme si le corps muet parlait par son geste et mouvement[83].

S'agit-il alors, pour Garnier et les dramaturges du XVIe siècle, d'émouvoir par les ressources de la rhétorique et du théâtre en vue de susciter la catharsis ? Rien n'est moins sûr. La doctrine de la catharsis est à l'état d'ébauche à l'époque, les théoriciens la mentionnent à peine dans leurs traités[84]. Nous sommes très loin des débats passionnés qui alimenteront tout le XVIIe siècle. Le pathos vise à émouvoir, donc à procurer du plaisir au spectateur, alors que les discours moraux et sentencieux ont pour fonction de l'instruire[85]. Il y a scission entre deux phénomènes que le siècle suivant s'emploiera à fusionner[86].

La tragédie humaniste est ainsi le lieu d'un antagonisme : le recours au pathétique par la spectacularité de la lamentation, rendu nécessaire par les

---

[83] Antoine Fouquelin, *La Rhétorique française,* dans *Traités de poétique et de rhétorique de la Renaissance,* Francis Goyet (éd.), Paris, Librairie Générale Française, coll. : « Le livre de poche classique », 1990 [1re éd. : 1555], p. 443. Fouquelin imite un passage du traité de Cicéron : « J'ajoute que, dans tout ce qui se rapporte à l'action, réside une certaine force naturelle ; aussi est-ce encore là ce qui touche surtout les ignorants et jusqu'aux barbares. Les paroles agissent uniquement sur ceux qu'unit la communauté de langue ; [...] l'action, elle, qui traduit au dehors les émotions de l'âme, émeut tout le monde, car ce sont les mêmes émotions de l'âme qu'éprouvent tous les hommes ; ils les reconnaissent chez les autres aux mêmes signes qui leur servent aussi à les manifester ». (Cicéron, *op. cit.,* p. 94 [LIX, 223].)

[84] La *Poétique* ne sera publiée en France, en grec et en latin, qu'en 1538, et ne sera traduite en français qu'en 1671. Au XVIe siècle, son œuvre est essentiellement diffusée par l'intermédiaire d'auteurs italiens (Scaliger et Castelvetro). Voir Charles Mazouer, *op. cit.,* p. 183.

[85] Roland Brisset, qui publie son œuvre en 1589, fait exception dans le siècle : « Publiant ses traductions de Sénèque à une date où les idées d'Aristote ont commence à circuler, Roland Brisset s'adresse longuement à ses lecteurs et, réfléchissant au plaisir tragique, montre comment le spectacle des malheurs nous dépouille de nos passions, nous apprend la vanité des grandeurs et nous entraîne à supporter les revers de la fortune ». (Charles Mazouer, *op. cit.,* p. 186.)

[86] Voir Georges Forestier, *Passions tragiques et règles classiques. Essai sur la tragédie française,* Paris, PUF, coll. : « Perspectives littéraires », 2003.

exigences particulières du genre tragique tel que le concevaient les humanistes, est réprouvé par un discours philosophique et moral qui a pour effet de remettre en question les fondements mêmes du théâtre, c'est-à-dire la représentation pathétique de corps souffrants, de physionomies dévastées, d'âmes déchirées. Ainsi, l'idéal stoïcien de l'*apatheia* est mis constamment en contraste avec des figures torturées par la crainte et le chagrin, mises en scène dans des tirades spectaculaires et pathétiques. C'est dans cette tension entre la parole didactique, gnomique, et une topique du langage des corps, entre des préceptes moraux et l'impossibilité de leur application sur une scène vouée aux plus grandes calamités, que réside l'une des particularités du traitement du pathétisme dans la tragédie du XVIe siècle.

Influencée, d'une part, par des modèles tragiques – dont la dramaturgie repose sur l'exploitation du potentiel rhétorique du jeu de l'acteur[87] et sur le spectacle de la passion – et, d'autre part, par une philosophie prônant la suprématie de la raison sur les émotions, la tragédie française naît de ce paradoxe qu'elle ne s'emploiera à résoudre qu'au siècle suivant, où elle substituera « au cri terrible d'une Hécube » les raideurs cornéliennes ou « la plainte douce, presque chantée[88] » des héroïnes galantes raciniennes.

Louise Frappier
Université Concordia, Montréal

---

[87] Chez Sénèque, « la matière première de la tragédie est le langage, ou plutôt les langages du corps tels qu'ils ont été codifiés par la civilisation romaine ». (Florence Dupont, *op. cit.*, p. 91.)

[88] Christian Biet, *op. cit.*, p. 173.

DE LA COULISSE À LA SCÈNE :
LA PROSOPOPÉE,
UNE FORME MÉCONNUE DU THÉÂTRE DANS LE THÉÂTRE

La prosopopée est une figure de rhétorique qui traverse de façon discrète mais constante l'ensemble de la dramaturgie française du XVIIe siècle. Elle a une valeur fondamentalement orale puisque, au théâtre comme dans l'art oratoire, elle consiste à citer les paroles d'autrui en reproduisant audiblement et visiblement sa voix et son geste[1]. La rhétorique en distingue deux types : d'une part, la prosopopée « oblique », qui correspondrait *mutatis mutandis* à la catégorie narrative du discours transposé en style indirect et, d'autre part, la prosopopée « pleine » ou « parfaite », aussi appelée « sermocination », où l'on « feint de se taire pour faire parler celui qui est le sujet [du] discours[2] », et qui équivaudrait ainsi à la catégorie narrative du discours rapporté en style direct[3]. Bien que considérée avec méfiance dans la seconde moitié du XVIIe siècle par les théoriciens tant de l'art oratoire que du théâtre, ce dernier type de prosopopée occupe néanmoins une place non négligeable dans le répertoire dit classique. À travers l'analyse des occurrences du procédé dans les tragédies de Pierre Corneille, Thomas Corneille, Philippe Quinault et Jean Racine, les pages qui suivent fournissent une explication fonctionnelle à cette pérennité : la prosopopée pleine assurerait en effet la

---

[1] « Prosopopée [...] est une figure de sentence, par laquelle nous de notre voix et action, contrefaisons, et représentons la voix et le personnage d'autrui » (Antoine Fouquelin, *La Rhétorique française*, dans *Traités de poétique et de rhétorique de la Renaissance*, Francis Goyet éd., Paris, Librairie générale française, 1990 [1555], p. 413). Sur l'usage de la prosopopée dans la tragédie humaniste, voir Jeanne Bovet, « Rhétorique et théâtralité : aspects de la déclamation dans la tragédie humaniste », dans *Les Arts du spectacle au théâtre (1550-1700)*, Marie-France Wagner et Claire Le Brun-Gouanvic éds., Paris, Champion, 2001, p. 62-65.
[2] Bernard Lamy, *La Rhétorique ou l'Art de parler*, Brighton, Sussex Reprints (French Series, n° 1), 1969 [1699 ; 1re éd. 1675], p. 129.
[3] Antoine Fouquelin, *op. cit.*, p. 413, 417 ; René Bary, *La Rhétorique françoise*, Paris, Pierre Le Petit, 1659, p. 372.

survivance dans la dramaturgie classique d'au moins trois excès « baroques », à savoir le procédé du théâtre dans le théâtre, la représentation scénique de la violence physique et la représentation scénique du merveilleux.

La prosopopée donne la parole à ce qui ne peut *a priori* pas parler : une personne absente ou défunte, un animal, un objet inanimé (pierre, glaive, ville), une abstraction (la Vertu, la Patrie, etc.). Dans les trois derniers cas, comme l'indique son étymologie, la figure tient de la personnification : procédant par anthropomorphisme, elle « fait une personne de ce qui n'en est pas une[4] », attribuant ainsi à l'animal, à l'objet, à l'abstraction, des caractéristiques vocales et gestuelles humaines. Au théâtre, cependant, son usage le plus fréquent consiste à donner la parole à un être humain absent, qu'il soit vivant ou mort ; suivent, loin derrière, les objets et les abstractions ; quant aux animaux, sauf erreur, ils ne sont jamais personnifiés dans le texte de théâtre classique[5].

Dans toutes ses manifestations, la prosopopée marque donc une double énonciation, où la médiation d'un narrateur, énonciateur du discours-cadre, permet de faire parler un personnage, énonciateur du discours rapporté. Le passage d'un niveau à l'autre est signalé par un indice textuel d'enchâssement prenant généralement la forme d'une incise de type « dit-il/ dit-elle ». Dans le texte imprimé, l'enchâssement se manifeste en outre typographiquement par le recours au caractère italique pour le discours rapporté ; enfin, sur scène, il se donne à voir et à entendre dans le geste et la voix de l'énonciateur du discours-cadre qui, pour bien marquer le passage à la prosopopée, doit non seulement répéter textuellement les mots de la personne citée, mais encore se conformer physiquement à celle-ci par un changement d'attitude vocale et gestuelle. Ce changement prend la forme d'une imitation, c'est-à-dire, au sens du XVIIe siècle, d'une simulation physique des intonations et des gestes que l'on sait ou que l'on suppose produites et posés par la personne citée.

Dans l'ordre de la déclamation théâtrale, une telle exigence n'a rien de surprenant, puisque le principe d'imitation fonde l'ensemble des usages scéniques de la voix et du geste à l'âge classique. La déclamation

---

[4] Bernard Lamy, *op. cit.,* p. 128.
[5] À l'inverse, évidemment, des *Fables* de La Fontaine, où l'on retrouve aussi, outre des hommes, des végétaux *(Le Chêne et le Roseau)* et des abstractions *(L'Avare et l'Avarice)* parlants.

classique ne relève cependant pas d'une reproduction mimétique de type naturaliste, mais d'une imitation stylisée et sélective issue du code de l'action oratoire, une idéalisation qui sera plus tard théorisée sous le terme de Belle Nature[6]. Qu'il s'agisse de l'âge ou des mœurs du personnage, des affects qu'il exprime, des figures qui servent à les exprimer, de la structure ou du rythme de ses répliques, tous ces aspects textuels sont intimement informés par le code de la Belle Nature et devront donc, sauf avis contraire, être déclamés conformément à ses principes. Par exemple, pour ce qui concerne l'expression vocale et gestuelle des passions, la colère du personnage se manifestera sur scène par des sourcils froncés et une voix forte et aiguë, tandis que sa tristesse passera par des mains jointes sur la poitrine et une voix faible et entrecoupée de sanglots. À cet égard, la prosopopée ne fait que transposer aux modalités de déclamation du discours intérieur ce qui est déjà la règle dans le discours-cadre. Ainsi, Grimarest souligne que le rang du personnage et la passion qui l'anime y sont les principaux attributs à imiter : « [s]i la personne que l'on fait parler est malheureuse, on prend la voix propre à la tristesse. Si elle est d'une naissance commune, on ne donne point de sublime à sa voix. Si elle est d'un caractere bas, on prononce avec bassesse[7] ».

---

[6] Le terme de Belle Nature apparaît d'abord dans la théorie picturale du XVIIᵉ siècle (Bosse, Félibien, De Piles) avant d'entrer, au tournant du XVIIIᵉ, dans le discours de la critique littéraire (Longepierre, Perrault). La notion qu'il recouvre est cependant inséparable de la poétique classique dès les années 1640. Tout au long de la seconde moitié du XVIIᵉ siècle, et bien avant dans le XVIIIᵉ, les théoriciens du classicisme postulent en effet que « l'art est choix et correction de la nature » (Bernard Tocanne, *L'Idée de nature en France dans la seconde moitié du XVIIᵉ siècle*, Paris, Klincksieck, 1978, p. 345). Au théâtre, cette correction se manifeste par « la conformité des actions, des discours, de la figure, de la voix, du mouvement, du geste, avec un modèle idéal imaginé par le poète et souvent exagéré par le comédien » (Denis Diderot, *Paradoxe sur le comédien*, dans Alain Ménil éd., *Diderot et le théâtre*, 2, *L'Acteur*, Paris, Pocket (Agora), 1995 [~1770], p. 80).

[7] Jean-Léonor Le Gallois de Grimarest, *Traité du récitatif dans la lecture, dans l'action publique, dans la déclamation, et dans le chant*, New York, AMS Press (Music and Theatre in France in the 17th and 18th Centuries), 1978 [1760 ; 1ʳᵉ éd. 1707], p. 99. Pour une analyse détaillée de la prégnance du code oratoire de la déclamation sur la poétique du texte dramatique, voir Jeanne Bovet, *Pour une poétique de la voix dans le théâtre classique*, thèse de doctorat, Montréal, Université de Montréal, 2003. On consultera aussi avec profit, pour la déclamation théâtrale, Sabine Chaouche, *L'Art du comédien : déclamation et jeu scénique en France à l'âge classique (1629-1680)*, Paris, Champion (Lumière classique), 2001.

Dans la prosopopée, ce n'est donc pas le principe d'imitation en lui-même, mais plutôt les effets qui en découlent qui s'avèrent surprenants. En exigeant du premier énonciateur qu'il adopte la voix et le geste du second, la prosopopée suppose un jeu de rôle qui n'est pas sans rappeler le fonctionnement même du théâtre. L'espace de quelques vers, l'énonciateur du discours-cadre endosse l'identité d'un autre, semblable en cela à l'acteur qui, le temps d'une représentation, endosse l'identité d'un personnage[8]. À cet égard, la prosopopée s'apparente beaucoup au procédé du théâtre dans le théâtre, défini au sens strict par Georges Forestier comme l'introduction d'un jeu de rôle présenté comme tel dans une pièce de théâtre, et accompagné ou non d'une rupture dans la continuité dramatique[9]. De fait, l'abbé d'Aubignac qualifie la prosopopée dramatique de « double fiction » : au premier niveau, « l'Acteur represente déjà une personne qui n'est point » ; au second, « cette personne representée en feint une autre qu'elle fait parler par sa bouche[10] », ce qui est exactement le processus du théâtre dans le théâtre, où les personnages fictifs de la pièce intérieure sont joués par et pour des personnages fictifs de la pièce-cadre[11].

À travers des mises en abyme renvoyant au topos du *theatrum mundi*, le théâtre dans le théâtre exploite toutes les ressources scéniques du dédoublement pour révéler les liens et les interférences entre la réalité et l'illusion, le rêve, la folie. Participant ouvertement d'une dramaturgie baroque de l'ambiguïté, il disparaît pour cette raison même de la tragédie dès les années 1650, puis de la comédie dans les années 1680[12]. Or, la figure de la prosopopée, qui donne pourtant lieu à un semblable dédoublement scénique, subsiste quant à elle tout au long du siècle, dans tous les genres et chez tous les dramaturges. Même limitée, comme le veut l'abbé

---

[8] On pourrait d'ailleurs considérer une pièce de théâtre comme une vaste prosopopée en l'espèce particulière du dialogisme, « où deux personnes sont introduites parlant & se répondant l'une à l'autre » (Michel Le Faucheur, *Traité de l'action de l'orateur ou De la prononciation et du geste*, Paris, Augustin Courbé, 1657, p. 149-150).

[9] Georges Forestier, article « Théâtre dans le théâtre », dans le *Dictionnaire encyclopédique du théâtre*, Michel Corvin éd., Paris, Larousse, 2001 [1998], p. 1620.

[10] Pour ces trois citations : François Hédelin, abbé d'Aubignac, *La Pratique du théâtre*, Pierre Martino éd., Alger/Paris, Carbonel/Champion, 1927 [1657], p. 351.

[11] Georges Forestier, *Le Théâtre dans le théâtre sur la scène française du XVIIe siècle*, Genève, Droz (Histoire des idées et critique littéraire), 1981, p. 11.

[12] *Ibid.*, p. 73.

d'Aubignac, aux narrations et aux monologues[13], la prosopopée permet ainsi de conserver dans la dramaturgie et sur la scène classiques la structure spectaculaire du théâtre dans le théâtre, sous le couvert légitime du modèle oratoire. Ce serait là une première explication de sa pérennité.

Mais si la prosopopée entretient une évidente parenté structurale avec le procédé du théâtre dans le théâtre, elle n'en reconduit cependant pas le statut fictionnel. En effet, le théâtre dans le théâtre ouvre un espace imaginaire au sein de la pièce-cadre, qu'il s'agisse d'un simple divertissement sans lien manifeste avec la réalité des personnages de l'histoire enchâssante, comme dans les quatre premiers spectacles de *L'Inconnu* de Thomas Corneille, d'un déguisement visant à confondre un autre personnage, comme dans *Le Bourgeois gentilhomme* de Molière, ou d'une mise en abyme ayant valeur réflexive, comme dans *L'Illusion comique* de Pierre Corneille[14]. La prosopopée, quant à elle, n'ouvre pour ainsi dire jamais d'espace imaginaire au sein du discours-cadre. Souvent incluse dans la figure englobante de l'hypotypose, elle renvoie comme celle-ci à des événements qui participent directement de l'intrigue du premier niveau dramatique et qui ont généralement déjà eu lieu hors-scène, notamment par souci de bienséance et de vraisemblance, telles, d'une part, les violences physiques (combats, meurtres, agonies) et, d'autre part, les interventions du surnaturel (magie, spectres, prophéties).

Cependant, tandis que l'hypotypose suscite une image mentale de ces événements par la seule puissance évocatrice des mots, la prosopopée, quant à elle, opère le passage de l'image mentale à l'image sensible, en ce qu'elle donne à voir et à entendre une action concrète sur la scène. L'hypotypose demeure un pur produit de l'esprit ; l'image qui en résulte n'a aucune réalité matérielle ; elle n'existe précisément que dans l'« imagination » du locuteur et de l'auditeur : « on s'imagine voir ce qui n'est point present, & [...] on le represente si vivement devant les yeux de ceux qui écoutent, qu'il leur semble voir ce qu'on leur dit[15] ». Elle est donc une figure désincarnée – ce qui lui permet d'ailleurs de pousser

---

[13] François Hédelin, abbé d'Aubignac, *op. cit.*, p. 352.

[14] *Le Véritable saint Genest* de Rotrou constitue une exception notable, la représentation enchâssée reconduisant en effet l'implication de l'empereur Maximin, personnage de la pièce-cadre, dans le supplice d'Adrien.

[15] Bernard Lamy, *op. cit.*, p. 112 ; on notera cependant l'intéressant télescopage sensoriel, qui fait l'impasse sur la médiation de l'esprit : « devant les yeux de ceux qui écoutent ».

relativement loin la description de l'horreur ou du prodige. La prosopopée, au contraire, sollicite directement la vue et l'ouïe du spectateur, puisqu'elle demande aussi d'imiter le geste et la voix du personnage cité. Elle s'avère ainsi une figure on ne peut plus incarnée, l'énonciateur du discours rapporté se matérialisant sur les plans vocal et gestuel à même le corps de l'énonciateur du discours-cadre. Bien qu'elle ne donne pas à voir ni à entendre l'ensemble de la scène originale, la prosopopée permet donc de la reconstituer telle que l'a vécue le personnage cité, c'est-à-dire en mode direct et en temps réel, avec la voix qu'il a utilisée et les gestes qu'il a posés. Autant dire que, sous la caution oratoire du procédé, la prosopopée permet finalement de représenter sur scène le non représentable. À cet égard, elle semble même plus efficace que l'hypotypose, puisqu'en sollicitant réellement la vue et l'ouïe du spectateur, elle vise directement les sens, tandis que l'hypotypose, restreinte à la forme du récit, doit nécessairement en passer par la médiation de l'esprit. En plus de sa parenté structurale avec le procédé du théâtre dans le théâtre, ce serait à mon avis dans ce rapport sensible avec des actions théoriquement interdites de représentation que résiderait la fonction dramatique spécifique de la prosopopée et, partant, la cause de sa pérennité dans le répertoire classique.

Cela paraît particulièrement évident dans le cas des événements violents. On sait que la violence physique, fréquemment représentée sur la scène du premier tiers du XVIIe siècle, s'en trouve progressivement bannie, qu'il s'agisse de batailles, de tortures, de morts sanglantes, ou même de morts plus « douces » par empoisonnement. À cet égard, il est significatif qu'un grand nombre de prosopopées de la seconde moitié du siècle rapportent des paroles proférées par un personnage en situation de combat ou d'agonie. Ces deux occurrences se trouvent notamment conjuguées dans l'acte V, scène 3 de *La Thébaïde* de Racine, où Créon rapporte les morts tragiques d'Hémon, Étéocle et Polynice avec, dans une seule réplique, trois prosopopées successives accompagnées de didascalies internes qui contribuent à en préciser l'intonation et le geste. D'abord, les derniers mots d'Hémon : « *Je meurs*, dit-il tout bas, / *Trop heureux d'expirer pour ma belle princesse* ». Puis, la réaction de Polynice : « Seulement Polynice en paraît affligé : / *Attends, Hémon*, dit-il, *tu vas être vengé* ». Et enfin les paroles adressées par Polynice à Étéocle, qu'il vient de frapper mortellement :

Polynice, tout fier du succès de son crime,
Regarde avec plaisir expirer sa victime ;
Dans le sang de son frère il semble se baigner :
Et tu meurs, lui dit-il, et moi je vais régner.
Regarde dans mes mains l'empire et la victoire ;
Va rougir aux enfers de l'excès de ma gloire ;
Et pour mourir encore avec plus de regret,
Traître, songe en mourant que tu meurs mon sujet[16].

Grimarest commente en ces termes ce dernier passage : « [u]n Prince doit parler noblement selon le sujet : Ainsi en lisant le recit que Creon fait du succès du combat d'Eteocle & de Polinice, on doit donner à sa voix un ton qui convienne au caractere de celui cy, & au plaisir qu'il goute de voir expirer son ennemi[17] ».

Dans le récit de la bataille décisive, Valère rapporte de la même façon les paroles d'Horace :

Comme notre héros se voit près d'achever,
C'est peu pour lui de vaincre, il veut encor braver :
J'en viens d'immoler deux aux mânes de mes frères ;
Rome aura le dernier de mes trois adversaires ;
C'est à ses intérêts que je vais l'immoler,
Dit-il ; et tout d'un temps on le voit y voler.
La victoire entre eux deux n'était pas incertaine ;
L'Albain percé de coups ne se traînait qu'à peine,
Et comme une victime aux marches de l'autel,
Il semblait présenter sa gorge au coup mortel :
Aussi le reçoit-il, peu s'en faut, sans défense,
Et son trépas de Rome établit la puissance[18].

Un exemple similaire se présente dans le *Stilicon* de Thomas Corneille, où l'empereur Honorius, témoin de la scène, rapporte ainsi la volte-face d'Eucherius, fils de Stilicon, contre les rebelles :

---

[16] Jean Racine, *La Thébaïde*, V, 3, dans *Théâtre 1,* André Stegmann éd., Paris, GF-Flammarion, 1964 [1664], p. 84-85.

[17] Jean-Léonor Le Gallois de Grimarest, *op. cit.*, p. 99 ; le précepte final découle directement de la didascalie interne : « Polynice [...] [r]egarde avec plaisir expirer sa victime ».

[18] Pierre Corneille, *Horace*, IV, 2, dans *Théâtre II : Tragédies,* Jacques Maurens éd., Paris, GF-Flammarion, 1980 [1682 ; 1re éd. 1641], p. 335.

L'effroy suit aussi-tost leur attente trompée,
Et ton fils de l'un d'eux ayant saisi l'épée,
Les yeux estincelants d'une illustre fureur,
Quoy, vive Eucherius, & meure l'empereur,
Traistres ? & de l'effet la menace est suivie.
Son bras n'attaque point qu'il n'en couste une vie ;
Il pousse, il frappe, il tuë, & par de si grands coups,
L'avantage du nombre est tout entier pour nous[19].

On notera que, dans les deux cas, après avoir fait résonner la voix de la fureur sanguinaire et voir le bras brandissant l'épée, la prosopopée cède à nouveau la place à l'hypotypose, seule habilitée à prendre en charge le moment même de la mort de l'ennemi.

Il en va autrement de la prosopopée d'agonie, dont le récit de Théramène constitue l'exemple type :

De son généreux sang la trace nous conduit :
Les rochers en sont teints ; les ronces dégouttantes
Portent de ses cheveux les dépouilles sanglantes.
J'arrive, je l'appelle, et me tendant la main
Il ouvre un œil mourant, qu'il referme soudain.
Le Ciel, dit-il, *m'arrache une innocente vie.*
Prends soin après ma mort de la triste Aricie.
Cher ami, si mon père un jour désabusé
Plaint le malheur d'un fils faussement accusé,
Pour apaiser mon sang et mon ombre plaintive,
Dis-lui qu'avec douceur il traite sa captive,
Qu'il lui rende... À ce mot ce héros expiré
N'a laissé dans mes bras qu'un corps défiguré[20].

Le mimétisme n'est certes pas intégral : la bienséance, tant externe qu'interne (c'est-à-dire commandée par le premier niveau de discours, où Théramène s'adresse à son roi), en fixe les limites ; ainsi, Théramène ne s'arrache certainement pas les cheveux et ne se couche pas au sol devant

---

[19] Thomas Corneille, *Stilicon*, V, 4, C. J. Gossip éd., Paris/Genève, Droz, 1974 [1660], p. 106.

[20] Jean Racine, *Phèdre*, V, 6, dans *Théâtre 2*, André Stegmann éd., Paris, GF-Flammarion, 1965 [1677], p. 250. On appréciera le double sens de l'expression finale : après sa mort, le « corps défiguré » d'Hippolyte est en effet privé de la figure de rhétorique par laquelle Théramène lui avait donné voix et geste.

Thésée pour représenter Hippolyte mourant. Mais il va sans doute jusqu'à reproduire certains gestes précisés par le texte : la main tendue, les yeux fermés, voire l'exhalaison du dernier souffle, marquée par les points de suspension, tandis que, sur le plan vocal, il doit de même adopter les « tons pressans & plaintifs[21] » du jeune homme. Ainsi, ne serait-ce que de façon partielle et sélective, Théramène donne à voir et à entendre matériellement l'agonie d'Hippolyte à Thésée et, par delà, aux spectateurs, ce qui ne peut qu'amplifier la charge émotive des paroles citées.

Le procédé se manifeste à l'identique à l'acte V, scène 5 de *Stilicon* où, après la bataille contre les conjurés, Marcellus vient rapporter à l'empereur les derniers mots d'Eucherius, mortellement blessé :

> A peine est-il finy, qu'en suite d'un faux pas
> Les forces luy manquant, il tombe entre mes bras.
> Soudain l'Imperatrice accouruë à nostre aide,
> A ce triste accident cherche à donner remede ;
> Mais luy de sa pitié desadvoüant l'effet,
> *Je meurs, dit-il, Madame, & je meurs satisfait,*
> *Puis qu'avant mon trépas j'ay fait voir à mon Maistre*
> *Que je meritois peu l'infame nom de traistre.*
> *J'aimois, & c'est l'adveu d'un insolent amour*
> *Qui m'avoit sçeu déja rendre indigne du jour.*
> *Le Ciel juste par tout fait plus qu'on n'osoit croire,*
> *Punissant mon audace il conserve ma gloire,*
> *Et me souffre l'espoir d'un assez doux repos,*
> *Pourveu que ma Princesse...* Il expire à ces mots,
> Et l'Amour à la mort par une juste envie
> Dérobe le soûpir qui termine sa vie[22].

Bien qu'elles soient toutes deux le résultat d'un acte violent, ces agonies prennent place dans un contexte de calme relatif, ce qui explique sans doute qu'elles soient jugées représentables dans leur totalité. Chez Marcellus comme chez Théramène, la prosopopée donne ainsi à voir et à entendre le moment même de la mort du personnage cité. À l'inverse, on l'a remarqué, la représentation vocale et gestuelle de l'action meurtrière

---

[21] Jean-Léonor Le Gallois de Grimarest, *op. cit.,* p. 81.
[22] Thomas Corneille, *op. cit.,* V, 5, p. 109.

se limite quant à elle au stade de son impulsion initiale, l'évocation du coup fatal étant toujours réservée à la médiation de l'hypotypose[23].

Enfin, la prosopopée permet aussi la convocation scénique du merveilleux, c'est-à-dire d'épisodes relevant du surnaturel. Bien qu'il fasse les délices du théâtre à machines et de la scène lyrique, le merveilleux est interdit de représentation dans le théâtre régulier au nom de la vraisemblance : comme les actions meurtrières, il y subsiste principalement par la médiation textuelle de l'hypotypose. La prosopopée lui redonne cependant une certaine matérialité scénique à travers la citation littérale du discours des oracles et des spectres. Ainsi, à la scène 2 de l'acte I d'*Horace,* Camille répète à Julie les paroles de l'oracle consulté la veille :

> Enfin mon désespoir, parmi ces longs obstacles,
> M'a fait avoir recours à la voix des oracles.
> Écoutez si celui qui me fut hier rendu
> Eut droit de rassurer mon esprit éperdu.
> Ce Grec si renommé, qui depuis tant d'années
> Au pied de l'Aventin prédit nos destinées,
> Lui qu'Apollon jamais n'a fait parler à faux,
> Me promit par ces vers la fin de mes travaux :
> *Albe et Rome demain prendront une autre face ;*
> *Tes vœux sont exaucés, elles auront la paix*
> *Et tu seras unie avec ton Curiace,*
> *Sans qu'aucun mauvais sort t'en sépare jamais*[24].

La déclamation des paroles de l'oracle trouve son modèle oratoire dans la parole sacrée des prophètes, qui demande lenteur et solennité du point de vue tant gestuel que vocal. Le procédé est ici d'autant plus marqué qu'il implique l'imitation d'une voix masculine, et donc un important changement de registre vocal de la part de Camille. On notera enfin le recours aux rimes croisées qui, avec les rimes embrassées, placent le rythme du discours oraculaire à mi-chemin entre la cadence prosaïque du distique d'alexandrins et le lyrisme hétérométrique des stances.

---

[23] Comme le fait remarquer Jacques Scherer, seule la mort violente par suicide continue d'être représentée sur la scène classique en raison de son inhérente noblesse, par exemple, celle d'Atalide à la fin de *Bajazet* (Jacques Scherer, *La Dramaturgie classique en France,* Paris, Nizet, 1950, p. 418-421).

[24] Pierre Corneille, *op. cit.,* I, 2, p. 304.

À l'acte II, scène 1 d'*Astrate* de Quinault, Élise, reine de Tyr, cite pareillement à sa confidente Corisbe la réponse de l'oracle de Jupiter qu'elle vient d'obtenir, par précaution, sous forme écrite, « afin de consulter / S'il [lui] est utile, ou non, de la faire éclater[25] ». Double médiation, donc, de la lettre et de la voix ; cependant, sur le plan de la performance, la même règle s'applique, indiquée clairement, si besoin était, par la didascalie nominale coiffant la prosopopée. Rendue à la vie par la lecture qu'en fait Élise, l'écriture s'anime de la voix et du geste originels de l'oracle :

> Apprenons qui doit craindre, ou qui doit esperer,
> Et pour qui les Destins se veulent declarer.
> Les soins qu'en ma faveur ils ont déja sceu prendre,
> Semblent me donner lieu d'en oser tout attendre.
> *Elle lit*
> ORACLE
> *Reyne, ne cherche point ailleurs que dans ta Cour,*
> *L'Ennemy que le Ciel pour ta perte a fait naistre :*
> *L'heure fatale approche, où tu le dois connaistre ;*
> *Mais il t'en doit couster, & l'Empire, & le jour[26].*

Dans *Athalie* de Racine, le caractère sacré de la pièce justifie que les interventions de Joad comportent des prosopopées par lesquelles « Dieu [...] répond par [s]a bouche[27] ». L'acte II, scène 5 donne cependant à entendre un autre type d'intervention surnaturelle : celle du spectre de Jézabel apparaissant en songe à sa fille. Racine exploite ici une des fonctions limites de la prosopopée dramatique : convoquer la voix et le geste des morts *en tant que* morts.

> C'était pendant l'horreur d'une profonde nuit.
> Ma mère Jézabel devant moi s'est montrée,
> Comme au jour de sa mort pompeusement parée.
> Ses malheurs n'avaient point abattu sa fierté ;
> Même elle avait encor cet éclat emprunté

---

[25] Philippe Quinault, *Astrate*, II, 1, Edmund J. Campion éd., Exeter, University of Exeter (Textes littéraires), 1980 [1665], p. 22.

[26] *Ibid.*

[27] Jean Racine, *Athalie*, I, 1, dans *Théâtre 2*, André Stegmann éd., Paris, GF-Flammarion, 1965 [1691], p. 319.

Dont elle eut soin de peindre et d'orner son visage,
Pour réparer des ans l'irréparable outrage.
Tremble, m'a-t-elle dit, *fille digne de moi.*
Le cruel Dieu des Juifs l'emporte aussi sur toi.
Je te plains de tomber dans ses mains redoutables,
Ma fille. En achevant ces mots épouvantables,
Son ombre vers mon lit a paru se baisser ;
Et moi, je lui tendais les mains pour l'embrasser[28].

L'extrait est particulièrement riche d'indications : l'hypotypose qui introduit la prosopopée précise en effet la majesté de la posture physique et, par extension, de la voix du spectre, la teneur oraculaire de l'avertissement se doublant en outre de l'expression vocale de la pitié de Jézabel pour sa fille (« je te plains ») ; enfin, le geste final vers la couche d'Athalie est déjà amorcé, et donc rendu visible, sur les derniers mots de la figure (« en achevant ces mots épouvantables »). La représentation s'arrête cependant au seuil de l'horreur, l'évocation du corps décomposé de Jézabel ne pouvant passer, comme la violence meurtrière, que par l'immatérialité de l'hypotypose : « Mais je n'ai plus trouvé qu'un horrible mélange / D'os et de chair meurtris, et traînés dans la fange, / Des lambeaux pleins de sang, et des membres affreux, / Que des chiens dévorants se disputaient entre eux[29] ».

L'usage de la prosopopée dans la dramaturgie classique présente donc de nombreux avantages scéniques : pathétisme accru, reconduction du procédé du théâtre dans le théâtre et, surtout, représentation concrète d'épisodes malséants ou invraisemblables que la poétique classique a officiellement relégués en coulisses. On pourrait citer de nombreux autres exemples à l'appui, voire découvrir à la prosopopée des fonctions dramaturgiques supplémentaires, notamment celle de faire parler le peuple, dont la représentation concrète peut s'avérer, elle aussi, problématique[30]. Notons enfin que la prosopopée contribue de façon non négligeable à la compréhension de l'art du comédien de l'âge classique puisque, dans le processus du passage d'un personnage à l'autre, c'est aussi la virtuosité de l'acteur qui les incarne tous deux qui se trouve soulignée : le temps

---

[28] *Ibid.*, II, 5, p. 332.
[29] *Ibid.*
[30] À titre d'exemple, toujours dans *Athalie*, c'est par le biais d'une prosopopée qu'Abner rapporte à Joad les paroles de son « peuple abattu » (*ibid.*, I, 1, p. 319).

d'une citation, ce ne sont plus seulement Camille ni Athalie, Créon ni Théramène que donnent à voir et à entendre la comédienne et le comédien qui les interprètent, mais aussi, par une sorte de double emploi, l'oracle d'Apollon, le fantôme de Jézabel, Polynice baignant dans le sang de son frère, Hippolyte rendant l'âme. Toutes ces audaces inhérentes à la figure expliquent à la fois son impopularité auprès des théoriciens et, à l'inverse, sa persistante fortune dans la pratique dramaturgique de la seconde moitié du XVIIᵉ siècle. Sous la caution légitime de la tradition oratoire, c'est ainsi tout un pan de la poétique baroque qui, grâce à la prosopopée, demeure visible et audible sur la scène classique.

Jeanne BOVET
Université de Montréal

SECTION 2

DES AIRS DE MUSIQUE ET DES USAGES SYMBOLIQUES :
LECTURES CROISÉES

LES AIRS SÉRIEUX AU XVIIᵉ SIÈCLE :
UN ART D'ÉCRIRE, UN ART DE VIVRE

Tandis que les jardins des châteaux royaux résonnaient d'une musique imposante et majestueuse, que les théâtres faisaient entendre les premières compositions de Lully pour les comédies-ballets, et que les airs de cour à plusieurs parties emplissaient les appartements royaux, les élites urbaines entendaient développer un divertissement à leur échelle, adapté à l'exiguïté de leurs pièces de réception : l'air sérieux[1]. La dénomination d'*air sérieux*, usitée à l'époque, distinguait cette forme d'autres genres vocaux qui en étaient proches : l'air à boire, la chanson ou la chansonnette. Ce genre poético-musical très vivace constitue un corpus marginal que les études dix-septiémistes ont longtemps laissé de côté, chercheurs littéraires et musicologues considérant qu'il ne relevait pas du champ respectif de leur compétence. Quelle que fût celle qui les animait, qu'il s'agît d'une figure majeure de la littérature telle Mlle de Scudéry, d'une grande aristocrate comme Mlle de Montpensier, ou des épouses de riches mécènes, telle Marie-Madeleine de Castille, la seconde femme de Foucquet, les salons mondains, nommés *ruelles* au XVIIᵉ siècle, accordèrent à l'air sérieux une place de choix au sein de leurs divertissements. C'est que ce genre, élément important de la sociabilité mondaine, exprimait les valeurs de toute une société, qui aimait à se voir représentée sous une forme esthétisée et idéalisée. Parce que, dans sa recherche de l'harmonie, il évitait toute discordance, l'air sérieux permettait de renforcer la cohésion du groupe dont il émanait.

Une étude de la place de la musique vocale dans les ruelles de la France de Louis XIV excéderait largement les limites d'un article : aussi se contentera-t-on ici de cerner l'*air sérieux*, qui fut un épiphénomène de la musique de salon, au même titre que la pièce de clavecin, ou, plus tard, la cantate. Instruments de distinction dans l'univers policé des salons

---

[1] Pour une étude de synthèse du phénomène, voir notre ouvrage *Poésie, musique et sociabilité au XVIIᵉ siècle. Les Livres d'airs de différents auteurs publiés chez Ballard de 1658 à 1694*, Paris, Champion, coll. « Lumière classique », 2004.

parisiens, les airs sérieux relèvent d'une forme de *galanterie musicale*, tant par leur contenu que par leur inscription dans le processus de séduction galant. *Art d'écrire*, ils constituent un genre que pratiquèrent quasiment tous les auteurs du temps : parce que les airs servaient de passeport pour pénétrer dans les ruelles, il était de bon ton de savoir tourner élégamment des paroles propres à être mises en musique. *Art de vivre* également, les airs sont le signe d'une sociabilité spécifique, fondée essentiellement sur l'activité disciplinée de la conversation.

La mode des airs sérieux

Que l'on se réfère aux comptes rendus des réunions de salon, que l'on consulte les sources littéraires qui transposent dans le domaine de la fiction des scènes de la vie des ruelles, ou, plus simplement, que l'on s'attache à évaluer l'importance que les éditeurs de musique accordèrent au genre de l'air, l'omniprésence des airs chantés dans les loisirs des élites du XVIIᵉ siècle s'impose à l'évidence. Ainsi que le rappelle la préface du *Nouveau recueil de contes a rire, pour servir de divertissements aux Melancoliques, & de joyeux entretien dans les Cours, les Cercles & les Ruelles*[2], les ruelles apparaissent comme l'un des principaux lieux du divertissement de la société mondaine parisienne. L'auteur, évoquant la ville de Paris, assure que « pendant le beau-temps, les Cours & les belles promenades qui sont à ses issuës, attirent à eux non seulement leurs Majestez : mais encore toutes les personnes de condition, sans conter les mediocres. & pendant le mauvais, la Comedie, le Bal, le Cercle & les Ruelles, sont les divertissements des Compagnies les plus célèbres ».

Très fréquemment, la musique était insérée dans les divertissements des salons et faisait partie intégrante des jeux que l'on y proposait. Les airs et les chansons pouvaient être pris comme objets de discussion. Dans *Mathilde* de Mlle de Scudéry, Thémiste propose un jeu :

> je mettray dans des billets divers caracteres de gens, ou diverses autres
> choses à ma fantaisie. Je rouleray les billets, je les mesleray, & aprés les
> avoir bien meslez dans un vase, tous ceux de la compagnie seront obligez
> de parler sur le sujet que leur billet leur marquera, & pour moy qui seray

---

[2] Ce recueil constitue le second volet des *Recreations françoises, ou nouveau recueil de contes a rire. Pour servir de divertissement aux Melancholiques, & de joyeux entretien dans les Cours, les Cercles, & les Ruelles*. [...] Rouen, P. Ferrand, 1665.

le maistre du jeu, je ne prendray point de billet ; mais aprés avoir écouté tout ce que chacun aura dit, je seray obligé de parler à mon tour, de faire l'eloge de ceux qui auront bien parlé, & de blâmer ceux qui n'auront pas bien fait[3].

Or les sujets en question pouvaient être aussi bien « une bonne & une méchante lettre d'amour », « un conte », « un rebus », « une devise » ou « une chanson »[4]. On avait tout autant l'habitude de disserter sur des paroles écrites pour la musique que sur des vers ou une énigme.

Quand on parcourt les recueils de poésie de l'époque, on est frappé du nombre important de chansons écrites pour satisfaire au souhait d'une dame. Tel sonnet de H. Piccardt est adressé à « M. D. V. Me Mandant des Chansons[5] ». *Les Nouvelles œuvres de M. Le Pays* contiennent une chanson « À Iris, Qui me demandoit une Chanson au moment que j'allois partir[6] ». De même, Jean de Bouillon, dans une de ses chansons, s'adresse à une belle qui lui réclame des vers capables de s'adapter sur une sarabande déjà composée :

Vous demandez sur vostre sarabande
Quelques paroles qu'on chante aisément,
Moy j'en demande
A tout moment
Une qui puisse adoucir mon tourment.

J'ai fait pour vous cent chansons de commande
Sans obtenir un mot à mon secours
Je vous demande
En fait d'amours
Qui valent mieux des muets ou des sourds[7].

Au même titre qu'un bouquet de fleurs ou un panier de confiseries, l'air pouvait faire l'objet d'un cadeau. Quand il publie l'air « Je ne reconnais

---

[3] Madeleine de Scudéry, *Mathilde*, Paris, E. Martin et F. Eschart, 1667, p. 35-36.

[4] Liste donnée dans *ibidem*, p. 37-38.

[5] H. Piccardt, *Les Poesies françoises*, Paris, Jacques Le Gras, 1663, p. 72.

[6] René Le Pays, *Les Nouvelles œuvres de M. Le Pays, premiere partie*, Paris, Claude Barbin, 1672, p. 147.

[7] Jean de Bouillon, *Les Œuvres de feu Monsieur de Bouillon*, Paris, Charles de Sercy, 1663, p. 183.

plus ma charmante Lisette », le *Mercure galant* de 1678 précise que ces vers ont été envoyés à la Présidente de la Haye-du-Puis, femme du Président au Parlement de Rouen, « par une Peronnes qui luy est obligée, & qui sçachant qu'elle se connoist parfaitement en Musique & en Poësie, a crû luy faire plaisir de les faire mettre en Air[8] ». Un poème de Raymond Poisson met en scène le berger Daphnis qui, pour séduire Amarillis, n'a d'autre richesse à lui offrir qu'un air nouveau qu'il lui joue sur son chalumeau : « Pour Bouquet il ne put lui jouer que des airs » et « Amarillis quitta tout pour l'entendre »[9].

Être capable de chanter un air était un talent qui pouvait vous faire apprécier de la compagnie. C'est un tel talent que possédait cet ami de La Fontaine, Vergier, dont l'éditeur posthume affirme qu'il

> étoit un Galant-homme, bien fait de sa personne, *chantant bien, possedant la Musique, & faisant des Vers sur le champ.* C'est ce qui lui donnoit tant de facilité *à parodier les Airs de Lully & les paroles de Quinaut.* Il étoit la joye des bonnes Tables, bien-venu par tout, & particulierement chez un certain nombre de Seigneurs de la Cour, & de gens de Robe qu'il amusoit agréablement par une conversation charmante, où regnoit un enjoûment, une ironie, un sel qui le faisoit aimer & rechercher, de tout ce qu'il y avoit de gens de bon goût dans Paris[10].

Il arrivait que l'on donnât de petits concerts afin de divertir les convives : un rapide survol des nombreux numéros du *Mercure galant* suffit pour évaluer l'importance de ces manifestations musicales. Que ce soit dans les pages consacrées à l'actualité mondaine ou dans le texte des nouvelles que le périodique aimait à publier, les mentions de concerts privés abondent[11]. Si ces manifestations musicales prenaient parfois l'allure de vrais concerts[12], au sens que nous donnons à ce terme aujourd'hui, bien souvent l'on chantait *in promptu* un air au milieu de la conversation

---

[8] *Mercure galant,* mars 1678, p. 52-53.

[9] *Œuvres de Monsieur Poisson ; ou recueil ; contenant Ses Pieces de Theâtre, & autres Pieces de Poësies Galantes & Comiques. Tome Second,* Paris, Prault Fils, 1743, p. 205.

[10] *Œuvres diverses de Mr. Vergier, Commissaire de la Marine. Tome premier,* Amsterdam, 1726.

[11] Voir par exemple *Mercure galant,* septembre 1689, p. 21 ; août 1691, p. 188 et suivantes.

[12] Sur le phénomène du concert, voir Michel Brenet, *Les Concerts en France sous l'Ancien Régime,* Paris, 1900 (Reprint, New-York, Da Capo Press, 1970).

parlée, simplement parce que l'on estimait qu'il avait un rapport avec la situation présente. Les *Entretiens galans* publiés par Jean Ribou en 1681 fournissent à propos des Parisiens un témoignage éloquent à cet égard :

> ils chantent eternellement. On ne les voit jamais sans entendre un air de l'Opera. Où qu'ils aillent, ils entonnent toûjours quelque chose. *Ils disent une chanson dans la conversation la plus serieuse. Et ils vous repondent en musique,* lorsque vous vous attendez à quelque réponse de bon sens. Pour leur Maîtresse, ils ne l'entretiennent que sur un ton d'Opera. Ils n'expliquent leur tendresse *que par quelque petite chanson. Ils trouvent toûjours quelque couplet qui a du raport à ce qu'on leur dit,* & ils le chantent pour y répondre[13].

Pour estimer les dimensions que prit cette mode, il n'est que de considérer l'activité éditoriale de l'époque, qui fut à la fois le reflet et le moteur de cet engouement. L'importance quantitative de la publication d'airs sérieux – à lui seul, un Jean-Baptiste Drouard de Bousset a publié quelque 875 airs sérieux ou à boire[14] – atteste la présence d'un public intéressé par l'achat de ces recueils. À l'époque comme aujourd'hui, on ne faisait point « gémir de presse qui n'enrichît le libraire », pour reprendre une expression que Guéret place dans la bouche de La Serre[15]. Dans le même temps, la maison Ballard jouait un rôle déterminant dans la propagation de cette mode en offrant à ce genre mineur une voie de diffusion non négligeable. L'activité de cette maison[16], qui détenait la seule charge d'imprimeur du roi pour la musique, est à ce titre assez significative : dès le début du XVIIᵉ siècle, elle avait fait une place à l'air de cour[17], que ce fût sous la forme de collections de recueils, tels les *Airs de cour de différents auteurs* (1617-1628), ou par l'intermédiaire de recueils consacrés à l'œuvre d'un compositeur unique – Anthoine Boesset, Pierre

---

[13] *Entretiens galans*, Paris, Jean Ribou, 1681, II, p. 101-102.

[14] Sur ce compositeur, voir Greer Garden, « A little-known contributor to the early French cantata : Jean-Baptiste de Bousset (1662-1725) », dans *Liber amicorum John Steele*, New York, Pendragon Press, 1997, p. 357-377.

[15] Gabriel Guéret, *Le Parnasse réformé*, Paris, Thomas Jolly, 1668, p. 39.

[16] Sur cette maison, voir la synthèse de Laurent Guillo, *Pierre I Ballard et Robert III Ballard (Paris, 1599-1673). Imprimeurs du roy pour la musique*, Liège-Versailles, Mardaga-Éditions du C.M.B.V., 2 vol., 2003.

[17] Sur ce genre, voir Georgie Durosoir, *L'Air de cour en France. 1571-1655*, Liège, P. Mardaga, 1991.

Guédron, Jean Boyer, Signac, Denis Macé, François Richard, Étienne Moulinié. Cette politique éditoriale se poursuivit dans la seconde moitié du siècle : lancement de la collection d'airs sérieux *Livres d'airs de différents auteurs* (1658-1694)[18] et édition des recueils d'airs de Jean Cambefort, François de La Roche, Thomas Quinot, Jean Mignon, Robert Cambert, Charles Lemaire, Lalo, Sébastien Le Camus, Michel Lambert, etc.

Le cas des *Livres d'airs de différents auteurs,* qui parurent pendant trente-sept années consécutives à raison d'un volume annuel, témoigne d'une réflexion réelle de la part des éditeurs sur le format adopté et la présentation typographique des airs. Petits volumes in-octavo, ces recueils sont d'un format maniable et aisément transportable. Jusqu'en 1685, les airs étaient imprimés en parties séparées, le dessus sur la page de gauche et la basse sur celle de droite. Ce cas de figure correspond au type d'air le plus fréquent dans la collection : l'air à deux parties. Il était alors possible de suivre à deux sur le même livre. Quand, en 1685, il se mit à adopter une nouvelle mise en page – mise en partition des airs[19], apparition systématique des barres de mesure, passage de la foliotation à la pagination –, Christophe Ballard voulut adapter sa pratique éditoriale afin qu'elle restât compétitive. La concurrence était exercée par les éditeurs qui avaient recours au procédé de la gravure musicale[20] ; celle-ci leur permettait de contourner le monopole des Ballard et elle offrait en outre une souplesse beaucoup plus grande que l'impression à caratères mobiles, notamment pour la notation de l'ornementation des airs.

La seconde moitié du XVIIe siècle fut marquée par une vive émulation en matière d'édition musicale, qui allait de pair avec une effervescence de la création. Quelle que soit la façon dont la musique était imprimée, on s'intéressait à la meilleure façon de la transcrire et on était à l'affût des moyens les plus adéquats pour atteindre cet objectif. Au sein de la maison Ballard, de même que chez les graveurs ou dans les numéros du *Mercure galant* qui publiait très régulièrement des airs avec la musique notée, on

---

[18] À cette collection s'ajoutèrent, dans des genres différents, d'autres anthologies, telles celles des *Airs bachiques,* qui débutèrent en 1672, et celles des *Recueils de chansonnettes,* dont le premier volume parut en 1675.

[19] Ce qui rendait le déchiffrage beaucoup plus aisé.

[20] Sur cette technique, voir Élisabeth Fau, « La gravure de musique à Paris des origines à la Révolution », dans *Positions des thèses... pour obtenir le diplôme d'archiviste paléographe,* Paris, 1978, p. 47-58 ; Laurent Guillo, *op. cit., I,* p. 61-65.

recherchait l'amélioration afin de rester performant. Une investigation du côté de l'édition littéraire met également en lumière l'importance des « paroles de musique », pour reprendre une expression du poète Pierre Perrin, qui désignait par là toute poésie propre à être mise en musique. Les recueils collectifs de poésie contiennent en effet un très grand nombre de vers destinés au chant. Certains recueils furent même consacrés intégralement à la poésie chantée, comme en témoignent les *Recueils des plus beaux vers mis en chant*, qui constituent sept volumes édités à l'instigation de Bénigne de Bacilly de 1661 à 1670[21]. En outre, lorsqu'un poète publiait un recueil de ses œuvres, il était bien rare qu'il ne consacrât pas une section à la poésie lyrique – songeons à Furetière, Scarron ou Malleville par exemple.

L'abondance de la production d'airs est attestée par le *Mercure galant* qui, dans un avis placé à la fin du volume de janvier 1679, donne les précisions suivantes :

> On a beaucoup de Chansons. Elles auront toutes leur tour, si on apprend qu'elles n'ayent pas été chantées. C'est pourquoy si ceux par qui elles ont esté faites veulent qu'on s'en serve, ils les doivent garder sans les chanter & sans en donner de copie jusqu'à ce qu'ils les voyent dans le Mercure.

L'appellation d'« air nouveau » qui accompagne presque systématiquement l'édition d'airs sérieux dans le *Mercure galant* prouve que l'air était un produit de consommation voué au renouvellement constant s'il voulait rester au goût du jour. C'est d'ailleurs sur ce concept de nouveauté, qu'il transforme en gage de qualité, que le périodique fait sa réclame en matière d'édition musicale. Des chansons publiées, le rédacteur garantit en ces termes la nouveauté :

> Elles seront composées par les meilleurs Maistres, & notées exprés pour le Mercure, de sorte qu'on peut s'assurer qu'elles auront toute la grace de la nouveauté, puis que personne ne les aura veuës avant que le Volume où elles seront, soit en vente[22].

---

[21] Sur ces recueils, voir Lisa Perella, « Bénigne de Bacilly and the Recueil des plus beaux vers, qui ont esté mis en chant of 1661 », dans Kate Van Orden [éd.], *Music and the Culture of Print*, New-York, Garland, 2000, p. 239-270 ; Laurent Guillo, *op. cit.*, I, p. 145-152.

[22] *Mercure galant*, janvier 1679, annonce non paginée.

Si le succès éditorial d'un air dépend de sa nouveauté, les considérations esthétiques se trouvent reléguées au second plan. Avant d'être une œuvre d'art, l'air sérieux, il faut le reconnaître, est un objet de divertissement et de consommation soumis aux fluctuations de la mode. Par la connaissance du dernier air en vogue, l'alcôviste se distingue au sein du milieu dans lequel il évolue.

La mode des airs sérieux renvoie donc à un phénomène que l'on peut qualifier de *social*, puisqu'il toucha une certaine frange de la société qui l'« absorba » et lui offrit le terrain nécessaire à son développement. Or, la vie mondaine citadine des années 1650-1660 était traversée par le courant galant, qui proposait à la fois des codes de conduite et des préceptes esthétiques[23]. Parce qu'il est en adéquation parfaite avec ces derniers, l'air sérieux peut figurer au Parnasse galant[24]. Les titres des recueils collectifs – *La Fine galanterie du temps* (1661), *Les Délices de la poésie galante* (1664), le *Recueil de pieces galantes en prose et en vers de Mme la Comtesse de La Suze et de M. Pelisson* (1664-1725), etc. – et le fait que les auteurs de paroles de musique aient pratiquement tous été qualifiés de poètes *galants,* autorisent en effet à établir un lien entre la galanterie et la pratique des airs sérieux.

---

[23] La bibliographie sur la question est assez étendue. Outre l'ouvrage cité dans la note 21, on mentionnera du même auteur : *La Muse galante. Poétique de la conversation dans l'œuvre de Madeleine de Scudéry,* Paris, Champion, coll. « Lumière classique », 1996 ; *« De l'air galant » et autres Conversations (1653-1684) – Pour une étude de l'archive galante,* Paris, Champion, coll. « Sources classiques », 1998 ; « Préciosité et galanterie : vers une nouvelle cartographie », dans *Actes du Colloque de la North American Society of French Seventeenth Century Literature,* Paris-Seattle-Tübingen, coll. « Biblio 17 », 144, 2002, p. 13-35. Voir aussi les travaux d'Alain Viala, notamment : « D'une politique des formes : la galanterie », *XVII* siècle, 182, 1994, p. 143-151 ; « La littérature galante : histoire et problématique », dans Giovanni Dotoli [éd.], *Il Seicento francese oggi. Situazione e prospettive della ricerca ; atti del Convegno internazionale Monopoli 27-29 maggio 1993,* Paris-Bari, Adriatica-Nizet, 1994, p. 101-113 ; « « Qui t'a fait *minor* ? » Galanterie et classicisme », dans Philippe Hourcade [éd.], *Les « minores », Littératures classiques,* 31, 1997, p. 115-134 ; « Le Naturel galant », dans Christian Delmas et Françoise Gevrey [éds.], *Nature et culture à l'âge classique,* Toulouse, Presses Universitaires du Mirail, coll. « Les Cahiers de Littératures », 1997, p. 61-76 ; « L'esprit galant », dans François Lagarde [éd.], *L'Esprit en France au XVII* siècle, Paris-Seattle-Tübingen, coll. « PFSCL, Suppl. Biblio 17 », 101, 1997, p. 55-74.

[24] Nous empruntons l'expression à Delphine Denis, *Le Parnasse galant – Institution d'une catégorie littéraire au XVII* siècle, Paris, Champion, coll. « Lumière classique », 2001.

Les airs sérieux : un art d'écrire

Les exemples de poètes musiciens au XVIIᵉ siècle sont assez rares : Bénigne de Bacilly, Louis de Mollier, Jean-Baptiste Boesset ou encore Lalo sont des musiciens qui aimaient à mettre en musique leurs propres vers. Beaucoup plus fréquemment, poètes et musiciens se partageaient la tâche, sans que l'on connût toujours l'ordre dans lequel la création s'effectuait : l'écriture des vers précédait-elle la mise en musique, ou le poète adaptait-il des paroles sur un air préexistant, obéissant alors à la pratique du timbre[25] ? Les deux cas de figure se rencontrent, le premier étant cependant le plus commun. C'est ainsi que certains artistes prirent l'habitude de travailler ensemble, sans atteindre cependant à la régularité de collaboration d'un Quinault et d'un Lully. Il en fut ainsi de Pierre Perrin et Robert Cambert, de la comtesse de La Suze et Sébastien Le Camus, de Jean de Bouillon et Michel Lambert, d'Isaac de Benserade et Jean-Baptiste Boesset. L'étude de ces collaborations met sur la piste d'intéressants réseaux de sociabilité, ou tout du moins conduit à repérer des effets de réseau qui recoupent des filières de mécénat et de clientélisme. Plusieurs cercles mondains émergent et s'entrecroisent. Au milieu du siècle, de grands pôles de sociabilité se détachent : les artistes se pressent autour de Gaston d'Orléans, formant ainsi un vivier dans lequel la fille de ce dernier, la Grande Mademoiselle, n'eut qu'à puiser pour former son propre cercle ; Nicolas Foucquet réussit également à fidéliser un grand nombre d'artistes ; chez les Condé et les Conti, chez les Guise, autour du duc de Saint-Aignan et, plus tard, du duc de Richelieu, les artistes purent également rencontrer une écoute de qualité.

Le texte poétique pouvait lui aussi donner lieu à collaboration. À la différence des éditions d'airs de cour de la première moitié du siècle, celles consacrées aux airs sérieux ne retiennent généralement qu'une ou deux strophes du texte poétique. Cette longueur était sans doute fonction des habitudes d'écoute dans les salons, où l'attention des participants ne pouvait pas rester trop longtemps focalisée sur un même objet[26]. La

---

[25] Sur cette question, voir Monique Rollin, « À propos de la recherche sur les timbres avant le XVIIIᵉ siècle », dans Herbert Schneider [éd.], *Das Vaudeville - Funktionen eines multimedialen Phänomens*, Hildesheim, Georg Olms Verlag, 1996, p. 3-12.

[26] Dans la préface à ses *Airs à quatre parties sur la paraphrase des pseaumes de Godeau* (Paris, Robert Ballard, 1650), Jacques de Gouy justifie ainsi le fait qu'il n'ait retenu que les deux premiers couplets de chaque air : « aux concerts qui se font dans les

seconde strophe était tantôt écrite par l'auteur de la première strophe, tantôt l'œuvre d'un autre poète. Ainsi le *Livre d'airs de différents auteurs* de 1659 contient l'air « C'est bien à tort que l'on se plaint d'amour », dont la première strophe est de Charles Vion d'Alibray et la seconde de Jean de Bouillon ; dans le livre de 1688 on rencontre semblable association entre Bénigne de Bacilly et M. Malo, pour l'air « Le plaisir de vous voir est un plaisir extrême[27] ». Qu'il y ait eu collaboration réelle entre ces artistes, rien n'est moins sûr. Il est plus probable qu'une strophe de poésie a circulé et retenu l'attention d'un second poète qui, par jeu, esprit de défi ou amitié, s'est amusé à écrire un second couplet.

Les pratiques vocales de l'époque exigeaient que l'interprète n'exécutât pas la seconde strophe de la même façon que la première : après avoir fait entendre la mélodie de la première strophe, il devait orner la seconde selon des règles bien précises et proposait ainsi un *double*, selon l'expression en usage[28]. Si certaines éditions musicales rendent compte de ces doubles, ce n'est pas le cas de toutes : par exemple le format des *Livres d'airs de différents auteurs* adopté par les Ballard rendait matériellement impossible l'édition de doubles. En effet, les caractères typographiques utilisés pour la collection, de par leur taille, ne permettaient pas l'indication de toutes les petites notes des ornements. À cet égard, la gravure musicale offrait une souplesse bien plus grande et il n'est pas étonnant que la plupart des doubles aient été imprimés selon cette technique[29]. Ainsi tous les airs du *Livre d'airs* d'Honoré D'Ambruis de 1685, gravés au burin par Lhuilier, présentent un second couplet réalisé en diminutions.

---

maisons particulières, on a accoustumé d'en user de la sorte pour les airs, où l'on cherche le plaisir de l'ouye, qui demande la diversité des chants, et non pas la fréquente répétition d'un même air ».

[27] L'ensemble des attributions des airs, qu'il s'agisse de poètes ou de musiciens, provient de notre catalogue consacré aux *Livres d'airs de différents auteurs* (1658-1694), à paraître prochainement (Pierre Mardaga éditeur – Éditions du C.M.B.V.).

[28] Voir Austin Caswell, *The Development of the 17th Century French Vocal Ornamentation and its Influence upon Late Baroque Ornamentation-Practice. A Comment upon the Art of Singing, and Particularly with Regard to French Vocal Music by Bénigne de Bacilly*, Ph. D. diss., The University of Minnesota, 1968, 2 vol.

[29] Dans d'autres formats, les Ballard avaient la possibilité d'imprimer des doubles réalisés, comme en témoigne par exemple l'édition des *Airs a deux parties, avec les seconds couplets en diminution* de Joseph Chabanceau de La Barre, publiés en 1669.

Pour la seule collection des *Livres d'airs de différents auteurs*, nous avons pu identifier à ce jour 81 poètes et 38 compositeurs qui ont œuvré, de façon certaine, à l'élaboration de ces œuvres. Ces chiffres, appelés à grossir au fil d'attributions futures, sont déjà conséquents et soulignent combien la composition des airs fut un phénomène général dans l'univers des ruelles. Si nombre d'écrivains et de musiciens professionnels figurent sur cette liste, il faut insister sur la fraction importante d'amateurs, férus de poésie lyrique ou compositeurs occasionnels. Il n'était pas nécessaire d'être homme de lettres pour écrire les paroles d'un couplet de poésie destiné à la musique.

Assurément mineur dans l'échelle des formes poétiques, l'air sérieux n'en a pas moins constitué un genre, bâti sur une poétique singulière qui eut son théoricien : Pierre Perrin (1620-1675)[30]. Ce poète, qui se faisait une très haute idée de la poésie lyrique, considérait l'écriture des paroles de musique comme un art à part entière. Loin de lui l'idée de donner des recettes de composition qui auraient permis à tout un chacun de suffisamment maîtriser le genre pour divertir la compagnie! Souhaitant l'avènement d'un opéra en langue française, il avait compris l'importance de l'air dans l'économie générale d'une telle œuvre et il estimait que les poètes français n'avaient pas encore saisi la spécificité des règles de la composition lyrique. Sur un plan pratique, il écrivit lui-même un grand nombre de paroles de musique, qui retinrent l'attention de son principal collaborateur, Robert Cambert, mais aussi de Michel Lambert, Sébastien Le Camus et Jean-Baptiste Boesset. Sur un plan théorique, il chercha à exposer ses préceptes dans un recueil manuscrit, dédié à Colbert en 1666[31], dont la préface expose les diverses contraintes liées à la poésie de l'air sérieux,

---

[30] Voir la somme de L. E. Auld, *The Lyric Art of Pierre Perrin, Founder of French Opera,* Henryville (Pennsylvania), Institute of Mediaeval Music, Ltd., Ottawa (Ontario), Institut de Musique Médiévale, Binningen (Suisse), Institut für Mittelalterliche Musikforschung, 1986, coll. « Wissenschaftliche Abhandlungen », tome XLV/1, « Musicological Studies », vol. XLI/1, (I : « Birth of French Opera », II : « Lyric Theory and Practice », III : « Recueil de Paroles de Musique de Mr Perrin »).

[31] *Recueil des paroles de musique de Mr Perrin,... contenant plusieurs airs, chansons, récits, dialogues, pieces de concert, paroles à boire, serenades, paroles de musique pour des mascarades et des ballets, comedies en musique, paroles françoises pour la devotion, cantiques et chansons latines, dédié à Monseigneur Colbert.* Reproduit par L. Auld dans *The Lyric Art of Pierre Perrin, Founder of French Opera,* III, *op. cit..* Perrin devait obtenir en 1669 les lettres patentes pour la fondation d'« académies d'opéra ».

concernant le style, la forme, le rythme, la nature du vers, sa longueur et
ses thèmes.

Les airs sérieux : un art de vivre

Lieu paradoxal que celui du salon : ouvert sur l'extérieur puisqu'on y
accueille de nouveaux venus et que l'on y est avide des nouvelles du
dehors, le salon, dans le même temps, est un univers intime, confiné au
cœur des hôtels particuliers. Ce qui parvient de l'extérieur est accepté,
mais à condition d'être filtré ou, tout du moins, introduit. Pour cerner le
processus de création des airs sérieux au sein des ruelles, plusieurs
distinctions sont à établir d'emblée : d'abord entre l'alcôviste, qui peut
être un très bon amateur, et le musicien professionnel, qui est accepté
dans le cénacle uniquement en raison de son talent, et dont la présence
n'est justifiée que par sa capacité à divertir l'auditoire – lors de la
présence de professionnels, l'exécution d'airs sérieux confine alors au
spectacle ; ensuite, parmi les professionnels eux-mêmes, entre les simples
interprètes et les compositeurs. Dans le domaine littéraire également,
écrire des paroles de musique n'avait pas le même sens selon qu'on était
un mondain ou un homme de lettres qui cherchait à conquérir une place
dans le Parnasse en séduisant le public des ruelles.

Le salon était d'abord et avant tout un lieu de rencontre et d'échange,
où les auteurs pouvaient entrer en contact avec leurs lecteurs et récipro-
quement. Par le biais de la lecture orale ou de l'interprétation musicale,
poètes et compositeurs y testaient leurs œuvres : la communauté des
convives jouait alors un rôle d'arbitrage en matière esthétique. Le salon
fonctionnait aussi comme un espace de médiation entre l'élite sociale et
les artistes professionnels[32], permettant ainsi la mise en relation de
personnes qui, en dehors de cet espace protégé, auraient eu bien peu de
chance de communiquer. Échange de talent contre assurance de protection : les réseaux de sociabilité propres à la vie mondaine permettaient à
coup sûr que s'instaurent des relations de clientélisme et, parfois, de
mécénat.

La composition et/ou l'interprétation d'un air obéissait à une double
logique au sein du groupe : on souscrivait à cette mode, ce qui était,
comme on l'a vu, une façon de se distinguer vis-à-vis de l'univers

---

[32] Voir Alain Viala, *Naissance de l'écrivain : sociologie de la littérature à l'âge
classique*, Paris, Minuit, 1985, p. 132.

extérieur au groupe en soulignant explicitement son appartenance à un microcosme précis ; dans le même temps, c'était faire preuve d'un conformisme social certain, en ce qu'on acceptait un certain nombre de valeurs éthiques et esthétiques partagées : au refus de la satire propre à l'air sérieux – gare à qui rompait le consensus ![33] – s'ajoutaient des exigences de délicatesse, d'enjouement et de naturel ; dans cette perspective, on conçoit aisément pourquoi tant d'airs circulaient de façon anonyme : à titre d'exemple, aucun nom de poète n'apparaît dans la collection des *Livres d'airs de différents auteurs*, et seulement 10 % des 1 220 airs sont pourvus d'un nom de compositeur. Signer son texte ou sa composition importait moins que de participer au jeu du salon et de s'inscrire dans le flux de créations caractéristique de l'univers mondain.

Dans les rites de sociabilité de la ruelle[34], l'interprétation d'un air sérieux pouvait revêtir des fonctions diverses. Au sein des divertissements de salon, il occupait une bonne place, puisque chanter un air permettait de réjouir l'assemblée, de la divertir, et d'éviter ainsi l'écueil principal de toute réunion mondaine réussie : l'ennui. Le très grand nombre de pièces contenues dans les recueils de l'époque présente un éventail extraordinaire de situations, parmi lesquelles il suffisait de faire son choix. Les convives qui pouvaient soit participer à l'exécution de l'air par le biais d'une oreille attentive, soit se joindre à l'interprète en reprenant l'air en chœur, voyaient leur attention concentrée sur un même objet et éprouvaient ensemble du plaisir. L'air permettait, dans ce contexte, de renforcer les liens d'amitié et, de façon plus générale, les liens sociaux. Par le partage de l'émotion artistique, il accentuait l'euphorie d'être ensemble. Il réaffirmait les valeurs prônées par la communauté, des valeurs faites de bienséance, de politesse et d'enjouement ; il s'appuyait sur les principes de l'éthique galante qui affichaient un épicurisme visible allant de pair avec un besoin de jouissance. À la société qui le créait et qui l'abritait, l'air renvoyait sa propre image et consolidait sans cesse son identité. Du point de vue de l'interprète, chanter un air équivalait à affirmer son appartenance au groupe des esprits galants, à souscrire à la mode et, ce

---

[33] L'uniformité des thèmes célébrés dans les airs n'était pas du goût de tous les compositeurs. Le *Quinzième livre d'airs sérieux et à boire, à 2 et 3 parties* de Jean Sicard (Paris, Christophe Ballard, 1681) contient ainsi un air qui fustige « Ces recits de beauté cruelle,/Ces Airs languissans de ruelle,/Où l'on ne chante que l'Amour ».

[34] Dans le sens où « le rituel est une façon de signifier et de renforcer l'identité sociale du groupe » (Dominique Picard, *Les Rituels de savoir-vivre*, Paris, Seuil, 1995, p. 210).

faisant, à s'inscrire dans la modernité. Tout dépendait ensuite du degré d'implication de l'amateur dans la composition de l'air : composition des paroles et/ou de la musique, interprétation. Son statut en tant qu'artiste était fonction de son degré de maîtrise de la technique de l'air.

Les airs sérieux furent l'instrument d'une sociabilité spécifique et, dans l'esprit des contemporains, ils s'apparentaient davantage à un rite mondain qu'à une véritable création artistique. Ainsi, l'hétérogénéité des pièces qui nous sont parvenues s'explique aisément : des pièces médiocres, écrites par simple souci de participer au jeu, côtoyaient de véritables chefs-d'œuvre. Étudier les airs conduit à croiser de nombreux réseaux sociaux et culturels au sein desquels l'échange artistique constituait un lien de sociabilité fort. La communauté de la ruelle était renforcée par le partage d'un même patrimoine lyrique, et ce partage même fondait en partie sa cohérence. Si la dimension spectaculaire de l'interprétation des airs sérieux pouvait être présente, elle n'était pas essentielle et c'est plutôt dans sa force émotive que résidaient les pouvoirs de l'air.

Anne-Madeleine GOULET
Centre de Musique Baroque de Versailles (CNRS)

ESPRIT EMBLÉMATIQUE, ESPRIT ARISTOCRATIQUE :
ÉLÉMENTS POUR UNE RÉCEPTION DES USAGES SYMBOLIQUES
EN FRANCE À LA FIN DU XVIIe SIÈCLE À TRAVERS LES RELATIONS
DU *MERCURE GALANT*

Il est d'usage – et il est juste, tout autant – de dire que les langages symboliques[1] perdent en intelligibilité à partir des années 1670-1680 en France, pour ne ressortir plus qu'à la sphère de l'érudition, signe de pédanterie, tandis que les esprits polis de la Cour se détournent d'une forme de signification devenue à leurs yeux obsolète. Entre 1657 et 1688, pendant qu'éclatent en chaîne la querelle du merveilleux dans le milieu littéraire parisien, la querelle du coloris et du dessin à l'Académie royale de peinture et de sculpture nouvellement réformée, la querelle des Inscriptions dans la Petite Académie et la querelle des Anciens et des Modernes à l'Académie française, la grandeur louis-quatorzienne, qui inspire désormais l'Histoire, est venue prendre le relais de l'ancien discours mythologique, allégorique et emblématique.

Les différents secteurs du savoir concordent tous dans cet abandon d'une sémiotique symbolique au profit d'une logique du signe[2]. Au symbole est préférée la métaphore, à la représentation iconique le signe linguistique et sa double articulation, qu'il s'agisse de rhétorique et de grammaire, comme en témoigneront l'*Art de bien parler* de Bernard Lamy

---

[1] Nous entendons par cette appellation, comme il est d'usage, une modalité sémiotique mise en œuvre par les humanistes sur le modèle de l'hiéroglyphe égyptien, destinée à restituer dans l'ordre humain la langue divine parfaite. Par emblématique, nous entendons, suivant l'usage, les genres dans lesquels ce langage prend forme : l'emblème, la devise et l'énigme, ainsi que l'iconologie toute proche parente.

[2] « On assiste [...] à une évolution des régimes sémiotiques qui, de la philosophie du symbole et de la logique eucharistique, se déplace vers la logique du signe, de ce tenant-lieu qui ne nécessite plus la réelle présence de la même façon » écrit Daniel Vaillancourt (« La Ville des entrées royales : entre transfiguration et défiguration », *XVIIe Siècle* n° 212 (3-2001), p. 506). Sur ce « désenchantement du monde », nous nous permettons de renvoyer à la quatrième partie de notre *Symbolique humaniste et emblématique. L'évolution et les genres*, Paris, Champion, 1996.

et la *Grammaire de Port-Royal*, ou qu'il s'agisse de l'art de la devise, ce concentré symbolique, comme le signalent les violentes attaques que portent les jésuites P. Le Moyne et D. Bouhours contre le système de l'Italien E. Tesauro[3]. Pour autant, la désaffection intellectuelle ne se traduit pas, bien au contraire, par une désaffection iconographique ; si l'esprit change, la pratique est abondante, constante, et répandue à travers tout le royaume. La situation, à première vue, se révèle paradoxale : voilà qui pose la question de la réception du discours symbolique à la fin du XVIIe siècle en France. Si leur large corpus est arpentable et classable, l'appréciation de ces ensembles est beaucoup moins évidente. Dans quel esprit conçoit-on et voit-on un programme de cérémonie, à l'heure où l'on conteste la légitimité de l'allégorie ancienne et où l'intérêt pour la langue parfaite s'estompe, car sa nécessité n'est plus d'actualité en un temps où les grammaires vernaculaires se constituent et où la préface du *Diction-naire* de l'Académie française associe désormais parole du roi et perfection linguistique nationale, très loin de l'idéalité d'un langage divin contre les imperfections toutes archéologiques d'un langage d'après la Faute ? Les ensembles allégoriques et emblématiques sont-ils encore compris, et de quelle manière ? Pourquoi continuer de composer de tels décors, et d'en proposer des relations aussi nombreuses ?

À l'encontre des doctes[4], destiné à un large public mondain – aristocratique et parisien, provincial et parlementaire, ecclésiastique et bourgeois – le *Mercure Galant* de Donneau de Visé nous offre un excellent panorama de la culture et des aspirations d'une France désireuse de participer au bouillonnement culturel que la modernité royale promeut de toutes part et, partant, un excellent échantillonnage des spectateurs des

---

[3] Pierre Le Moyne, *De l'Art des Devises*, Paris, Sébastien Cramoisy, 1666 ; Dominique Bouhours, sixième des *Entretiens d'Ariste et d'Eugène*, Paris, Mabre-Cramoisy, 1671, consacré à la devise ; Emmanuele Tesauro, *Il Cannochiale Aristotelico, O sia Idea dell'arguta et ingeniosa Elocutione, che serve a tutta l'Arte oratoria, lapidaria e simbolica, esaminata co'principii del divino Aristotele... Secunda Impressione, accresciuta dall'Autore di due novi trattati, cioè, de'concetti predicabili, e degli Emblemi*, Venise, P. Bagioni, 1663 (1655) ; voir *La métaphore baroque d'Aristote à Tesauro : extraits du Cannochiale aristotelico et autres textes*, présentés, traduits et commentés par Yves Hersant, Paris, Seuil, coll. « Points. Essais », 2001.

[4] Le mot de La Bruyère (*Caractères*, I, 46) est éloquent : « le M** G** est immédiatement au-dessous de rien ; il y a bien d'autres ouvrages qui lui ressemblent. Il y a autant d'invention à s'enrichir par un sot livre qu'il y a de sottise à l'acheter : c'est ignorer le goût du peuple que de ne pas hasarder quelquefois de grandes fadaises. »

appareils symboliques et allégoriques. Les vingt premières années de parution[5] (1672-1692) ont été ici retenues, dans la mesure où l'effort de guerre devient si intense que son compte rendu occupe ensuite l'essentiel du journal – et l'essentiel des finances de l'État. Les diverses formes de relations de fête, de production symbolique publique ou privée, érudite ou galante[6], les discours sur les devises et les énigmes[7] ont retenu notre

---

[5] Sur l'histoire du journal, voir Monique Vincent, *Donneau de Visé et le Mercure galant*, Paris, Aux Amateurs de Livres, 1987, 2 vol. On consultera son *« Mercure galant », « Extraordinaire », « Affaires du temps » : table analytique contenant l'inventaire de tous les articles publiés, 1672-1710*, Paris, Champion, 1998 (quelques inexactitudes, inévitables sur un tel corpus).

[6] À une large exception, cependant : les décors de théâtre et de ballets. En effet, ils ressortissent à une convention réglée et artificielle, et non pas à la transformation d'un événement réel, public ou privé, en discours de cet événement, ennobli ou travesti.

[7] Pour commencer ces lignes sur un panorama d'ensemble clarifié, nous proposons de répartir l'ensemble du corpus comme suit :

a) *Les fêtes, entrées et solennités* : à Paris et en province, pour des raisons nationales ou locales. Deux événements sont célébrés avec une particulière ampleur, la naissance du duc de Bourgogne en 1682 et la prise de Philippsbourg par le Dauphin en 1688. Nous y intégrons ces autres occasions mondaines que sont les relations des thèses et des tableaux énigmatiques (sur ces derniers, voir l'article de Jennifer Montagu, toujours incontournable, « The Painted Enigma and the French Seventeenth century art », *Journal of the Warburg and Courtauld Institute* XXXI (1968), p. 307-335).

b) *Les médailles et devises*, qu'il s'agisse de jetons royaux commentés au mois de janvier de chaque année, des médailles ou des devises mensuelles très souvent dédiées au roi. Ces morceaux font souvent l'objet d'un dialogue imaginé par le journaliste avec la dédicataire fictive de la livraison.

c) *Les énigmes mensuelles*, en vers et en figure, instituées à partir de 1677 et qui trouvent leur rythme mensuel au cours de l'année 1678. Leur élucidation par les lecteurs et leurs commentaires occupent plusieurs dizaines de pages et témoignent du bel « esprit mercurialisé » (*Mercure* d'octobre 1678, p. 157).

d) *Une théorie et sa pragmatique* : les divers traités parus en 1678, qui composent de véritables protocoles de lecture pour les années suivantes (VIII « Lettres sur les Enigmes dédiées au duc de Saint-Aignan » par l'abbé de La Valt, Extraordinaire de janvier, p. 4-44 ; VIII « Lettres sur les Enigmes en peinture » par le même, Extraordinaire de juillet, p. 236-287 ; deux « Lettres » anonymes, localisées de Lyon, « sur l'énigme en figure du cadran solaire » proposée le mois précédent, octobre, p. 155-184 ; « Discours sur les devises, emblesmes, et revers de médailles » de Gardien, secrétaire du roi, Extraordinaire d'octobre, p. 214-268).

e) *Des compositions remarquables* : fréquentes dans les Extraordinaires, elles s'insèrent dans des pièces de fiction et servent de réponse aux questions proposées aux lecteurs, ou encore déploient diverses propositions de cachets galants, d'almanachs et de compositions

attention autant que la rhétorique qui les anime, l'orientation du regard suggérée par le relationniste ponctuel, par Donneau de Visé ou par ses lecteurs.

Nous dégagerons successivement deux grands ensembles : ce qui relève du « public », à la tête duquel se trouve la personne du roi[8], et ce qui relève d'un « privé », soit les compositions personnelles destinées à une personne précise ou à la communauté des lecteurs du *Mercure*. Le second ensemble s'avère le lieu privilégié d'un jeu avec le code, d'une mise en perspective où se mesure alors la valeur d'« archive galante »[9] donnée au discours symbolique, qui garantit son invention sur des bases renouvelées. Ainsi, la double réception à laquelle ces deux ensembles nous convient induit une lecture à nouveaux frais des symboles : cette sémiotique que nous appellerons « galante » constituera l'objet du troisième volet de ce travail.

Le Public et l'expression d'une gloire exceptionnelle

La devise depuis son invention[10] est assignée à l'exaltation de la gloire qui fige un instant dans une éternité laudative. Elle est le signe de l'aristocratie, de naissance ou d'esprit, comme celle que l'on cultivait à l'hôtel de Rambouillet ; le lieu commun inspire les traités de Le Moyne, de Bouhours ou de Ménestrier, ici condensés en quelques lignes :

> La grandeur de courage, d'esprit, de beauté & de naissance, est le sujet essentiel des Devises, & c'est les profaner, ou n'en pas connoistre le veritable employ, que de s'en servir pour quelque chose de mediocre. En effet la Devise n'est à proprement parler qu'un Panegyrique qui dit peu, & qui fait penser beaucoup, qui avec quelques paroles qui en sont l'ame, & avec une figure qui en est le corps, represente les plus belles actions dans

---

symboliques dédiés à la gloire du roi (et exceptionnellement d'un ministre, comme les « alliances symboliques de M. le duc de Saint-Aignan », mars 1684, p. 73-95).

[8] Voir Hélène Merlin, *Public et littérature en France au XVIIe siècle*, Paris, Les Belles Lettres, 1994, p. 35-108.

[9] Sur cette expression, voir Delphine Denis, *Le Parnasse galant. Institution d'une catégorie littéraire au XVIIe siècle*, Paris, Champion, 2001.

[10] Voir Robert Klein, « La théorie de l'expression figurée dans les traités italiens sur les *imprese*, 1555-1612 », *La Forme et l'Intelligible*, Paris, Gallimard, coll. « Tel », 1985 (1re éd. : 1970), p. 125-150 ; Daniel Russell, *The Emblem and Device in France*, Lexington, *French Forum*, 1985.

tout leur éclat, et qui en les representant procure au merite la récompense qui luy est deuë[11].

La médaille commémorative de la mort de Turenne est tout entière conduite par cette équivalence glorieuse et poétique de la mémoire et de la devise :

> La maniere dont M. de Turenne a fini sa vie est si glorieuse, qu'on ne peut rien faire pour honorer la memoire de ce Heros, qui ne doive se raporter à sa mort, & ainsi le plus beau revers qu'on pouvoit donner à la medaille qu'on vient de fraper pour luy, est une devise qui rappelle à la posterité le souvenir du funeste coup de canon, qui emporta ce grand Homme au milieu de ces victoires. Je vous envoye cette medaille gravée. Lucain a comparé Pompée à un grand arbre révéré par les peuples voisins, qui venoient de tous costez pendre à ses branches les dépouilles qu'ils avoient remportées. L'idée de ce poète est si noble, & le raport du fameux Pompée & de M. de Turenne, si naturel par la haute sagesse de l'un et de l'autre, & par le nombre de leurs Victoires, que l'on peut bien leur donner le même symbole. M. l'Abbé de Chaulieu, qui est l'inventeur de la Devise, a choisi pour le revers un Chesne d'où pendent des couronnes de Laurier, & qui est écrasé par la Foudre avec ces mots, *non Lauri mille tuentur*[12].

On y compose le portrait idéal de son porteur, d'autant plus pertinent qu'il est connaisseur : à la mort de M. de Saint-Aignan, en août 1687, l'Académie française dont il était membre commande un service funèbre aux Pénitents bleus, chez qui ils ont leurs offices. La relation de Gisson, autre membre de l'Académie et pourvoyeur occasionnel de sonnets et devises, nous donne à voir un exceptionnel triomphe funèbre, remarquable pour le nombre et le raffinement de ses décors emblématiques, organisé souligne-t-on pour l'un des plus brillants inventeurs de devises en France au XVIIᵉ siècle[13]. Car elle signale publiquement la gloire qu'elle confère absolument : le commentaire est explicite des devises composées par l'érudit Magnin à l'occasion de la mort de G. Patin, *principe* des

---

[11] Février 1678, p. 76-77.
[12] Juin 1683, p. 180-183 (gravure de la médaille face p. 181).
[13] Octobre 1687, p. 150-201.

Ricovrati, en l'honneur des femmes de lettres françaises membres de l'académie padouane[14].

Pour autant, la composition de devises, dans le *Mercure galant,* est destinée à célébrer le roi, à une très forte majorité. Hélène Merlin a montré combien la pensée politique en France, au sortir des guerres de Religion, avait été marquée par la nécessité de restaurer la « puissance cohésive du modèle absolutiste » d'un point de vue national, voire « patriotique », et non plus d'un point de vue religieux[15]. Le « public », l'ensemble du corps politique, doit se reconnaître dans le corps symbolique du roi, favorisant en conséquence l'exploitation allégorique d'une figure[16] dont le caractère exceptionnel subsume la communauté exploitant ces symboles. Le *Mercure galant* confirme, au fur et à mesure des descriptions symboliques officielles qu'il recense, la place écrasante de la stature royale comme référent allégorique et figuré, depuis longtemps bien étudié[17], et l'immense production encomiastique qu'elle suscite pour longtemps encore.

Pas d'expression royale sans expression figurée. En témoigne ce commentaire de la thèse soutenue au collège d'Harcourt par le commandeur Le Tellier, le fils de Louvois, dessinée par Mignard et gravée par Poilly :

---

[14] Février 1694, p. 187-192. Il s'agit de Mlle de Scudéry, de Mme Déshoulières, de Mme de Saliez et de Mme Dacier. En mai 1700, « M. Maureau de Mautour a fait à la gloire de l'illustre Mlle de Scudéry, trois devises » (p. 56-58), signe de la stature exceptionnelle de cette figure féminine.

[15] H. Merlin, *op. cit.,* p. 126-129, et bibliogr. *ad loc.*

[16] Voir en particulier Louis Marin, *Le Portrait du roi,* Paris, Minuit, 1975 ; *id,* « L'inscription de la mémoire du roi. L'histoire métallique de Louis XIV », Urbino, Centro Internazionale di Semiotica e di Linguistica, *Documents de travail* n° 90, série F, janvier 1980. Voir J. Montagu, art. cit., p. 325 : « The frequency of these references to the actions of [the king] is not to be explained simply by the general interest in the war and the patriotic fervour it engendered. For many years the readers of the *Mercure,* along with the rest of the population, were accustomed to see the King personified in art [...] Rightly, they would have recognised the link between the allegories which flowed from the brushes of the court painters and the Mythological enigmas of the *Mercure,* ant the ease with which they could interpreted the one was directly related to their familiarity with the other [...] The connection between the enigmas and the painted allegories of XVIIth century in France was real, and recognised by the painters themselves. »

[17] Jean-Marie Apostolidès, *Le roi-machine : spectacle et politique au temps de Louis XIV,* Paris, Minuit, 1988 (1981) ; Gérard Sabatier, *Versailles ou la figure du roi,* Paris, A. Michel, 1999.

Comme il est impossible de traiter les grands sujets sans allégorie, pour des raisons qui seroient trop longues à rapporter, cette These en expose une sur l'état présent des affaires de l'Europe. Nostre invincible Monarque y est dépeint en pied, de sa hauteur, vestu à la Romaine, s'appuyant sur l'épaule d'Hercule qui est assis à ses pieds, écoutant Pallas qui est proche de luy, & couronné par l'Honneur & par la Victoire, qui paroissent chargez de Palmes et de Lauriers [...][18].

La symbolique au premier chef fait rayonner cette grandeur. Donneau, en bon courtisan, ne manque aucune occasion de le faire, d'autant que l'orgueilleuse devise du roi, *Nec pluribus impar*, inventée par d'Ouvrier pour le carrousel de 1662, avait soulevé un tollé à travers l'Europe, que le P. Ménestrier en personne avait été chargé d'apaiser[19]. Le journal multiplie les occasions de composer des devises pour le roi et enregistre à l'ouverture de la quasi-totalité de ses livraisons les variations flatteuses sur le soleil, corps parfait et polyphonique de la splendeur royale, car sa devise est bien l'expression exceptionnelle de l'exceptionnel souverain :

[Cette matière] n'a besoin d'aucun ornement pour passer tout ce que l'art joint à la flatterie peut faire de peintures éclatantes, & il n'y a point de Panegyriques etudiez qui fassent concevoir des plus grands hommes, ce que nous pensons de nostre Incomparable Monarque au simple recit de ce qu'il fait tous les jours de surprenant. Cette matiere n'a pas seulement des beautez qui ne se trouvent point en toute autre, elle est encore inépuisable, & ce sont des traits qui ne se peuvent jamais qu'ébaucher[20].

La devise du roi modélise le petit genre pour en expliquer la structure générale à la dédicataire fictive. Le rayonnement glorieux de la devise est associé à la personne royale :

L'Ame & le Corps qui composent la Devise, doivent avoir entr'eux une si étroite liaison, que l'un ne se puisse passer de l'autre, en sorte que separez ils ne disent rien, ou parlent un langage qui ne puisse estre compris. Cette condition est si necessaire, que si les paroles formoient d'elles un sens parfait sans que la figure aidast à les faire entendre, la Devise seroit

---

[18] Juillet 1684, p. 316-317.
[19] Paul Allut, *Recherches sur la vie et les ouvrages du Père Ménestrier...*, Lyon, Scheuring, 1856, p. 155.
[20] Juillet 1678, incipit.

imparfaite, tant il est vray que c'est dans l'union de ses deux parties que consiste sa perfection. On en pourra toûjours donner pour modele ce Soleil dont les rayons se repandent sur tout un monde, & auquel ces paroles servent d'ame, *Nec pluribus impar*. Vous les entendez, Madame, & vos Amies apprendront par vous que ce Soleil qui éclaire tout un monde seroit capable d'en éclairer encor plusieurs autres[21].

En retour, la splendeur du roi se signale par l'amplification de sa devise : le roi les inspire et les stimule au même titre que les panégyriques. Ainsi l'académie d'Arles propose comme sujet de divers concours d'éloquence ou de poésie telle ou telle devise de l'obélisque érigé en l'honneur du roi dans cette ville[22]. Pour la fondation de l'académie d'Angers, l'un de ses membres, le chevalier de Longueil, prononce un « Discours sur la devise du roy » fondé sur des amplifications à l'infini des termes *rex, sol, nec pluribus impar*. Il se termine sur cet envoi dont nous laisserons aux lecteurs actuels le soin de goûter tout le sel : « la nouvelle académie ne sera pas moins florissante que les plus fameuses du royaume, *nec pluribus impar* »[23]. Ainsi ces pièces spectaculaires sont comme le monument emblématique proposé par Jaugeon[24] qui annonce son « jeu du monde »[25] ou ces deux « cadrans » de devises, l'un consacré aux exploits glorieux du roi, composé par l'abbé Mallement de Messange[26], et l'autre, anonyme et inspiré de l'énigme en figure proposée en novembre 1678, « des surprenantes actions de Louis le Grand »[27], en forme d'almanach.

L'invention symbolique culmine vers le souverain, au point d'éclipser les autres éléments qui pourtant participent à la composition du programme. Un contrat est passé le 22 juillet 1684[28] entre l'université de Paris et la Ville, pour célébrer l'anniversaire du roi le 15 mai de chaque année. Un panégyrique composé pour l'occasion associe une série de représenta-

---

[21] Février 1678, p. 78-79.

[22] Mars 1682, p. 262-265. L'obélisque fait l'objet de longs commentaires dans les livraisons antérieures.

[23] Octobre 1686, 1re partie, p. 130-182.

[24] Octobre 1678, p. 128-133.

[25] Décrit dans le *Mercure* de septembre 1681, p. 71-77 ; il fit l'objet d'une publication séparée (Paris, A. Auroy, 1684), d'ailleurs intégrée par Mario Praz dans la bibliographie de ses *Studies in Seventeenth-Century Imagery*, Rome, Edizioni di Storia e letteratura, 1975 (1937).

[26] Extraordinaire d'octobre 1678, p. 154-155 ; planche gravée face p. 155.

[27] Janvier 1679, p. 172-173.

[28] Août 1684, p. 272-285.

tions symboliques autour de notions spécialement convoquées – l'éloquence –, les armes –, la Ville et l'Université – et de représentations glorieuses
dont la devise est une des occurrences : aucune d'entre elles n'est en
rapport avec le contrat lui-même ou l'Université, mais toutes servent la
splendeur royale. Le roi, et lui seul, motive l'invention des autres devises,
y compris celle de ses plus proches, car il conditionne naturellement leurs
actions aux yeux du temps :

> J'ajoute une Devise qui a esté faite pour Monsieur, & que beaucoup de
> Gens d'esprit ont estimée. Elle a pour corps une Lune qui entre dans le
> signe du Soleil, & voici les paroles qui lui servent d'ame. *Sequitur vestigia*
> *fratris*. [...] Je croy qu'il seroit difficile de donner à Monsieur une plus forte
> loüange. En effet, suivre les travaux du Grand Louis, c'est aller plus loin
> que les plus fameux conquerants n'ont jamais esté. Nos beaux esprits
> s'exercent encor tous les jours sur une si vaste matiere[29].

La devise incarne le don le plus généreux et spontané que puissent
présenter les sujets. La première des quatre-vingts relations que le
Mercure se vante de livrer des réjouissances pour la naissance du duc de
Bourgogne le marque programmatiquement :

> Les Machines qui couvroient ces Lumieres en beaucoup d'endroits [...]
> représentoient des Figures qui remplissoient des Croisées entieres, des
> Obélisques, des Allégories, des Pyramides, des Devises, des Armes, des
> Inscriptions à la gloire du Roy, & de toute la Maison royale. [...] enfin il
> n'y a sorte de Machine propre à illuminer que l'on n'ait imaginée, &
> plusieurs en ont même changé trois ou quatre fois. *Tel qui n'avoit jamais*
> *fait de Devises en inventoit, & les Femmes mêmes cherchoient des sujets*
> *pour donner aux Peintres, qui regardassent la naissance qu'on célébroit[30].*

Parole pour dire le corps du roi, elle multiplie les compétences poétiques,
tandis que toutes ces inventions signalent le « génie de la France » :

> Si on en croit ceux qui jugent de tout sans avoir rien vû ny lû, et sans
> vouloir rien entendre, tout n'est qu'une même chose. Si chacun prononçoit
> si viste, je tiendrois ceux qui en ce rencontre ont donné des marques de leur
> invention et de leur esprit, plus malheureux que les autres, qui n'ont pris

---

[29] Juillet 1677, p. 84-86.
[30] Août 1682, p. 143-145. Nous soulignons.

aucune peine. *Ils ont inventé de nouvelles manieres de dresser des feux d'artifice. Ils ont fait des Devises. Ils ont représenté la grandeur du Roy par un nombre infiny de Figures diférentes, & fait par là son Eloge sans un long discours.* Ils ont donné des Sujets pour faire des Carrousels, & ont eu besoin d'application pour trouver cent choses de cette nature qui n'ont de ressemblance l'une à l'autre ; que parce qu'elles marquent la grandeur de nostre auguste Monarque, & l'esprit de ceux qui en sont les Autheurs[31].

Le *Mercure galant* donne à lire ainsi des fictions à la manière du *Sans-Parangon* de Jean de Préchac ou du *Nouveau Panthéon* de Claude-Jean Guyonnet de Vertron[32], où la figure royale est source du merveilleux le plus admirable aussi parce qu'elle suscite l'invention de devises et d'épigrammes, comme la « Relation d'une Fête donnée aux Dieux par Neptune dans son Palais, à l'occasion de la naissance de Mgr le duc de Bourgogne »[33]. Le discours encomiastique trouve dans le roi la source de sa symbolique, de la même manière que le roi est devenu à la fois source et aboutissement du merveilleux en général[34]. Donneau commente la médaille pour le roi composée par le parlementaire Le Brun, le neveu du premier peintre du roi, comme si le souverain glorieux devenait le destinataire ultime de l'hiéroglyphique égyptienne :

> On voit le portrait de sa Majesté dans la face droite. Le Soleil est dans le revers, avec ces paroles tirées des Métamorphoses d'Ovide, VIDET OMNIA PRIMUS.
> *C'est luy qui le premier apperçoit toutes choses.*

---

[31] Septembre 1682, 2ᵉ partie, prélude (n.p.) ; nous soulignons.

[32] J. de Préchac, dans *Contes moins contes que les autres* (1698) ; voir l'éd. de Françoise Gevrey, Paris, STFM/ Klincksieck, 1993 ; *Le Nouveau Panthéon, ou le Rapport des divinitez du paganisme, des héros de l'Antiquité et des princes surnommez grands, aux vertus et actions de Louis-Le-Grand, avec des inscriptions latines et françoises en vers et en prose, pour l'histoire du roy, pour les revers de ses médailles, pour les monuments publics...*, Paris, J. Morel et H. Charpentier, 1686. Vertron, membre de la Petite Académie, est un collaborateur régulier du *Mercure*.

[33] Extraordinaire d'avril 1683, p. 185-204, signé par un correspondant régulier du journal, le sieur de la Salle, seigneur de Lestang.

[34] Voir Bernard Magné, *Crise de la littérature française sous Louis XIV : humanisme et nationalisme*, Lille-Paris, PUL-Champion, 1976, 2 vol. Nous nous permettons de renvoyer à notre article « Les rêveries du promeneur enchanté : Symbole et allégorie dans le premier Versailles de Louis XIV », *XVIIᵉ Siècle*, n° 184 (3-1994), p. 537-559.

L'application en est fort juste, rien ne pouvant mieux marquer l'activité, la penétration, & l'extréme prudence de nostre incomparable Monarque, qui a cela de commun avec le Soleil, qu'il découvre & qu'il sçait le premier ce qui se passe dans ses Etats. Il n'est pas moins bien informé des affaires des autres cours, & on peut dire que rien n'échape à ses yeux. Ce fut ainsi que les Egyptiens consacrèrent la memoire d'Osiris, qu'ils representerent par un œil dépeint sur un Sceptre, afin de faire connoistre la sagesse de ce Prince[35].

Cependant, les devises dédiées au roi sont de plus en plus convenues, comme la rhétorique des panégyriques royaux. Le *Mercure galant* confirme sur ce point encore un phénomène général dans la France de la fin du XVIIe siècle, bien repérable dans les recueils emblématiques parus après 1670. Ce caractère n'échappe à personne ; il se lit sans ambiguïté à l'ouverture de la livraison d'octobre 1682, qui accumule les propos de circonstance sur la devise en forme de lieux communs sans originalité :

La grandeur du Roy estant montée au point où elle est, je croy, Madame, que vous n'estes pas surprise de l'empressement que chacun témoigne à travailler pour sa gloire. La matiere est assez ample pour occuper tout le monde ; mais quoy qu'on la trouve inépuisable dans les ouvrages les plus étendus, il en est d'autres qui en trois paroles ne laissent pas d'exprimer beaucoup. C'est un avantage particulier aux devises. Elles disent tout quand elles sont justes[36].

L'hiatus est patent entre l'aspect extrêmement répétitif des programmes illustrant le corps du roi, et d'autres ensembles. Toutes les devises composées pour la première instance offrent nécessairement un sens obvie. L'immense mouvement de célébrations autour de la naissance du duc de Bourgogne en fournit le meilleur exemple : point n'est besoin de discours hiéroglyphique pour parler du roi, du dauphin et de son fils, car les personnages et leurs mérites sont connus de tous. Il suffit de procéder à une vaste réitération allégorique de fête en fête, dont la représentation théâtrale n'a plus d'autre raison d'être que d'en souligner l'identité discursive auprès de spectateurs, où qu'ils soient, transportés par la lecture sur toutes les scènes de France. Par contre, une certaine volonté symbolique se manifeste encore dans des programmes destinés à célébrer des

---

[35] Février 1679, p. 207-208.
[36] Première partie, p. 1.

personnes ou des événements un peu plus éloignés – à peine plus – de la personne royale. Ménestrier compose le service funèbre pour l'inhumation de la reine à Saint-Denis en fonction d'une réelle cohérence symbolique destinée à déplorer la Mort et la vanité de la vie des Grands[37]. Au moment où la succession royale est assurée, la naissance du troisième fils du dauphin, le duc de Berry, n'appelle pas un déploiement somptuaire aussi important qu'en 1682 ; en revanche, les quelques cérémonies recensées sont très fortement emblématiques, en fonction de programmes destinés à exploiter la richesse d'une telle scénographie[38].

Cette distorsion même traduit l'intérêt jamais démenti pour l'invention symbolique ; celle-ci à son tour signale l'existence d'une réception tout à fait consciente, contrôlée et subtile. Les sujets en leur privé sont donc sollicités pour enregistrer la gloire publique en y participant, et doublement : en la lisant dans les relations dont le *Mercure Galant* se fait l'écho ; en fabriquant un discours symbolique qui relaie celui de la Petite Académie. Cette pratique s'accompagne d'une autre, où l'usage emblématique sert à manifester son bon goût et son ingéniosité.

Le Privé : les jeux de la devise et de l'énigme

L'art des devises et des énigmes fait partie d'un quasi quotidien littéraire mondain, dont témoigne fort bien, par exemple, la production galante d'un auteur aussi lucide sur les stratégies d'écriture que Charles Sorel :

> Qu'il faloit avoir encore esgard aux Images & aux Devises ; & qu'entre quelques autheurs du siecle, il s'en trouvoit qui n'ayans d'autre secret pour faire valoir leurs livres que d'y mettre force figures en taille douce, & s'estans rendus fort expers aux Emblesmes & aux portraits bigearres, l'on les pouvoit eriger en intendants d'Almanachs ; afin de controller ceux qui se font tous les ans, & mesme toutes les Estampes en général, sans excepter celles des Theses, pour empescher que des hommes de néant ne deshonorassent les actions des Grands du siècle par des representations impertinentes,

---

[37] Septembre 1683, p. 204-268.
[38] Ainsi celui de Bourges, octobre 1686, 1ʳᵉ partie, p. 21-46.

& que d'autres ne pechassent dans l'excez par les honneurs qu'ils attribueroient à leurs Mecenes[39].

Il n'est de roman héroïque et galant qui ne décrive les cartels, blasons et devises que les chevaliers admirables composent à la gloire de leur maîtresse.

Les lecteurs du *Mercure galant* sont de bons connaisseurs du vocabulaire symbolique, qu'il s'agisse de Donneau de Visé et des correspondants réguliers, ou qu'il s'agisse du public féminin à qui s'adresse le journaliste par le biais de la fiction épistolaire ; les exemples abondent à chaque livraison. On y constate concrètement à quel point la pratique des arts symboliques est présente dans nombre des couches de la société qui ont pu accéder à une certaine instruction. Elle est parfaitement insérée dans une sociabilité mondaine et prévaut dans la composition de pièces gracieuses et enjouées. Cet usage, tel que le consignent les relations du journal, va jouer de plus en plus dans le champ de la poétique et non plus de la représentation curiale, ce qui souligne son rôle galant et sa valeur indiciaire de bon goût.

Le journal de Donneau joue d'emblée sa spécificité mondaine comme sa diffusion sur la présence des énigmes et des devises :

Je passe à l'énigme [...] qu'il semble que le Mercure a mis à la mode. Elles deviennent le divertissement de toute la France ; & le grand nombre de lettres que je reçoy chaque mois de ceux qui cherchent à les deviner, me fait connoistre que ce n'est pas sans plaisir qu'ils s'y appliquent[40].

Je [...] suis ravy de [la curiosité] que vous me témoignez sur l'article des Devises. Elles sont à la mode plus que jamais, & j'en ay quelques unes à vous faire voir qui méritent bien que vous me sçachiez gré du soin que j'ay pris de vous les faire graver ; mais comme il est difficile de savoir tout, & que vous pouvez n'estre pas entierement informée des conditions qu'elles demandent pour avoir le degré de perfection qui leur est necessaire pour estre bonnes, je vay vous dire en peu de mots ce que j'en ay appris des plus eclairez en ces matieres[41].

---

[39] Charles Sorel, *Discours sur l'Académie française*, Paris, G. de Luyne, 1654, p. 157-158. On trouve divers jeux dans *La Maison des Jeux* (Paris, Sercy, 1642) qui concernent l'art des énigmes et des devises, de même que dans *Les récréations galantes...*, Paris, E. Loyson, 1671.
[40] Janvier 1678, p. 231.
[41] Février 1678, p. 75-76.

Les lecteurs marquent aussitôt leur assentiment dans les pages du journal :

> Le Public ne vous a donc pas une mediocre obligation d'avoir fait
> reconnoître dans nos jours ces innocentes & spirituelles recreations : aussi
> chacun se fait un tres-grand plaisir de deviner le Mot de vos Enigmes, &
> ce plaisir seroit tres-pur, s'il n'estoit un peu troublé par l'impatience de
> sçavoir si l'on a rencontré le véritable[42].

Le *Mercure* prend appui sur le vif intérêt qu'ils signalent, comme il
fourmille de demandes. Donneau présente les lettres sur l'Énigme à la
manière d'un commanditaire :

> Aujoud'huy que les Enigmes sont à la mode, par le rang considerable que
> le Mercure galant leur donne regulierement dans les nouvelles de chaque
> mois, nostre curiosité, Monsieur, est de saison, de vouloir apprendre l'art
> d'en faire un juste discernement, & toutes les autres choses qui en peuvent
> donner une connoissance plus particuliere que celle que l'on a communé-
> ment[43].

Il met en scène sa volonté de répondre aux demandes de précision
formulées par sa lectrice, ce qui lui permet d'insérer de nombreuses
planches gravées ; ce type d'intervention ne tarit jamais au fur et à mesure
des livraisons.

> Il me souvient, Madame, quand je vous parlai il y a quelques mois de
> l'Obélisque de la Ville d'Arles, que vous me fîtes des Plaintes de vos amies
> qui ne se trouvaient point assez éclaircies sur cette matière, & qui auraient
> voulu avoir l'estampe qui en avait été présentée au Roy. Je vais les
> satisfaire sur ces deux points[44].
> Je ne puis m'esloigner de cette matiere, sans vous faire part d'une planche
> que j'ay fait graver. Elle est assez curieuse pour me donner lieu de croire
> que vous en verrez toutes les Devises avec plaisir[45].
> Vous m'avez paru si satisfaite de l'article des jettons employé dans ma
> lettre de janvier, que pour ne vous laisser rien à souhaiter la-dessus, j'ay

---

[42] Extraordinaire d'avril 1678, p. 315, conclusion de la lettre signée par Taveault,
destinée à commenter les lettres de l'abbé de La Valt sur les énigmes, parues dans le
précédent Extraordinaire.

[43] Extraordinaire de janvier 1678, p. 4-5.

[44] Janvier 1678, p. 37-38.

[45] Janvier 1680, p. 23-24.

recherché avec soin tout ce qui s'en est fait cette année. Ainsi vous en trouverez de nouveaux dans cette planche. [...] Voicy l'explication de ce qu'ils contiennent [...][46].

Les lecteurs sont avides d'en savoir plus, hommes ou femmes[47], y compris ceux qui sont familiers de cet art. L'abbé de La Valt signale dans la VIIIe de ses Lettres sur les énigmes en peinture qu'il aimerait avoir un répertoire des tableaux énigmatiques composés dans les collèges jésuites, car il serait à ses yeux d'utilité publique[48]. Les lecteurs sont avides de divertissements ingénieux, et invitent régulièrement à l'invention de devises ou de médailles à la gloire du roi[49]. La suggestion ci-après reçoit un tel accueil que le *Mercure* consacre une bonne part des Extraordinaires suivants à publier des projets :

> On demande des Armes ou Armoiries pour l'Amour. Comme ce Dieu est presque toujours parmy les Hommes, & que sa puissance est d'une fort grande étenduë, on a crû qu'on luy en pourroit donner de fort belles. Cette proposition est faite par une charmante & spirituelle personne, qui demande aussi des Armes pour les Amans, selon leurs différents caractères[50].

Les lecteurs répondent donc très largement à toutes les propositions d'ordre emblématique. Le courrier de solutions aux énigmes dépasse souvent la dizaine de pages, en prose et en vers, de manière didactique ou galamment plaisante... Les personnes les plus inattendues s'adonnent à l'exercice : à Vienne, pour les réjouissances de 1682,

---

[46] Mars 1680, p. 156.

[47] On trouve dans l'Extraordinaire de janvier 1678, p. 208-210, une lettre anonyme (au féminin) qui propose qu'il soit parlé des armes et des armoiries. Il est difficile de départager les goûts. Si le *Mercure* semble marquer une préférence plutôt féminine pour les énigmes et les devises (« tout le monde en est avide [du journal], et pendant que les hommes s'attachent aux articles sérieux, les Dames rient des Historiettes, et s'empressent à chercher le sens des énigmes », octobre 1677, p. 106), et un intérêt plutôt masculin pour les monnaies ou pour les armoiries (en octobre 1685, il mentionne la parution d'un livre sur ce sujet que la belle lectrice peut signaler à ses « Amis »), Donneau ne manque jamais de suggérer à la destinataire fictive de commenter pour ses amies les jetons et les devises qu'il lui propose.

[48] Extraordinaire de juillet 1678, p. 270-271.

[49] Extraordinaire de juillet 1678, fin.

[50] Extraordinaire d'avril 1679, p. 357.

[Le gouverneur fit allumer un feu de joie]. Mme l'Abbesse du Monastere Royal de Sainte Claire sa sœur, apres avoir employé ce jour à de ferventes prieres, fit tirer avec soin un feu d'artifice, qu'on avoit construit sur la montagne, qui est dans l'enclos de son abbaye. C'estoit une Pyramide au haut de laquelle il y avoit trois Soleils. Dans le premier, qui estoit plus grand que les deux autres, on voyoit les armes de Sa Majesté ; dans le second, celles de Mgr le Dauphin ; & au troisieme, celles de Mgr le Duc de Bourgogne. Tout cela estoit accompagné de Devises[51].

Les « professionnels » comme le P. Ménestrier et les membres de la Petite Académie, comme Tallemant le jeune, Quinault, d'Ouvrier ou Charpentier qui composent les jetons annuellement décrits en janvier, ceux des académies de province, ou encore des connaisseurs souvent cités comme le secrétaire du roi Gardien, Rault, ou Magnin, sont loin d'être les seuls mentionnés. Les grands noms côtoient les anonymes : le duc de Saint-Aignan, la marquise de Chabrillant, le comte de Clisson ou le comte de La Cosière, peut-être Colbert pour un des jetons de janvier 1683, figurent aux côtés de « bourgeois de Paris » ou de province[52] ; certains cultivent l'anonymat galant, comme « l'Ultramontin ; l'Anonyme de Roüen ; Le beau ténébreux ; l'Invisible ; L'Italien, de la rue Quincampoix ; Sans vous je n'aime rien »[53]. Parmi les professions représentées, on trouve peu de militaires, mais des bataillons d'avocats, des officiers de justice, des juristes, des médecins, des membres de l'Église (ainsi un certain Foyneau, « sous-chantre de Vannes », parmi de nombreux « abbés »), beaucoup de parlementaires provinciaux qui sont en même temps les membres des académies de leur ville. Bien souvent, ils composent aussi les devises pour les fêtes ou deviennent des correspondants réguliers du journal, comme Brossard de Montanay, conseiller au présidial de Bourg en Bresse, ou le

---

[51] 2ᵉ partie de septembre 1682, p. 164.

[52] Les provenances recoupent naturellement les limites territoriales du royaume, en même temps qu'elles correspondent à l'implantation des académies locales comme des collèges jésuites. Beaucoup de réponses viennent de Normandie, de Bretagne ou de tout le sud-ouest, la Touraine comme la Provence sont bien représentées ; le Centre l'est moins, l'Est peu, excepté Troyes, Reims, Lyon, Grenoble.

[53] Juillet 1678, p. 358. L'usage des pseudonymes reste parfaitement établi dans toutes les livraisons du corpus dépouillé, et Donneau le retient délibérément : « J'avois commencé à supprimer tous les faux noms dont se servent une partie de ceux qui se divertissent à expliquer les énigmes ; mais puis que vous me dites qu'on s'en plaint dans vostre Province, il faut faire cesser ce murmure, & laisser jouir les particuliers du plaisir qu'ils prennent à ne se produire que deguisez » (janvier 1679, p. 317-318).

Bourguignon Taveault. Outre ces parlementaires, les officiers municipaux assurent fréquemment l'invention des programmes allégoriques, et l'on voit apparaître quelques dynasties familiales çà et là[54]. L'énumération de ces catégories ne saurait toutefois masquer le fait qu'une immense part de « sans profession » lit assidûment les mentions symboliques, sous l'égide de la destinataire fictive : des femmes. Ce sont à elles qu'un journal « galant » s'adresse naturellement et rend honneur[55]. Aristocrates ou bourgeoises de toute la France, elles se présentent, bien plus que les hommes, sous des pseudonymes tels que « Les Fauvetes à teste noire de Clignancourt ; la jeune Blanchisseuse du Pot de Neuilly ; la Belle mélancolique... »[56] : il n'est guère que Mme de Saliez, assez connue dans le monde des Lettres pour être reçue à l'Académie des *Ricovrati* de Padoue en 1689[57], à signer de sa plume diverses compositions originales.

---

[54] Voici quelques noms qui apparaissent au fil des relations des réjouissances en province pour la naissance du duc de Bourgogne : M. Boudon, trésorier de France, à Montpellier ; au Havre, la ville du duc de Saint-Aignan, Morel, un des échevins, invente un tour de porte en tapisserie « avec des camayeux peints sur le thème de l'étoile, qui est la devise du dauphin » ; à Dijon, c'est Moreau, avocat général en la chambre des comptes de Dijon, dont le frère, auditeur des comptes à Paris, écrit de nombreux ouvrages galants signalés précédemment par Donneau (septembre 1682, 2e partie) ; même cas de figure familial pour la devise qui ouvre la livraison d'octobre 1682, Bompart « père et fils clermontois » ; le maire de Chaulny (novembre 1682). Le commentaire des nouvelles devises que l'on fait ajouter au plafond de l'hôtel de ville de Rouen signale que « toutes ces devises sont de M. Boutren de Corneville, l'un des échevins, qui a pris le soin de ces embellissemens. C'est un Homme de qualité, d'esprit, et de mérite. » (mai 1683, p. 279) Voir les statistiques obtenues par Janet T. Letts, « Responsive Readers of the *Mercure galant* – 1680-1710) », *Cahiers du dix-septième*, vol. V, n° 2 (automne 1991), p. 211-228.

[55] Le premier Extraordinaire, en janvier 1678, commence sur cet « Avis aux Dames » : « Ce n'est point vous faire un présent, Mesdames, que de vous donner l'Extraordinaire, c'est vous rendre un ouvrage qui vient de vous. Il est tout plein, ou de ce que vous avez produit vous-mesmes, ou de ce que vous avez fait produire aux autres. Quelle joye ne ressent pas le Mercure que de voir que vos Plumes ayent travaillé pour l'embellir ! » (p. 1-2 ; voir M. Vincent, « Le *Mercure galant* témoin des pouvoirs de la femme du monde », *XVIIe Siècle*, n° 144 (3-1984), p. 241-248) ; il mentionne ensuite les énigmes, les chiffres, et contient les Lettres sur les énigmes déjà mentionnées – et attribuées dans cette livraison à « une jeune fille de seize ans » (p. 45), dont la véritable identité (l'abbé de La Valt, d'Aix en Provence) est levée seulement dans un numéro suivant.

[56] Juillet 1678, p. 358.

[57] Relaté dans le *Mercure* d'avril 1689, p. 154. Sur cet auteur, voir Myriam Maître, *Les Précieuses. Naissance des femmes de lettres en France au XVIIe siècle*, Paris, Champion, 1999, p. 336-337 et 716.

Le *Mercure* invite un cercle élargi de lecteurs à participer à ces jeux symboliques. Grâce à eux, Donneau érige son journal en cercle de conversation, collective et anonyme, destiné à réunir les beaux esprits que le goût d'un discours plaisamment allégorique aura rapprochés, et ce dès qu'il retrouve le rythme mensuel de parution :

> Je me réjoüis avec vous, Madame, de ce que vous avez des Amies d'un esprit si vif & si eclairé, qu'elles n'ont point eu besoin de l'Explication que je vous envoyai la derniere fois de l'Enigme de la lettre R pour deviner ce que c'estoit. Quoy que bien des Gens ayent inutilement tâché d'en venir à bout, je veux croire qu'elles n'en ont point esté embarrassées ; & puisqu'el- les ont tant de facilité à développer les choses obscures, demandez-leur, je vous prie, quel peut estre le sens de ces vers. [...] Voilà de quoi exercer vos spirituelles amies. Je leur laisse le mois entier pour deviner, & ne leur feray point le tort de vous envoyer le mot de l'Enigme. Si elles ne l'attrapent pas, le secours est prêt. Il ne vous coûtera la peine que de le demander, & vous l'apprendrez dans ma lettre du mois prochain[58].

Le choix d'une telle orientation reproduit strictement le cadre concret dans lequel les lecteurs ont coutume de croiser les langages symboliques : celui des occasions mondaines où ils admirent et déchiffrent des énigmes ou des peintures énigmatiques, assistent à la soutenance d'une thèse ou bien encore composent des devises destinées à signaler son approbation ou son désaccord sur tel ou tel événement marquant. La quantité de ces occasions rapportée par le journal ne laisse guère de doute : à la ville autant et plus qu'à la cour, devises et énigmes sont constamment convoquées. La polémique savante que suscite la statue antique – Vénus ou Diane – découverte en Arles inspire quantité de devises plus ou moins sarcasti- ques, entre 1684 et 1685 ; la visite des ambassadeurs du Siam en suscite d'élogieuses en octobre 1684... sur la grandeur de la France, tandis que la Révocation de l'Édit de Nantes en inspire de vengeresses autant que politiquement correctes tout au long des années 1685 et 1686. Or ce ne sont pas seulement des événements nationaux qui sont ainsi commémorés, mais des événements qui marquent une collectivité restreinte, ou même d'ordre strictement privé : le *Mercure* rapporte les devises faites en l'honneur de la prédication de l'archevêque de Paris en faveur des prisonniers, aux Grands-Augustins, puis relate une autre devise en

---

[58] Septembre 1677, p. 85-86.

l'honneur du curé de Saint-Séverin qui a « prêché sur le même sujet de manière fort édifiante »[59]. Les devises « pour une belle décédée »[60] gardent l'anonymat de l'auteur comme de la destinataire.

On assiste aux discussions sur les langages symboliques aux soutenances des thèses dans le collège jésuite d'Arles, qui permettent à un « jeune homme de la famille de M. Eymin » de briller sur ces questions :

> On continua, en agitant les diférens qui sont entre les Latins & les François ; s'il faut mesler beaucoup de figures dans le discours, & sur tout de celles qui outrent d'ordinaire la pensée ; s'il faut mettre parmy les Ornemens de l'Eloquence, les Ierogliphes, les Enigmes, les Devises, les Emblêmes, & les Fables ; s'il faut faire les Inscriptions de l'Arc de Triomphe, & des Monumens publics, en François, ou en Latin [...][61].

Les commentaires des tableaux énigmatiques constituent le morceau de choix d'une fête : « M. l'Abbé d'Armagnac a paru avec grand éclat dans une action qui s'est faite depuis peu au Collège de La Fleche. Il y expliqua une énigme en Tableau en présence de toute la noblesse du pays, et fut l'admiration d'une tres-grande assemblée. L'Œil estoit le mot de cette énigme »[62] ; à Poitiers, l'inauguration de la statue du roi se clôt avec éclat : « Toute la ville s'etant rendue l'apresdînée au College des Jesuites sur le bruit d'une Feste qui s'y devoit faire, on la commença par l'explication d'un Tableau énigmatique que M. Foucault avoit fait faire à Paris. »[63]

Cette esquisse sociologique décèle clairement la « connaissance »[64] réelle des langages symboliques, et le désir de connaissance plus encore. Les distinctions des petits traités de 1678 sont très précises entre les différents genres, bien plus qu'on aurait pu l'attendre hors des cercles érudits[65]. Les lecteurs ne se laissent pas facilement abuser, et donnent

---

[59] Février 1679, p. 299-302.

[60] Novembre 1679, p. 160-161.

[61] Novembre 1683, p. 164-165. Le nom de famille est donné p. 157.

[62] Juin 1687, 1re partie, p. 297.

[63] Septembre 1687, 1e partie, p. 180-181.

[64] Ainsi s'engage la relation d'un feu d'artifice tiré pour la naissance du duc d'Anjou : « Il s'en est fait un feu de joie à Dijon, dont tout ce qui s'y trouva de gens connoisseurs, admirerent le dessein » (février 1684, p. 76).

[65] La Ve Lettre sur les énigmes en peinture distingue fort clairement la différence entre le sujet moral de l'emblème et le sujet naturel ou artificiel qui seul peut constituer un sujet

même du fil à retordre à notre nouvelliste : ils sont nombreux à repérer dans le *Mercure* de février 1686, que la première partie d'une des énigmes proposées le mois précédent avait été empruntée au recueil de l'abbé Cotin.

La devise appartient aux beaux esprits. Elle a valeur pédagogique, dans une éducation fondée sur les arts de la société avant ceux de l'érudition :

> Toute la difficulté consiste à trouver un raport juste entre la principale figure, & le sens qu'elle represente. Il est vray que ce raport se rencontre souvent par un pur hazard, que l'étude y a moins de part que la bonne fortune de l'Esprit, & que cette veuë se presente à peu pres à luy, comme celle du Dessein d'un Discours, de la pointe d'une Epigramme, & d'une de ces Reparties promptes, qui ne sont redevables de leur beauté qu'au feu de l'Esprit, par le moyen duquel toutes ces apparitions ingenieuses se presentent à luy. [...] les regles qu'on en a, servent à en découvrir la beauté, & à en bien juger, plustost qu'à l'invention ; si ce n'est que lors que l'Esprit s'est accoûtumé à se donner des idées régulieres des choses, elles servent à le conduire, lors mesme qu'il n'y fait aucune refléxion. Comme l'habitude de la Danse sert à donner ces manieres libres & aisées qui attirent une prompte approbation, dès le moment qu'elles paroissent en public[66].

Elle repose sur les règles de l'honnêteté et du goût qui prévalent dans les mêmes années. L'extrait suivant en reprend la terminologie[67] :

> La Devise est un *jeu d'esprit*, mais elle doit garder des *bienséances honnestes*, ne point taxer les propres vices de celuy pour qui elle est faite, ny ceux du prochain. Quelques Autheurs approuvent neanmoins d'insulter à autruy par Devise, ce que je tiens entierement deraisonnable. Je sçay bien qu'une telle Devise pourra estre excellente selon toutes les autres regles,

---

d'énigme ; l'énigme ne peut pas avoir d'autre symbolisation que celle de la figure principale : ce n'est ni un rébus, poursuit la VIIe Lettre, ni un « sophisme » (Extraordinaire de juillet 1678, p. 262).

[66] VIIIe Lettre, *ibid.*, p. 270-271.

[67] Voir Maurice Magendie, *La politesse mondaine et les théories de l'honnêteté en France au XVIIe siècle de 1600 à 1660*, Genève, Slatkine reprints, 1993, 2 vol. (1925) ; Roger Lathuillère, *La Préciosité. Étude historique et linguistique*, Genève, Droz, 1966 ; Claude Chantalat, *À la recherche du goût classique*, Paris, Klincksieck, coll. « Théorie et critique à l'âge classique », 1992 ; M. Maître, *op. cit.*, part. la dernière partie.

mais celle de *l'honnesteté* y estant violée, c'est assez ce me semble pour donner l'exclusion à une Devise avec ce seul defaut[68].

Vous attendez aussi-bien que moy avec une extréme impatience, ce qu'on nous promet sur les Enigmes en figure dans l'Extraordinaire du mois d'Octobre. Que nous y apprendrons de jolies choses ! On n'écrit rien à present qui ne soit extrémement *rafiné*[69].

La devise, et avec elle l'énigme, relève d'une écriture galante telle qu'elle a été précisément caractérisée ces dernières années[70]. Plusieurs relations de fêtes se présentent sous la forme du prosimètre mêlé, ce qui l'intègre à cet art du mélange des genres et des styles qui caractérise ce style[71]. Il convient d'y refuser galamment mais systématiquement le latin, réservé au roi – pour peu de temps encore, la Querelle des inscriptions est engagée[72] – pour préférer le français, l'italien et l'espagnol : le trait est récurrent sous la plume de Donneau, qui milite ouvertement pour l'abbé Charpentier, dès lors qu'il s'adresse à sa destinataire, comme sous la plume de différents auteurs de relations, parmi lesquels plusieurs femmes font preuve d'un grand talent et d'une invention originale en ce sens. L'anonyme « Lorraine espagnolette » tient à rapporter les devises d'une *pareja* qui n'ont même pas été confectionnées, mais sans lesquelles la

---

[68] Gardien, « Discours sur les devises, ... », Extraordinaire d'octobre 1678, p. 240-241 (nous soulignons).

[69] Octobre 1678, début de la IIe lettre de Lyon sur l'énigme en figure du cadran, p. 68-69 (nous soulignons).

[70] Voir D. Denis, « Réflexions sur le « style galant » : une théorisation floue », *Littératures classiques*, n° 28, « Le style au XVIIe siècle », 1996, p. 147-158 ; M. Maître, *op. cit.* ; Alain Viala (dir.), *L'esthétique galante*, Toulouse, Société de Littératures classiques, 1989 ; *id.*, « D'une politique des formes : la galanterie », *XVIIe Siècle*, n° 182 (1-1994), p. 143-151 ; *id.*, « La littérature galante : histoire et problématiques », *Il Seicento francese oggi. Situazione e prospettive della ricerca*, éd. G. Dotoli, Paris/ Bari, Nizet/ Adricatica, 1994.

[71] Ainsi la relation de M. de Bérigny, conseiller au présidial de Caen, pour les réjouissances publiques à l'occasion de la paix de 1678 (janvier 1679, p. 197 et suiv.) ; le phénomène est courant.

[72] Les descriptions de la Grande galerie de Versailles en décembre 1682 et des Grands appartements en décembre 1685 sont significatives : elle s'attachent aux inscriptions qui commentent la geste du roi et qui ont remplacé les devises au centre de l'intérêt. En outre, il s'agit de les lire dans le texte français de Charpentier et non pas en latin, souligne longuement le *Mercure* de janvier 1685 (p. 108-112). L'adéquation est sous-jacente entre la noblesse exceptionnelle, la grâce et la langue du roi dans laquelle tous se reconnaissent et reçoivent identité.

relation manquerait de grâce[73]. Mme de Saliez profite de l'entrée de l'archevêque d'Albi dans sa ville[74] pour transformer sa lettre initiale en petite fiction dont elle revendique l'autorité, le merveilleux et la grâce de l'invention, y compris – et voici qui ne manque pas de piquant – des emblèmes de sa main qu'elle substitue aux officiels. Ce glissement d'emblèmes publics à des compositions de son génie personnel inscrit dans le style de la galanterie une pratique qui est devenue éminemment telle, et où la marqueterie symbolique semble moins imiter le travail du signe et du sens que celui d'une pratique littéraire moderne et revendiquée en ces termes.

L'inscription mondaine de la devise en galanterie permet d'inventer de nouvelles classifications en matière de jeux encomiastiques sur les armes[75], que l'on ne trouve pas dans les dénominations conventionnelles de la symbolique humaniste. Ainsi en va-t-il de ces « alliances symboliques », modèle de panégyrique :

> Les Armoiries ont un raport & une union necessaires avec la vertu des Héros. Ainsi le Chef tracé sur l'ecu, est la marque d'une blessure reçeue à la teste dans une occasion glorieuse. L'epée teinte du sang ennemi, s'exprime par la croix [...]. J'appelle donc *des alliances symboliques*, les quartiers d'un écusson, qui peuvent signifier les belles actions de quelqu'un. Cette union mutuelle d'armes & de devises, me paroist fort propre à donner un petit portrait de Mgr le duc de Saint Aignan [...][76].

Elle est ainsi rapprochée de la pratique de l'écriture sous toutes ses formes, de l'invention de l'imprimerie à l'allusion littéraire la plus relevée. Dans une petite nouvelle allégoriquement galante[77], l'invention

---

[73] Août 1679, p. 292-296.

[74] « Relation de l'entrée de M. l'archevesque d'Alby, dans la ville de ce nom, à Mme de Mariotte, de Toulouse », avril 1679, p. 4-28.

[75] Comme ceux sur les armes de Mazarin, récemment étudiés (Yvan Loskoutoff, « *Fasces cum sideribus III*. Le symbolisme armorial dans les éloges du cardinal Mazarin, ses prolongements dans les mazarinades, chez Corneille, Racine et La Fontaine », *XVIIe Siècle*, n° 214 (1-2002), p. 55-98).

[76] Les transformations en devises des armes et de leurs écartèlements sont longuement expliquées et commentées ; une planche fort bien gravée de 14 devises, avec le récapitulatif de tous ces écartèlements, complètent l'ensemble signé LMDSB (mars 1684, p. 73-79, cit. p. 73-74).

[77] « Les Amours de Cloris et de Damon » signée De la Salle, Sr de Lestang, Extraordinaire d'octobre 1679, p. 126-131, qui répond à deux questions à la fois, « si les pleurs marquent plus la tendresse que les soupirs » et « l'origine de l'Imprimerie ».

d'une devise prélude à celle de l'imprimerie ; un an après la parution de la *Princesse de Clèves*, dont le vraisemblable extraordinaire avait été largement discuté dans les pages du journal, Donneau insère la « galanterie » qu'elle a inspirée :

> La lettre suivante a esté écrite par un galant homme de Cahors, à une des plus aimables & des plus spirituelles personnes de la Ville, à laquelle il avoit presté la Princesse de Clèves. La Belle luy ayant renvoyé son Livre quelques jours apres, il trouva dedans une miniature d'un cœur enflâmé, avec deux lignes qui marquoient que c'estoit celuy du duc de Nemours. Cette galanterie l'obligeoit de luy écrire ce que vous allez voir.
>
> A M. A. de D*** J'ay veu avec plaisir ce petit cœur que j'ay trouvé dans la Princesse de Cleves. Le feu qui le brule, & les flêches dont il est percé, me l'ont d'abord fait prendre pour le mien, & j'ay presque esté persuadé que vous vouliez faire voir que vous sçaviez l'état où vous l'aviez mis. C'est une grande joye à un Amant, de voir que celle qui cause ses maux, en sçait faire un fidelle portrait ; mais je me suis desabusé, en voyant que vous l'aviez peint sur du Vélin. Vous le connoissez trop ferme & trop constant, pour l'avoir mis sur une matiere de si peu de durée. Je veux croire plutost que c'est le vostre. Vous estes accoutumée à ne le donner que de cette façon, pour pouvoir le retirer plus aisément. N'importe, je reçois cette grâce [...][78].

Ce basculement de l'esprit symbolique vers la galanterie est net aussi en ce qui concerne les énigmes. Les réponses mensuelles, en forme de madrigal, d'épigramme ou de sonnet, relèvent de l'art de la conversation, du badinage, du jeu de mots, du maniement de la pointe plus ou moins raffiné, de la peinture de soi en anonymes et conscients de jouer collectivement un rôle d'auteurs en même temps que de lecteurs[79]. Prenons une fois encore un exemple au début de la période qui nous retient, dont la tonalité ne change plus guère ensuite, la série des énigmes de décembre 1678 et leur réponse en janvier 1679. Qu'il s'agisse de transformer la réponse en peinture de la soirée où l'on a résolu les énigmes ou qu'il s'agisse de réitérer l'art de la pointe énigmatique dans la réponse[80], galanterie et éloquence énigmatique ont partie liée.

---

[78] Extraordinaire d'octobre 1679, p. 147-148 ; signé A.C., p. 151.
[79] Sur ce double statut, voir D. Denis, *Le Parnasse galant, op. cit.*
[80] Janvier 1679, p. 121-126.

Le *Mercure galant* nous permet d'assister à une extraordinaire prolifération de petites compositions qui transforment la devise en décor ou en objet bien matériel de galanterie. Elles semblent particulièrement appréciées :

> Apres ces Devises qu'on peut nommer Heroïques, je me prepare à vous en envoyer de Galantes la premiere fois que je vous ecriray. J'entends par ce mot les Devises qui se mettent sur les Cachets, & que je vois recherchez de beaucoup de Belles[81].

Les descriptions de tels objets dans des nouvelles laissent libre cours à l'imagination la plus débridée, comme si l'on éprouvait autant de plaisir à inventer la fiction qu'à mettre en scène avec grâce des devises, associant la galanterie de l'exploit amoureux à la galanterie de la création concettiste. Une jolie suite apparaît en avril 1679, où une nouvelle galante, qui contient un « Triomphe de Bélise » sous la forme d'une pyramide de cœurs environnée de *putti*, inspire les séries d'armoiries et de cachets galants que nous évoquions précédemment.

Quant aux pièces données pour réalisées, elles apparaissent au fil des livraisons comme autant de petits chefs-d'œuvre échangés aux étrennes, qui signalent l'esprit de leur inventeur comme le talent de l'artisan capable de les exécuter : un « Almanach galant pour l'année 1684 », très raffiné, subtilisant la tradition de ceux qui s'offraient dans les salons précieux, longuement décrit par un nouvelliste en admiration ; le coffret qu'un galant dijonnais a offert, avec sa devise et les vers qu'il resserre, transformant le petit meuble en recueil galant, ou ces cachets :

> Il y avoit dans [l'] escritoire des tablettes de chagrin, garnies d'or ; & de deux cachets, dont l'un estoit d'or, & l'autre d'argent. Chaque cachet avoit sa devise. On voyoit sur le premier un cœur qui s'ouvroit, & d'où sortoit un Amour avec une flesche à la main. Ces paroles luy servoient d'Ame : *Je ne m'ouvre que pour vous.* La graveure du second cachet representoit une Montre, avec ces paroles autour : *Mes mouvemens sont cachez.* [...] Les Citoyens romains qui s'estimoient tant autrefois, n'estoient peut-estre ni galans, ny plus en estat de bien s'acquiter de ces choses, que les François, qui ont l'avantage de vivre sous le regne de Louis Le Grand[82].

---

[81] Février 1678, p. 82.
[82] Janvier 1679, p. 249-250, puis p. 244.

Ces présents symboliques semblent même constituer une forme choisie de présent diplomatique :

> On a eu nouvelle de Rome du 27 septembre dernier, que le P. Bonaventure de Racanati Capucin, a présenté depuis peu au Pape une fort belle gravure par Hiéroglyphes, qui luy a esté envoyée de France, & qui est dédiée à Sa Sainteté. Elle a pour titre, *Idealis Umbra sapientiæ generalis &c.* & a été inventée par feu P. Esprit Sabbathier, & mise au jour par le P. François-Marie de Paris, aussi Capucins[83].
>
> Je vous ay souvent parlé depuis plusieurs années des Médailles qui ont esté frappées à la gloire du Roy, et qui composent l'Histoire de la vie de ce Monarque. Je vous en ay mesme envoyé quelques unes que j'ay fait graver en divers temps. Elles sont présentement au nombre de quatre-vingt dix-neuf, & sa Majesté vient d'en faire présent à M. le Nonce, à M. le Procureur général, et à M. le Nautre ; & ne les a données, que comme à des Curieux, & des Personnes qui par leur bon goust se sont acquis une parfaite connoissance de tout ce que l'Antiquité a de rare[84].

L'art de la devise consiste avant tout en une pratique très concrète, au même titre que celle qui consiste à faire cadeau de recueils comme celui, luxueusement enluminé, offert dans ces mêmes années à Marie de la Trémoille[85]. En se présentant lui-même comme l'intermédiaire conversant entre un savoir d'initiés et l'attente des mondains, Donneau de Visé oriente volontairement un petit traité de numismatique vers la gloire de l'illustre, montre l'utilité des médailles pour les peintres et sculpteurs, insiste sur les applications pratiques qui en soulignent la valeur ingénieuse et galante : « ceux qui voudront travailler sur une matiere si digne d'un génie elevé et d'un esprit inventif, en pourront tirer des idées favorables pour leurs desseins »[86]. Ces quelques paroles de Mme de Saliez nous rendent bien compte de la matérialité et du plaisir des yeux, autant que de l'esprit, que doit être l'emblématique :

> Je fis encore d'autres Emblémes ; mais j'ay peur de vous fatiguer. Le recit de ces sortes de choses n'est pas divertissant. L'esprit n'en est point

---

[83] Novembre 1679, p. 162-163.
[84] Janvier 1685, p. 96-97.
[85] *Recueil de devises données à Marie de la Tour, duchesse de la Trémoille*, Ars., ms 5217 Rés.
[86] Octobre 1678, p. 278.

agreablement frapé, si les yeux ne le sont à mesme temps par la Peinture[87].

Les compositions symboliques se conçoivent en acte, divertissement de
gens de bonne compagnie qui attendent, à l'occasion des fêtes publiques,
que l'on leur en fournisse d'excellentes, de belles à voir, dans le décor qui
convient à l'excellence galante que l'on défend et que l'on recherche,
désireuse de nouveauté et d'inouï. À l'occasion de fiançailles princières,
une composition allégorique très raffinée orne le centre de table ; si elle
est longuement décrite, c'est à cause de sa matière et non pas de ce
qu'elle représente et de ce qu'elle signifie – le sens est d'ailleurs on ne
peut plus obvie – dans une relation qui du reste ne s'attache guère aux
éléments symboliques qui ont dû être déployés pour l'occasion : « ce que
je viens de marquer estoit formé du linge de la table, dont on peut se
figurer la finesse, puis que toute cette representation n'estoit executée que
par l'adroite maniere dont on avoit plié les napes »[88]. Les usages
symboliques ne se disent pas seulement, mais se font. Ils relèvent d'une
sociabilité très réglée, de l'ordre du jeu, comme les énigmes dont on voit
ainsi se justifier la prééminence, avec la devise.
     Leur lecture se voit ainsi profondément modifiée :

> Vous sçavez que ce jeu a fait l'occupation des plus grands Hommes de
> l'Antiquité, que les sages en font le sujet de leur étude, et les *Rois la*
> *matière de leur divertissement*[89].

Voilà qui entraîne justement l'essor florissant de leurs occurrences, voilà
qui invite à connaître le langage symbolique allégorique jusque loin dans
le XVIIIe siècle – Ménestrier publie d'importants ouvrages sur les devises
et les énigmes dans les années 1680-1690[90] et les jeunes gens continuent

---

[87] Livraison cit., p. 28.
[88] Juillet 1681, 2e partie, p. 189.
[89] Extraordinaire d'avril 1678, p. 304-305 ; la remarque est de Taveault ; nous
soulignons. On retrouve le mot de « divertissement » en 1681 à l'occasion de la
description du « Jeu du monde » de Jeaugeon, à peu près dans les mêmes termes ; il
revient régulièrement ensuite pour qualifier les pièces galantes à l'instant évoquées.
[90] *La Philosophie des Images, composée d'un ample recueil de devises, et du jugement*
de tous les ouvrages qui ont été faits sur cette maniere, Paris, de La Caille, 1682-1683,
qui connaît une diffusion européenne grâce à sa traduction latine (*Philosophia Imaginum,*
id est sylloge Symbolorum amplissima..., Amsterdam, Janssonius-Wæsbergius, 1695) ; *La*

de composer des emblèmes et des devises au collège. Nous parlerions volontiers de signe extérieur de richesse d'une culture qui se sent parvenue à son faîte :

> Presentement que nous sommes dans une abondance tres-grande de tous les moyens qui peuvent servir à exprimer nos pensées, & en particulier, que nostre Langue n'a jamais esté dans un état plus parfait qu'aujourd'huy, il est certain que les Enigmes en peinture ne sont que pour le plaisir & le divertissement de l'esprit. Il ne faut donc pas gaster ce plaisir par la veuë de Peintures confuses et irregulieres[91].

Le sel de la devise repose sur la dimension ludique qu'elle prend. La voici associée à d'autres mises en scènes ironiques de soi, en signe de reconnaissance sociale :

> J'ai esté de six societez galantes qui ont fait quelque bruit dans le monde. La premiere estoit nommée *Le cordon vert*, ou *Les Celadons*, à cause d'un cordon de cette Couleur que chaque personne de la Societé estoit obligée de porter, à peine de bannissement. Sa devise estoit, *Plus d'esperance que de crainte*. Cette Societé fut toute pastorale, les Dames y furent changées en Bergeres. Les chevaliers en bergers, & nos demeures en hameaux[92].

Cette ironie s'exerce à l'égard de la réception savante du code, coïncidant au reste avec la déperdition du code. Un semblable désintérêt s'exerce à l'égard de l'érudition humaniste et à l'égard du maniement à plus haut sens de l'emblématique. Si les Lettres sur les énigmes en figure n'hésitaient pas en 1678 à mettre en lumière les différences définitionnelles entre les genres, le *Mercure* n'en suit pas forcément les spécifications[93]. En 1678 aussi, le traité de Gardien ne manque pas de stigmatiser les raffinements inutiles des règles de la devise, conçues sur des « raisons subtiles, et pour ainsi dire subtilisées » ainsi que des « remarques trop obscures, et mesmes superfluës »[94]. La IIe Lettre sur l'Énigme du cadran

---

Science et l'Art des Devises, Dressez sur de nouvelles Regles, avec Six cents Devises sur... *la vie du Roy, et quatre cents devises sacrees*, Paris, *id.*, 1686 ; *La Philosophie des Images Enigmatiques, où il est traité des enigmes, hiéroglyphiques...*, Lyon, Hilaire Battitel, 1694.

91 Ve Lettre sur les énigmes en peinture, Extraordinaire de juillet 1678, p. 254.

92 Juin 1689, « Lettre du Berger de Flore à la belle Martésie », p. 32-33.

93 Voir J. Montagu, art. cit., p. 322-324.

94 Extraordinaire d'octobre, p. 230 et 246.

se termine sur la satire mordante de la lecture des hiéroglyphes[95]. Le flou terminologique est aussi acceptable qu'artistique, comme dans la « Suite de la description de la salle d'amour de Cleranton », où la proposition « dans quatre autres cartouches, on voit des especes de Devises »[96], n'a l'air de troubler personne, puisque ces devises sont d'abord prétexte à la composition de vers amoureux et à une allégorisation charmante de l'Amour. Le phénomène ne choque pas non plus dans une relation de fête. Après la mention selon laquelle « sur les bases et les chapiteaux des cinq pyramides, paroissoient divers écussons de Bourgogne, avec des devises et des emblèmes », la distinction entre les deux genres est entièrement passée sous silence au fur et à mesure que l'on décrit les corps et les âmes des représentations[97]. L'invention quant à elle tourne au tic galant, dont se moquent les « Amours de Cloris et Damon » en prêtant ces paroles à l'héroïne :

> Ce n'est pas que je n'aye d'ailleurs des preuves convaincantes de ce que je sens pour vous. Quand il n'y auroit que cela seul, je n'ay jamais fait de Devises ny de Vers ; cependant l'Amour m'en a fait faire. Il faut avoüer que ce Dieu est un grand Maistre[98].

L'ironie devient même involontaire dans le montage galant de la relation. Au milieu de la description des devises de Riom, à l'occasion des réjouissances pour la naissance du duc de Bourgogne, Donneau intercale un billet galant – la pertinence de la devise permet à son inventeur de déclarer sa flamme – et reprend ensuite tranquillement la narration après un saut de ligne[99]... Quant aux réponses des lecteurs aux énigmes mensuelles, toutes les solutions rencontrées sont données en liste. Le plaisir de la variété et du jeu d'esprit l'emporte largement sur l'exactitude.

Une telle indifférence à l'égard de la « vérité » symbolique autorise jusqu'aux contresens sur des points fondamentaux de la théorie emblématique. En définissant l'emblème, Gardien oublie la distinction formelle radicale qui sépare l'emblème tripartite de la devise bipartite, au profit de

---

[95] Octobre 1678, p. 176-184.
[96] Juillet 1681, p. 65.
[97] Octobre 1682, 2ᵉ partie, p. 224 et suiv.
[98] Livr. cit., p. 126-127.
[99] Octobre 1682, 1ʳᵉ partie, p. 135-137.

l'opposition entre le sémantisme général et didactique du premier et le sémantisme individuel et exemplaire de la seconde :

> Les paroles n'y sont pas necessaires, puis que l'on fait des Emblêmes sans paroles, mais ils en sont plus obscurs. Les paroles, quand il y en a, servent pour la signification non pas du corps ou figure de l'Emblême, ou de la proprieté ou action de la Figure immédiatement connuë dans la Devise, mais au contraire elles font d'abord l'expression de la pensée, et l'application mesme de l'Emblême[100].

Il commet une assez grosse erreur sur la devise de François Ier de Valois, *Nutrisco et extinguo*, l'une des plus fameuses avec celle de Louis XII, constamment citée par les trattatistes italiens du XVIe siècle et français du XVIIe siècle :

> Dans le Mot on fait ordinairement, qu'il parle en troisiéme Personne, c'est la maniere la plus commune : quelquefois on fait parler la Figure en premiere Personne, et c'est quand elle parle de soy-même, comme dans la Devise du Feu, dans lequel est une Salamandre, *nutrisco & extinguor*, je nourris et j'en suis éteint[101].

Le passif fautif du second verbe latin est conservé dans la traduction sans faire sourciller Gardien un instant, neutralisant le merveilleux pouvoir de la salamandre à l'origine du choix et de tous les commentaires de cette devise. On mesure l'essoufflement de l'esprit symbolique qui avait présidé à l'élaboration des langages par images symboliques, au profit de la métaphore ingénieuse et de la recette qui permet à tout lecteur galant du *Mercure* de même qualité, de composer de ce petit « genre galant » à son gré. Polissage de l'esprit et non plus fin langagière, il consiste en une forme de « jeu d'esprit » – le terme revient fréquemment au fil des livraisons –, dont on remplace progressivement la raison des codes, et dont on n'a plus que l'effet sans la raison.

---

[100] Gardien, « Discours des Devises... », p. 251-2.
[101] *Ibid.*, p. 235-236.

Pour une sémiotique du signe galant

L'excellence que connote la devise joue dans tous les sens : son porteur comme son auteur deviennent des êtres d'exception, puisqu'ils maîtrisent la valeur exceptionnelle de cette expression glorieuse, qui situe celui qui la manie au-dessus du commun des mortels. La voici intégrée à un ensemble sociologiquement et culturellement déterminé, qui permet de jouer avec ses ressorts comme avec n'importe quel autre genre. Cette légèreté à l'égard du code, cet art de le travestir et de jouer de toutes ses virtualités traduit la modification du statut du signe emblématique, observable en général au tournant des années 1670 en France, dont le *Mercure galant* se fait une fois encore un excellent enregistreur : le symbole disparaît au profit de la métaphore rhétorique[102]. Si la similitude métaphorique s'associe parfaitement avec la démarche symbolique, dans la mesure où elle exprime le transfert d'un littéral humain et terrestre à un figuré divin sur le principe de l'allégorie théologique – celui des métaphores traditionnelles du *Liber mundi* et du *Deus absconditus* –, en revanche elle exclut la richesse de l'herméneutique symbolique au profit de l'unique subtilité oratoire, capable de se continuer en allégorie logique et logiquement transposée, dès lors qu'elle relève du strict trope aristotélicien. La position est acquise à la fin de la période qui nous intéresse, comme en témoigne la description de l'« emblême énigmatique » qui orne la thèse sur la thériaque du pharmacien Rovière :

A l'égard de la Devise du Roy, puis que selon la pensée du P. Bouhours, la Devise est une métaphore peinte qui represente un objet par un autre avec lequel il a de la ressemblance, on a eu sujet de peindre ici le Soleil, dont on sçait que le mot est, *Nec pluribus impar*, afin de marquer que le Roy est un Soleil qui a assez de lumiere pour éclairer non seulement plusieurs parties du monde, mais aussi toutes les Sciences & tous les Arts. Si Apollon, selon les Poëtes, est le Dieu de la Medecine et de la Pharmacie, Louis Le Grand est véritablement le Protecteur et le Restaurateur des Sciences, par le soin qu'il veut bien prendre de faire distribuer à ses sujets et aux Etrangers les plus excellens & les plus rares remedes, & sur tout la Teriaque, dont la dispensation et la composition se font en presence des Magistrats à qui le Roy a donné l'autorité de regler ce qui regarde la

---

[102] Voir J. Montagu, art. cit., p. 334 : les peintures énigmatiques sont regardées non d'un point de vue iconologique, ni même iconographique, mais d'un point de vue rhétorique.

seureté et l'avantage du Public, & sous les auspices de M. Daquin, Premier médecin de Sa Majesté[103].

Elle peut ainsi être rapprochée de la comparaison, et n'a plus à sortir de la sphère grammaticale du langage verbal :

> On y voit briller la Verité, qui surprend & qui frape agreablement l'Esprit, dont sans cela j'aurois comparé la lumiere à celle de l'Eclair. Elle n'a pas toute l'étenduë de la comparaison, mais elle en a toute la beauté. Il n'y a rien de plus achevé que les traits de cette comparaison qu'on n'acheve pas. Ce sont comme des goutes d'essence, qui contiennent toutes la force d'un long discours. Ce ne sont que des semences de pur esprit, qui produisent leur fruit aussitost qu'elles y sont reçeuës. [...] Il faut icy pratiquer l'art de la Devise, & laisser à l'Esprit quelque chose à faire. Cet Esprit se plaist à se conduire par sa lumiere. C'est assez qu'on luy ait découvert le terme où l'on vouloit le mener[104].

La devise relève moins de la symbolique que de la littérature :

> Chevalier
> J'ai vu des gens qui soutenaient que les devises étoient une espèce de poésie.
> Abbé
> Ils ont raison, et on ne peut pas dire qu'elle nous viennent des Anciens. On sçait qu'il n'y a pas trois cents ans qu'elles sont au monde, et que les François les ont inventées, quoy que les Italiens pretendent que l'honneur leur en appartient.
> Président
> Les Hiérogliphes des Egyptiens n'estoient-ils pas de vraies devises ?
> Abbé
> Comme des devises commencées, mais c'était proprement des corps sans âme. Les devises n'ont eu leur véritable forme qu'au temps que j'ai marqué. C'est d'elles qu'on peut dire veritablement, quand elles sont bonnes, que ce sont de petits poëmes très agréables, qui sans avoir la masse et l'embarras d'un grand nombre de paroles, disent quelquefois en un seul mot plus de chose que des volumes entiers. Il y a de l'invention et elles ne sont même que pure invention, il y a un sujet traité poétiquement, il y a de la comparaison, de la métaphore, ornemens les plus ordinaires et les plus

---

[103] Avril 1689, p. 177 (planche gravée ajoutée dans le *Mercure* de mai, face p. 255).
[104] Extraordinaire de janvier 1678, L. III sur les énigmes, p. 17-18.

essentiels à la poésie. Il y a de l'allégorie, il y a du mystère, c'est assurément une des plus agréables et des plus ingénieuses productions de l'esprit[105].

La devise et l'énigme sont considérées comme deux expressions qui signalent la supériorité des Modernes d'abord ingénieux sur des Anciens d'abord herméneutes dont l'intention sapientiale n'offre plus un modèle pertinent :

> Quand je dis que nos Enigmes en Figure valent presque des Hieroglyphes, je ne veux pas dire qu'ils soient absolument la mesme chose. Les nostres marquent par une Fable, ou par une autre action complete, une seule chose, ou une seule idée de nostre esprit. Les leurs enveloppoient souvent plusieurs mysteres sous un mesme voile. [...] C'estoit presque leur maniere d'écrire, de parler, de faire connoistre leur pensée. Ils s'en servoient même pour les choses saintes. Nous n'en faisons qu'un jeu, de quelques momens que nous ne pousserons pas jusqu'à nos mysteres[106].

Elles sont alors intégrées à une poétique générale à l'aune de la *Poétique* d'Aristote, pour leur conférer pleinement généricité et légitimité littéraire. Elles s'y prêtent de tous points de vue, mieux : elles gagnent tout de suite une place éminente dans l'échelle des genres. En effet, toutes les deux reposent sur une finalité concettiste plus que morale qui en fait le paradigme des arts de la pointe, et les intègre dans une rhétorique où la métaphore bien conduite assure la grâce. La devise combine une structure de texte et d'image qui l'associe naturellement au style galant fait de mélange ingénieux. L'énigme possède une structure où le voile relatif a valeur de trope, détachée complètement désormais de l'énigme pythagoricienne qui en avait assuré le succès philosophique et linguistique à la Renaissance. L'harmonie et l'élégance plastique des lignes confèrent au premier chef sa valeur à l'énigme en figure, et l'on mesure combien l'ingéniosité symbolique a changé de nature des Anciens aux Modernes : « Un seul coup de crayon traçoit differentes choses. Tout leur estoit bon ; un arbre, un Fleuve, un Animal. Nos Enigmes sont plus composez. Les peintures en sont moins serrées, il y a plus de perspectives et d'éloigne-

---

[105] Charles Perrault, *Parallèles des Anciens et des Modernes en ce qui concerne les arts et les sciences...*, 4ᵉ dialogue, sur la poésie, reprint Slatkine, 1971, sur la 2ᵉ éd., Paris, Coignard, 1692 [1687], p. 275.

[106] Octobre 1678, IIᵉ Lettre de Lyon sur l'énigme du cadran, p. 171.

ment. Les Egyptiens faisoient des leurs une chose fort curieuse. »[107]
L'énigme ne se conçoit plus qu'en fonction de la définition aristotélicienne :

> Si l'on veut avoir une intelligence un peu exacte de quelque ouvrage
> d'Esprit, l'on ne peut guéres y reüssir, que l'on ne consulte Aristote. C'est
> une chose fort malhonneste, de ne rien faire de beau, que les Autheurs ne
> l'empruntent de ce Philosophe, & de se déclarer néantmoins contre la gloire
> qu'il s'est conservée jusqu'à nos jours. Il parle de l'Enigme dans sa
> Poëtique. Elle y est avec tous les plus illustres ouvrages de l'Esprit, la
> Tragédie, et le Poëme héroïque. C'est luy-mesme, Monsieur, qui commande,
> car c'est un des Législateurs du Parnasse, que l'Enigme soit une question
> assez obscure, que son secret soit presque impenetrable. Je vous l'ay déjà
> dit. Mais il adjoûte un moyen de former cette obscurité. Car enfin c'est une
> obscurité d'art & de méthode, comme celle des ombres d'un Tableau, qui
> servent à faire sortir les Figures, & à donner un plus grand éclat au coloris.
> Il prétend donc qu'il n'y a rien qui cache mieux le sens de l'Enigme, que
> de l'exprimer par des images opposées, par un mélange de raports diférents,
> & par ces Antitheses, qui sont une des plus éclatantes figures de la
> Rhétorique[108].

L'allusion au Parnasse, les expressions d'« ouvrages de l'esprit » et
d'« art et méthode » ne laissent aucun doute. Le champ de l'interprétation
est entièrement abandonné au profit de l'invention poétique, qui donne ses
règles et son horizon de lecture au spectacle symbolique. Suivons le fil
des lettres II et III de l'abbé de La Valt sur les énigmes en peinture, car
elles nous en donnent l'expression la plus ample et la plus fouillée. La IIe
Lettre s'attache préalablement à marquer la différence entre les énigmes
des Anciens et les actuelles dont la structure doit d'abord être régie par

---

[107] *Ibid.*, p. 171-172.
[108] IVe Lettre sur les Énigmes, Extraordinaire de janvier 1678, L. V, p. 23-25. Cette
position est hautement approuvée dans l'Extraordinaire d'avril suivant avec le commentaire
qu'en donne Taveault : « Aristote dans le Chap. 21 de sa Poëtique, donne une définition
fort juste de l'Enigme, & qui nous en fait tres-bien connoistre la nature. Il dit que *C'est
un discours qui assemble diverses propositions qui ont peu de rapport entre-elles, & qui
ne pouvant pas estre expliquées par la composition naturelle de leurs paroles, le peuvent
estre neantmoins par la transposition de leur sens.* Il n'y a rien qui soit plus propre à
éveiller un esprit que cette ingénieuse façon de parler. Après qu'il s'en est fait une
habitude, il est certain qu'il est plus capable de comprendre la difficulté d'une proposition,
& plus disposé à résoudre la subtilité d'un argument. » (p. 306-307).

la *convenientia* et le *decorum* tout cicéroniens, ce qui invite à aligner les
énigmes en peinture sur le modèle des énigmes en parole. On juge des
énigmes par l'éloquence où le naturel « a plus de part que la Rhetorique
artificielle », car « peu de Gens estant capables de juger de la Peinture,
on ne peut pas dire combien on gastoit par cet endroit l'art des Enigmes.
On faisoit entrer sans discernement dans un Tableau tout ce qui pouvoit
servir à faire un voile d'une pensée [...] »[109]. Voilà qui renverse la
perspective de la symbolique humaniste, qui avait préféré la construction
pythagoricienne, plus complexe, plus essentielle, à celle-ci.

L'*inventio* s'est effacée au profit de la *dispositio*, conformément
d'ailleurs à l'évolution de la rhétorique à la fin du XVIIe siècle, au service
d'une conception de la représentation figurée qui n'est plus douée d'autre
ingéniosité que celle qui est accordée à la parole galante.

La IIIe Lettre maintient cette perspective, tout à fait neuve en matière
de symbolique, qui consiste à faire du texte le paradigme de l'image :
l'allusion à Horace impose une cohérence en fonction de celle de la
phrase[110] ; les parties de la rhétorique et les critères de goût que l'on en
a tirés informent l'invention picturale[111]. L'énigme en peinture, *via*
l'énigme, se trouve ainsi rattachée aux « Belles Lettres », pour favoriser

---

[109] Extraordinaire de juillet 1679, p. 241-242.

[110] « Bien que le but principal de l'Enigme ne soit pas de s'embellir par les charmes de
la parole, ou de la peinture, il est pourtant tout visible qu'elle a un grand interest à ne
paroistre pas dans un Tableau extravagant, tel que celuy dont parle Horace aux premiers
vers de son Epistre sur la Poëtique. Je n'ose pas toucher par respect à des Enigmes que
la Religion a consacrées, & je ne dois pas en blâmer les Peintures, qui sont sans doute fort
extraordinaires. [...] je ne puis m'empescher de vous dire que l'on s'est mis souvent trop
peu en peine de garder quelque bienséance dans les peintures énigmatiques que l'on
proposoit. [...] Comme il y a des termes qui ne sont point faits l'un pour l'autre, il y a
certainement des Images qui ne doivent point aussi se rencontrer. » (p. 243, 245, 246).

[111] « A se regler sur cette raison, il y a peu de Personnes qui ne conviennent que l'on
ne doit jamais negliger dans un Tableau ce que les Peintres nomment l'invention, la
disposition, le dessein, & les couleurs. On aime assez le plaisir des yeux, & la justesse du
bon sens, pour n'entrer pas dans cette premiere remarque. J'ay commencé par elle avec
d'autant plus de plaisir, que les Enigmes que vous avez données au Public sont exemptes
de ce defaut. Il n'y a rien qui ne soit convenable au sujet que vous representez. Il n'a
point trop de figures. Elles servent toutes à vostre dessein. [...] Vous leur donnez des
caracteres qui les font connoistre. Vous les divisez aussi juste que les Orateurs ont
coûtume de faire la division de leurs Harangues. Mais quoy qu'elles soient tres-bien
demeslées, elles sont neantmoins liées ensemble, & font cette harmonie, sans laquelle nul
ouvrage n'est parfait. » (p. 247-248)

« l'entretien agreable de cette espece de rêverie, qui est le charme secret de ceux qui ont quelque goust des Belles Lettres »[112].

Les usages symboliques relèvent de cette tendance forte du savoir à la fin du XVIIᵉ siècle d'un encyclopédisme sans érudition[113]. Les mises au point, présentées nous l'avons vu comme des demandes de la destinataire, ou comme des pièces appréciées par elle, seront prioritairement « utiles » aux autres lecteurs, puisqu'elles leur offriront la propédeutique d'un « gai savoir » et leur procureront « une des plus utiles, des plus nobles, et des plus engageantes de toutes les honnestes voluptez »[114]. En ouvrant son traité, Gardien cache ses sources et l'huile de lampe, tout en affichant une parfaite modestie à l'égard de ce savoir. S'il ne relève pas de la sphère galante, le voici « stérile »[115]. Par contre, son traitement mondain rend service à ces mêmes savants :

> Je suis chargé de vous dire de la part de nos Docteurs, qu'ils vous remercient, 1. De ce que vous instruisez le Public de plusieurs points d'érudition que les Gens du monde ne viendroient jamais chercher dans leurs livres, à cause qu'ils manquent des ornemens dont vous assaisonnez votre Mercure ; d'où il arrive que la science se répand dans la plus belle partie du monde à la faveur d'une si charmante compagnie, ce qui n'arriverait jamais par leur moyen, quelque peine qu'ils se donnent pour étendre les bornes de la République des Lettres. 2. Ils vous remercient de ce que vous les instruisez eux-mesmes de plusieurs choses qu'ils ont oubliées ou qu'ils n'ont jamais rencontrées dans leur immense lecture. L'un avoit oublié l'étimologie de l'Obélisque, & la diférence de la Pyramide, & sa destination ordinaire. Il ne songeoit à rien moins qu'à chercher tout cela dans ses Livres, lors que vous luy en avez épargné la necessité. [...] Un troisiéme n'avoit pas eu le loisir de lire la longue dissertation du P. Bouhours sur la Devise, & moins encore le gros Livre du P. le Moyne sur le mesme sujet. Il a pû néantmoins apprendre en lisant trois de vos pages, ce qu'il y a de plus essentiel dans cet art-là [...][116].

---

[112] L. VII, p. 267.

[113] Sur ce phénomène, voir Jean-Marc Chatelain, *La Bibliothèque de l'honnête homme : livres, lectures et collections en France à l'âge classique (1630-1730)*, Paris, Éditions de la BnF, 2003.

[114] Gardien, « Traité des devises... », livr. cit., p. 268.

[115] L'adjectif est de Taveault (Extraordinaire d'avril 1678, p. 305).

[116] Extraordinaire de janvier 1678, p. 373-375.

L'on ne s'étonnera pas de voir apparaître en février 1683[117] le projet, non sans humour, d'une « Académie aisée », ouverte à tous, désireuse de mettre en pratique le caractère commode et synthétique de la devise et de la pensée symbolique en général. Dans un siècle corrompu, et longuement décrit comme tel dans un long poème, il convient de disposer d'un lieu où s'adonner aux exercices du bel esprit, qu'on y soit rompu ou non, pour l'éducation de la jeunesse comme pour ceux qui n'ont pas ce genre d'occupations depuis leur retour du collège. Chaque semaine, un sujet sera soumis à la réflexion, pour

> trouver le caractère de la bonne ou mauvaise qualité proposée, & cela par sa définition exacte, & par ses actes particuliers, ou trouver divers moyens pour arriver à la fin que l'on aura donnée pour sujet. Par exemple, pour multiplier les pensées à l'infiny sur quelque sujet que ce soit, pour trouver la source de la beauté des pensées, &c, à quoi chacun peut ajoûter des plus beaux traits de l'Histoire, tant profane que sacrée, des Emblémes, des Devises, des Descriptions en vers, chacun selon son talent, le tout sans autres ornemens, et sans s'engager en un discours continu[118].

La longue description des statuts et des activités à venir se clôt sur le projet d'un « Dictionnaire par ordre alphabétique » en guise de table au traité sur l'homme accompli que la compagnie rédigera :

> Chacun de ces termes y est expliqué par sa définition exacte, son etimologie quand elle se trouve, par ses sinonimes, par ses épithetes, ou ses attributs propres. Plus, chaque terme générique est divisé en ses especes, & en ses différences spécifiques, & mesme accidentelles ; par exemple, Foy vive ou morte, humaine ou divine. A chaque cause, on ajoûte les effets qu'elle peut produire, à chaque effet, les causes d'où il peut proceder, aux accidens, leurs objets, leurs sujets, leurs manieres de regarder leurs objets, leurs principes, leurs fins ; aux qualitez bonnes ou mauvaises, leurs marques, leurs apparences, vrayes ou fausses, leurs opposées ; aux signes, simboles ou figures, on ajoûte les choses qu'elles signifient, comme à la mer, l'inconstance ; aux choses figurées, leurs figures ; & à la fin, il y a un Traité des divers usages que l'on peut faire de ce dictionnaire, comme le moyen de trouver les raisons solides d'un nombre innombrable de choses

---

[117] P. 120-163.
[118] P. 133-134.

dans toutes les sciences ; tous les degrez d'estre d'un sujet, toutes les convenances, & les diférences qu'a ce sujet, avec quantité d'autres [...][119].

Force est de constater la similitude de cette encyclopédie universelle avant la lettre avec l'*Iconologie* comme avec le dictionnaire hiéroglyphique de Daniel de La Feuillée paru quelques années plus tard[120]. L'absence de référence à l'ouvrage de Ripa, pourtant bien connu, laisse supposer qu'on l'ignore, peu importe que ce soit sciemment ou non[121] : sa désaffection en l'état est réelle, comme l'idée de composer à nouveaux frais un tel ouvrage, et le besoin est assumé de disposer d'un système sémiotique « aisé » comme l'Académie, économique et synthétique, de tous les savoirs. Ce principe anime de plus en plus les compositions extraordinaires décrites par le journal. On peut dire la vie du roi et l'apprendre tout entière sur la seule gravure d'une thèse[122] ; l'« Histoire allégorique du Dauphin et de l'Aigle », sur la prise de Philippsbourg, qui rejoue sur des bases galantes et féeriques les anciens récits allégoriques, permet de comprendre « correctement » l'histoire contemporaine tout en se distrayant :

> Je vous envoye un ouvrage allégorique, dont la lecture vous doit donner beaucoup de plaisir. Elle a de quoy attacher ; aussi cet ouvrage est-il d'un Homme qui a l'esprit aussi inventif, que son sçavoir est profond, & qui ayant fort souvent loüé le Roy, l'a toujours fait avec des manieres

---

[119] P. 160-161.

[120] *Essay d'un dictionnaire contenant la connoissance du monde, des sciences universelles, et particulierement celle des medailles, des passions, des mœurs, des vertus, et des vices. Representé par des figures hiéroglyphiques, expliquées en prose et en vers*, Amsterdam, J. van Wesel, 1700.

[121] On pourra pencher assez raisonnablement pour la négative, qui semble se faire jour dans les années qui suivent. Les descriptions de suites allégoriques méritent des explications de plus en plus longues et de plus en plus simples, comme si l'on était de plus en plus ignorant de la tradition figurée. En témoigne le complément apporté par Donneau de Visé à la description de la thèse de Rovière sur la thériaque : aucun détail de la mythographie apollinienne ne nous est épargné, y compris ce qui peut être parfaitement connu d'un lecteur même modérément passé par un collège jésuite, puis tout est rapporté au roi, nouvel Apollon dans l'histoire et bien plus efficace que le mythologique, dont Rovière devient l'Esculape spirituel – manière bien charitablement ordonnée de faire sa cour au passage (avril 1689, p. 159-177).

[122] Janvier 1687, 1re partie, p. 8-98. Aucune précision n'est donnée sur l'auteur ni le graveur, la date ou le lieu de soutenance.

ingenieuses, nouvelles, & remplies d'invention. Il ne part rien de sa plume
qui ne divertisse, & n'instruise en mesme temps [...].
Je ne doute point, Mme, que cette relation allégorique du siège de
Philisbourg ne vous ait encore paru plus agréable que je ne vous l'ay fait
esperer en vous preparant à la lire. Tout ce qui est ingenieusement raconté
a toujours esté de vostre goust, & il me paroist qu'il ne manque rien à cet
ouvrage de ce qui peut vous le faire aimer[123].

La corrélation entre les pratiques symboliques consignées dans le *Mercure
galant* et les transformations théoriques d'une vision du monde symbolique rejoint à son tour une histoire du règne bien réelle : la France est en
guerre sur toutes ses frontières. Le *Mercure* de décembre 1688 se conclut
sur ces propos symptomatiques : « je remets l'article des Enigmes
jusqu'au temps où j'auray moins à vous dire touchant la guerre »[124]. Il
n'est plus vraiment l'heure de songer aux divertissements ingénieux, sauf
à les rattacher à ces circonstances :

> Je vous parlay il y a deux mois de l'Emblême enigmatique mise au haut de
> la thèse de M. de Roviere, apothicaire ordinaire des Camps & armées du
> Roy, pour la distribution et la confection de la Theriaque. L'explication qui
> en a esté faite ayant extrémement plû, j'ay cru de mon devoir de vous en
> faire part[125].
> Vous avez souhaité voir cette allégorie gravée, & je vous l'envoie, mais
> sans vous rien dire de la theriaque. Vous sçavez son origine, ce qui entre
> dans sa composition, ses vertus. Il y a plus de trois mois qu'on a enlevé à
> M. de Roviere, pour l'Armée, tout ce qui luy en restoit. C'est ce qui l'a
> obligé d'en faire encore douze ou treize cent livres pesant[126].

En cette période d'incertitudes, on s'intéresse de plus en plus aux
armoiries, signe de la noblesse du sang excluant celle de l'esprit. L'intérêt
n'est pas neuf, loin s'en faut ; mais la distance galante qui l'accompagnait
jusqu'à présent a disparu, et l'on ne trouve plus de courriers comme celui-
ci :

---

[123] Décembre 1688, 1ʳᵉ partie, p. 131-132 et 232.
[124] P. 350-351. De fait, leur présence est désormais irrégulière. Pour autant, les énigmes
en figure ont disparu depuis avril 1681 ; après 1685, une énigme seulement, le plus
souvent sans nom d'auteur, est proposée à la sagacité des lecteurs.
[125] Avril 1689, p. 159.
[126] Mai 1689, p. 255, introduisant la planche gravée.

L'origine des Armoiries, est celle du déreglement de la raison, c'est le peché. Il a fait attaquer par la force, et il a fallu en mesme temps se défendre. Les Ecus y ont servy, & les coups diféremment reçeus d'estoc et de taille, ou autrement, ont fait les Pieces qu'on appelle honorables. Le sang, la poudre, & les sueurs dont ces Ecus se trouvoient soüillez, en ont fait les émaux ; & les marques que les Grands y traçoient, ou la force des Animaux qu'on y representoit, servoient de titre d'honneur dans les siecles suivans à des Familles & à des Nations entieres[127].

Si le badinage pouvait encore rapprocher cette pratique nobiliaire des genres de la symbolique, bien distincts de longue date, elle leur fait de plus en plus concurrence. On remarque à partir des livraisons de 1688 une proportion en très forte progression de remarques sur les armoiries, destinées à satisfaire moins la curiosité des lecteurs que leur désir de manifester et d'identifier leur noblesse hors de toute imposture. Dans le *Mercure* de juillet 1688, la dernière remise à jour par Ménestrier de son *Art du Blason*, très longuement signalée – il s'agit d'une des plus longues annonces pour le corpus dépouillé – se développe fermement selon cette direction[128] ; la livraison d'octobre de la même année loue copieusement un jeu pour apprendre les armoiries, de la plume de Gauthier, un des inventeurs réguliers de devises pour le journal[129] ; dans l'« Histoire allégorique de la guerre du Dauphin et de l'Aigle », la seule mention de devises correspond à la description des armes que le Soleil combattu par l'Aigle donne aux officiers du jeune dieu Dauphin apparu pour le secourir :

> Le Soleil voulant honorer le merite de chaque chef, d'une marque de distinction particuliere, leur fit present à tous d'une riche rondache ou d'un écu, representant leurs armes, qu'il avoit fait peindre par le conseil de Mercure.
> Le Dauphin trouva sur son Ecusson, qui estoit orné de pierreries, *Un soleil en champ d'azur*. Il n'est pas besoin d'expliquer pourquoy ces Armoiries luy furent données en partage.
> Mars, *d'or à un foudre de gueules posé en pal*. On sçait assez que l'or signifie l'éclat, qui est aussi marqué par le foudre, dont on a voulu

---

[127] Extraordinaire de juillet 1679, p. 19-20.
[128] P. 131-137.
[129] P. 291-294.

distinguer le dieu Mars, invincible et véritable foudre de guerre ; il est de gueules, qui signifie chevalerie[130].

Le *Mercure* de juillet 1690 évoque en des termes semblables une des quelques occasions de réjouissances encore relatées, la victoire remportée en Flandre par M. de Luxembourg. Elle

> a occasionné des feux de joye par toute la France, particulièrement à Châtillon sur Loin qui est à Mme la princesse de Mekelbourg, sœur de ce duc. M. le Prieur de Briquemault [a fait le] dessein d'un feu d'artifice. Ce qui le rendoit fort singulier, c'est qu'il le prit des armes de la maison de M. le Maréchal duc de Luxembourg, qui porte de Montmorency, qui est d'or à la croix de gueules, cantonnée de seize alérions d'azur, la croix chargée en cœur de l'écusson des Armes de Luxembourg qui est d'argent au lion de gueules, à la queue nouée, fourchée et passée en sautoir[131].

Toutefois, cette lecture littéraliste des usages symboliques se modifie une dernière fois pour la période qui nous intéresse. L'allégorie glorieuse d'une mythistoire en acte disparaît devant les nécessités de l'histoire présente, et les usages symboliques servent à s'évader hors des misères présentes, ou à rêver sur un passé récent qui prend figure d'éternité. Le *Mercure* de juin 1689 offre simultanément ces deux échappatoires à ses lecteurs. La seule médaille que la livraison signale « a été faite pour l'ouverture de la campagne de 1672 », sans autre commentaire[132] ; on peut lire quelques pages suivantes un portrait symbolique du roi qui semble davantage considéré comme une sorte de conjuration des malheurs de la guerre, qu'une représentation glorieuse d'un roi victorieux. Parmi les louanges que l'on donne au roi,

> celles de P. Pompe Italien sont d'un caractere particulier. Dans le dessein d'exprimer d'une maniere symbolique la puissante protection que ce Prince a donnée au Roy d'Angleterre dans la retraite qu'il a faite en France & de marquer en même temps le succés que l'on en doit espérer, il a fait une Emblême en Tableau, & a pris pour corps une Harpe qui se trouve dans les armes d'Angleterre. [...] cette Harpe déconcertée nous fait voir assez au naturel l'estat de l'Angleterre, dans la scituation où sont les Affaires, &

---

[130] Décembre 1688, 1re partie, p. 170-171. L'énumération se poursuit jusqu'à la p. 184.
[131] P. 221-223.
[132] P. 305. La gravure fait face.

> Apollon qui accorde cette Harpe, nous represente le Roy, qui par sa sagesse & son assistance rétablira l'ordre dans l'Angleterre, & remettra des peuples rebelles sous l'obeïssance de leur legitime Souverain[133].

La livraison se termine sur ces mots révélateurs : « L'Enigme que je vous envoye vous donnera peut-être sujet de resver, quoy que le mot soit des plus communs »[134]. Le verbe « rêver » résonne comme une incitation à profiter des jeux de la figure pour s'évader d'un présent bien trop oppressant.

Quelles que soient les difficultés présentes, on continue toujours de reconnaître la beauté et l'invention d'une fête. En janvier 1689, de grandes réjouissances sont organisées à Troyes à la gloire du Dauphin. La première phrase de la relation ne manque pas de souligner que « la magnificence n'a pas moins paru que l'invention »[135], et effectivement, elle présentait un riche décor mythologique sur le thème d'Hercule et d'Acheloos. Toutefois, la géographie de ces appareils spectaculaires correspond de plus en plus à la géographie des collèges jésuites ; d'autre part, les commanditaires des fêtes s'adressent de plus en plus aux pères de ces collèges – ils sont quasi seuls à inventer les décors pour les commémorations de la victoire du maréchal de Luxembourg en août 1690. Les dynasties de magistrats que l'on avait vu apparaître au tournant des années 1670-1780 semblent bien se débarrasser auprès de professionnels de la symbolique des compositions auxquelles ils aimaient à attacher leur nom.

Au terme de cette enquête, deux conclusions peuvent être dégagées. D'une part, outre le désenchantement du monde et la montée en puissance d'une lecture rhétorique des symboles, le *Mercure galant* rend compte du changement de vision du monde dans lequel ces mutations s'inscrivent. D'autre part, il convient de nuancer l'idée selon laquelle les usages symboliques relèvent purement du décor curial ou mondain, qu'il s'agit moins de comprendre que d'admirer en sublime royal. Ils sont, certes, intégrés à l'expression éminente du merveilleux royal et moderne ; pour autant, les spectateurs gardent des « yeux fertiles », et l'insertion des pratiques emblématiques dans une modernité littéraire galante leur apporte

---

[133] P. 312-316.
[134] P. 342 ; il s'agit du lait.
[135] P. 22.

un indéniable dynamisme en matière d'invention, renouvelant largement les cadres humanistes.

Anne-Élisabeth SPICA
Université de Metz

LISTE DES ŒUVRES ANONYMES

Brevet sur le rang des Princes du sang et des cardinaux. (BnF, Ms. Clairambault 805).

C'est l'ordre et forme qui a esté tenu au sacre et couronnement de tres puissante princesse Madame Elizabeth d'Autriche, royne de France, faict en l'Eglise de l'abbaye Sainct-Denys en France, avec son entree faicte a Paris le 25ᵉ jour de Mars 1571, Paris, Olivier Codoré, 1571. Publié par Victor E. Graham et W. McAllister Johnson, *The Parisian Entries of Charles IX and Elizabeth of Austria*, Toronto, Toronto University Press, 1974.

Cest la deduction du sumptueux ordre plaisantz spectacles et magnifiques theatres dresses et exhibes par les citoiens de Rouen ville metropolitaine du pays de Normandie, a la sacree Majesté Treschristian Roye de France, Henry second leur souverain seigneur et a tresillustre dame, ma Dame Katherine de Medicis, la Royne son espouze lors de leur triumphant et joyeux et nouvel advenement en icelle ville, qui fut es jours de mercredy et jeudi.

Chant de triomphe sur l'heureuse entrée dans la ville de Lyon de Monseigneur le cardinal François Barberiny, nepveu et legat de sa Saincteté au Royaume de France, le 28 d'Avril 1625, à Lyon, chez Claude Armand, à la grand ruë de l'Hospital, à l'enseigne des trois Roys, 1625, avec Permission, in-8°, 7 p. (BNF, Ye 17961).

Colloque des trois supposts du seigneur de la Coquille où le Char trionfant de Monseigneur le Daufin est représenté par plusieurs personnages, figures, emblèmes et énigmes. A Monseigneur d'Halincourt, à Lyon, par les Supposts de l'Imprimerie, 1610, in-8°, 43 p. (BML, Rés. 316454).

Dépenses effectuées à l'occasion des réjouissances célébrant la naissance de Monseigneur le Dauphin (octobre 1729). (ADPO 1C1532).

Discours de l'entrée faicte par treshaut et trespuissant Prince Henry IIII, Roy de France et de Navarre, et tresillustre princesse Marie de Medicis, La Royne son epouse, en leur ville de Caen, au mois de septembre 1603.

Discours sur l'estat lamentable de la Valtoline adressé au Roy. Representant la pauvreté où ils sont reduits pour le present, s.n. [attribué au Père Joseph], s.l., 1623, in-8°, 29 p. (BML, Rés. 315575).

Discussions entre le Conseil Souverain et Lebret, commandant de la province, à l'occasion du Te Deum célébré pour la naissance du Duc d'Anjou. (ADPO 1C1398).

Entrée de Louis quatorze Roy de France et de Navarre en la ville de Perpignan. (ADPO 1C1532).

Entrée Magnifique de Bacchus avec Madame Dimanche grasse, sa femme, faicte en la Ville de Lyon, le 14 Febvrier 1627, s.n., s.l., s.d., in-4°, 31 p. (BNF, Rés. YF 2043). (Il en existe une édition moderne, *Entrée magnifique de Bacchus avec madame Dimanche grasse, sa femme, faicte en la ville de Lyon, le 14 febvrier 1627. Nouvelle édition enrichie de notes et de vignettes*, Lyon, L. Boitel, 1838, 47 p. (BNF, Rés. YE 996).

Etats des pièces justificatives d'une somme de 6000 livres donnée par le Roy, pour la distribution au pauvre du Roussillon, 1684-1685. (ADPO. 1C1409).

Exil de Mardigras ou Arrest donné en la cour de Riflasorets establie en la royalle ville de Saladois par lequel, nonobstant la garantie des epicurois et atheismates, opposition des esleuz de la frelanderie, malades, pauvres, artisans, amoureux, dames gueux et le fermier de la boucherie de Caresme, Mardygras avec tous ses supposts est banny du ressort et empire de ladite cour, pour le temps et espace de quarante et un jour, à Lyon, par les supposts de Caresme, 1603, in-8°, 32 p. (BNF, Rés. Y2 2659).

Extraict du Dessein (qui avoit esté dressé fort exactement) de l'ordre qui devoit estre observé à l'entrée à Paris de la Reine Marie de Medicis, espouse du Roy Henry le grand au retour de son sacre à St Denys le 13 may 1610 mais qui fut interrompu à cause du deceds dudit Roy,

L'arrivee du Roy en sa ville de Lyon. Ensemble la magnificence des preparatifs, faicts pour l'entree de Sa Majesté en icelle, à Paris, pour la veufve Abraham Saugrain, en l'Isle du Palais, au coing de la ruë de Harlay, 1622, in-8°, 8 p. (BML, 355 897).

La Joyeuse et magnifique entrée de Monseigneur Françoys, fils de France et frere unique du Roy, par la grace de Dieu, Duc de Brabant, d'Anjou, Alençon, Berri, etc, en sa tres-renommée ville d'Anvers, Anvers, Christophe Plantin, 1582.

La Magnifique entree dans la genereuse ville de Lyon, de Monseigneur l'illustrissime & Reverendissime Cardinal, François Barberin Prince-Legat. Envoyé par Sa Saincteté Urbain VIII. Au Tres-Chrestien Roy Louys XIII. Roy de France et de Navarre. Avec l'ordre et ceremonies faictes par Messieurs du Clergé, de la Justice, Prevost des Marchands & Eschevins de la ville de Lyon, à Lyon, chez Claude Armand dit Alphonse, à la grand ruë de l'Hospital pres l'Estoille, 1625, avec Permission, in-8°, 16 p. (BNF, LB36 2309). Il existe un exemplaire à la BNF, relié aux armes des Barberini, de l'édition italienne de ce texte, *La Magnifica entrata nella nobile città di Lione, dell'Illustriss. e Reverendiss. signore cardinale Barberino legato di nostro signore papa Urbano VIII. appresso la Mæstà Christianissima di Luigi XIII. rè di Francia, e di Navarra. Con l'ordine tenuto, e le cerimonie fatte in essa dal signor marchese di Villeroy governatore della provincia, dal clero, & altri ordini della città. Tradotta di francese in italiano conforme la copia stampata in Lione appresso Claudio Armando, nella strada grande dell'Hospedale vicino à la Stella 1625*, in Roma, nella stamparia di Lodovico Grignani, 1625, in-4 (BNF, LB36 2310, exemplaire manquant dans les rayons).

La nativité et congratulations du roy charles VIIIᵉ. (BNF, ms. fr. 2222).
La Resjouissance publique du genereux peuple de Lyon, sur l'heureuse arrivée de son Roy debonnaire Louis le Juste, par I. P. Varin , à Lyon, par Guichard Pailly, 1622, in-8°, 16 p. (BML, Rés. 316 466).

La trompette de la Valtoline, sonnée par le Grison blanchy soubs la tyrannie de l'Espagnol. Au Roy, s.n., s.l., 1623, in-8°, 13 p. (BML, Rés. 315574).

La veritable representation de toutes les triomphes Magnificences, et feux d'artifices faits à Lyon, sur la Riviere de Saone en la presence du Roy. Comme aussi du Prince de Savoye, et de Madame la Princesse sa femme, fille de France, du Prince Thomas et autres grands Seigneurs de leur suitte. Avec tous les arcs, triomphaux, Fontaines, Obelisques, devises, et portaux, dressez en ladite ville pour ce subject, qui dura depuis le 11 jusques au 18, à Paris, chez Jean Martin, ruë de la vieille Bouclerie, au gros Tournois, 1622, avec permission, in-8°, 16 p. (BML, 355 898).

L'Entree du Roy et de la Royne dans la ville de Lyon : ou Le Soleil au signe du Lyon. D'où sont tirees quelques parallèles avec le tres-Chrestien, tres-Juste, et tres-Victorieux Monarque Louys XIII. Roy de France et de Navarre. Ensemble un sommaire récit de tout ce qui s'est passé de remarquable en ladite Entree de Sa Majesté, et de la plus illustre Princesse de la Terre, Anne d'Austriche, Royne de France et de Navarre, dans la ville de Lyon le 11 Decembre 1622, à Lyon, chez Jean Jullieron, M.DCXXIV, in-fol., 185 p. (BNF, Lb36 2120).

Le double et copie d'unes lettres envoyées d'Orleans a ung Abbé de Picardie contenant a la verité le triumphe faict audict lieu d'Orleans a l'entrée et reception de l'empereur contre ce qui par avant en a esté imprimé qui est faux, Paris, 1540.

Les plaisants Devis des suppots du seigneur de la Coquille, recités publiquement le deuxiesme may, l'an mil cinq cens huictante un. Les plaisants Devis en forme de coq à l'asne, recitez par les suppots du seigneur de la Coquille, en l'an 1589. Les plaisants Devis des suppots du seigneur de la Coquille, extraits la plus part des oct. de A. Z. recités publiquement le dixneufiesme de febvrier, imprimé à Lyon, par le seigneur de la Coquille, in-8°, 8 + 16 + 8 + 27 p. (BML, Ms Coste 1065). (recueil factice)

Lettres de cachet concernant les événements survenus dans la famille royale et organisation du gouvernement du royaume (1662-1757). (ADPO 2B55).

Lettres de cachet diverses (1659-1739). (ADPO 2B59).

Lettre de cachet du 16 août 1686 Solennités du jour de la naissance de Louis XIV. (ADPO 2B55).

Lettres de cachet sur les événements militaires et les traités de paix (1657-1762). (ADPO 2B56).

Lettre de l'évêque d'Elne et de M. Voysin au sujet des contestations entre le chapitre cathédrale et les consuls de Perpignan à l'occasion du luminaire employé au service funèbre de Mgr le Dauphin (1711). (ADPO 1C1533).

Livre de la communauté des prêtres de Saint-Jacques (manuscrit n° 84 conservé à la Bibliothèque Municipale de Perpignan) rédigé entre 1373 et 1624 : fol. 1 Mémoire de l'entrée de l'empereur Segismon (19/IX/1415), fol. 3 Mémoire de l'entrée du roi d'Aragon (1473), Mémoire de l'entrée du roi du Portugal (7/IX/1476), fol. 4 Mémoire de l'entrée du roi et de la reine d'Aragon et de Castille (13/IX/1493), Mémoire de l'entrée de l'archiduc d'Allemagne, prince de Castille (II/1503), fol. 6 Mémoire de l'entrée de deux conseillers de l'empereur Charles Quint (8/XII/1537), fol. 8 Mémoire de l'entrée de Charles Quint (18/II/1538).

L'ordre veritable tenu et observe à l'arrivee de Monseigneur le Legat, depuis l'Eglise sainct Magloire jusques à nostre Dame de Paris. Tant par le Corps des Ecclesiastiques, que celuy de la Justice, et des Marchands, le Mercredy vingt et uniesme jour du present mois de May 1625, à Lyon, chez Claude Armand dit Alphonse, à la grand ruë de l'Hospital pres l'Estoille, 1625, avec permission, in-8°, 15 p. (BML, Rés. 315 630).

Mémoire en quoi consiste l'Estat de Maitre des cérémonies de France. (BNF, Ms. Fr. 4338, BNF, Ms. Fr. 18536).

Mémoire pour la préséance des Cardinaux au Conseil du Roy. (BNF, Ms. Clairambault 805).

Memoire pour soutenir les prerogatives de Mrs les Ducs et Pairs. (BNF, Ms. Clairambault 721).

Mémoire sur les rangs et séances de Mrs des ducs et pairs dans les cérémonies d'entrées. (BNF, Ms. Clairambault 721).

Plaisants devis recitez par les supposts du seigneur de la Coquille, le premier jour de May, 1601, à Lyon, 1601, in-8°, 24 p. (BML, Rés. 355942).

Prières publiques faites à Perpignan à l'occasion de la mort de la reine mère (1666). (ADPO 1C1364).

Reception de tres-chrestien, tres-juste et tres-victorieux monarque Louis XIII, Roy de France et de Navarre, premier comte et chanoine de l'Eglise de Lyon et de tres-chrestienne, tres-auguste, et tres-vertueuse Royne Anne d'Autriche par Messieurs les Doyen, Chanoines et Comtes de Lyon, en leur cloître et église, le 11 décembre 1622, à Lyon, par Jacques Roussin, 1622, in-fol., 67 p. (BML, 116 171).

Recit veritable de ce qui s'est passé à la Valtoline depuis le 3 mars 1625 jusques au mois de may dernier de la presente année. L'Armee du Roy conduite par Monsieur le Marquis de Cœuvre et celle des Veniciens par Monsieur le Duc de Candale. Avec la prise de plusieurs Forts, et la mort de quelques Seigneurs et Capitaine de marque, s.n. [A.D.S.B.], à Lyon, chez Claude Armand dit Alphonse demeurant à la grand ruë de l'hospital, 1626, in-8°, 14 p. (BML, Rés. 316025).

Recueil de devises données à Marie de la Tour, duchesse de la Trémoille. (B. Ars., ms 5217 Rés).

Recueil de la chevauchee, faicte en la ville de Lyon, le dixseptiesme de novembre 1578 avec tout l'ordre tenu en icelle, à Lyon, par les trois Suppots, 1578, in-8°, 10 p.

Réjouissances faites à l'occasion de la naissance de Monseigneur le Dauphin (octobre 1729). (ADPO 1C1532).

Relation de ce qui s'est fait et passé à l'arrivée et durant le séjour de Louis XIV, Roy de France et de Navarre, dans la Ville d'Avignon, Avignon, George Bramereau, 1660. (Bibliothèque municipale d'Avignon, Ms 2438 n° 6).

Relation de ce qui s'est passé touchant les differens pour les rangs de Mrs les Ducs et Pairs a l'entree du Roy et de la Reyne a Paris en 1660. (BNF, Ms. Clairambault 721).

Relation de tout ce qui s'est passé sur le fait et expédition de la Valteline, traduicte du latin du sieur de S. M. [Sainte-Marthe] par L. G. A., à Paris, J. de Villery et A. de Sommaville, 1626, in-8°, p. 49. (BNF, NUMM 94718).

Relations des entrées solennelles dans la ville de Lyon, de nos rois, reines, princes, princesses, cardinaux, légats et autres grands personnages depuis Charles VI jusques à présent, Imprimé pour messieurs du consulat, Aymé Delaroche, Lyon, 1752.

Relation du voiage en France de l'illustrissime François, cardinal Barberin, légat a latere de nostre Sainct Père le pape Urbain huitiesme, fait par Messire Melchior Mitte de Chevrières, marquis de Saint-Chamond, chevallier des ordres du Roy, conseiller en ses conseils, capitaine de cent hommes d'armes de ses ordonnances et mareschal des camps et armées de Sa Majesté, en 1625. (Institut de France, 64 (Moriau. – Anc. Fonds, in-fol., 77), 140 ff).

Remontrances au Roy, 1662. ADPO. 2B90.

Représentations faites au roi de France à l'occasion de son passage au nom de la communauté des habitants de la très fidèle ville de Perpignan en 1660. (ADPO. Livre Vert de la municipalité, fol. 668).

Statute et memoriale Universatis Perpiniani, p. 164, fol. 82 (Manuscrit n° 87 conservé à la médiathèque de Perpignan).

TABLE DES FIGURES

1. *Marie de Medicis entrant dans Amsterdam, ou, Histoire de la réception faicte à la Reyne Mere du Roy tres-Chrestien, Par les Bourgmaistres et Bourgeoisie de la Ville d'Amsterdam, Traduicte du Latin de Gaspar Barleus* (Amsterdam, Chez Jean et Corneille Blaeu, 1638).
[Trinity College Dublin, OLS X-1-588]

2. *Histoire curieuse de tout ce qui s'est passé a l'Entrée de la Reyne Mere du Roy tres chrestien dans les Villes des Pays-Bas*, Jean Puget de la Serre (Anvers, B. Moretus, 1632).
[BnF, Res Fol. Lb36. 2742]

3. *Histoire curieuse de tout ce qui s'est passé a l'Entrée de la Reyne Mere du Roy tres chrestien dans les Villes des Pays-Bas*, Jean Puget de la Serre (Anvers, B. Moretus, 1632).
[BnF, Res Fol. Lb36. 2742]

4. *Histoire de l'entrée de la reyne mere du roy tres chrestien dans les Provinces Unies des Pays-Bas*, Jean Puget de la Serre (Londres, Par J. Raworth, pour G. Thomason, et O. Pullen, 1639).
[BnF, Res Fol. Lb36. 2742 (A)]

5. *Histoire de l'entrée de la reyne mere du roy tres chrestien, dans la Grande-Bretaigne*, Jean Puget de la Serre (Londres, Par J. Raworth, pour G. Thomason, et O. Pullen, 1639).
[Trinity College Dublin, RR.a.34]

6. *Marie de Medicis entrant dans Amsterdam, ou, Histoire de la réception faicte à la Reyne Mere du Roy tres-Chrestien, Par les Bourgmaistres et Bourgeoisie de la Ville d'Amsterdam*, Traduicte du Latin de Gaspar Barleus (Amsterdam, Chez Jean et Corneille Blaeu, 1638).
[Trinity College Dublin, OLS X-1-588]

7. *Marie de Medicis entrant dans Amsterdam, ou, Histoire de la réception faicte à la Reyne Mere du Roy tres-Chrestien, Par les Bourgmaistres et Bourgeoisie de la Ville d'Amsterdam*, Traduicte du Latin de Gaspar Barleus, Amsterdam, Chez Jean et Corneille Blaeu, 1638.
[Trinity College Dublin, OLS X-1-588]

8. *Marie de Medicis entrant dans Amsterdam, ou, Histoire de la réception faicte à la Reyne Mere du Roy tres-Chrestien, Par les Bourgmaistres et Bourgeoisie de la Ville d'Amsterdam*, Traduicte du Latin de Gaspar Barleus, Amsterdam, Chez Jean et Corneille Blaeu, 1638.
[Trinity College Dublin, OLS X-1-588]

INDEX DES NOMS DE PERSONNES

TABLE DES MATIÈRES

Achevé d'imprimer par Corlet,
Condé-en-Normandie (Calvados),
en Février 2022
N° d'impression : 175021 - dépôt légal : Février 2022
Imprimé en France